Perspektive Unternehmensberatung 2022

Fallstudien, Branchenüberblick
und Erfahrungsberichte zum Einstieg
ins Consulting

e-fellows.net
wissen

Stand: August 2021

Verlag: e-fellows.net GmbH & Co. KG

Reihenherausgeber: Dr. Michael Hies

Bandherausgeber: Prof. Dr. Thomas Fritz,
thomas.fritz@gmx.de

Redaktion und Koordination: Pia Anhäupl,
perspektive-unternehmensberatung@e-fellows.net

Layout: Punkt 8 | Braunwald + Walter GbR,
www.punkt8-berlin.de

Satz und Illustration: Lesotre®/Conceptual Brand
Creation, www.lesotre.de

Druck und Bindung: Neografia, 03655 Martin, Slowakei

Printed in Slovakia
September 2021

Bildnachweis: Titelbild: Funtap – stock.adobe.com;
S. 9: Thomas Fritz; S. 17: Coloures-Pic – Fotolia.com;
S. 35: Rido – Fotolia.com; S. 61: VRD – Fotolia.com;
S. 121: raywoo – Fotolia.com; S. 232 und 233: e-fellows.net;
S. 235: alphaspirit – Fotolia.com; S. 251: .shock – Fotolia.com;
Fotos auf den Seiten 11–16 sowie 236–249 stammen von
den jeweiligen Autoren; Fotos und Anzeigen ab S. 252
stammen von den entsprechenden Unternehmen; sämtliche
Grafiken und Illustrationen wurden umgesetzt von Yvonne
Hagenbach (Lesotre®/Conceptual Brand Creation).

ISBN-13: 978-3-946706-75-5

Franziskanerstraße 14, 81669 München
Telefon: +49 89 23232-300, Fax: +49 89 23232-222
www.e-fellows.net, info@e-fellows.net

inkl. E-Book

Perspektive Unternehmensberatung 2022
kostenlos als E-Book herunterladen
– so geht's!

Noch nicht bei e-fellows.net registriert?

1. Kostenlos anmelden unter www.community.e-fellows.net/cv/register
2. Registrierung aktivieren durch Klick auf Link in E-Mail
3. Link unten freirubbeln und aufrufen
4. Bei e-fellows.net einloggen
5. Format wählen (EPUB, MOBI)
6. Download startet automatisch

Bereits bei e-fellows.net registriert?

1. Link unten freirubbeln und aufrufen
2. Bei e-fellows.net einloggen
3. Format wählen (EPUB, MOBI)
4. Download startet automatisch

9 783946 706755

ISBN 978-3-946706-75-5 Preis 19,90 Euro

e-fellows.net
wissen

Inhalt

e-fellows.net
Das Online-Stipendium und Karrierenetzwerk

Seit 20 Jahren unterstützt e-fellows.net Studierende und Promovierende mit einem Stipendium und bringt sie ihrem Traumjob näher. Mentorenprogramme, Karriereveranstaltungen sowie Angebote für Praktika und Einstiegsjobs bieten einen direkten Draht in die Wirtschaft und garantieren den mühelosen Karrierestart. Zudem sind e-fellows.net-Stipendiat:innen dank kostenfreier Abos von Zeitungen und Zeitschriften, Zugriff auf fachspezifische Datenbanken und Fachbücher frei Haus immer einen Schritt voraus. In der exklusiven Online-Community und bei regelmäßigen Treffen in zahlreichen Unistädten tauschen sich Studierende untereinander aus. Jetzt informieren: www.e-fellows.net/Stipendiat-werden

e-fellows.net wissen
Die Buchreihe von e-fellows.net

Mit dieser Buchreihe informiert e-fellows.net über attraktive Berufsbilder und interessante Weiterbildungen, darunter das LL.M.-Studium, Berufsperspektiven für Jurist:innen, MINT-Frauen und Informatiker:innen sowie die Tätigkeit in einer Unternehmensberatung, im Investment Banking oder im Asset Management. Die Bücher bieten wertvolle Expertentipps und einen fundierten Überblick über die jeweilige Branche. Persönliche Erfahrungsberichte und ausführliche Unternehmensporträts potenzieller Arbeitgeber helfen bei der eigenen Entscheidungsfindung. Weitere Informationen zu den einzelnen Titeln der Reihe **e-fellows.net** wissen finden Sie auf den Seiten 320–321.

Vorwort

Ein Ratgeber für angehende Consultants
Was hätte ich vor 23 Jahren für ein Buch wie dieses gegeben? Damals bin ich mit dem Schwarz-Weiß-Ausdruck des einzig verfügbaren Beispiel-Case in der Hand zu meinen Vorstellungsgesprächen bei McKinsey in Düsseldorf gefahren. Auch wenn es bei mir vor gut 20 Jahren geklappt hat: Ein Buch wie *Perspektive Unternehmensberatung* bietet denjenigen, die sich heute für einen Einstieg ins Consulting interessieren, eine viel bessere Hilfestellung.

Hier finden Sie wertvolle Informationen und Tipps zu allen Themen rund ums Consulting: Zur Entscheidung zwischen der Strategieberatung, einer spezialisierten Boutiqueberatung oder dem Inhouse Consulting. Zu Insider-Berichten über den Arbeitsalltag in der Beratung. Und zur Vorbereitung auf die Auswahlgespräche für Praktika oder den Festeinstieg.

Die Gründe für das ungebrochene Interesse an der Beratung sind vielfältig: Die einen reizen die inhaltliche Abwechslung und die spannenden Kolleg:innen, andere wollen wesentliches Handwerkszeug für eine spätere Gründung erwerben, wieder andere sehen in der Beratung das ideale Karrieresprungbrett. Demgegenüber stehen Erzählungen von viel Reiserei, langen Arbeitszeiten und Up-or-Out.

Wie es wirklich ist, kann man nur herausfinden, wenn man es ausprobiert. In *Perspektive Unternehmensberatung* lassen wir Menschen zu Wort kommen, die genau das getan haben. Rund 50 Consulting-Praktikant:innen, Berater:innen und andere Expert:innen teilen ihre Erfahrungen und Ratschläge.

Viele von ihnen haben, wie ich, als Stipendiat:innen vom direkten Draht des Karrierenetzwerks e-fellows.net zu den renommierten Beratungen profitiert. Mehr zu e-fellows.net, dem Stipendium und Ihren Vorteilen als Mitglied erfahren Sie auf den Seiten 232 und 233.

Damit Sie nicht auch mit einem schlechten Ausdruck im Zug zu Ihren nächsten Vorstellungsgesprächen sitzen müssen, lege ich Ihnen besonders die Case Studies im vierten Kapitel ans Herz. Hier finden Sie eine breite Auswahl an Fragestellungen, mit denen Sie sich als Berater:in auf dem Weg dorthin auseinandersetzen dürfen.

Liebe Leserinnen, liebe Leser, ich freue mich, wenn Ihnen dieser Ratgeber dabei hilft, Ihren Weg zu finden und den Einstieg in die Beratung zu wagen. Finden Sie heraus, wie es wirklich ist.

Viel Spaß bei der Lektüre!

Prof. Dr. Thomas Fritz
Fachhochschule Aachen und Alumnus von e-fellows.net

Case Study Training

Das Arbeitsbuch „Case Study Training" erschien in der Reihe **e-fellows.net** **wissen**. Das Buch hilft Consulting-Interessierten, sich mithilfe von 40 Fallstudien inkl. Lösung auf ihre Case-Interviews bei den verschiedensten Unternehmensberatungen optimal vorzubereiten.

Download für e-fellows.net-Stipendiat:innen:
www.e-fellows.net/Wissen

Download für alle anderen Studierenden:
www.e-fellows.net/CST

Die Autorinnen und Autoren

Stephan Baur, Dr., Dipl.-Ing., Jahrgang 1984, ist Principal bei Roland Berger. Er führt regelmäßig Bewerbungsgespräche mit potenziellen Praktikant:innen und Berater:innen. Seine Cases basieren häufig auf aktuellen Projekten sowie auf Nachrichten aus der Tagespresse.

Christoph Berning, Jahrgang 1992, ist Teil der Technology Strategy Practice von Accenture in München. Während seines Management & Technologie Studiums an der TU München (B.Sc., M.Sc.) arbeitete er als Werkstudent bei verschiedenen Beratungen und leitete zwei Jahre den studentisch organisierten TUM Business Club, der für die Ausrichtung der TUM Speaker Series und TUM Business Games verantwortlich ist.

Karen Brandt ist Regional Head für Entry Level Recruiting & CCG Talent Management bei Oliver Wyman. Nach ihrem Studium an der European Business School arbeitete sie sieben Jahre als Beraterin bei Oliver Wyman, bevor sie das Talent Management übernahm.

Felix Deutschen ist Senior Consultant bei der Commerz Business Consulting und studierte BWL in Mannheim, Göteborg und Bangalore. Als Teil der Transformationseinheit der Commerzbank gestaltet er das Banking von morgen mit. Zu seinen Erfahrungen zählen Themen der Geschäftsmodellentwicklung, Trends in Beyond Banking sowie die Steuerung von Großprojekten.

Johannes Engel, Dr. rer. nat., Jahrgang 1980, begann nach seinem Studium der Mathematik und VWL und Promotion in Mathematik als Berater bei Intero Consulting. Als Partner liegt der Schwerpunkt seiner Arbeit heute in der Begleitung großer Finanzdienstleister bei Themen rund um die Digitale Transformation.

Florian Erbach, Jahrgang 1993, ist Consultant bei ADVYCE. Er studierte Wirtschaftswissenschaften in Bochum und Dortmund und absolvierte Auslandsaufenthalte in Kopenhagen sowie in San Diego. Seine Beratungsschwerpunkte liegen sowohl in der Strategie- und Organisationsentwicklung als auch in der Restrukturierung. Er gründete und führt das Alumni-Netzwerk der studentischen Unternehmensberatung VIA.

Annalena Fajen, Dr. rer. pol., ist Strategie- und Managementberaterin sowie zertifizierte Digital Transformation Managerin und hat u. a. im Digital Transformation Team für Kearney gearbeitet. Sie ist international als Speakerin und Dozentin für Digitalisierung und interkulturelles Management tätig. Ihre praxisnahe Doktorarbeit thematisiert die erfolgreiche Führung multikultureller virtueller Teams.

Tobias Finke, Ph.D., M.Litt. B.A., Jahrgang 1988, ist Manager in KPMGs Deal Advisory Strategy Group. Er hat International Business und Marketing in Cambridge, Berlin, St Andrews und Lancaster studiert und Forschungsprojekte in China, Deutschland und Großbritannien durchgeführt. Seine Beratungsschwerpunkte sind Strategie- und Transformationsprojekte im Automobil-, Energie- und Technologiesektor.

Thomas Fritz lehrt und forscht seit 2018 als Professor für BWL, insb. Personal und Organisation, an der FH Aachen. Zuvor war er 17 Jahre bei McKinsey & Company tätig. Nach einem Einstieg als Berater übernahm er 2008 die Leitung des Recruitings. Als Director of Personnel war er ab 2015 für alle Personalangelegenheiten der Berater:innen in Deutschland und Österreich verantwortlich.

Britta Gayko, Diplom-Ökonomin, Jahrgang 1969, studierte Wirtschaftswissenschaften und Industrial Design an der Leibniz Universität Hannover und schloss mit Auszeichnungen ab. Sie begann ihre Karriere in der Beratungs-Boutique ISUMA Consulting und wechselte später zu PricewaterhouseCoopers Management Consulting. Sie war Co-Founder der Commerz Business Consulting und ist eine der Geschäftsführer der CBC.

Ali Aslan Gümüsay, Dr., Jahrgang 1985, ist Forschungsgruppenleiter für Innovation, Entrepreneurship & Gesellschaft am Humboldt Institut für Internet und Gesellschaft sowie Organisationswissenschaftler an der Universität Hamburg. Zuvor war er Dozent am Magdalen College, promovierte an der Saïd Business School der University of Oxford und arbeitete als Unternehmensberater bei der Boston Consulting Group.

Moritz Hahn, Jahrgang 1987, ist Senior Consultant bei PD – Berater der öffentlichen Hand. Er hat Wirtschaftsingenieurwesen in Hamburg, Internationales Management in Sydney und Kopenhagen sowie Politikwissenschaften in Berlin studiert. Seine Beratungsschwerpunkte sind Strategie-, Organisations- und Evaluationsprojekte im öffentlichen Sektor.

Marco-Alexander Horchler, Jahrgang 1992, war für BCG in München tätig und beriet vor allem Kunden aus dem Automobilbereich. Heute arbeitet er in der Zulieferindustrie als Projektleiter für Strategiethemen. Während seines Managementstudiums sammelte er zudem praktische Erfahrung bei den Beratungsfirmen Stern Stewart, Volkswagen Consulting, Capgemini Consulting, KPMG, Horváth & Partners sowie zeb.

Mathias Huber, Head of Recruiting bei McKinsey & Company, studierte Wirtschaftspsychologie in Lüneburg und Michigan und absolvierte einen MBA an der Cambridge University. Nach erster HR-Erfahrung bei SAP war er fünf Jahre lang Berater bei McKinsey. Seit 2015 leitet er verschiedene Bereiche in der Personalabteilung und ist seit 2020 zudem für Recruiting in Deutschland und Österreich zuständig.

Axel Hüttmann, Dr. rer. pol., Jahrgang 1973, ist Managing Partner bei undconsorten. Nach seinem Studium der BWL und Wirtschaftsinformatik in Passau und Toulouse promovierte er an der Universität Kassel. Vor seinem Einstieg bei undconsorten war er Engagement Manager bei McKinsey & Company mit den Schwerpunkten Logistik, Automobil und HR.

Ismail Ismail, Jahrgang 1995, arbeitet als Technology Strategist bei Accenture im Bereich Technology Strategy & Advisory. Während seines Studiums der Volkswirtschaftslehre (B.Sc.) und Economics (M.Sc.) an der Ludwig-Maximilians-Universität München war er als Werkstudent für Accenture tätig und absolvierte mehrere Praktika mit Fokus auf IT-Transformationsprojekten.

Shahriar Kamali ist seit 2019 Talent Experience Lead in Deutschland, Österreich, Schweiz und Russland bei Accenture. Er arbeitet seit 2016 in verschiedenen Führungspositionen innerhalb der HR-Organisation für das internationale Beratungsunternehmen und hat u. a. die digitale HR-Strategie sowie das Recruiting verantwortet. Er hat BWL mit Schwerpunkt Personal und Controlling in Frankfurt a. M. studiert.

Fabian Karl Keller, Dr.-Ing. Dipl.-Kfm., Jahrgang 1987, betreut als Manager bei Porsche Consulting aktuell Projekte mit dem Schwerpunkt Digitalisierung und Nachhaltigkeit im Supply Chain Management. Vor seiner Zeit als Berater war er bei Fraunhofer als Gruppenleiter für adaptive Produktionsorganisation tätig. Sein Studium absolvierte er an der TUM mit Auslandsstudien in China, Israel, den USA und Japan.

Timo Klees, Dipl.-Volksw., Dipl.-Betriebsw. (FH), Jahrgang 1979, ist Partner bei PwC. Nach seinem Studium in Worms, London und Frankfurt a. M. stieg er 2005 bei KPMG ein und leitete dort als Partner die insolvenznahen Beratungsaktivitäten in Deutschland, bevor er zu PwC wechselte. Sein Schwerpunkt sind Unternehmenstransaktionen in Sanierungs- und Insolvenzsituationen (Distressed M&A).

Dominik Klimmek ist Executive-Coach mit Spezialisierung auf „Unerschütterliches Selbstbewusstsein“. Nach seiner langjährigen internationalen Karriere als Unternehmensberater und Medien-CFO zeigt er jetzt motivierten Führungskräften, wie sie ihr volles Potenzial entfalten und Spitzenleistungen erzielen.

Stephanie Köstner ist Manager | Deals bei PwC Deutschland. Ihr Schwerpunkt liegt auf der Wertschöpfung und Risikovermeidung bei Carve-Out/M&A-Aktivitäten mit einem Fokus auf IT Fragestellungen. Zudem ist sie Co-Head der Start-up-Initiative Next Level Süd, einem Enabler im Ökosystem zwischen Start-ups, Unternehmen und Risikokapitalgebern.

Anna Krumpen ist als Senior Consultant bei Simon-Kucher & Partners auf die Beratung von Freizeit- und Touristikunternehmen spezialisiert. Vor ihrem Einstieg in die Beratung studierte sie Aviation Management an der International University of Applied Sciences Bad Honnef-Bonn und arbeitete anschließend fünf Jahre im Revenue Management und Corporate Sales verschiedener europäischer Fluglinien.

David Liebig, M. A., Jahrgang 1983, ist Gründer und Vorstand der MAGNA Estate AG. Nach seinem BWL-Studium stieg er als Berater bei A.T. Kearney in Wien ein und arbeitete im Anschluss als Vice President für die Deutsche Bank. Die MAGNA Real Estate AG ist ein führender deutschlandweit tätiger Immobilien-Projektentwickler und Asset-Manager.

Johanna Moebus, Prof. Dr. rer. physiol., Jahrgang 1981, ist Professorin für Medizinische Biochemie an der Hochschule Hamm-Lippstadt. Als ehemalige McKinsey-Beraterin und promovierte Humanbiologin lehrt sie seit 2011 an der Hochschule Hamm-Lippstadt. Zu ihren Schwerpunkten zählen auch Soft Skills und Bewerbungscoaching.

Monitor Deloitte entwickelt mit weltweit führenden Unternehmen Programme, um in einer von umfassender technologischer Disruption geprägten Ära Entscheidungen zu wichtigen strategischen Fragen zu treffen. Durch die Verbindung von Strategie, Industrieexpertise und Umsetzung liefern wir nachhaltige Ergebnisse.

Fedon Moog, M. A. Philosophie, Jahrgang 1976, ist Strategieberater und Gründer eines Smart-Data-Start-ups. Als Ex-Journalist und Roland-Berger-Berater zählen Interviews zu seinen Spezialgebieten. Er ist davon überzeugt, dass zehn Minuten Gespräch mehr über eine Bewerberin oder einen Bewerber aussagen als 100 Seiten Papierbewerbung.

Jens Müller-Oerlinghausen, Dr. rer. pol., Jahrgang 1966, ist Managing Partner bei undconsorten. Er studierte und promovierte an der Universität St.Gallen. Vor der Gründung von undconsorten war er Trainee und Projektleiter bei Bertelsmann sowie Partner und Leiter der HR Practice bei McKinsey & Company mit den Branchenschwerpunkten Medien und Telekommunikation.

Melanie Nimianu, M.Sc., ist Strategic Advisor bei Arthur D. Little und Teil der Geschäftsführung eines medizintechnischen Unternehmens. Vor ihrem Beratungseinstieg absolvierte sie den Internationalen Management Master CEMS an der WU Wien und der RSM in Rotterdam. Ihr Fokus liegt auf Strategieentwicklung sowie innovativen Geschäftsmodellen. Sie gründete das Frauenförderprogramm Women@ADL.

Rolf Pfeiffer, Jahrgang 1967, ist Managing Partner von Bernotat & Cie. – a Merryck Company. Er war mehrere Jahre HR-Director von Arthur D. Little und Accenture und arbeitet heute als Executive Coach mit Senior Executives und Leadership Teams. Er ist u. a. verantwortlicher Designer und Facilitator eines globalen Leadership-Development-Programms für eine der bedeutendsten Beratungen weltweit.

Thiemo Purkart, Dipl.-Wirtsch.-Inform., ist zertifizierter Projektmanager und Leiter Performance & Risk Controlling bei der Bilfinger SE. Seine aktuellen Schwerpunkte liegen im Management Reporting und Business Intelligence, dem Financial Controlling sowie der Steuerung der Unternehmensplanung und des Risikomanagements. Davor war er mehr als zwölf Jahre als Berater und als Lehrbeauftrager tätig.

Lisa Remmelberger begleitet als Partner bei Simon-Kucher & Partners ihre Kunden aus den Bereichen Software & Tech sowie Tourismus & Freizeit auf deren Weg zu Commercial Excellence mit Themenschwerpunkten rund um Wachstumsstrategien, Angebotsgestaltung und Monetarisierung. Vor ihrem Einstieg in die Beratung studierte sie Betriebswirtschaftslehre an der LMU München und der Universität St. Gallen.

Jana Reuther, Jahrgang 1990, ist Senior Consultant bei Strategy& und zurzeit im PhD Leave an der Universität St. Gallen. Ihr Themenschwerpunkt liegt im Bereich Open Innovation und im Corporate Venturing. Vor ihrer Beratertätigkeit absolvierte sie ihr Bachelor- und Masterstudium in International Management im internationalen Raum, u. a. in Sydney und in Dublin, im Rahmen eines jeweiligen Doppelabschlusses.

Tim Ruhoff, Dipl.-Kfm. und B. A. (Hons.) European Business, war nach seinem Studium im Investment Banking in London und anschließend bei Barkawi Management Consultants im Bereich Mobility tätig. 2010 gründete er eine Mobilitätsfirma und entwickelt und vertreibt seither die Cloud-Software fleetster in aktuell 28 Ländern.

Justus Scheurlen, Jahrgang 1990, ist Senior Projektmanager bei Bayer Business Consulting. Bevor er 2015 zu Bayer Business Consulting kam, studierte er Maschinenbau und Management in München und Brisbane und absolvierte mehrere Praktika in der externen Beratung. Als Projektleiter leitet er Beratungsprojekte in den verschiedenen Divisionen des Bayer-Konzerns.

Karina Schwarz, M.Sc., Jahrgang 1996, ist M&A Consultant bei Deloitte. Vor ihrem Einstieg in die Beratung studierte sie an der Alliance Manchester Business School (UK) und absolvierte Praktika in der Luftfahrt, Wirtschaftsprüfung und Beratung. Heute berät sie international tätige Unternehmen in jeglichen Phasen des M&A Lifecycles und IPO Readiness.

Birte von Schwarzenfeld, Dipl. Phys., MBA, ist Head of Corporate Development bei Hilti. Nach ihrem Physikstudium und einem MBA an der Harvard Business School arbeitete sie mehrere Jahre bei BCG und dem Technologiekonzern Flex als Head of Strategy und in der Großkundenbetreuung. Nach ein paar Jahren im Vertrieb bei Hilti in den USA ist sie jetzt in der Konzernzentrale in Liechtenstein tätig.

Sebastian Serfas ist Professor für Finance & Accounting und stellvertretender Gesamtstudienleiter der FOM Hochschule in Nürnberg. Zuvor war er über sieben Jahre als Berater bei McKinsey & Company tätig. Er ist Mitgründer des KompetenzCentrums für Entrepreneurship & Mittelstand und berät Unternehmen bei strategischen und operativen Fragestellungen.

Brian Titze, M.Sc., B.Sc., Jahrgang 1992, ist Assistant Manager in KPMGs Deal Advisory Strategy Group. Nach seinem Studium der Finanzökonomie an der London School of Economics and Political Science ist er im Jahr 2019 als Strategieberater bei KPMG eingestiegen. Seitdem fokussiert er sich auf die Schnittstelle zwischen Strategieentwicklung und Data & Analytics.

Carl Walinski ist Director bei Willis Towers Watson, wo er den Bereich Data Services verantwortet. Er hat langjährige Erfahrung in der Entwicklung und Einführung von markt- und leistungsorientierten Vergütungssystemen. Seine Kenntnisse der Regulatorik und der Prinzipien der Corporate Governance untermauern seine Arbeit in der Erstellung von Vergütungsgutachten und Benchmarkstudien.

Maxime von Wallenberg Pachaly studierte International Business und Finanzen in Maastricht, Madrid und Oxford und ist MBA Candidate an der London Business School. Nach seinem Einstieg bei einer Boutique-Beratung wechselte er 2020 zu L.E.K. Consulting. Dort berät er vornehmlich internationale Konzerne und Private Equity Fonds mit Fokus auf den Technologie- und Healthcare-Sektor.

Max Weidmann, M.Sc. Wi.-Ing., ist Consultant bei Kemény Boehme & Company (KBC) mit Sitz in München. Er hat seinen Master in Wirtschaftsingenieurwesen am Karlsruher Institut für Technologie (KIT) und an der ITESM in Mexiko absolviert. Heute berät er Unternehmen aus dem Tech-Umfeld in den Bereichen Entwicklung, Einkauf und Supply Chain Management.

Christian Zehner ist Senior Manager | Deals bei PwC Deutschland. Mit mehr als 15 Jahren Berufserfahrung in Beratung und Industrie liegt sein Schwerpunkt auf IT-Carve-Outs und IT-Post-Merger-Integrationen im Automobil, Life-Science, Chemicals, Retail und TMT Sektor. Er hat einen MBA-Abschluss von der University of Bradford sowie einen Honours-Abschluss in Informatik von der University of Pretoria.

Yuqi Zheng, Jahrgang 1993, stieg nach ihrem Studium der Fahrzeugtechnik und des Wirtschaftsingenieurwesens als Beraterin bei Intero Consulting ein. Dort engagiert sie sich im Rahmen großer Transformationsprojekte überwiegend für Kunden aus der Finanzbranche.

1. Branchenüberblick – Orientierungshilfe in einem Markt mit vielen Gesichtern

Der Markt für Unternehmensberatung in Deutschland

Für das Jahr 2020 verzeichnete die Beratungsbranche in Deutschland ein Marktvolumen von 34,6 Milliarden Euro, so die Schätzungen des Bundesverbandes Deutscher Unternehmensberater, kurz BDU. Im Jahr davor waren es noch 35,7 Milliarden Euro. Auch an der Beratung ist die Corona-Pandemie somit nicht spurlos vorübergegangen. Nach dem rasanten Wachstum in den Vorjahren, verzeichnete die Branche 2020 erstmals wieder einen 3,2-prozentigen Umsatzrückgang.

Der Gesamtumsatz inklusive Auslandsgeschäft teilt sich laut BDU wie folgt auf die vier großen Beratungsbereiche auf.

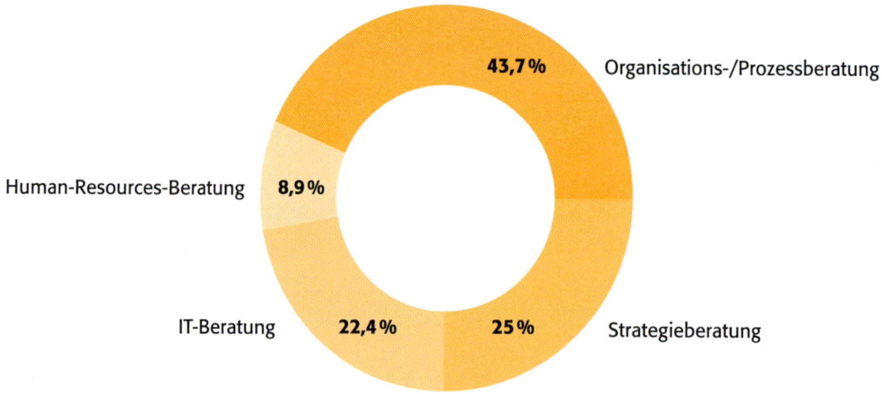

Managementberatungen in Deutschland

Der BDU schätzt die Zahl der Anbieter auf dem deutschen Beratungsmarkt auf rund 25.000. Die Lünendonk GmbH hat im Juni 2021 ihre Lünendonk®-Liste veröffentlicht – mit den zehn umsatzstärksten deutschen Beratungen sowie einer Auflistung von internationalen Managementberatungen und deren Umsätzen und Mitarbeiter:innen in Deutschland (Unternehmen, die nicht ihren Hauptsitz sowie die Mehrheit des Grund- und Stammkapitals in Deutschland haben und im Jahr 2020 signifikante Umsätze mit Managementberatungsleistungen in Deutschland erzielten). Die Liste ist auf der nächsten Seite abgebildet.

Top 10 der deutschen Managementberatungen (Unternehmen, die ihren Hauptsitz sowie die Mehrheit des Grund- und Stammkapitals in Deutschland haben)		**Gesamtumsatz in Mio. Euro**		**Mitarbeiterzahl insgesamt**	
		2020	**2019**	**2020**	**2019**
1	Roland Berger Holding GmbH, München	590,0	642,0	2.400	2.400
2	Simon-Kucher & Partners Strategy Consultants GmbH, Bonn	361,5	358,0	1.400	1.381
3	Q_Perior AG, München	225,0	214,0	789	751
4	Horváth AG, Stuttgart [1]	196,0	211,0	832	910
5	Detecon International GmbH, Köln	193,5	201,0	1.124	1.230
6	Porsche Consulting GmbH, Bietigheim-Bissingen	184,0	203,1	670	670
7	zeb.rolfes.schierenbeck.associates GmbH, Münster	177,0	174,0	857	899
8	d-fine GmbH, Frankfurt am Main	170,0	158,0	1.006	940
9	KPS AG, Unterföhring	166,0	180,0	619	618
10	goetzpartners Group, München	125,2	119,4	360	359

Internationale Managementberatungen in Deutschland (alphabetische Reihenfolge)	**Weltweite Beratungsumsätze 2020 in Mrd. Euro**	**Weltweite Mitarbeiterzahl 2020**
Accenture [*, 2]	21,2	100.000
AlixPartners	1,3	2.300
Aon [3]	1,5	15.000
Bain & Company	3,9	12.000
BearingPoint	0,7	4.645
Boston Consulting Group	7,5	22.000
Capgemini Invent [*, 4]	1,2	9.000
Deloitte [5]	20,7	116.500
EY [5]	12,8	90.469
IBM [*, 6]	7,1	38.000
Kearney	1,2	3.800
KPMG [*, 5]	10,2	67.000
McKinsey & Company [*]	9,3	31.500
Mercer	4,3	23.070
Oliver Wyman	1,8	5.000
PricewaterhouseCoopers [5, 7]	12,9	71.466
The Capital Markets Company [*, 8]	0,6	5.000
Willis Towers Watson [3]	8,2	46.000

***** Umsatz- und/oder Mitarbeiterzahlen teilweise geschätzt
1 Rebranding 2021 von Horváth & Partners zu Horváth.
2 Hierbei handelt es sich um den Consulting-Umsatz von Accenture (ohne die Outsourcing-Umsätze).
3 Voraussichtlich in 2021 soll der Zusammenschluss von Willis Towers Watson mit Aon zu „New AON" abgeschlossen sein.
4 Umsatz- und Mitarbeiterzahlen beziehen sich auf Capgemini Invent.
5 Hierbei handelt es sich um die internationalen Consulting- und Advisory-Umsätze der Wirtschaftsprüfungsgesellschaften.
6 Bei IBM handelt es sich ausschließlich um die Consulting-Umsätze, die als Teil der Organisationseinheit Global Business Services erzielt werden.
7 Inklusive der Umsätze von strategy&.
8 Voraussichtlich in 2021 wird The Capital Markets Company Teil von Wipro Limited.
9 Voraussichtlich 2021 wird Willis Towers Watson Teil von Aon.
Hinweis zu Wechselkursen: Euro-Referenzkurs der Europäischen Zentralbank 1 = 1,1422 US-$ (2020) im Jahresdurchschnitt.
Quelle: Lünendonk & Hossenfelder GmbH, Mindelheim 2021 – Stand 21.6.2021 (keine Gewähr für Firmenangaben), luenendonk.de/produkte/listen

Vorstellung einzelner Beratungsbereiche

Wie im vorhergehenden Beitrag beschrieben, kann man den Markt für Unternehmensberatung in Deutschland in vier Beratungsbereiche unterteilen: Strategieberatung, Organisations- und Prozessberatung, IT-Beratung und Human-Resources-Beratung. Was genau sich hinter den einzelnen Beratungsfeldern verbirgt, wird im Folgenden näher beleuchtet.

Strategieberatung

von Dr. Axel Hüttmann und Dr. Jens Müller-Oerlinghausen

Die Strategieberatung gilt gemeinhin als die Königsklasse der Beratung: Sie beschäftigt sich mit der Unternehmensstrategie und somit dem Verantwortungsbereich des Topmanagements. Insbesondere die großen Unternehmensberatungen wie McKinsey, Bain oder Roland Berger bezeichnen sich gerne als Topmanagement- oder Strategieberatungen. Aber auch kleine Beratungsunternehmen – häufig Spin-offs der großen Beratungen wie z. B. undconsorten – unterstützen ihre Klienten bei der Entwicklung ihrer Strategie.

Ein Beratungsfeld so breit wie der Begriff Strategie selbst
Das Feld der Strategieberatung ist genauso breit und leider auch genauso schwer abgrenzbar wie der Begriff Strategie selbst. Als Unternehmensstrategie wird gemeinhin der langfristige Plan zur Erreichung unternehmerischer Ziele verstanden. Daraus leiten sich die Aktivitätsfelder des Unternehmens ab. Die Strategie legt fest, welchen Zielkunden welche Leistungsversprechen gemacht und mit welchem Geschäftsmodell sie erfüllt werden.

In der Regel wird die Unternehmensstrategie anschließend in Teilstrategien aufgeschlüsselt: Markt- und Produktstrategien legen fest, welche Marktsegmente mit welchen Angeboten bedient werden. Entwicklungsstrategien geben vor, auf welche Bereiche ein Unternehmen seine Forschungsaktivitäten fokussiert. Und Finanzstrategien klären, woher das Unternehmen sein Kapital erhält – und in welchen Bereichen es dieses wertbringend einsetzt.

Die Strategie eines Unternehmens ist zukunftsorientiert und agiert daher mit unsicheren Vorgaben. Sie wird gleichermaßen vom externen wie vom internen Umfeld beeinflusst. Es gilt, Märkte und Rahmenbedingungen zu verstehen und ihre Veränderungen zu antizipieren. Dabei muss das Unternehmen stets die eigenen Fähigkeiten und Ressourcen berücksichtigen.

Die Bewertung, Entwicklung und Umsetzung von Strategien als Kerntätigkeitsfelder

Die aufgezählten strategischen Fragestellungen sind komplex. Unternehmen greifen daher oft auf externe Beratungen zurück. Abhängig von der Zielsetzung der Unterstützung lassen sich drei Kerntätigkeitsfelder der strategischen Beratung unterscheiden:

- **Strategiebewertung oder Strategic Review:** Das Unternehmen bittet externe Expert:innen, die intern entwickelte Strategie zu prüfen und kritisch zu hinterfragen: Ist der formulierte Plan geeignet, um die Unternehmensziele zu erreichen? Sind die Annahmen plausibel und realistisch?
- **Strategieentwicklung:** Veränderungen der Rahmenbedingungen – z. B. eine neue Technologie – oder neue strategische Ziele machen eine Überarbeitung des langfristigen Plans erforderlich. Strategieberater:innen helfen dem Management bei der Entwicklung oder Anpassung der Strategie durch Analysen, durch ihre externe Perspektive und als erfahrene Sparringspartner:innen.
- **Strategieumsetzung:** Ein guter Plan macht noch keine gute Strategie. Vielmehr gilt es, den Plan in Stoßrichtungen für einzelne Unternehmensbereiche zu übersetzen und mit konkreten Maßnahmen zu hinterlegen. Erst dadurch werden Strategien für Mitarbeiter:innen richtungsweisend und umsetzbar. Strategieberatungen helfen nicht nur, die richtigen Maßnahmen auszuwählen und zu initiieren, um damit die gesetzten Ziele zu erreichen, sondern auch, deren Kommunikation an alle Mitarbeiter:innen vorzubereiten und umzusetzen.

Typische Beratungsaufgaben in einem Strategieprojekt

Ein Strategieprojekt aus der Praxis einer kleinen Beratung verdeutlicht die typischen Aufgaben von Strategieberater:innen.

Aufgabenstellung: Aufsichtsrat und Vorstand setzen ein ambitioniertes Wachstumsziel für die verschiedenen Sparten eines internationalen Konsumgüterherstellers. Das Management einer Sparte erhält daraufhin die Aufgabe, eine Strategie für das Erreichen des Wachstumsziels in seinem Markt zu entwickeln. Die Strategieberatung erarbeitet gemeinsam mit dem Klienten eine umsetzungsorientierte Strategie und durchläuft dabei folgende Phasen:

- **Bestandsaufnahme:** Gemeinsam mit Mitarbeiter:innen aus Marketing, Vertrieb und Entwicklung wird die Ist-Situation analysiert, und erste Aussagen zu Trends werden erarbeitet. Welche Märkte wachsen in Zukunft besonders schnell? Über welche Marktanteile verfügen wir bereits? Wo können wir dem Wettbewerb Marktanteile abnehmen? Mit welchen Produkten können wir neue Kundensegmente erschließen? Wichtig bereits in dieser Phase: Die Bestandsaufnahme muss mit dem Klienten abgestimmt werden, damit sichergestellt ist, dass von der gleichen Faktenbasis ausgegangen wird.
- **Problemstrukturierung:** Aufbauend auf dieser Faktenbasis geht es darum, mögliche Wachstumshebel zu identifizieren und zu strukturieren – z. B. Wachstum in bestehenden versus Wachstum in neuen Märkten; mit bewährten oder neuen Produkten; über existierende oder über neu aufzubauende Vertriebskanäle.
- **Hypothesenentwicklung:** Erfahrungen der Klienten- und Beraterseite sowie gemeinsame Diskussionen ermöglichen die Formulierung erster Hypothesen zu den verschiedenen Wachstumshebeln, beispielsweise: „Ein Prozent Umsatzwachstum kann durch den Verkauf von Produkten mit erweiterten Funktionalitäten in den Märkten Mexiko und China erreicht werden.“ Die Hypothesenentwicklung ist eine bewährte Technik, um schnell und systematisch das Vorgehen im Projekt zu fokus-

sieren und die gesetzten Projektziele zu erreichen. Die Klientenorganisation sollte frühzeitig einbezogen sein, indem zum Beispiel erste Hypothesen des engeren Projektteams mit wichtigen Stakeholder:innen im Unternehmen in Interviews diskutiert und verfeinert werden.

- **Analyse und Bewertung:** Gezielte Untersuchungen von Marktforschungsdaten, Interviews mit lokalen Expert:innen oder Tests werden genutzt, um die erarbeiteten Hypothesen zu testen und ein deutlicheres Bild von den Erfolg versprechenden Wachstumshebeln zu gewinnen. Um beim vorherigen Beispiel zu bleiben: Wie groß ist das Marktvolumen aktuell für Basisprodukte in Mexiko und China? Welche zusätzlichen Kundengruppen können über die erweiterten Produktfunktionalitäten erreicht werden? Wie entwickelt sich der Markt in Zukunft? Sind die erforderlichen Vertriebskanäle verfügbar? Welchen Marktanteil hat der Klient beim Markteintritt in vergleichbaren lateinamerikanischen bzw. asiatischen Märkten im ersten/zweiten Jahr gewonnen? Mit diesen Informationen lässt sich letztlich abschätzen, ob ein Markteintritt wirklich ein Prozent Umsatzwachstum generieren kann oder nicht.
- **Szenarioentwicklung:** In einem Excel-Modell wird die Umsatzentwicklung bei verschiedenen Annahmen zu den Wachstumshebeln und ihren Kombinationen simuliert, um anschließend über geeignete Szenarien zu einer Abschätzung von Chancen und Risiken zu gelangen und zu prüfen, ob das Wachstumsziel des Topmanagements durch die entwickelte Strategie erreichbar ist. Genauso wichtig wie die unbedingte Sorgfalt bei der Erstellung der Szenariorechnung ist eine Dokumentation der Annahmen und der Vorgehensweise. Nur so kann das Kliententeam die Berechnungen der externen Beratung nachvollziehen und das Modell nach Abschluss des Projekts eigenständig weiterverwenden.
- **Entscheidungsvorbereitung:** Die gesammelten Erkenntnisse müssen für die finale Entscheidung für das Management konsolidiert und aufbereitet werden – angesichts der Komplexität der Materie eine wirkliche Herausforderung.
- **Umsetzungsplanung:** Ohne Umsetzung bleibt selbst ein sehr detaillierter Plan nur ein Stück Papier. Es gilt, die nächsten Schritte genau festzulegen: Wer macht was bis wann? Welcher Markt wird wann erschlossen? Wann kommen welche Produkte? Welche Werbekampagne ist wann erforderlich? Dies ist einer der kritischsten Schritte des Projekts, denn ohne die erfolgreiche Umsetzung der Strategie war alle vorangegangene Mühe umsonst. Erneut geht es darum, die wichtigen Stakeholder:innen im Unternehmen einzubeziehen und für den Umsetzungsplan zu gewinnen. Um das Umsetzungsteam optimal für die neuen Aufgaben vorzubereiten, kann die externe Beratung ein breites Spektrum von detaillierten Umsetzungsplänen mit Controlling-Logik von Individualgesprächen bis hin zu Teamtrainings anbieten.
- **Strategieimplementierung:** In einer zunehmend volatilen Welt müssen alle Mitarbeiter:innen die Eckpunkte der Strategie kennen, damit sie für ihre Entscheidungen handlungsleitend sein kann. Führungskräfte müssen ihren Mitarbeiter:innen die Strategie für den jeweiligen Verantwortungsbereich operationalisieren und erläutern, wie kritische Geschäftsentscheidungen zu treffen sind. Hier unterscheidet sich die Produktion oder Logistik wesentlich vom Marketing oder Vertrieb. Strategieberatungen helfen Führungskräften bei der Übersetzungsleistung in bereichsspezifische Maßnahmen.

IT-/Technologieberatung

von Shahriar Kamali

Gemeinsamkeiten mit und Abgrenzung zur Managementberatung

Informationstechnologie ist eine Querschnittsfunktion mit Berührungspunkten zu allen Branchen und Unternehmensbereichen. Wer hier als Berater:in tätig ist, beschäftigt sich nicht automatisch nur mit Bits und Bytes. Vielmehr handelt es sich um eine Aufgabe, in der Theorie und Praxis, Strategie und Umsetzung besonders eng verwoben sind. Zumal die digitale Transformation rasant voranschreitet. Geschäfts- und Technologiestrategien werden zunehmend miteinander verbunden.

Die IT- und Technologieberatung erfordert natürlich technisches Verständnis und eine hohe Affinität zu IT-Themen. Zur Planung und Implementierung gehört das Wissen um die Möglichkeiten und Grenzen verschiedener Technologien und Produkte. Dies ist wichtig, um Geschäftsprozesse in den richtigen Systemen abzubilden. Die Kunden erwarten Impulse, um technische Innovationen für sich nutzbar zu machen. Unternehmen müssen zudem mehr technologische Entscheidungen treffen als je zuvor: Von Cloud-Implementierungen über verschiedene KI-Modelle und eine breite Palette hochmoderner Endgeräte bis hin zum Design der Hardware und zur Rechenleistung. Eine entsprechende Orientierung und Einordnung zu geben gehört zu den wichtigen Anforderungen an die Technologieberatung.

Je nach Größe und Fokus der Beratungsgesellschaft finden Spezialist:innen aus verschiedenen Fachbereichen hier ein spannendes Aufgabenfeld. Die Palette reicht von der Spezialberatung in klar umrissenen Themenfeldern wie IT-Sicherheit, Dokumentenmanagement oder Netzwerkplanung bis hin zur Strategieberatung. Bei Letzterer geht es stärker um die technologischen Konsequenzen und Möglichkeiten für strategische Entscheidungen sowie um die Frage nach dem Wertschöpfungsbeitrag von IT.

Abgrenzung zu anderen Beratungsfeldern

Die Grenzen zwischen der reinen Management- und Organisationsberatung und der Technologieberatung sind fließend. Da die Informationstechnologie das Nervensystem einer Organisation darstellt und Prozesse fast immer in Software abgebildet werden, spielen technologische Fragen bei vielen Projekten eine Rolle.

Letztlich ist die Unterscheidung vor allem eine Frage des Blickwinkels: Während die Managementberatung unternehmerische Fragestellungen behandelt, also beispielsweise Konzepte für den Aufbau eines neuen Händlernetzes entwickelt, ist die IT-Beratung eher auf der prozessualen und technologischen Ebene angesiedelt. Im Falle des Händlernetzes würden sie also die Kommunikationsstruktur und die Anbindung der Händler an die Unternehmensprozesse entwickeln.

Mit anderen Worten: IT-Berater:innen müssen noch stärker als Managementberater:innen in der Lage sein, Strategien und Konzepte in konkrete Prozesse zu überführen. Auf Basis dieser Übersetzungsleistung wird dann die für den jeweiligen Bedarf beste IT-Lösung entwickelt. Ausgeprägtes Prozessdenken und hohe technische Affinität sind entscheidend für den Erfolg von IT-Berater:innen.

Typische Tätigkeitsfelder und Beratungsaufgaben

Bei der Entwicklung und Umsetzung von IT-Strategien und -Lösungen müssen verschiedene Fragen beantwortet werden. Sie reichen von der Auswahl der richtigen Systeme über die Zuverlässigkeit und Langfristigkeit von Investitionen bis hin zur Wirtschaftlichkeit einzelner Maßnahmen.

In den seltensten Fällen beginnen Technologieberater:innen mit einem leeren Blatt Papier. In der Regel ist der Ausgangspunkt eine strategische Zielsetzung, die an anderer Stelle formuliert wurde. IT-Berater:innen übersetzen die Strategie in ein IT-Konzept und definieren im Anschluss einen Migrationspfad von der Ausgangssituation hin zum Zielszenario. Häufig geht es um die Harmonisierung von IT-Landschaften im Anschluss an eine Unternehmensübernahme. Die Ziele, die mit der Übernahme verbunden waren, haben auch maßgeblichen Einfluss darauf, wie die IT-Landschaften zusammengeführt oder ob neue Infrastrukturen aufgebaut werden.

IT-Berater:innen sind darüber hinaus gefordert, sich kontinuierlich über neue Entwicklungen auf dem Laufenden zu halten und sinnvolle Anwendungsmöglichkeiten für spezifische Kundenszenarien zu bestimmen. IT-Verantwortliche in Unternehmen haben nur begrenzte Möglichkeiten, Neuerungen zu bewerten. Sie sind daher auf Empfehlungen und Urteile der IT-Beratung angewiesen. Im Kern geht es immer um die Frage nach dem Nutzen einer Lösung: Wie kann man daraus zusätzlichen Mehrwert für sein Geschäft generieren?

Von den Berater:innen wird deshalb erwartet, dass sie ihr technisches Know-how konstant weiterentwickeln. Damit die Kunden das bestmögliche Ergebnis erhalten, müssen sich die Berater:innen sowohl in den modernsten Technologien als auch bei den Standardanwendungen auskennen.

Trends in der Technologieberatung

Es gibt auch Bereiche, die man üblicherweise kaum mit IT-Beratung in Verbindung bringt. So spielen beispielsweise IT-Infrastrukturen eine zunehmend wichtigere Rolle für die Rekrutierung von Nachwuchskräften. Die Generation „Millennials“ oder „Digital Natives“ drängt mittlerweile auf den Arbeitsmarkt. Und mit „Gen Z“ steht auch schon die nächste bereits in den Startlöchern. Sie alle sind mit elektronischen Medien aufgewachsen und haben einen selbstverständlichen Umgang damit. Sie erwarten von ihren Arbeitgebern moderne IT-Ausstattung und freien Zugang zu ihren sozialen Netzwerken, die längst nicht mehr nur privaten Zwecken dienen, sondern auch in der beruflichen Vernetzung eine entscheidende Rolle spielen. Die Digitalisierung des privaten wie des professionellen Alltags führt zu immer stärkeren Wechselwirkungen zwischen diesen Lebenswelten. Hier kann die IT-Beratung Unternehmen dabei helfen, sich von den Wettbewerbern auf dem Arbeitsmarkt abzuheben und optimale Arbeitsbedingungen für Digital Natives zu schaffen.

Aber nicht nur die Mitarbeiter:innen drängen auf eine Öffnung der Unternehmensgrenzen. Auch die Arbeit wird in zunehmendem Maße mit Partnern und Kunden außerhalb der vier Unternehmenswände organisiert. Mit der Anzahl der Übergabepunkte für Informationen steigen auch die Anforderungen an die Sicherheit, um erwünschten Datentransfer nicht zu behindern, unerwünschten jedoch effektiv zu unterbinden. Ganz zu schweigen von der zunehmenden Online-Kriminalität, die immer neue Wege sucht, um illegal an sensible Daten heranzukommen und diese zu missbrauchen. IT-Security ist ein extrem schnell wachsender und beratungsintensiver Bereich mit hohem Innovationstempo.

Neben Sicherheit ist vor allem die globale Orientierung der Wirtschaft eine der zentralen Herausforderungen für die IT. Die Technologieberatung arbeitet deshalb sowohl global wie auch lokal: Management- und Technologieberatungen benötigen eine globale Präsenz, um die Anbindung einer Niederlassung in Indien oder die Zusammenarbeit mit einem Lieferanten in Brasilien nicht nur theoretisch sicherzustellen. Erst das Know-how vor Ort garantiert, dass der Kunde die geplanten Vorteile auch erzielen kann.

Berater:innen arbeiten oft in Teams zusammen, deren Mitglieder verschiedene kulturelle Hintergründe haben. Die Fähigkeit, sich auf unterschiedliche Denk- und Herangehensweisen einzustellen, ist essenziell. In einer vernetzten Welt müssen auch Berater:innen vernetzt denken und arbeiten.

Effizienz in der Informationsverarbeitung wird dabei neu definiert. Feedback und Anregungen von Kunden aufzunehmen und in die internen Entscheidungsprozesse einfließen zu lassen, ist ungleich schwieriger als die Steuerung des Datenflusses im Unternehmen. Neben rein technischen Fragen ist es entscheidend, wie die Kommunikation mit dem Kunden für diesen angenehm und einfach wird. Mithilfe der richtigen Technologie kann ein produktiver Dialog geführt werden. Technologieberatung bedeutet in diesem Fall nicht nur, die richtigen Plattformen zur Verfügung zu stellen, sondern die optimale Verknüpfung der Kommunikationskanäle zu finden.

Einstiegsvoraussetzungen

Abgesehen von den gängigen Anforderungen in der Beraterbranche müssen Kandidat:innen für die Technologieberatung über eine ausgeprägte IT-Affinität verfügen. Für Positionen mit Umsetzungskompetenz sind zudem spezifische Software- oder Programmierkenntnisse gefragt, wie zum Beispiel SAP, Java, JavaScript, C oder C++. Häufig bieten die Unternehmensberatungen Einstiegsprogramme an, um Berufsanfänger:innen an die Arbeit in den technologieorientierten Projekten heranzuführen. Berater:innen in großen Consulting-Firmen gehen interdisziplinär vor, wenn für ein bestimmtes Projekt in den verschiedenen Phasen unterschiedliche Qualifikationen benötigt werden. Und die Technologieberatung hat zwar traditionell den Ruf einer Männerdomäne, mittlerweile entscheiden sich aber immer mehr Frauen für eine Laufbahn in der IT-Beratung. Die einzelnen Jobprofile in der IT-Beratung werden immer vielfältiger. Sie verändern sich ensprechend der Entwicklungen im Markt. So ist es wichtig, dass Männer wie Frauen die verschiedenen Facetten der IT-Beratung kennen und für sich als möglichen Karriereweg entdecken. Mittlerweile erkennen immer mehr Firmen die Zeichen der Zeit und stellen weibliche Vorbilder nach vorne, die von ihren Karrieren berichten. Das ist wichtig, um mögliche Hemmungen abzubauen, und damit erfolgreiche MINT-Laufbahnen für Frauen selbstverständlicher werden. Dafür braucht es auch Möglichkeiten für Frauen wie Männer, Familie mit der beruflichen Karriere zu verbinden.

Organisations- und Prozessberatung

von Kristina Folz

Je reibungsloser die Prozesse innerhalb von Unternehmen ineinandergreifen und je besser die Abläufe aufeinander abgestimmt sind, umso effizienter sind sie. In der Praxis ist das nicht immer der Fall – beispielsweise, wenn eine Firma zu schnell gewachsen ist, ohne dass die innerbetrieblichen Abläufe daran angepasst wurden. Ineffiziente Strukturen können aber auch entstehen, wenn sich Unternehmen über Jahre oder Jahrzehnte hinweg entwickeln, ohne dass Abläufe und Zuständigkeiten regelmäßig systematisch hinterfragt und verbessert werden. Hier kommt die Organisations- und Prozessberatung ins Spiel. Sie wird oft dann eingeschaltet, wenn sich das Unternehmen strategisch neu positionieren will, ein Eigentümerwechsel oder eine grundlegende Restrukturierung ansteht.

Allerdings zählen nicht nur Unternehmen zu den Kunden von Organisationsberatungen, sondern auch Einrichtungen des öffentlichen Dienstes, Parteien oder Non-Profit-Organisationen – kurzum: alle, die ein Interesse daran haben, dass interne Aufbau- und Ablaufprozesse optimiert werden.

Das Ziel der Prozess- und Organisationsberatung besteht darin, die Klientenorganisation als Ganzes oder in Teilen zu stabilisieren, zu entwickeln, Operations und Performance im Rahmen des Gegebenen zu optimieren und den Weg dafür zu bereiten, dass sich die Organisation zukünftig eigenständig steuern kann. Weil das beste Leitbild nichts hilft, wenn es nicht implementierbar ist, muss die Prozess- und Organisationsberatung immer besonders auf die Umsetzbarkeit von innen heraus achten.

Abgrenzung zu anderen Beratungsfeldern

Dabei konzentriert sich die Organisationsberatung vor allem auf die gegebenen Potenziale innerhalb der Klientenorganisation. Das unterscheidet sie beispielsweise von der Strategieberatung, die (auch) nach neuen Potenzialen sucht. Da die internen Prozesse alle Abteilungen betreffen und die unterschiedlichsten Themenfelder berühren, gibt es bei der Prozess- und Organisationsberatung naturgemäß kleinere thematische Überschneidungen zu anderen Beratungsgebieten wie der IT-Beratung, der Strategieberatung und der Human-Resources-Beratung. Allerdings liegen die Schwerpunkte jeweils auf unterschiedlichen Fragestellungen.

Zu den typischen Fragestellungen, die sich Organisations- und Prozessberater:innen stellen, zählen unter anderem:

- Welche Prozesse sind für den Erfolg des Klienten essenziell?
- Wie müssen diese Prozesse gestaltet sein, um möglichst effizient, effektiv, anpassungs- und zukunftsfähig zu sein?
- Können einzelne Prozesse automatisiert werden? Und wenn ja: Welche Vorteile bringt das kurz-, mittel- und langfristig mit sich?
- Ist es ratsam, Prozesse zu modularisieren, also in kleine Teilprozesse aufzuspalten? Wenn ja, welche Konsequenzen ergeben sich daraus?
- Was braucht es, um Change Management nachhaltig beim Klienten einzuführen?
- Welche Erfordernisse gibt es hinsichtlich der Beschäftigten des Unternehmens: Wie müssen sie entwickelt werden, wie können Kommunikationsprozesse verbessert und Konfliktpotenziale minimiert werden etc.?

Ausbildung und erforderliche Kompetenzen

Wer in die Organisations- und Prozessberatung einsteigen möchte, sollte bereits im Studium entsprechende Themenschwerpunkte wählen und möglichst frühzeitig praktische Erfahrung sammeln. Daneben sind profunde IT-Kenntnisse von Vorteil, wenn auch meist keine Einstellungsvoraussetzung.

Besonders wichtig sind jedoch diverse Soft Skills:

- Sie benötigen eine schnelle Auffassungsgabe, um sich schnell in die Organisation des Klienten einzuarbeiten, Prozesse und Strukturen zu durchschauen.
- Unerlässlich ist auch Teamfähigkeit, denn Berater:innen arbeiten (fast) nie alleine und sind zudem auf ein vertrauensvolles Verhältnis zu ihren Klienten angewiesen.
- Wie in allen Beratungsfeldern sind analytische Skills erforderlich, um Verbesserungspotenziale zu erkennen und ein tragfähiges Soll-Konzept zu entwickeln.
- Um den eigenen Vorschlägen Gehör zu verschaffen, kommt es zudem auf ein selbstbewusstes Auftreten und Durchsetzungsstärke an.
- Zugleich sind Einfühlungsvermögen sowie kommunikative Fähigkeiten vonnöten, denn Veränderungen müssen behutsam, aber nachhaltig auch an die Mitarbeiter:innen des Kunden vermittelt werden. Mit der „Brechstange“ kommt man hier nicht weit.

Die Methoden der Prozess- und Organisationsentwicklung erlernt man dagegen meist on-the-job, entweder in der Onboarding-Phase oder in den ersten Projekten.

Human-Resources-Beratung

von Dr. Axel Hüttmann und Dr. Jens Müller-Oerlinghausen

Die beste Strategie ist wertlos ohne geeignete Mitarbeiter:innen und Führungskräfte. Der Faktor Personal gewinnt durch den Strukturwandel zur Dienstleistungsgesellschaft und Wissensökonomie dramatisch an Bedeutung. Eine erfolgreich umgesetzte Geschäftsstrategie beruht vor allem auf exzellenter Personalarbeit.

Für die Verbesserung der Personalarbeit bieten spezialisierte HR-Beratungen ihre Unterstützung an, die oft ihren Fokus auf Themenfelder wie Vergütung, Altersvorsorge oder Führungskräftevermittlung (Executive Search) legen. Viele Strategieberatungen haben ebenfalls spezialisierte HR Practices, die zusätzlich zum HR-Spezialwissen ihre strategische Beratungsexpertise einbringen. Auftraggeber ist meist der Personalbereich, aber immer öfter auch die Unternehmensleitung. Denn ihre Führung beeinflusst die Leistung der Beschäftigten erheblich. Mit der HR-Beratung verwandt, aber zumindest vom Bundesverband Deutscher Unternehmensberater (BDU) dieser nicht zugerechnet, ist der Bereich der Personalberatung. Headhunter:innen unterstützen Unternehmen gezielt darin, die Anforderungen an Kandidat:innen für offene Stellen zu definieren und geeignete Bewerber:innen zu finden.

Herausforderungen und Aufgabenbereiche

Das richtige Personal zur richtigen Zeit am richtigen Ort einsetzen, und das zu möglichst wettbewerbsfähigen Kosten – so lässt sich die Aufgabe der Personalarbeit auf den Punkt bringen. Das verdeutlicht, dass sie eine der anspruchsvollsten und komplexesten Aufgaben im Unternehmen ist. Entweder es gibt nicht genügend fähige Beschäftigte, oder es sind zu viele an Bord. Veränderungen beim Personal haben lange Vorlaufzeiten: Menschen brauchen Zeit, um Neues zu erlernen. Rechtliche und vertragliche Regelungen setzen zudem enge Vorgaben.

Folgende drei Aufgabenbereiche sind innerhalb des HR-Bereichs zentral:

- das **strategische Personalmanagement**, das die quantitative und qualitative Personalplanung mit einer langfristigen Personalstrategie verbindet und durch dynamisches Personalmanagement über entsprechende Flexibilisierungs-, Qualifizierungs- oder Personalanpassungsmaßnahmen für deren Umsetzung sorgt.
- das **Talentmanagement**, das sich um die Gewinnung, Bindung, Motivation, Vergütung, Bewertung und Weiterentwicklung des Personals kümmert – von der Führungskraft bis zu den Auszubildenden.
- die **exzellente Personalfunktion**, die in ihrer Organisation, ihren Prozessen, Instrumenten und IT-Systemen sowie in ihren Fähigkeiten die richtige Balance zwischen effizienter Erbringung von Verwaltungstätigkeiten wie der Lohnzahlung und kompetenter Beratung der Führungskräfte in Personalfragen findet.

Typische Beratungsfelder

Die Entwicklung der Personalstrategie im Kontext der allgemeinen Unternehmensstrategie ist eines der Tätigkeitsfelder der HR-Beratung, das direkte Anknüpfungspunkte an die Strategieberatung bietet. Auch bei der Festlegung der strategischen Stoßrichtungen im Personalbereich sowie der Gestaltung der zur Umsetzung am besten geeigneten Aufbau- und Ablauforganisation finden sich Parallelen zur Strategieberatung. In diesem Feld trifft man sowohl große Beratungshäuser als auch spezialisierte Beratungen an.

Einer der Schwerpunkte der HR-Beratung ist die Konzeption von Personalsystemen: Wie plane ich meine Personalressourcen? Über welche Controlling-Zahlen steuere ich sie? Wie positioniere ich mich als Arbeitgeber, um die richtigen Talente zu gewinnen? Und über welche Systematik entwickle ich ihre Fähigkeiten und identifiziere ich meine Leistungsträger:innen? Welche Vergütungssysteme binden die richtigen Talente und senden die richtigen Leistungsanreize? Oft gibt es hier auf Einzelaspekte spezialisierte Beratungshäuser, aber auch breiter aufgestellte HR-Spezialist:innen. Da in großen Unternehmen die Systeme nur selten ohne IT-Unterstützung auskommen, ist dieser Bereich ein Anknüpfungspunkt für die IT-Beratung, meist durch spezialisierte Softwareanbieter.

Auch Prozessoptimierung ist ein Tätigkeitsfeld der HR-Beratung. Denn nicht erst seit der zunehmenden Verbreitung von sogenannten Shared Service Centers (sozusagen unternehmensweit genutzten Prozessfabriken) gibt es Bedarf an Automatisierung und Spezialisierung, um Prozesse effizienter und effektiver zu gestalten. Auf diesem Feld sind vor allem IT- und Outsourcing-Anbieter aktiv.

Diese Tätigkeiten gewinnen mit zunehmender Unternehmensgröße und -vielfalt an Komplexität. Wenn beispielsweise für ein internationales Telekommunikationsunternehmen mit deutlich über 100.000 Beschäftigten eine neue Personalentwicklungssystematik konzipiert und eingeführt wird, sind vielfältige Schnittstellen mit den Bereichen Personalmarketing, Vergütung sowie Führungskräfteentwicklung zu berücksichtigen. Darüber hinaus können bereits unterschiedliche Modelle existieren, die es in das neue Konzept zu integrieren gilt. Hier muss besonders große Sorgfalt auf die interne Kommunikation und die Umsetzungsbegleitung gelegt werden.

Besondere Anforderungen an HR-Berater:innen

Beschäftigte im HR-Bereich zeichnen sich häufig durch große Begeisterung für ihre Aufgabe und hohe soziale Verantwortung aus, der sie entgegen allem wirtschaftlichen Druck gerecht werden wollen. HR-Berater:innen werden oft in diesem Spannungsfeld aktiv. Ohne Empathie kommt man hier selten weiter. Gleichzeitig braucht man Hartnäckigkeit und Kreativität bei der Versachlichung und Bewertung eines schwer messbaren Themenfelds. Darüber hinaus sind HR-Themen oft sensibel – nicht zuletzt auch vor dem Hintergrund der unterschiedlichen Interessen von Eigentümer:innen, Führungskräften, Beschäftigten und dem Betriebsrat. HR-Berater:innen benötigten hier das richtige Fingerspitzengefühl, um in der Organisation Vertrauen aufzubauen. Zudem sollten HR-Berater:innen wie Strategieberater:innen natürlich auch sehr gute analytische Fähigkeiten und Projektmanagement-Kompetenzen für die strategischen HR-Themen mitbringen.

Unternehmensberatung bei Wirtschaftsprüfungsgesellschaften

von Timo Klees

Das Leistungsspektrum der Wirtschaftsprüfungsgesellschaften befindet sich seit einiger Zeit im Wandel: Ausgehend von ihren originären Aktivitäten in der Wirtschaftsprüfung (Audit) und Steuerberatung (Tax) bauen insbesondere die sogenannten Big Four - bestehend aus PwC, KPMG, EY und Deloitte - ihre Beratungsaktivitäten kontinuierlich aus. Dies eröffnet BWL-Absolvent:innen und Quereinsteiger:innen attraktive Entwicklungsmöglichkeiten im Beratungsumfeld.

Wirtschaftsprüfung und prüfungsnahe Beratung
Bereits in den vergangenen Jahren trugen (prüfungsnahe) Beratungsaktivitäten überdurchschnittlich zum Wachstum der Wirtschaftsprüfungsgesellschaften bei. Insbesondere bei Mandanten, bei denen keine Prüfungsleistungen erbracht werden und somit grundsätzlich eine höhere Beratungsfreiheit besteht, wird ein kontinuierlicher Ausbau der Beratungsleistungen angestrebt. Dies erfolgt zunehmend auch durch die gezielte Übernahme von etablierten Unternehmensberatungen und verändert die Landschaft des Beratungsmarktes. Von besonderem Interesse für die Wirtschaftsprüfungsgesellschaften sind Unternehmensberatungen mit einem spezifischen Fokus, z. B. in bestimmten Fachgebieten oder Sektoren. Sowohl für die Wirtschaftsprüfungsgesellschaften als auch für die übernommenen Beratungen kann sich eine Win-win-Situation ergeben. Vor allem für kleinere Beratungen kann es vorteilhaft sein, unter das Dach einer großen Wirtschaftsprüfungsgesellschaft zu schlüpfen, um von deren globalem Netzwerk zu profitieren.

Steigende Bedeutung der Beratungsaktivitäten
Es wird erwartet, dass sich dieser Trend in den nächsten Jahren weiter verstärkt. Grund dafür sind auch neue Regularien, nach denen kapitalmarktorientierte Unternehmen, Banken und Versicherungen nun regelmäßig ihren Abschlussprüfer wechseln müssen. Um die Unabhängigkeit der Abschlussprüfer zu wahren, dürfen die Wirtschaftsprüfungsgesellschaften bei Unternehmen nicht gleichzeitig den Jahresabschluss prüfen und umfassende Beratungsleistungen anbieten. Die Pflichtrotation in der Abschlussprüfung eröffnet den Wirtschaftsprüfungsgesellschaften neue Beratungsmöglichkeiten bei Unternehmen, deren Abschlüsse sie bisher geprüft haben und zukünftig nicht mehr prüfen dürfen. Schließlich verfügen die bisherigen Abschlussprüfer über beste Kenntnisse der Unternehmen und etablierte Kontakte zum Management.

Die einzelnen Wirtschaftsprüfungsgesellschaften verwenden für ihre Beratungsaktivitäten zwar unterschiedliche Bezeichnungen, z. B. Advisory oder Consulting, setzen jedoch ähnliche inhaltliche Schwerpunkte. Sie bündeln hier das fachliche Know-how zu transaktions-, risiko- und prozessorientierten, strategischen sowie regulatorischen Fragestellungen. Dabei zeichnen sie sich vor allem durch eine hohe finanzwirtschaftliche Kompetenz aus und ermöglichen es ihren Mandanten dadurch, den Fokus auf das eigentliche Kerngeschäft zu richten. So werden Unternehmen in Krisensituationen beispielsweise bei der finanziellen, operativen und strategischen Neupositionierung bzw. Restrukturierung unterstützt, um Kosten zu senken, eine tragfähige und nachhaltige Geschäftsplanung zu erarbeiten oder die Finanzierung zu optimieren. Im Aufschwung werden eher Wachstums- und Expansionsstrategien definiert und umgesetzt.

Ausgewählte Beratungsaktivitäten der Wirtschaftsprüfungen

Transaktionsorientierte Fragestellungen

- Mergers & Acquisitions (M&A): Beratung bei der Durchführung von Unternehmenskäufen, -verkäufen und -fusionen sowie Börsengängen (IPOs)
- Durchführung von Unternehmensbewertungen und Kaufpreisallokationen
- Due Diligence: Analyse und Bewertung insbesondere finanzieller, steuerlicher, operativer und ökologischer Chancen und Risiken bei Unternehmenskäufen
- Finanzierungsberatung (Debt Advisory): Unterstützung bei der Identifikation und Realisierung von optimalen Finanzierungsstrategien und -strukturen
- Restrukturierung: Erarbeitung und Umsetzung von Sanierungskonzepten sowie Begleitung der umzusetzenden Maßnahmen

Strategische Fragestellungen

- Wettbewerbsanalyse und Identifikation strategischer Handlungsalternativen
- Erarbeitung von Expansionsstrategien in neue Regionen und/oder Produkte
- Optimierung und Neuausrichtung von Vertriebsaktivitäten
- strategische und integrative Beratung im Bereich Human Resources

Regulatorische Fragestellungen

- Implementierung von IFRS oder US-GAAP: Begleitung bei der Umstellung von HGB auf internationale Rechnungslegungssysteme (sogenannte Conversion)
- Unterstützung bei der Entwicklung, Implementierung und Qualitätssicherung von Rating- und Risikomanagement-Systemen
- Corporate Governance: Beratung zur Erfüllung von Compliance-Anforderungen, z. B. in den Bereichen Rechnungslegung, interne Kontrollsysteme und Informationstechnologie
- Unterstützung bei der Umsetzung der Aufsichtsfunktionen im Finanzsystem: Risikobewertung und Qualitätsprüfung von Assets, Stresstests

Prozessorientierte Fragestellungen

- Performance & Controlling: Konzeption und Realisierung von Planungs-, Informations-, Steuerungs- und Controlling-Instrumentarien
- Forensic: Prävention und Aufklärung von Wirtschaftskriminalität
- Treasury & Working Capital Management: Finanzierungs-, Verbriefungs- und Ratingberatung, Unterstützung bei Liquiditäts- und Working Capital Management

Unterschiede zu den klassischen Strategieberatungen

Die großen Wirtschaftsprüfungsgesellschaften profitieren bei ihren Beratungsaktivitäten stark von ihrer Größe. Die Mitarbeiter:innen bringen fachliches Know-how aus unterschiedlichsten Disziplinen mit. Darüber hinaus gewährleistet die weltweite Organisationsstruktur eine dauerhafte Vor-Ort-Präsenz rund um den Globus und damit auch in Kundennähe. Die Berater:innen folgen also der internationalen Expansion ihrer Kunden. Dies bietet Berufseinsteiger:innen die Chance, bereits frühzeitig in internationalen Beratungsprojekten wertvolle Erfahrungen zu sammeln. Mit zunehmender Komplexität der Themenstellungen werden verstärkt auch spezielle fach- und geschäftsbereichsübergreifende Branchenkenntnisse erforderlich. Daher arbeiten die Berater:innen der Big Four in der Regel in spezialisierten Branchenteams, die die spezifischen Anforderungen einer Industrie kennen (z. B. Automotive, Financial Services etc.). Dieser interdisziplinäre Ansatz aus Fachwissen, lokaler Expertise und Branchenkenntnis zeichnet die Beratungsaktivitäten der Big Four aus. So können sie in einem internationalen Umfeld Lösungen für die wichtigsten Herausforderungen erarbeiten, denen sich Unternehmen heutzutage stellen müssen.

Die Wirtschaftsprüfungsgesellschaften zeichnen sich zudem durch meist langjährige Beziehungen zu ihren Mandanten aus. Dies verschafft ihnen einen strategischen Vorteil, wenn es darum geht, die Geschäftsmodelle der Kunden zu verstehen und weiterzuentwickeln. Während sich klassische Strategieberatungen vor allem auf Konzerne und große Unternehmen konzentrieren, werden für die Beratungsaktivitäten der Big Four auch mittelständische Unternehmen immer wichtiger. Zu den Mandanten gehören nicht nur Industrieunternehmen unterschiedlichster Branchen, sondern auch Finanz- und Dienstleistungsunternehmen, Unternehmen der öffentlichen Hand sowie Non-Profit-Organisationen.

Fazit

Das Beratungsangebot der großen Wirtschaftsprüfungsgesellschaften geht heute weit über ihre ursprünglichen Kernaktivitäten der Wirtschaftsprüfung und Steuerberatung hinaus. Dabei verfolgen sie einen eher analytischen bzw. zahlengetriebenen Beratungsansatz, der aber zunehmend um strategische Komponenten ergänzt wird.

Durch ihre wachsenden Beratungsaktivitäten bieten die Big Four für Hochschulabsolvent:innen und Quereinsteiger:innen viele attraktive Einstiegsmöglichkeiten, insbesondere auch für solche mit Bachelor-Abschluss. Dazu gehören spezielle Einstiegs- und Trainee-Programme, die während ihrer Laufzeit (meist ein bis zwei Jahre) einen Einblick in unterschiedliche Beratungsfelder und Industrien ermöglichen. Außerdem fördern die Wirtschaftsprüfungsgesellschaften bestimmte Berufsexamina wie Steuerberater:in, Wirtschaftsprüfer:in, CFA, die Teilnahme an Master-Studiengängen sowie Promotionsvorhaben und bieten berufsbegleitende Weiterbildungsmöglichkeiten an.

Ein weiterer Vorteil zu vielen „reinen" Unternehmensberatungen ist die Erfassung der geleisteten Arbeitszeit auf Arbeitszeitkonten. Eventuell anfallende Mehrarbeit wird entweder am Jahresende gesondert vergütet oder kann in Freizeit umgewandelt werden – ein enormer Vorteil, der den Mitarbeiter:innen nicht nur eine ausgeglichenere Work-Life-Balance, sondern auch ein höheres Maß an Selbstbestimmung ermöglicht.

Inhouse Consulting

von Justus Scheurlen

Eine Vielzahl von Großkonzernen verfügt heute über eine eigene Inhouse-Beratung. Neben Siemens Management Consulting zählen Bayer Business Consulting und Volkswagen Consulting zu den führenden Akteuren in Deutschland und weltweit.

Strategien aus dem Unternehmen für das Unternehmen

Analog zu externen Beratungen erarbeiten und bewerten Inhouse-Beratungen projektbasiert Handlungsempfehlungen und Strategien für entscheidende Fragestellungen im Unternehmen. Das Entwickeln von Wachstumsstrategien für verschiedene Unternehmensbereiche und Märkte, die Bewertung großer Investitionsentscheidungen, die Vorbereitung und Begleitung von Portfoliomaßnahmen und Integration neuer Geschäftsteile sowie die Reorganisation oder Restrukturierung von Unternehmensteilen sind nur einige Beispiele für typische Beratungsprojekte. Eine wesentliche Stärke interner Beratungen liegt dabei in dem tiefgreifenden Verständnis des eigenen Unternehmens, das die Entwicklung maßgeschneiderter Lösungen ermöglicht. Dabei steht immer auch die praktische Implementierbarkeit der entwickelten Lösungen im Vordergrund. Als Festangestellte im Unternehmen erleben interne Berater:innen die Umsetzung der entwickelten Maßnahmen und deren langfristige Erfolge auch nach Ende eines Projekts mit. Gerade diese Praxisnähe und das Wissen um die unternehmensspezifischen Besonderheiten verleihen ihnen hohe Glaubwürdigkeit und Akzeptanz im Topmanagement. Da Inhouse-Beratungen selbst Teil des Konzerns sind, kann in der Zusammenarbeit mit den Unternehmenslenker:innen, die Kund:innen und Kolleg:innen in einem sind, zudem auf einer gemeinsamen Kultur und denselben Werten aufgebaut werden.

Sprungbrett ins Management

Aufgabe der internen Beratungen ist es aber nicht nur, durch erstklassige Beratungsleistungen Wert für das Unternehmen zu generieren. Als nicht weniger relevantes Ziel steht auch die Entwicklung von Führungsnachwuchs für den Konzern im Fokus. Neben methodischem Beratungs-Know-how eignen sich Inhouse Consultants im Laufe ihrer Tätigkeit auch umfangreiches Wissen über die verschiedenen Bereiche des Unternehmens an. Die Erfahrungen, die sie während ihrer Projekte sammeln, sowie das interne Netzwerk und die Kontakte zum Topmanagement, die sie im Zuge ihrer Arbeit knüpfen, bieten eine optimale Vorbereitung auf eine verantwortungsvolle Position im Konzern. Um diese wertvollen Ressourcen zu bewahren und auszubauen, fördern Unternehmen wie Bayer und Co. ihre Berater:innen mit systematischen Entwicklungsplänen, Trainings und Coachings. Durch Mentoring und gezielte Einsätze in entsprechenden Funktionen können interne Berater:innen zielgerichtet bei der Vorbereitung auf die Rotation in einen angestrebten Bereich des Konzerns unterstützt werden.

Beratungserfahrung trifft Industrieexpertise

Wesentlicher Erfolgsfaktor für interne Beratungen ist es, methodisches Know-how und Beratungserfahrung mit spezifischem Wissen der jeweiligen Industrie zusammenzubringen. Das spiegelt sich auch in den Profilen der Berater:innen wider. Bei der Auswahl von Hochschulabsolvent:innen etwa können neben den für die Beratung typischen Fähigkeiten in den Bereichen Analytik, Problemlösung und Kommunikation auch relevante Branchenkenntnisse und Industrieerfahrung eine wichtige Rolle spielen. Insbesondere für Absolvent:innen, die sich ihrer bevorzugten Branche bereits bewusst sind, bieten Inhouse-Beratungen große Entwicklungschancen. In kürzester Zeit können die jungen Consultants in den oft internationalen Projekten ein fundiertes Branchenverständnis und Expertenwissen aufbauen, Projekt- und Beratungserfahrung sammeln und verschiedene Facetten des Unternehmens kennenlernen. Von dem Wissen und dem Netzwerk, das sie während dieser Zeit aufbauen, profitieren sie nicht nur während ihrer Karriere als Consultants. Auch später, in einer Managementfunktion im Unternehmen, ist beides von unschätzbarem Wert. Gerade auf höheren Positionen finden sich zudem meist auch Kolleg:innen, die bereits über langjährige Erfahrung in der externen Beratung oder der jeweiligen Industrie verfügen. Sie bringen ihr methodisches und branchenspezifisches Wissen in die Projektarbeit ein und profitieren ihrerseits davon, tiefe Einblicke in die verschiedenen Bereiche des Unternehmens zu gewinnen, wertvolle Kontakte zu knüpfen, und sich so beste Voraussetzungen für den Übergang in eine Führungsposition im Konzern zu schaffen.

2. Beruf(ung) Unternehmensberater:in

Einstiegsoptionen

von Mathias Huber

Unternehmensberater:in ist ein Beruf sowohl für Absolvent:innen, die sich gerne als Generalist:innen bezeichnen, als auch für ausgewiesene Spezialist:innen in unterschiedlichen Feldern. Das Studienfach spielt eine ebenso untergeordnete Rolle wie der Abschluss. Einstiegsmöglichkeiten gibt es zu jedem Zeitpunkt - egal, ob die Bewerber:innen noch studieren, ob sie bereits graduiert oder promoviert sind oder schon Berufserfahrung mitbringen. Je nach Abschluss bieten die meisten Beratungen verschiedene Einstiegsmöglichkeiten an, die sich an den jeweiligen Voraussetzungen der Interessent:innen orientieren. Dabei bietet die Unternehmensberatung eine hervorragende Möglichkeit, sich auszuprobieren und sich nach dem Kennenlernen vieler Bereiche und Themen, bei entsprechendem Wunsch, zu spezialisieren.

Während des Studiums: Praktikum

Eine hervorragende Gelegenheit, das Berufsfeld der Unternehmensberatung kennenzulernen und den Berateralltag einmal live zu erleben, ist das Praktikum. Meist arbeiten Praktikant:innen als vollwertiges Teammitglied Seite an Seite mit erfahrenen Berater:innen beim Klienten vor Ort. Oft übernehmen sie sogar einen eigenen Aufgabenbereich. In der Regel dauern Praktika acht bis zwölf Wochen und bieten Karrierecoaching durch eine persönliche Betreuerin oder einen persönlichen Betreuer, aber auch die Möglichkeit zur Teilnahme an Veranstaltungen und den Zugang zu diversen Recherche- und Informationsquellen.

Nach dem Bachelor-Studium

Speziell für Bachelor-Absolvent:innen haben viele Unternehmensberatungen besondere Programme ins Leben gerufen. Näheres zu diesem Thema finden Sie auch ab Seite 49.

Nach dem Diplom-, Magister- oder Master-Studium

Der Einstieg nach einem Diplom-, Magister- oder Master-Studium ist der klassische Start in die Consulting-Laufbahn. Die Berater:innen sind in Projektteams beim Klienten im Einsatz. Ihre Aufgaben können das gesamte Spektrum industrieller und institutioneller Bereiche sowie funktionaler Themen abdecken. In Teams arbeiten die Berater:innen an der Lösung komplexer Probleme: Sie erstellen Analysen, entwickeln in enger Zusammenarbeit mit den Führungskräften des Klienten Empfehlungen und unterstützen deren Umsetzung. Dabei werden junge Berater:innen fortlaufend von erfahrenen Kolleg:innen gecoacht. Parallel zur Projektarbeit absolvieren Berater:innen verschiedene Trainings und individuelle Coachings, die sie auf neue Aufgaben vorbereiten.

Weiterbildung und -entwicklung sind in der Beratung zentrale Elemente. So besteht zum Beispiel bei großen Beratungen oft die Möglichkeit, nach einer gewissen Arbeitsphase freigestellt zu werden, um einen weiteren akademischen Abschluss zu erlangen. In dieser Zeit können die Berater:innen ihre Doktorarbeit schreiben oder einen MBA machen – dabei erhalten sie zudem häufig Unterstützung bei der Finanzierung des Studiums. Bei McKinsey gibt es auch die Alternative, sich während seines Leave für eine soziale Einrichtung zu engagieren. In beiden Fällen beziehen Berater:innen ein Jahr ihr volles Gehalt weiter. Nach der Auszeit steigen die Berater:innen mit zusätzlicher Qualifikation und Expertise wieder in ihrem Beratungsunternehmen ein und übernehmen mehr Verantwortung in ihren Teams.

Nach der Promotion

Einsteiger:innen mit einem zweiten akademischen Abschluss (meist Promotion oder MBA) starten als Berater:innen, die direkt im Team das Topmanagement von Unternehmen oder öffentlichen Institutionen beraten. Bereits nach kurzer Zeit können sie meist schon selbst Führungsaufgaben übernehmen, was sich einige Zeit später in der Beförderung zur Projektleiterin oder zum Projektleiter widerspiegeln kann.

Mit Berufserfahrung

Beratungen schätzen Bewerber:innen, die durch relevante Berufserfahrung bereits gezielte Fachkenntnisse und Praxisexpertise mitbringen. Diese erlaubt ihnen oft den direkten Einstieg in die Beratertätigkeit spezieller Industriesektoren oder funktionaler Practices wie Marketing oder Operations. Viele Unternehmensberatungen bieten Quereinsteigenden mit Berufserfahrung individuelle Vereinbarungen mit attraktiven Konditionen und Karrierechancen. Selbstverständlich erhalten auch sie maßgeschneiderte Trainingsprogramme und kontinuierliche Coachings. Auch innerhalb der Beratung gibt es noch viele weitere Rollen, die nicht im direkten Klientenkontakt stehen und weitere attraktive Karrierechancen bieten.

What's in it for me? – Einstieg in die Unternehmensberatung als langfristiger Karriereschub

von Rolf Pfeiffer

Unternehmensberatungen erfreuen sich großer Beliebtheit als Arbeitgeber erstklassig ausgebildeter Absolvent:innen. Dafür gibt es sehr offensichtliche Gründe wie anspruchsvolle Aufgaben, hoch qualifizierte Kolleg:innen, spannende Projekte sowie eine steile Lernkurve. Die Betrachtung der Frage, welchem Beratungsunternehmen man den Vorzug geben soll, enthüllt aus einer Langzeit-Karriereperspektive noch ganz andere Gründe, die für die Entscheidung einer Absolventin oder eines Absolventen relevant werden können.

Die Ausgangssituation

Wir gehen von e-fellows.net-Stipendiat:innen oder generell besonders leistungsstarken Studierenden aus, die gut ausgebildet, ambitioniert, praxiserfahren, leistungsbereit und anspruchsvoll sind. Sie haben viele Informationen gesammelt, die ihnen die Entscheidung über den Berufseinstieg ermöglichen bzw. erleichtern sollen. Sie haben mehr Möglichkeiten als andere Studierende, an die „weichen" Informationen zu gelangen, die von den Unternehmen nicht offiziell kommuniziert, sondern von den Mitarbeiter:innen im persönlichen Gespräch weitergegeben werden. Sie haben sich bei mehreren Beratungen beworben und mehr als ein Vertragsangebot unterschriftsreif auf dem Tisch liegen. Wie können sie die Angebote bewerten und zu einer Entscheidung kommen?

Die Herausforderung

Die meisten Absolvent:innen können für einen Zeitraum von ca. zwei bis fünf Jahren relativ genau sagen, was sie machen möchten. Fast jeder kann sagen, was er nicht machen möchte (aber das will in einem Einstellungsinterview keiner hören). Nur sind die erste und die zweite berufliche Entscheidung in der Regel von sehr viel größerer Tragweite, als das den meisten im Moment der Entscheidung bewusst ist. Denn es kommen Aspekte zum Tragen, von denen im Bewerbungsprozess kaum bis gar nicht gesprochen wird und die unterschiedliche Beratungsunternehmen auch höchst unterschiedlich bedienen.

Zur Strukturierung der Ausführungen dient eine erfahrungsbasierte Klassifizierung von Beratungsunternehmen. Wer sich damit vertieft befassen will, sei auf die einschlägige Lünendonk®-Liste verwiesen, in der seit vielen Jahren Beratungsunternehmen nach Umsätzen und Mitarbeiterzahlen aufgelistet werden. Sie finden sie auf Seite 19 dieses Buches. Die nachfolgende Klassifizierung orientiert sich an der Ausrichtung/Größe der Beratung sowie an den typischen Projekten.

Ausrichtung/Größe der Beratung

Man kann Beratungen anhand von zwei wesentlichen Merkmalen unterscheiden: die eher strategische oder (erheblich) IT-lastig-implementierende Ausrichtung der Beratungsleistung einerseits und die auf eine/wenige oder viele Branchen bzw. Funktionen ausgerichtete Beratung andererseits. Diese beiden Merkmale führen in ihrer Kombination zu folgenden Profilen:

		Branchen/Funktionen	
		eine/wenige	**mehrere**
Ausrichtung	**Strategieberatung**	c	a
	implementierende/ realisierende Beratung	d	b

a. die auf mehrere Branchen und Funktionen ausgerichtete Strategieberatung (z. B. McKinsey, Boston Consulting Group, Bain & Company)
b. die auf mehrere Branchen und Funktionen ausgerichtete implementierende/realisierende Beratung (z. B. Accenture, IBM, Capgemini)
c. die auf eine/wenige Branchen oder Funktionen ausgerichtete, eher strategische Projekte bearbeitende Beratung (z. B. Simon-Kucher, Horváth)
d. die auf eine/wenige Branchen oder Funktionen ausgerichtete implementierende/ realisierende Beratung (z. B. Towers Watson, zeb.rolfes.schierenbeck.associates, Nagler & Company)

Hierin kann man die Grundstruktur einer bei Berater:innen so beliebten Vier-Felder-Matrix erkennen. Daraus lassen sich in gewisser Hinsicht die typischen Projekte ableiten, die man unterscheiden kann nach der Größe der Projektteams, der Dauer, der Intensität der Interaktion mit den Klienten bzw. deren Einbindung in die Projektstrukturen. Damit hängen auch die durchschnittlichen Tagessätze zusammen, die wiederum Aufschluss über die Verdienstmöglichkeiten geben können.

Einige Faustregeln dazu: je strategischer die Ausrichtung eines Projekts, desto kleiner das Projektteam und desto kürzer die Projektlaufzeit (Faustregel: klassisches Strategieprojekt = drei bis fünf Berater:innen; drei Monate Projektdauer; meistens reine Beraterteams mit sehr vereinzelt integrierten Klientenmitarbeiter:innen; typisches Endergebnis: Konzept und Präsentation), je operativer und umsetzender die Ausrichtung des Projekts, desto größer die Teams (Faustregel: klassisches Implementierungsprojekt = fünf bis fünfzig Berater:innen, teilweise sogar noch mehr; Laufzeit: sechs bis zwölf Monate, teilweise auch länger; häufig gemischte Projektteams mit einem Verhältnis von Berater:innen zu Klientenmitarbeiter:innen von 1 zu >1; teilweise temporäre Übernahme operativer Managementfunktionen beim Klienten durch Berater:innen; typisches Endergebnis: ein funktionierender Prozess bzw. ein funktionierendes System).

Die Frage(n)
Welche Kriterien sind es nun, anhand derer man die Bedeutung der Tätigkeit in einer Beratung für die langfristige Karriereplanung bewerten kann? Wie kann ich das Vorhandensein dieser Kriterien erkennen bzw. erahnen? Woher bekomme ich Informationen über ihre Ausprägung? Welche Bewertungsmaßstäbe sollte ich ansetzen, um mir meine Meinung zu bilden? Wie fälle ich auf Basis dieser Kriterien eine fundierte Entscheidung?

Die Antwort kann – mit Ausnahme der Einstiegsmöglichkeiten – zusammengefasst als persönliches Erfahrungsprofil, als Resultat der Tätigkeit in der Unternehmensberatung bezeichnet werden. Sie unterteilt sich in mehrere Elemente, die im Folgenden näher beschrieben werden. Um folgende Faktoren geht es hauptsächlich:

- Einstiegsmöglichkeiten
- fachliche/funktionale Erfahrungen
- methodische Erfahrungen
- Interaktionserfahrungen
- Ausstiegsmöglichkeiten und Netzwerk/Commercial Signalling

Es mag sein, dass der eine oder die andere noch weitere entscheidungsrelevante Kriterien für sich identifiziert – das ist der Nachweis, dass man sich intensiv mit der Fragestellung auseinandergesetzt hat. Die Reihenfolge der Beschreibung der Kriterien orientiert sich an dem normalen Tätigkeitszyklus von Berater:innen. Mehr als 90 Prozent aller Absolvent:innen, die in der Beratung starten, werden nicht Partner:in. Deshalb ist das Betrachten der Ausstiegsmöglichkeiten und -zeitpunkte eminent wichtig, auch wenn beim Berufseinstieg nur ungern daran gedacht wird.

Einstiegsmöglichkeiten

Die meisten Beratungen haben ein pyramidales Modell von Projekt- und Unternehmensstrukturen und damit zumindest theoretisch vielfältige Einstiegsmöglichkeiten. Einzelne Vertreter der zuvor aufgeführten Gruppen c und d tun sich mit Absolvent:innen schwerer. Es gibt allerdings noch eine zweite, weit weniger transparente Einschränkung: Einige Vertreter der Gruppe a tun sich sehr schwer damit, Mitarbeiter:innen einige Jahre nach Abschluss eines Studiums als Experienced Hire einzustellen. Der Grund dafür liegt darin, dass sie als einen wesentlichen Bestandteil ihrer USP auf eine Kultur setzen, in die hineinzufinden sehr schwer sein kann. Vor allem, wenn man die erste berufliche Sozialisation außerhalb der Beratung, des M&A-orientierten Investment Bankings oder der Private-Equity-Welt erfahren hat. Wer also in einer Beratung der Gruppe a einen Teil seiner Karriere sieht, sollte den Einstieg möglichst bald nach Abschluss des Studiums suchen. Wer als Experienced Hire in die Beratung einsteigen will, der sollte sich darauf gefasst machen, dass nur ein Teil der bisherigen Erfahrung – etwa bei der Gehaltsfindung – berücksichtigt wird. Das hängt mit den unterschiedlichen beruflichen Erfahrungen und der Steilheit der Lernkurve in der Beratung zusammen.

Fachliche/funktionale Erfahrungen

Die fachliche bzw. funktionale Erfahrung ist eines der wesentlichen Argumente für die Arbeit in Beratungen, denn hier ist in der Regel die Lernkurve viel steiler als in den meisten Nicht-Beratungspositionen. Wer seinen bevorzugten Tätigkeitsbereich (z. B. Finanzen, Marketing etc.) gefunden hat und sich dort rasant weiterentwickeln will, dem kann wahrscheinlich nichts Besseres passieren, als einige Jahre in einer einschlägig anerkannten Beratung zu arbeiten. Wer sich dann umentscheiden will, steht vor dem gleichen Dilemma wie eine Mitarbeiterin in einem Konzern, die bislang eine Schornsteinkarriere gemacht hat und nun feststellt, dass das Gras in einer anderen Funktion/Position grüner ist, sie für diese aber nicht die passende Erfahrung hat.

Zwischenfazit

In den ersten vier, fünf Jahren nach Studienende ist die fachliche/funktionale Lernkurve in einer guten Beratung fast unschlagbar, aber bei den später erstrebenswert erscheinenden Positionen kommt es nur zum Teil auf die Tiefe und Breite dieser Erfahrung an. Der Vorteil der Beratungsunternehmen aus den Kategorien a und b liegt hier in der Breite der möglichen Erfahrungen. Die fachliche Einschränkung ist umgekehrt der Nachteil der Unternehmen in den Kategorien c und d. Wenn auch die Expertise, gerade in diesen beiden letztgenannten Gruppen, sehr ausgeprägt sein kann, so ist sie doch auch sehr speziell und damit weniger breit verwertbar als in den Gruppen a und b (siehe auch Ausstiegsmöglichkeiten).

Methodische Erfahrungen

Bei der methodischen Erfahrung schlägt in der Regel die große Stunde der Beratungen. Wer über mehrere Jahre hinweg erfolgreich in einer guten Beratung gearbeitet hat, verfügt über einen persönlichen Methoden-Werkzeugkasten, der für die allermeisten anspruchsvollen Management- und Führungsaufgaben wappnet. Man lernt strukturiertes Arbeiten in unvergleichlicher Weise, und es kann passieren, dass man vor allem von nicht beratungserfahrenen Kolleg:innen den ehrfürchtigen, nicht immer freundlich gemeinten Kommentar hört: „Der arbeitet ja immer so strukturiert." Einziger Nachteil: Es gibt schon ein paar Tausend Alumnae und Alumni der etablierten Beratungsunternehmen, man ist also nicht allein. Sinnvoll ist diese Erfahrung aber allemal. Tendenziell gilt hier: Die Methoden der Beratungsunternehmen aus der Kategorie a sind universeller einsetzbar, dafür aber weniger spezifisch auf die Lösung von Fragestellungen ausgerichtet, die eher eine „Tiefenbohrung" verlangen. Hier sind die Erfahrungen aus Beratungen der Gruppe c unter Umständen hilfreicher. Die Beratungsunternehmen der Gruppen b und d arbeiten selbstverständlich auch methodengestützt. Hier wird man ebenfalls sehr wertvolle Erfahrungen mitnehmen, die einem gute Dienste leisten können.

Interaktionserfahrungen

Die Interaktionserfahrungen sind ein sehr spannendes Gebiet, auf dem man viel lernen kann, das aber auch die Achillesferse vieler Beratungen ist. Interaktion meint in diesem Zusammenhang die Kommunikation mit anderen Menschen, individuell oder in Gruppen, um diese zu informieren, zu überzeugen, zu motivieren, zu führen. Strukturierte Kommunikation lernt man in den meisten Beratungen. Je etablierter die Beratung ist, desto eher gibt es ein formalisiertes Entwicklungsprogramm. Bei jungen Beratungen schaut man sich die Vorgehensweise eher bei den Kolleg:innen ab. Mit dem Überzeugen, dem Motivieren und dem Führen hingegen ist das so eine Sache. Was das Überzeugen angeht, so fühlen sich Berater:innen in aller Regel wohl, wenn sie auf Basis von Analysen und fachlich soliden Fakten argumentieren können. Die dafür nötigen Techniken lernen sie. Problematisch wird es, wenn nicht fachliche oder schwierig zu analysierende Fakten oder gar Emotionen hinzukommen. Das bringt viele Berater:innen in Schwierigkeiten, weil es sich ihren Analysemethoden entzieht. Umgangssprachlich „menschelt" es, fachlich gesprochen gibt es „systemische Gründe", die plötzlich eine große Rolle spielen.

Beim Motivieren und Führen setzt sich das fort. Beratungsunternehmen unterscheiden sich u. a. in einem Punkt sehr deutlich von den meisten anderen Unternehmen: in der Homogenität der Motivstrukturen ihrer Mitarbeiter:innen. Platt formuliert wollen fast alle schnell Karriere machen, sind hoch qualifiziert, zeigen überdurchschnittlichen Einsatz und reagieren auf ähnliche Belohnungs- und Anreizsysteme. In den meisten anderen Unternehmen ist das grundlegend anders: Je größer und älter die Unternehmen, desto ausgeprägter sind in der Regel die Unterschiede. Je früher und je intensiver man mit diesen Umständen zu tun hatte, desto leichter fällt später der Wechsel in eine Linienführungsposition bei einem anderen Unternehmen. Das Problem wird noch verschärft durch die Tatsache, dass in immer mehr großen Unternehmen die Strukturen zunehmend unklarer werden. Das wiederum bedeutet, dass klassische „Command and Control"-Ansagen ausgedient haben und es immer häufiger gilt, Kolleg:innen von Ideen oder Vorgehensweisen zu überzeugen, auch und gerade ohne hierarchisch begründete Machtposition. In diesem Umfeld sind die Mitarbeiter:innen der Beratungsunternehmen der Kategorien b und d klar im Vorteil, denn sie haben die Situation des Führens, Überzeugens und Beeinflussens ohne formale hierarchische Machtposition schon häufig im Projektkontext erlebt.

Ausstiegsmöglichkeiten

Ausstiegszeitpunkte sind in den meisten großen Beratungsunternehmen einigermaßen standardisiert: nach zwei Jahren (das ist der Zeitraum, nach dem man wissen sollte, ob Beratung das Richtige ist); nach vier bis fünf Jahren, also kurz vor oder kurz nach der Übernahme von Projektleitungsfunktionen; nach sieben bis acht Jahren, also bei der Frage, ob man sich auch das Leiten großer Projekte oder die Akquise von Zusatzaufträgen innerhalb von Projekten bzw. Kundenbeziehungen zutraut und sich damit auf den Weg zur Partnerin oder zum Partner machen möchte; oder dann im Falle einer Absage bei der Wahl zur Partnerin oder zum Partner. Man kann natürlich auch als Partner:in aussteigen, weil andernorts interessante, herausfordernde oder lukrative Chancen winken. Der Ausstieg steht jedem jederzeit frei, wenn einem der Lebensstil nicht mehr zusagt – und sei es, weil Lebenspartner:in und Kinder plötzlich nicht mehr nur graue Theorie sind, sondern quicklebendige Wirklichkeit.

Grundlage des Erfolgs bei einem Wechsel aus der Beratung ist im Wesentlichen die Frage, wie gut man mit den Anforderungen der Position und der Vielfalt der erforderlichen Kompetenzen einerseits und der neuen Unternehmenskultur andererseits klarkommt. Der Erfolg ist umso wahrscheinlicher, je ähnlicher die Anforderungen der neuen Position und die neue Unternehmenskultur den bisherigen Erfahrungen sind. Besonders leicht wird also in der Regel der Wechsel von einer Analystenposition in einer Beratung in eine fachlich orientierte Funktion, etwa im Corporate Development eines Unternehmens, sein. Gleiches gilt für den Wechsel aus einer Projektleiterfunktion in der Beratung in eine Projektleiterfunktion in einem klassisch organisierten Unternehmen. Wobei hier schon politische Dimensionen zum Tragen kommen können, die man aus der Zeit in der Beratung nicht kennt. Einfach sind auch Wechsel aus der Beratung in der Natur der Arbeit nach vergleichbare Positionen etwa in Investmentbanken oder Private-Equity-Firmen, deren Unternehmenskultur in der Regel der der Beratungen stark ähnelt. Richtig schwierig können Wechsel werden, wenn in der neuen Position etwa die regelmäßige Interaktion mit sehr heterogenen Mitarbeitergruppen eine Rolle spielt, mit denen man bislang wenig bis keine Erfahrungen hat (also z. B. aus der Strategieberatung in eine Rolle als Produktionsleitung mit vielen gewerblichen Mitarbeiter:innen im unmittelbaren Umfeld). Ähnliches gilt für den Einstieg in eine Position, bei der die eigenen fachlichen Qualifikationen weit in den Hintergrund und die Führungs- und Kommunikationsfähigkeiten in den Vordergrund rücken. Hierzu gehören z. B. Bereichsleiterfunktionen in sehr hierarchisch organisierten Unternehmen, in denen die wahrgenommene Qualität der eigenen Arbeit sehr stark vom Einsatz und der Arbeitsqualität vieler Beschäftigter und Führungskräfte abhängt. Diese haben möglicherweise nicht darauf gewartet, dass ihnen jemand von außen „vor die Nase gesetzt" wird.

Zu all diesen Dimensionen liefern die Beratungsunternehmen der verschiedenen genannten Kategorien aufgrund der typischen Projekte sehr unterschiedliche Erfahrungen. Das sollte man bei der Wahl der Beratung berücksichtigen. Weiterhin gilt, dass etablierte Beratungen z. B. aufgrund des sehr engen Netzwerks, das sie durch viele Alumnae und Alumni haben, den Umstieg in eine neue Funktion außerhalb der Beratung ganz anders unterstützen können, als das bei jungen Beratungen der Fall ist.

Nicht zuletzt zählt das Renommee der Beratung, für die man tätig ist, möglicherweise sehr viel. Einem etablierten Beratungsunternehmen werden viele Eigenschaften zugeschrieben, anders als einem weniger bekannten. Das allerdings kann auch nach hinten losgehen, wenn manche dieser Eigenschaften zu negativen Klischees werden, gegen die man dann individuell antreten muss.

Fazit

Wer sich über diese Fragen Gedanken macht und sie im Auswahlprozess berücksichtigt, wird seinen Erfolg in der Beratung und in seiner Karriere absichern können.

Vergütung in der Unternehmensberatung

von Carl Walinski

In Deutschlands Wirtschaft und Verwaltung ist seit den 1950er Jahren der Bedarf an externen Beratungsleistungen stetig gestiegen. Dabei spielen die Globalisierung und die immer weiter wachsende Komplexität der Geschäfts- und Verwaltungsprozesse sowie immer kürzere, dynamischere Veränderungsintervalle eine entscheidende Rolle. Ebenso wirken sich die Optimierung von Organisationsstrukturen und Hierarchieebenen und die damit verbundene Auslagerung von Know-how positiv auf die Entwicklung der Beratungsbranche aus. Die gestiegene Nachfrage nach spezifischen Beratungsleistungen wie Strategie- oder Personalberatung spiegelt sich in der seit Jahren positiven Umsatzentwicklung der Gesamtbranche wider. Von wenigen Jahren abgesehen wie etwa zu Zeiten der Wirtschaftskrise und des Covid-Krisenjahres 2020 wachsen die Umsätze in der Beratungsbranche kontinuierlich. Dementsprechend entwickelten sich auch die Vergütungen – und das für Expert:innen mit unterschiedlichsten Erfahrungen und Kenntnissen. Eine Karriere als Consultant ist keineswegs nur Absolvent:innen eines wirtschaftswissenschaftlichen Studiums vorbehalten, sondern auch für Absolvent:innen der Ingenieurs- und Naturwissenschaften, der Psychologie oder Soziologie eine attraktive und begehrte Berufswahl. Nicht selten stößt man auf Top-Berater:innen, die aus einem geisteswissenschaftlichen Studium heraus eine erfolgreiche Karriere als Junior Consultant gestartet haben.

Berufsbild und Karrierewege der Unternehmensberater:innen

Volatile Arbeitsbelastung sowie häufig hoher Leistungs- und Termindruck gehören zum Beraterallltag. Andererseits ist die Abwechslung, die der Beraterjob mit sich bringt und die ihn deutlich von einer klassischen Industriekarriere unterscheidet, ein starkes Argument, mit dem die Beratungsgesellschaften gegenüber der klassischen Industriekarriere punkten können. Ebenso ist die Möglichkeit, bei wirtschaftlich bedeutenden Entscheidungen mitzuarbeiten und in deren Umsetzung involviert zu sein, ein wichtiges Argument der Beratungsgesellschaften bei der Rekrutierung neuer Consultants. Dies trifft insbesondere auf Hochschulabsolvent:innen und Young Professionals zu.

Bei entsprechender Leistung können sich in jungen Jahren schon schnelle Aufstiegsmöglichkeiten ergeben. Generell werden die Arbeitsleistungen im Vergleich zu klassischen Industrieunternehmen in deutlich kürzeren Intervallen erfasst und bewertet. Erfüllen Einsteiger:innen das erwartete Leistungsniveau nicht, ziehen sowohl Mitarbeiter:innen als auch die Unternehmensberatungen im Allgemeinen deutlich schneller ihre Konsequenzen.

Einhergehend mit der großen Erwartungshaltung bezüglich Leistungsniveaus und -bereitschaft seitens des Unternehmens bieten Unternehmensberatungen im Gegenzug flexible Arbeitsmöglichkeiten wie u. a. Home-Office (schon in Vor-Covid-Zeiten) sowie die dafür nötigen Arbeitsmittel wie Firmenlaptops und -handys. Beratungen sind auch dafür bekannt, eine intensiv gelebte Unternehmenskultur zu fördern, die ein Gemeinschaftsgefühl erzeugt und die Identifikation mit dem Unternehmen stärkt.

Entwicklung der Vergütungen im Spiegel der Konjunkturlage

Mit Beginn der Wirtschafts- und Finanzkrise 2007 war die Vergütung für Consultants unter Druck geraten. Es herrschte eine große Zurückhaltung bezüglich Neueinstellungen aufgrund des ungewissen Marktumfeldes, was sich auch auf das Vergütungsniveau unmittelbar auswirkte. In dieser Hinsicht hat die Pandemie eine ähnliche Auswirkung, nämlich dass die meisten Firmen in Deutschland mit Einstellungsstopps und Kurzarbeit reagiert haben. Allerdings spiegeln die zugrundeliegenden Vergütungszahlen diese Effekte noch nicht ganz wider, da die Vergütungsentscheidungen für 2020 zum großen Teil schon bis zum Ende des ersten Quartals 2020 gefällt und umgesetzt wurden.

Über fast alle betrachteten Positionen hinweg (mit Ausnahme der Principal/Director-Positionen) fielen die Erhöhungen des Grundgehalts im Covid-Jahr 2020 durchschnittlich niedriger aus als in 2019 (circa -1 bis -2 Prozentpunkte). Die Erhöhungen der Gesamtzielvergütung sind über alle Level betrachtet um knapp ein Prozent höher und damit mäßig ausgefallen.

Während die Junior Consultants und Principals in der Grundvergütung eine höhere Steigerung verzeichneten, wie es der Willis Towers Watson Salary Budget Planning Report des vierten Quartals 2020 für die gesamtwirtschaftliche Gehaltssteigerungsquote mit 2,8 Prozent anzeigt, ist die Erhöhung der Grundvergütung bei den Consultants und Managern um mehr als einen Prozentpunkt niedriger als in 2019 ausgefallen. In diesen Leveln zeigt sich die zunehmende Wichtigkeit der variablen Vergütung, die ab dem Consultant-Level immer über dem Steigerungswert für das entsprechende Grundgehalt lag.

Heterogene Vergütungslandschaft

Ein Blick auf die absoluten Zahlen der Zielbarvergütung belegt eine große Spreizung der Vergütungsniveaus über die Karrierestufen hinweg. Lag das Gesamtzielgehalt für einen Junior Consultant 2020 zwischen 45.460 und 66.705 Euro, wurden auf der nächsthöheren Karrierestufe im Durchschnitt bereits von 54.535 bis zu 84.666 Euro gezahlt. Auch das Erreichen der nächsten Karrierestufen wird von deutlichen Vergütungssprüngen begleitet. Als Senior Consultant können Gehälter zwischen 68.467 und 126.619 Euro verdient werden, für Manager bewegt sich die Zielbarvergütung zwischen 101.871 und 167.271 Euro. Auf der Stufe des Principals fällt die Spanne am deutlichsten aus: Der Rahmen liegt hier zwischen 127.400 und über 280.873 Euro. Nach wie vor können diese teils deutlichen Erhöhungen dadurch erklärt werden, dass die Beratungen einerseits ihre langjährig ausgebildeten und entwickelten Mitarbeiter:innen im Unternehmen als Expert:innen halten, und andererseits Fach- und Branchenkenner:innen mit ihrer Reputation am Markt für sich gewinnen möchten. So fällt der Anstieg der Zielbarvergütung mit durchschnittlich 50 Prozent von der Karrierestufe Manager auf Principal am deutlichsten aus, eine Beförderung auf ein Consultant-Level wird mit ca. 23 Prozent und die Beförderungen zum Senior Consultant oder auch Manager mit jeweils knapp 38 Prozent mehr entlohnt.

Karrierestufe	Grundvergütungsspanne im deutschen Markt in Euro	Veränderung 2020 zu 2019 in %
Junior Consultant	45.000–64.300	3,4 %
Consultant	52.300–80.000	1,3 %
Senior Consultant	65.200–110.800	1,7 %
Manager	90.500–135.000	1,3 %
Principal/Director	109.600–210.000	4,3 %

Karrierestufe	Zielbarvergütungsspanne im deutschen Markt in Euro	Veränderung 2020 zu 2019 in %
Junior Consultant	45.500–66.700	2,9 %
Consultant	54.500–84.700	2,4 %
Senior Consultant	68.500–126.600	1,9 %
Manager	101.900–167.300	2,7 %
Principal/Director	127.400–280.900	5,8 %

Entwicklung der Grund- und Zielbarvergütung im Bereich Business Consulting
Quelle: Willis Towers Watson

In der Regel verdienen Strategieberater:innen dabei in den großen, namhaften Unternehmen der Branche am besten. Dies wird insbesondere bei den Einstiegsgehältern deutlich, die über denen der kleineren Beratungsgesellschaften positioniert sind. So liegen die kleineren Beratungen eher am jeweilig unteren Ende der Spanne und die großen Beratungen am oberen Ende.

Spezialisierte Beratungen gewinnen an Bedeutung

Weiterhin zeigt sich, dass neben den traditionellen Strategieberatungen spezialisierte (d. h. auf Teilbereiche fokussierte) Beratungsgesellschaften gesucht werden. So fragen Unternehmen gezielt nach Spezialist:innen, zum Beispiel für die Bereiche Human Resources, Engineering oder IT. Durch den Abbau interner Funktionen in diesen Bereichen haben die Unternehmen Know-how und Ressourcen für die damit verbundenen Aufgaben verloren. Durch den Zukauf externer Beratungsleistung durch Spezialist:innen können die Unternehmen nun im Bedarfsfall reagieren. Vor allem für die spezialisierten Beratungen besteht hier die Möglichkeit, Berater:innen auf lukrativen „On-Site"-Projekten beim Kunden zu platzieren – für die Berater:innen selbst entsteht dabei die Möglichkeit, in ihrem Fachbereich ein enges Verhältnis zum Kunden aufzubauen und sich somit Karrieremöglichkeiten in der Industrie zu eröffnen.

Variable Vergütungsbestandteile machen den Unterschied
Bei der Diskussion über die Vergütung von Consulting-Spezialist:innen ist auch zu berücksichtigen, dass die Grundvergütung zwar wichtig ist, mit zunehmender Karrierestufe aber in der Gesamtbetrachtung an Bedeutung abnimmt. Erhöhungen in diesem Bereich haben sich in der Vergangenheit stets in überschaubaren Dimensionen bewegt.

Es ist vor allem der jährliche Bonus als variables Element, der als entscheidender Hebel bei der Differenzierung der Vergütung von Berater:innen wirkt. Die im vorliegenden Vergleich ausgewiesenen Werte für die Gesamtvergütung wie auch die variablen Bezüge sind Zielwerte, das heißt Vergütungen, die bei einer hundertprozentigen Zielerfüllung zur Auszahlung kommen sollen. Dabei zeigt die Erfahrung, dass gerade in Consulting-Unternehmen die individuelle Jahresvergütung durch außerordentlich gute Leistungen und ein Übertreffen der Performanceziele signifikant höher ausfallen kann.

Ein wichtiges Detail ist ebenfalls zu berücksichtigen: Während viele Industrieunternehmen die variablen Bezüge ihrer Beschäftigten ab einem gewissen Vergütungsniveau deckeln, ist dies bei Beratungen eher selten. Die Chancen für einzelne Beschäftigte, eine höhere Gesamtvergütung zu erzielen, ist damit höher, allerdings steht dem das Risiko gegenüber, in schlechten Zeiten durch das Nichterreichen der Ziele deutlich weniger zu erhalten.

Die Gesamtvergütung im Blick
Neben den monetären Elementen der Vergütung nutzen immer mehr Unternehmensberatungen einen ganzheitlichen Ansatz (Employee Value Proposition – der „Deal"), um Vergütung, Nebenleistungen, Unternehmenskultur und Karriereperspektiven für den Ausbau der Attraktivität als Arbeitgeber, die Steigerung der Motivation und die Mitarbeiterbindung einzusetzen. Ein Mittel, auf das Unternehmen bei der Gewinnung und vor allem stärkeren Bindung von Beschäftigten zunehmend zurückgreifen, sind Investitionen in die Verbesserung der Vereinbarkeit von persönlichen und familiären Interessen mit beruflichen Anforderungen. Diese Work-Life-Balance-Leistungen fußen auf zwei grundlegenden Ideen:

- dem Konzept der Total Rewards, nach dem die Vergütung weitaus mehr als nur die monatliche Überweisung auf das Konto ist, und
- den wichtigsten Anreiztheorien, nach denen Geld wichtig, aber bei Weitem nicht allein und hauptsächlich entscheidend ist für Mitarbeiterbindung und -motivation.

Zu den wichtigsten Work-Life-Balance-Leistungen zählt die Flexibilisierung von Arbeitszeit und -ort. Diese kommt gerade Mitarbeiter:innen entgegen, die in Arbeitsverhältnissen stehen, die keine oder nur eine begrenzte zeitliche wie örtliche Kernpräsenz erfordern, darüber hinaus aber die individuelle Bewältigung des Arbeitspensums gestatten. Vor allem für Eltern können hier flexible Lösungen angeboten werden, um Familie und Beruf besser zu vereinbaren und die Bindung an das Unternehmen zu stärken. Andererseits bleibt dem Unternehmen das Know-how der Mitarbeiter:innen als Ressource erhalten. Zudem hat in den vergangenen Jahren das Angebot an arbeitsfreien Zeiten (Sabbaticals) und auch familienfördernden Angeboten wie z. B. Krippenplätzen zugenommen.

Die Work-Life Balance hat in der anhaltenden Situation um Covid-19 und den Anforderungen des „Social Distancing“ weiter stark an Bedeutung gewonnen. Viele Eltern hätten durch die Schließung von Kindergärten und Schulen ohne die Mobilität von Laptop, Handy & Co. gar keine Möglichkeit mehr, ihrem Beruf nachzugehen. Zudem zeigt sich, dass Unternehmen, die schon immer diese Möglichkeit eingeräumt haben, zu Beginn des Shutdowns weniger Probleme hatten, da unter anderem die VPN-Zugänge bereits vorhanden waren.

Fazit

Angesichts der hohen Anforderungen an Persönlichkeit, Qualifikation, Erfahrung und insbesondere die individuelle Leistungsfähigkeit gilt die Beratungsbranche zu Recht als eines der herausforderndsten Berufsfelder. Allerdings werden Berater:innen, die dem hohen Anforderungsprofil entsprechen, je nach Branche, Unternehmen und Aufgabenbereich sehr gut vergütet. Dies gilt sowohl für Einsteiger:innen wie auch für Mitarbeiter:innen mit langjähriger Berufserfahrung. Angesichts eines engen Mitarbeitermarkts folgen Unternehmen in ihrer Vergütungsphilosophie immer stärker dem Total-Rewards-Ansatz, der einen ausgewogenen, für Beschäftigte wie Unternehmen attraktiven Deal ermöglicht. Vergütung ist demnach mehr als nur „hard money“. Unter den Stichworten „Millennials“ oder auch „Demokratisierung der Arbeitswelt“ lässt sich dabei festhalten, dass seitens der Absolvent:innen und Young Professionals über eine angemessene Entlohnung hinaus immer mehr Erwartungen an den Arbeitgeber gestellt werden. Dies reicht von Subventionen der Anreise zur Arbeit (z. B. Job-Tickets), über Unterstützung berufsfremder Aufwendungen (z. B. Fitnessclub), und flexible Arbeitsmodelle bis hin zu größerer Mitbestimmung bei der eigenen Karriereplanung (z. B. 360°- und Upward-Feedback, Entwicklungsgespräche). Dieses unternehmens- und mitarbeiterspezifisch ausgerichtete Gesamtpaket aus sogenannten harten und weichen Vergütungsbestandteilen macht am Ende den Unterschied.

Die Branche wird allerdings nicht schadlos durch die Wirtschaftskrise, die durch Covid-19 ausgelöst wurde, gehen. Basierend auf der langanhaltenden Covid-Situation haben viele Berater:innen ihre eigenen Verkaufs- und Umsatzziele für das Kalenderjahr 2020 nicht erreichen können. Trotz Aufbruchstimmung sind für 2021 keine sprunghaften Gehaltserhöhungen und auch kein Übererreichen von Unternehmenszielen zu erwarten. Aber: am Geld allein lässt sich die Attraktivität eines Arbeitgebers immer weniger festmachen, auch in einer Branche mit grundsätzlich hohen monetären Vergütungsniveaus. Auch hier zeigt sich wie in anderen Branchen die Bedeutung eines attraktiven Total-Rewards-Pakets, um Top-Talente zu finden, zu halten und zu motivieren.

Mit Bachelor in die Unternehmensberatung

von Karen Brandt

Durch das Bologna-Abkommen von 1999 gibt es immer mehr Bachelors auf dem Arbeitsmarkt. Doch nach wie vor stellen viele Unternehmen Bachelor-Absolvent:innen entweder nur unter Vorbehalt oder überhaupt nicht ein. Die Haltung gegenüber Bachelors ist von Branche zu Branche unterschiedlich. Unternehmensberatungen reagierten bereits frühzeitig: Fast alle großen Strategieberatungen bieten mittlerweile Einstiegsmöglichkeiten speziell für Bachelor-Absolvent:innen an. Von Trainee-Programmen über befristete Verträge bis hin zu einer unbefristeten Anstellung als Berater:in haben Beratungshäuser verschiedende Varianten entwickelt. Dennoch hegen viele Topabsolvent:innen die Befürchtung, dass man insbesondere bei einer Managementberatung eher „Edelpraktikant:in“ als vollwertiger Consultant ist.

Große Unsicherheit unter den Absolvent:innen

Viele Absolvent:innen entscheiden sich unmittelbar nach dem Bachelor-Abschluss für einen konsekutiven Master. Dies hängt oft mit der großen Unsicherheit unter den Bachelor-Absolvent:innen bezüglich eines Berufseinstiegs zusammen: „Hat meine Ausbildung mich umfassend genug auf den Beruf vorbereitet? Welche Aufgaben werde ich übernehmen können? Wird mein Alter eine Rolle spielen? Akzeptieren mich die Kundenmitarbeiter:innen?“ Die Zweifel sind groß. Doch gerade die Managementberatung bietet eine der besten Einstiegsmöglichkeiten für diese Gruppe.

Mittlerweile haben Beratungen genügend Erfahrung mit Bachelor-Absolvent:innen gesammelt – und diese waren größtenteils positiv. Universitätsabgänger:innen mit Bachelor-Abschluss sind heute eine wichtige Säule der Einstellungsstrategie. Oftmals gehören Neueinsteiger:innen mit diesem Abschluss zum festen Bestandteil des Beraterteams. Man startet als Consultant, wird sofort beim Kunden vor Ort eingesetzt und übernimmt direkt Verantwortung im Projekt. Durch umfassende Förderung und Trainings sowie gezielt geplante Projekteinsätze wird sichergestellt, dass Neueinsteiger:innen ihr Potenzial bestmöglich entfalten können. Die Erfahrungen sind bisher sehr positiv. Die Geschwindigkeit, mit der Bachelor-Absolvent:innen innerhalb der Beratung Karriere machen, ließ anfängliche Zweifel sofort abklingen. Viele Bachelors der ersten Stunde sind mittlerweile in senioren Projektleiter-Rollen tätig, absolvieren im Rahmen von Förderprogrammen zurzeit einen MBA an einer der Topuniversitäten oder haben sogar den direkten Sprung in ein Doktorandenprogramm geschafft.

Das Alter ist kein Hindernis

Bachelor-Absolvent:innen treten ein bis zwei Jahre früher in das Berufsleben ein als durchschnittliche Universitätsabgänger:innen, und insbesondere in den Topmanagement-Beratungen treffen sie auf Kundenmitarbeiter:innen, die deutlich älter sind als sie. Oft haben Bachelors daher Bedenken, ob sie sich beispielsweise während einer Präsentation vor dem Kundenvorstand durchsetzen können oder ernst genommen werden. Der Verunsicherung kann jedoch entgegengewirkt werden. So bestehen Projektteams häufig aus einer gesunden Mischung aus erfahrenen und jüngeren Berater:innen. Das ermöglicht eine hohe Akzeptanz beim Kunden und erlaubt es, die Fähigkeiten von „alten Hasen“ mit den frischen, neuen Ideen von jungen

Berater:innen zu kombinieren. Berater:innen übernehmen bereits von Anfang an inhaltliche Verantwortung und können durch ihre Arbeit und die wachsende Kompetenz sukzessive Akzeptanz beim Kunden aufbauen. Das Alter spielt keine Rolle, da sich junge ebenso wie erfahrene Berater:innen dem Kunden gegenüber immer durch gute inhaltliche Arbeit, analytische Fähigkeiten und soziale Kompetenz beweisen müssen.

Soziale Kompetenz kann man bereits während des Studiums weiter ausbauen, etwa durch ehrenamtliches Engagement und die Übernahme von Verantwortung, beispielsweise in Hochschulgruppen oder Vereinen. Eine weitere gute Möglichkeit ist die Teilnahme an Veranstaltungen von Unternehmen, wo man in Fallstudien, Trainings oder Soft-Skill-Seminaren wichtige Fähigkeiten für das Berufs- und Beraterleben schulen kann. Die großen Beratungen bieten zudem häufig (auch mehrtägige) Workshops an, die ganz unterschiedliche inhaltliche Schwerpunkte haben und teilweise auch exklusiv für Bachelors angeboten werden. So erhält man als Bachelor-Student:in gemeinsam mit Studierenden anderer Fachrichtungen aus ganz Europa die Möglichkeit, detaillierten Einblick in die Arbeit der Topmanagement-Beratung zu gewinnen und durch persönliche Gespräche mit Berater:innen das Unternehmen und seine Kultur kennenzulernen. Im Rahmen solcher Veranstaltungen besteht ausreichend Gelegenheit, Bedenken und Ängste hinsichtlich eines direkten Einstiegs in das Berufsleben anzusprechen und Informationen aus erster Hand zu bekommen.

Flexible Weiterentwicklung ist entscheidend

Neben den inhaltlichen Erwartungen an den Job spielen die Weiterentwicklungsmöglichkeiten im Unternehmen für Bachelor-Absolvent:innen eine wichtige Rolle bei der Entscheidung für oder gegen den Direkteinstieg in die Beratung. Kaum eine Topabsolventin oder ein Topabsolvent will sich heute mit dem Bachelor als alleinigem Abschluss zufriedengeben. Meist wird mittelfristig eine Weiterbildung angestrebt. Da sich die Angebote der Managementberatungen erheblich voneinander unterscheiden, sollten Neueinsteiger:innen genau prüfen, welche Möglichkeiten ein potenzieller Arbeitgeber bietet und ob diese zur persönlichen Planung passen.

Unternehmensberatungen müssen sich den Anforderungen der Absolvent:innen stellen und ihre Personalpolitik langfristig auf die Bedürfnisse der Bachelors ausrichten. Daher haben viele Beratungen eigene Bachelor-Programme geschaffen, die ein Sprungbrett in die erfolgreiche Karriere darstellen können und gleichzeitig Raum für die persönliche Weiterentwicklung bieten.

Zum Einstieg werden häufig Trainingsprogramme angeboten, die die Neulinge auf die herausfordernde Tätigkeit in der Beratung vorbereiten. Mit Unterstützung des Unternehmens steht Bachelor-Absolvent:innen oft die Tür zum Master, MBA oder zur Promotion offen – zu einem möglichst flexiblen Zeitpunkt, der zu der persönlichen Karriere- und Lebensplanung passt. Auf diese Weise wird sichergestellt, dass der direkte Berufseinstieg als Bachelor die persönlichen Möglichkeiten nicht einschränkt, sondern erweitert.

Eine typische Beraterwoche

von Birte von Schwarzenfeld

„Stefan, hast du irgendwo noch Druckerpapier gesehen?", ruft Tina. „Das Meeting mit dem Vorstand fängt in zehn Minuten an, und die Präsentation ist noch nicht fertig ausgedruckt. Die letzten Änderungen wurden ja noch vor ein paar Minuten gemacht. Und jetzt streikt der Drucker!"

Die Präsentation vor dem Kunden ist häufig das Highlight einer Beraterwoche, bis zur letzten Minute wird darauf hingearbeitet. Doch wie kommt die fertige Präsentation zustande, und was passiert drumherum? Im Folgenden wird am Beispiel von Tina beschrieben, wie die typische Woche eines Consultants aussehen kann.

Montag

Tinas Woche beginnt um 4:45 Uhr morgens. Das Taxi steht um 5:30 Uhr vor der Tür, um sie rechtzeitig zum 7-Uhr-Flieger zu bringen. Am Flughafen geht alles schnell und routiniert, und das Flugzeug hebt pünktlich ab. Das erste Meeting beim Kunden steht bereits um 10 Uhr auf der Agenda. Da bleibt zeitlich nicht viel Spielraum. Zum Glück bekommen Tina und ihre Teamkolleg:innen ohne Probleme ein Taxi, sodass sie die Firmenzentrale des Kunden gegen 9 Uhr erreichen.

Als Erstes trifft Tina sich mit ihrem Projektleiter Stefan, um den Ablauf des heutigen Tages zu besprechen. Sie treffen sich im Teamroom, d. h. in einem Bereich, den der Kunde für sie vor Ort bereitgestellt hat und der eine Art „mobiles Büro" ist, komplett mit Drucker, Wireless-Router und sogar ein paar Snacks.

Im aktuellen Projekt hilft das Team dem Kunden, eine firmeninterne Kommunikation zu entwickeln, die die Vorteile der neuen IT-Strategie beschreibt. Hierfür befragt Tina Abteilungsleiter:innen im Unternehmen, welche Bedenken sie bezüglich der neuen IT-Strategie haben. Für Montag ist eine Reihe von Interviews geplant und aufgesetzt. Den dafür nötigen Interviewleitfaden hat Tina bereits in der letzten Woche erstellt und mit Stefan abgestimmt.

Die Interviews vergehen wie im Flug, gegen 17:30 Uhr ist Tina wieder im Teamroom. Nun macht sie sich daran, aus den Interviewnotizen die häufigsten Bedenken herauszuarbeiten. Um 19 Uhr setzt Tina sich mit Stefan zusammen, um die Ergebnisse und potenzielle Reaktionen zu besprechen. Außerdem zeigt Tina Stefan ein paar Entwürfe von PowerPoint-Folien, die sie für das sogenannte Case Team Meeting am nächsten Tag vorbereiten will – dort kommen alle Berater:innen des Projekts, inklusive der Partner:innen, zusammen, um vorliegende Inhalte zu präsentieren und zu diskutieren. Tina möchte dem Team am kommenden Tag die Hauptbedenken der Abteilungsleiter:innen vorstellen und zusammen mit den Kolleg:innen die möglichen Reaktionen weiter ausarbeiten. Stefan gibt ihr noch eine Reihe von Verbesserungsvorschlägen mit auf den Weg, um die Inhalte auf den Folien möglichst überzeugend darzustellen. Damit wird Tina an diesem Abend noch lange beschäftigt sein.

Um 20 Uhr bestellt das Team Essen in den Teamroom, es gibt Pizza. Gegen 23 Uhr nehmen sie ein Taxi zum Hotel. Einige Berater:innen gehen noch auf einen Drink an die Hotelbar.

Dienstag

Das Case Team Meeting ist für 11 Uhr angesetzt. Die Diskussion ist lebhaft, jeder kann und soll seine Meinung frei äußern. Außer Tina präsentieren noch zwei weitere Kolleg:innen ihre Inhalte. Die Folien werden für die große Vorstandspräsentation am Donnerstag zusammengefasst. Der Partner merkt an, dass Tinas Teil noch mit Best Practices angereichert werden sollte: Was hat bei ähnlichen Aufgabenstellungen am besten funktioniert? Tina und Stefan vereinbaren, wie sie das angehen wollen: Zuerst wird Tina das Wissensmanagement-Team kontaktieren, und dann werden sie Kolleg:innen anrufen, die in diesem Bereich bereits Erfahrung haben.

Nachdem am Montag nur Zeit für ein schnelles Sandwich zum Mittagessen war, geht Tina heute mit Kolleg:innen in die Kantine des Kunden. Am Nachmittag führt sie noch zwei weitere Interviews und integriert die Ergebnisse. Außerdem startet sie mit dem zweiten Arbeitsblock für diese Woche: dem Benchmarking. Das Beraterteam soll vergleichen, wie effizient die neue IT-Strategie des Kunden im Vergleich zu anderen Unternehmen ist. Nach kurzer Vorrecherche im Intranet der Beratung und im Internet überlegt Tina sich, welche Kennzahlen für den Vergleich sinnvoll wären, und fragt Stefan nach seiner Einschätzung.

Da das Benchmarking bereits am Mittwochnachmittag für eine erste Durchsicht mit dem Projektleiter des Kunden benötigt wird, ist Eile geboten. Tina bereitet ein Template vor, in das eine Kollegin aus dem Wissensmanagement-Team die nötigen Informationen direkt eintragen kann. Nach kurzer Rücksprache verspricht ihr die Kollegin, die Daten bis Mittwochmittag zu liefern. Parallel überlegt Tina sich bereits, wie sie die Ergebnisse auf Folien grafisch darstellen kann. Zusammen mit ihren geänderten Folien sendet sie die Infos für weiteres Feedback an Stefan. Gegen 20 Uhr bricht das Team zu einem gemeinsamen Abendessen auf.

Mittwoch

Das Wissensmanagement-Team hat Tina einige Kolleg:innen genannt, die sie anruft, um Best Practices zu sammeln. Die besten arbeitet sie im Anschluss bereinigt in ihre Folien ein. Außerdem bekommt sie wie versprochen die Benchmarking-Daten und analysiert sie in Excel.

Bis 16 Uhr arbeitet das Team mit Hochdruck daran, die Folien fertigzustellen. Der Projektleiter des Kunden möchte alle Inhalte sehen, bevor sie am nächsten Tag dem Vorstand präsentiert werden. Tina stellt dem Projektleiter die Folien selbst vor, am Donnerstag werden dann Stefan und der Partner dem Vorstand die Ergebnisse präsentieren.

Die Präsentation am Mittwoch läuft gut, der Projektleiter hat noch einige Änderungsvorschläge. Tina kontaktiert erneut das Wissensmanagement-Team, um kurzfristig zusätzliche Daten zu bekommen. Der Partner möchte am Donnerstag um 10 Uhr alle Folien durchgehen, bis dahin müssen alle Änderungen eingearbeitet sein. Es wird also ein langer Abend ...

Donnerstag
Nach einer kurzen Nacht sind die Folien um 10 Uhr tatsächlich fertig, und der Partner ist zufrieden. Einige Folien sind allerdings noch nicht ausdrucksstark genug und werden noch ein letztes Mal geändert. Um 15 Uhr geht dann alles zum Vorstand, Tina druckt die Präsentation aus. Während Stefan und der Partner präsentieren, warten Tina und ihre Teamkolleg:innen gespannt: Wie kommen die Folien an? Wird der Vorstand ihren Empfehlungen folgen?

Nach dem Meeting kommt Stefan mit guten Nachrichten zurück: Der Vorstand hat den Vorschlag abgesegnet, das heißt, es kann mit Volldampf in die nächste Phase gehen. Das Team diskutiert grob das weitere Vorgehen.

Um 17 Uhr fährt Tina mit ihren Teamkolleg:innen im Taxi zum Flughafen. Gegen 21 Uhr ist Tina wieder zu Hause.

Freitag
Freitag ist Office Day. Im Heimatbüro erledigt Tina einige administrative Dinge wie die Reisekostenabrechnung und bereitet die nächste Woche vor, indem sie Meetings vereinbart und Analysen vorstrukturiert. Außerdem nutzt sie den Freitag zum Networking – beim Mittagessen kommt das gesamte Büro zusammen. Das ist eine gute Gelegenheit, neue Leute kennenzulernen und sich mit alten Bekannten auszutauschen.

Gegen 19 Uhr geht Tina nach Hause und freut sich auf ein ruhiges Wochenende, bevor am Montag wieder eine neue spannende Woche beginnt.

Work-Life-Balance: Mut zur Selbstentfaltung

von Tim Ruhoff

Balance ist eine Situation, in der unterschiedliche Elemente ausgewogen sind oder in der korrekten Proportion zueinander stehen. Das „Work" bei Work-Life-Balance ist leicht zu definieren - alles, was zum Job dazugehört: Reisen, Arbeit mit unterschiedlichen Kunden, in diversen Ländern, in vielen Sprachen und mit einer Fülle von spannenden Themen.

„Life" sollte dementsprechend der Gegenpol sein. Aber ist Arbeit nicht auch ein Teil des Lebens, der sogar Spaß machen kann? Wichtig ist letztlich, dass man außerhalb des Jobs den Kopf frei bekommt und Kraft tankt. Da Unternehmensberatungen eine Menge fordern, wissen sie, dass ihre Consultants diese Balance benötigen, und sind für viele Wege offen - geschenkt wird einem allerdings auch in der Beraterbranche nichts!

Das richtige Unternehmen

Nicht ohne Grund ist der sogenannte Inseltest für beide Seiten ein essenzieller Bestandteil in jedem Bewerbungsgespräch: Könnte ich mit meinem Gegenüber eine Woche auf einer einsamen Insel ausgesetzt werden und gemeinsam dort auskommen? Kann man es sich nicht vorstellen, wird es schwer, die richtige Balance zu finden. Denn auf einem Beratungsprojekt verschwimmt die Grenze zwischen Work und Life oft wesentlich stärker als bei anderen Jobs. Lange Schichten im Project Office, gemeinsame Wochenenden im Ausland und eine sehr intensive Zusammenarbeit sollten weitestgehend harmonisch ablaufen. Bewerber:innen haben nach einem erfolgreichen Gespräch daher oft die Chance, an einem Schnuppertag ihre zukünftigen Kolleg:innen kennenzulernen. Häufig bekommt man aber schon durch die vielen Einzelinterviews im Bewerbungsprozess einen guten Eindruck von den Kolleg:innen. Falls man hier ein schlechtes Gefühl hat, wird man auf lange Sicht in der Firma nicht glücklich.

Beratung und die Zeit mit den Kolleg:innen müssen einem Spaß machen. Jedes Beratungsunternehmen bietet unterschiedliche Chancen und hat einen anderen Spirit. Während man in kleinen Beratungen oft noch familiäre Umgangsformen findet, kann es in großen Beratungen passieren, dass man über Jahre nie auf zwei Projekten mit den gleichen Kolleg:innen arbeitet. Auch deshalb ist es entscheidend, sich vorher zu überlegen, was einem persönlich wichtig ist. Die Probezeit sollte daher immer sehr bewusst genutzt werden, um sich zu überlegen, ob die Beraterpraxis für den eigenen Lebensweg balancierbar ist.

Work-Life-Balance in der Unternehmensberatung

Bevor man sich für eine Karriere als Berater:in entscheidet, sollte man sich überlegen, welchen Stellenwert welche Freizeitaktivitäten im eigenen Leben haben sollen. Es ist schlicht falsch zu sagen, dass es in der Beratung keinen Raum für Freizeit und Selbstentfaltung gibt. In der Praxis muss man sich aber zwei Herausforderungen stellen: Zum einen hat man meist nur einen kurzen Planungshorizont für seine Projekteinsätze und ist die Woche über oft stark eingespannt. Es gibt Kunden, bei denen man morgens um 6:30 Uhr startet, und andere, bei denen man erst ab 10 Uhr mit den Mitarbeiter:innen sprechen kann. Das Arbeiten über unterschiedliche Zeitzonen hinweg verkompliziert die Situation häufig noch. Oft muss man sich kurzfristig auf den nächsten Kunden einstellen und seine Work-Life-Balance den Gegebenheiten anpassen.

Zum anderen ist man abends oft beim Kunden und damit lokal gebunden. Selbst wenn man rechtzeitig aus dem Büro käme, könnte man nicht am Fußballtraining des Heimvereins teilnehmen. Aber: Es gibt durchaus Teams, die einen flexibel mittrainieren lassen. Das gilt für Wien gleichermaßen wie für Kopenhagen.

Aktiver Umgang mit Freizeit im Alltag

Der Berateralltag ist fordernd: Wenn eine Vorstandspräsentation um Punkt 9 Uhr fertig sein muss, dann muss sie bis dahin auch wirklich fertig sein. Viele wichtige Aufgaben lassen sich langfristig planen und zeitgerecht umsetzen. Es gibt aber auch Kunden, bei denen der Vorstand einem großzügig mitteilt: „Machen Sie sich keinen Stress, es reicht, wenn wir die (noch nicht existierende) Präsentation in einer Stunde haben." Dann ist Einsatz gefragt – und zwar reichlich.

Auf der anderen Seite sollte man auch den Mut haben, seine Freizeit aktiv in das Beraterleben zu integrieren. Eine Beratung, die viel verlangt, sollte auch bereit sein, ihren Berater:innen Raum zur Selbstentfaltung zu geben. Wenn man in den Sommermonaten z. B. abends Sport treiben will, ist es nicht unmöglich, ab und zu um 18 Uhr zu gehen. Wichtige E-Mails können auch noch danach oder frühmorgens beantwortet werden – Hauptsache, die Ergebnisse stimmen. Wenn man am Brückentag arbeitet, der Kunde aber keine Anwesenheit verlangt, lässt sich ein solcher Tag nach Absprache auch im Home-Office verbringen.

Oft lassen sich Beratung und Freizeit durchaus gut miteinander kombinieren. Hat man den eingangs erwähnten Inseltest bestanden, spricht viel für eine Freizeitgestaltung mit den Kolleg:innen. Dies hilft nebenbei auch dabei, im Beruf besser zu werden, denn Beratung ist ein Teamsport, und man sieht seine Projektkolleg:innen definitiv mehr als seine Partnerin oder seinen Partner und die Familie. Wenn man die Arbeit gelegentlich mit etwas Freizeit kombiniert, kann das auch auf die Zusammenarbeit positive Auswirkungen haben.

Kommst du heut' nicht …

… wird es wohl erst am nächsten Wochenende gehen. Das Wochenende ist der Zeitraum, auf den Berater:innen ihre Freizeitaktivitäten fokussieren, und diese sollte man gut planen. Am Donnerstag kommt man zurück und packt den Koffer aus, freitags sind viele Kolleg:innen im Büro, man hat Meetings, Trainings und Workshops, trinkt anschließend ein Bier an der hauseigenen Bar, und schon ist es 19 Uhr und Wochenende. Am Sonntag muss der Koffer dann gepackt werden, damit es am Montag wieder losgehen kann. Die verbleibende Zeit sollte also sinnvoll genutzt werden.

Besonders wichtig ist die Erkenntnis, dass das persönliche Umfeld oft einen vollkommen anderen Rhythmus hat als man selbst. Anfangs wird man noch zu Kinoabenden und Konzerten am Dienstag eingeladen, aber irgendwann verschwindet man aus dem Verteiler. Auch die besten Freund:innen gewöhnen sich an die Absagen und wollen einem dann auch nicht das Gefühl geben, etwas zu verpassen. Hier sollte man aktiv gegensteuern und sich frühzeitig an die Freizeitplanung für das Wochenende machen, um nicht vom Radar aller Freund- und Bekanntschaften zu verschwinden, und um verpasste Treffen nachzuholen.

Was Unternehmensberatungen bieten

Die Work-Life-Balance ist längst zum Buzzword avanciert und darf auf keiner Bewerberwebsite fehlen. Im Rahmen ihrer jeweiligen Möglichkeiten bieten große und kleine Unternehmensberatungen ähnliche Modelle. Längere kreative Pausen - wie beispielsweise ein Ausstieg auf Zeit für den Aufbau eines eigenen Unternehmens, eine Promotion, einen MBA oder Ähnliches - sind denkbar. Die Frage ist nur: Wann?

Dabei gilt die Regel: je kleiner die Beratung, desto flexibler die Programme. Auch Weiterbildungsmöglichkeiten werden oft an Bedingungen und festgelegte Zeiten geknüpft. Legt man auf diese Programme Wert, sollte man bereits im Bewerbungsgespräch die grundlegenden Details klären.

Neben den Möglichkeiten für längere Auszeiten bieten Unternehmensberatungen natürlich weitere Programme an, um Bewerber:innen von sich zu überzeugen. Beispiele dafür sind Sommerfeste, Skievents mit der Firma, Abendveranstaltungen, exotische Weiterbildungsmaßnahmen und vieles mehr. Hier ist das Angebot in großen Unternehmensberatungen sicherlich breiter, es werden aber nicht zwangsläufig alle Kosten vom Unternehmen getragen. Wie so oft lohnt sich hier genaues Nachfragen.

Darauf sollte man achten

Bevor man sich für den Weg in die Unternehmensberatung entscheidet, sollte man wissen, ob man bereit ist für einen Lebensabschnitt auf der Überholspur. Das Plus an Erfahrung und der Einblick in die unterschiedlichsten Unternehmen, die spannenden Herausforderungen und die steile Lernkurve gehen ganz klar mit einem Minus an flexibler Freizeitgestaltung einher.

Nicht jede Unternehmensberatung ist gleich, und nicht überall gehören Nachtschichten zum täglich Brot. Oft lohnt es sich, genau nachzufragen und sich bewusst bei unterschiedlichen Beratungen zu bewerben. Alle Beratungen suchen fleißige Rundumtalente mit ausgeprägtem Unternehmergeist und generalistische Multispezialist:innen. Nicht immer passt das Unternehmen aber zu den persönlichen Erwartungen, denn nicht alle Beratungen setzen die gleichen Schwerpunkte.

Unabhängig davon, für welche Beratung man sich entscheidet, steht fest, dass zur Regeneration ein Ausgleich nötig ist, der bei jedem Menschen anders gelagert ist. Ohne eine angemessene Work-Life-Balance ist die Profession und Passion eines Consultants auf Dauer nicht lebbar!

Karrieresprungbrett studentische Unternehmensberatung?

von Dominik Klimmek

Ob Student:in im ersten Semester oder frischgebackene:r Absolvent:in – eine Karriere bei den großen Namen der Consulting-Branche ist bei Studierenden verschiedenster Fachrichtungen heiß begehrt. Doch der Einstieg ist mit erheblichen Hürden verbunden: Exzellente Studienleistungen, analytischer Scharfsinn, Unternehmergeist und Projekterfahrung sind nur Auszüge aus der Wunschliste der Topunternehmen, an denen oftmals schon die Aussicht auf ein Praktikum scheitert. Die gute Nachricht: Zumindest in Bezug auf die letzten drei Bereiche können sich Consultants in spe durch die Tätigkeit bei einer studentischen Unternehmensberatung weiterentwickeln, wertvolle Erfahrung sammeln und somit ihren Marktwert erheblich steigern.

Historie

Die Idee, motivierten Studierenden bereits während ihrer Ausbildung die Möglichkeit zu geben, ihre theoretischen Kenntnisse in die Praxis umzusetzen, wurde 1967 in Frankreich geboren und von dort aus in die ganze Welt getragen. 1988 schwappte die Welle nach Deutschland über und führte zur Gründung der ersten deutschen studentischen Unternehmensberatung in Darmstadt. Bis heute sind den Pionieren aus Darmstadt etwa 80 weitere Initiativen an Universitäten und Fachhochschulen im gesamten Bundesgebiet gefolgt, die zumeist in Form eines eingetragenen Vereins organisiert sind.

Um auch angesichts dieser großen Anzahl die Qualität der Beratungsleistungen zu sichern, haben sich 32 studentische Initiativen mit insgesamt über 2.900 Mitgliedern zu dem 1992 gegründeten Bundesverband Deutscher Studentischer Unternehmensberatungen (BDSU) zusammengeschlossen. Der BDSU fördert den Wissens- und Erfahrungsaustausch zwischen den einzelnen Initiativen. Zudem müssen sich die Mitglieder des BDSU zu hohen Qualitätsstandards verpflichten, deren Einhaltung jährlich überprüft wird.

Beratungsbereiche und -leistungen studentischer Unternehmensberatungen

Studentische Unternehmensberatungen decken das gesamte Spektrum der klassischen Beratungsleistungen ab. Neben Marktstudien und Prozessanalysen bieten sie IT-, Personal- und Strategieberatung an, entwickeln Marketing- sowie Markteintrittsstrategien und erstellen Businesspläne. Einige Initiativen haben sich dabei auf bestimmte Beratungsleistungen oder Branchen spezialisiert und verfügen in diesen Bereichen über eine Expertise, die der kommerzieller Spezialberatungen in nichts nachsteht. Aufgrund ihres engen Kontakts zu Hochschulen und Professor:innen werden studentische Unternehmensberatungen zudem gerne mit der Erstellung wissenschaftlicher Studien beauftragt.

Die Kundschaft der studentischen Berater:innen reicht vom Familienbetrieb über den Mittelstand bis hin zum globalen Großkonzern. Auch Vereine im Profit- und Non-Profit-Sektor schätzen die maßgeschneiderten Lösungen der Studierenden. Beispielsweise veranstaltete das Berliner Campus Projekt einen Marketing-Workshop für den Fußballverein Union Berlin.

Aus Sicht der Kunden spricht eine ganze Reihe von Gründen für studentische Unternehmensberatungen: Ihre Mitglieder zeichnen sich aufgrund des interdisziplinären Ansatzes durch besonders innovative und kreative Lösungen aus und befinden sich durch engen Kontakt zu Hochschulen und Professor:innen stets auf dem neuesten Stand der Wissenschaft. Darüber hinaus legen die Studierenden ein außerordentliches Maß an Motivation an den Tag, da eine gute Leistung einer Empfehlung für potenzielle Arbeitgeber gleichkommt. Im Gegensatz zu den „Großen" sind studentische Beratungen bereit, auch Projekte mit einem Umfang von nur wenigen Tagen zu übernehmen. In puncto Flexibilität bieten sie ihren Kunden ebenfalls einen herausragenden Service, da sie lediglich ein paar Tage Vorlaufzeit benötigen, um ein Projektteam zusammenzustellen und ein Angebot vorzubereiten.

Anforderungen an studentische Unternehmensberater:innen

Um dieser Vielfalt an Beratungsprojekten und Kunden gerecht zu werden, setzen studentische Unternehmensberatungen auf interdisziplinäre Zusammenarbeit. Gesucht werden Generalist:innen wie auch Spezialist:innen aller Fachbereiche, die neben fundiertem Fachwissen aus dem Studium über eine schnelle Auffassungsgabe verfügen und jederzeit dazu bereit sind, sich in neue Sachverhalte und Aufgabenstellungen einzuarbeiten. Letzteres setzt vor allem Durchhaltevermögen und Begeisterungsfähigkeit voraus.

Beratungsprojekte erfolgreich und termingerecht abzuschließen erfordert darüber hinaus Organisationsvermögen, ein gutes Zeitmanagement und die Fähigkeit, auch dann noch einen kühlen Kopf zu bewahren, wenn die Deadline bedrohlich nahe rückt. Da die Projekte stets im Team absolviert werden, sind außerdem ein hohes Maß an sozialer Kompetenz und Kommunikationsstärke ein absolutes Muss.

Wer über diese Schlüsselqualifikationen verfügt, hat gute Chancen, im Auswahlverfahren zu bestehen: Nach erfolgreicher schriftlicher Bewerbung werden die Kandidat:innen zu ausführlichen Einzelgesprächen eingeladen, in denen ihre Motivation für eine Tätigkeit als studentische Beraterin oder studentischer Berater sowie ihre fachliche und persönliche Kompetenz ergründet werden. In einigen studentischen Beratungen müssen sich Bewerber:innen zusätzlich sogar einem kompletten Assessment-Center stellen. Darin können sie ihre Eignung bei der Bearbeitung und Präsentation einer Fallstudie unter Beweis stellen.

Wer diese Hürde genommen hat, erhält zunächst die Anwartschaft und wird mit Pflichtschulungen in den Bereichen Projektmanagement, Rhetorik, Präsentationstechnik und Angebotserstellung auf seine Tätigkeit als studentische Beraterin oder studentischer Berater vorbereitet. Erst nachdem die Anwärter:innen alle Schulungen absolviert und ein vereinsinternes Projekt erfolgreich abgeschlossen haben, erhalten sie den vollen Mitgliedsstatus.

Wie kann man sich die Tätigkeit in einer studentischen Unternehmensberatung vorstellen?

Die Tätigkeit studentischer Unternehmensberater:innen umfasst zwei Bereiche: das ehrenamtliche Engagement innerhalb des Vereins und die Durchführung vergüteter Beratungsprojekte für Kunden.

Wie in jedem Unternehmen besteht auch in studentischen Unternehmensberatungen die Möglichkeit, sich in den Bereichen Finanzen und Recht, Marketing, Qualitätsmanagement, Akquise, Personal oder IT einzubringen. Erst durch dieses vereinsinterne Engagement der Mitglieder können die notwendigen Voraussetzungen und Strukturen für ein funktionierendes Projektgeschäft geschaffen werden. So ist beispielsweise ein professioneller Marketingauftritt unerlässlich zur Steigerung des Bekanntheitsgrads bei potenziellen Kunden. Externe Beratungsprojekte bestehen in der Regel aus den Arbeitsschritten Angebotserstellung, Projektdurchführung und Projektdokumentation.

Potenzielle Kunden bitten meistens mehrere (studentische) Unternehmensberatungen um ein Angebot für die Durchführung eines bestimmten Projekts. Die Beratung mit dem besten Konzept erhält dann den Zuschlag. Das studentische Beraterteam erstellt daraufhin ein Angebot, das folgende Punkte umfasst:

- das genaue Ziel, das das Beraterteam nach Abschluss der Projektarbeit erreicht haben will,
- die geplante Vorgehensweise zur Erreichung dieses Projektziels (hierbei wird das Projekt in verschiedene Arbeitsschritte unterteilt),
- den genauen Zeitrahmen, in dem die einzelnen Arbeitsschritte und der Projektabschluss erfolgen,
- die Budgetplanung für die Durchführung des Projekts.

Überzeugt dieses Angebot, wird das studentische Beraterteam mit der Durchführung des Projekts beauftragt. Da die meisten Projekte beim Kunden vor Ort stattfinden, müssen sich studentische Berater:innen in puncto Kleidungsstil und Auftreten entsprechend anpassen und tragen in der Regel Anzug.

Der wichtigste Aspekt der Projektarbeit ist die regelmäßige Rücksprache mit dem Kunden, damit dieser jederzeit intervenieren kann, wenn der Projektverlauf nicht seinen Vorstellungen entspricht. Zu diesem Zweck erfolgt nach dem Abschluss der wichtigsten Arbeitsschritte eine Zwischenpräsentation. Außerdem muss der tatsächliche Zeit- und Budgetaufwand ständig mit dem Projektplan verglichen werden, um bei Abweichungen rechtzeitig gegenzusteuern.

Nach dem Abschluss der Projektarbeit und der Erreichung des Projektziels hält das studentische Beraterteam eine Abschlusspräsentation, bei der oft auch der Vorstand des beratenen Unternehmens anwesend ist. In der abschließenden Projektdokumentation werden alle Informationen und Unterlagen zum Projektverlauf gesammelt, sodass bei der Durchführung späterer Projekte auf dieses Wissen zurückgegriffen werden kann.

Studentische Beratung als Sprungbrett für den Einstieg in die Unternehmensberatung?

Eine Tätigkeit bei einer studentischen Unternehmensberatung, die über die reine Mitgliedschaft hinausgeht, wird bei kommerziellen Unternehmensberatungen gern gesehen. Je nach Art, Dauer und Intensität von Projekten, für die man als studentische Unternehmensberaterin oder als studentischer Unternehmensberater mitverantwortlich war, kann ein Engagement bei einer studentischen Beratung die Chancen im Bewerbungsprozess für eine kommerzielle Beratung erhöhen.

Zudem können studentische Berater:innen durch die Angebotserstellung, Planung und Durchführung von Projekten ihr Organisationsvermögen schulen, ihr Zeitmanagement verbessern, sich eine analytische und strukturierte Arbeitsweise aneignen und ihre Teamfähigkeit unter Beweis stellen. Darüber hinaus verfügen studentische Berater:innen über ein souveränes und professionelles Auftreten, da sie bereits eine Reihe von Präsentationen vor Kundenmitarbeiter:innen in Führungspositionen gehalten haben. Daher schlagen sich erfahrene studentische Unternehmensberater:innen oft besser in den Auswahlverfahren großer Consulting-Unternehmen, insbesondere bei der Durchführung von Case Studies.

Doch auch durch ehrenamtliches Engagement innerhalb des Vereins ergeben sich hervorragende Perspektiven für die Consulting-Karriere. Somit können Studierende auch abseits des Studiums praktische Erfahrungen in bestimmten Fachgebieten erwerben. Wer als Vorstand oder Ressortleiter:in Verantwortung übernimmt, kann zudem seine Führungsqualitäten ausbauen und Unternehmergeist beweisen. Vor allem aber können sich studentische Berater:innen durch vereinsinternes Engagement ein Netzwerk aus hoch qualifizierten Nachwuchskräften aufbauen, von dem sie auch im weiteren Verlauf ihrer Karriere profitieren.

Insbesondere für den Bereich Consulting stellt die Tätigkeit als studentische Beraterin oder als studentischer Berater noch ein zusätzliches Karrieresprungbrett bereit: Renommierte Unternehmensberatungen bieten studentischen Unternehmensberatungen zu Recruiting-Zwecken Schulungen und Workshops an, bei denen die Mitglieder nicht nur vom Know-how der hauptberuflichen Consultants profitieren, sondern auch wertvolle Kontakte für den Einstieg in die Unternehmensberatung knüpfen.

3. Tipps zu Bewerbung und Interviewvorbereitung

It's not (only) about the case

von Thomas Fritz

Wer als Berater:in mit seinen Klienten nachhaltige Veränderungen bewirken will, muss sowohl fachlich als auch persönlich überzeugen. Das beste Konzept ist nutzlos, wenn es nicht gelingt, die Menschen in der Organisation dafür zu gewinnen. Daher legen Beratungen neben den Problemlösungsfähigkeiten (im Case-Interview) ebenso großen Wert auf die persönliche Qualifikation der Bewerber:innen. Und dabei geht es um weitaus konkretere Aspekte als den oft beschworenen persönlichen Fit. Viele Bewerber:innen unterschätzen die Bedeutung dieser persönlichen Seite: Lieber werden 100 Cases geübt, als sich einmal hinzusetzen und konzentriert zu überlegen, wie die eigenen Stärken und Erfahrungen zu den Anforderungen der Beratung passen.

Aber auch hier gilt: Erfolg kommt zu denen, die sich vorbereiten. Alle anderen müssen Glück haben, dass ihnen in der Stresssituation des Interviews die richtigen Erfahrungen zu ihren Stärken einfallen und sie diese auch noch überzeugend darstellen können.

Besser ist es da, sich schon im Vorfeld die richtigen Fragen zu stellen:
a. Worauf kommt es der Beratung, bei der ich mich bewerbe, an?
b. Wie passen meine Stärken zu diesen Anforderungen, und wo habe ich diese unter Beweis gestellt?
c. Wie kann ich meine Erfahrungen überzeugend im Interview darstellen?

Ein positiver Nebeneffekt dieser Gedanken ist die positive Auswirkung auf Ihre eigene Einstellung: Wenn Sie sich im Vorfeld gute Erfahrungen in Erinnerung rufen, versichern Sie sich unterbewusst noch einmal Ihrer eigenen Qualifikation und gehen optimistischer in die Gespräche.

Whatever it takes

Wer die Unternehmensporträts in diesem Buch aufmerksam liest, bekommt einen guten ersten Eindruck von den individuellen Schwerpunkten, die die Beratungen bei persönlichen Anforderungen setzen. Suchen Sie zusätzlich das persönliche Gespräch mit Berater:innen und Recruiter:innen, z. B. auf Recruiting-Events oder Messen. Hier erhalten Sie häufig wertvolle Hinweise zu den im Interview diskutierten Themen. Es gibt natürlich auch Qualifikationen, die gute Berater:innen ganz grundsätzlich auszeichnen. Dazu gehören Teamfähigkeit, Überzeugungsfähigkeit sowie Flexibilität im Denken und Handeln.

If you want people to think you are funny, don't tell them you are funny, tell them a joke

Im nächsten Schritt ergründen Sie, wie die eigenen Stärken zu den Anforderungen passen und wo Sie diese zeigen konnten. Eine persönliche Stärke ist keine Eigenschaft, die Sie gerne hätten. Sie müssen vielmehr glaubhaft davon berichten können, wo Sie Ihre Stärken auch tatsächlich unter Beweis gestellt haben.

Wenn Sie sich nicht sicher sind, wie Ihre Erfahrungen und die gesuchten Eigenschaften zusammenpassen, helfen die folgenden Fragen:

- In welchen Situationen erhalte ich positives Feedback von Kolleg:innen, Kommiliton:innen und Freund:innen?
- Auf welche Erfahrungen bin ich besonders stolz?
- Wo habe ich zur Lösung von Problemen beigetragen?

Aber Vorsicht: Bleiben Sie bei den Tatsachen und ehrlich zu sich selbst. Wenn Sie wesentliche Aspekte im Nachhinein ergänzen müssen, um Ihre Stärken deutlich zu machen, ist die Erfahrung ziemlich sicher nicht geeignet. Es kann immer sein, dass Ihre Interviewerin oder Ihr Interviewer ebenfalls passionierte Pianistin oder passionierter Pianist war und interessierte Detailfragen zu Ihrer Konzertreise stellt. Die sollten Sie sicher beantworten können oder lieber weiter nach anderen geeigneten Erfahrungen suchen. Ebenso macht es Ihr Gegenüber misstrauisch, wenn Sie sich bei Ihrem Bericht von der Gruppenarbeit an der Hochschule nicht mehr an die Namen der anderen Teammitglieder erinnern können.

Beschränken Sie sich bei der Suche nach geeigneten Episoden nicht nur auf das Studium oder berufliche Umfelder. Manchmal finden sich die besten Erfahrungen auch im außeruniversitären Engagement, beim Sport oder anderen Hobbys. Mit einer guten Auswahl von Beispielen können Sie zudem persönliche Leidenschaften transportieren und Ihrer Interviewerin oder Ihrem Interviewer einen Einblick in Ihre Persönlichkeit geben.

Es sollte allerdings nicht zu persönlich werden: Krankheiten oder die engere Familie sind tabu. Hier wird schnell eine emotionale Ebene berührt, die sowohl für Sie als auch für Ihr Gegenüber im Interview unangenehm werden kann.

You should have been there

Wenn die passenden Erfahrungen gefunden sind, gilt es, diese überzeugend darzustellen. Je lebendiger Sie die relevanten Soft Skills mit konkreten Taten illustrieren, desto einfacher machen Sie es Ihrer Interviewpartnerin oder Ihrem Interviewpartner, sich an Ihre Qualifikation zu erinnern.

Zunächst schreiben Sie sich dazu für jedes Beispiel auf, was die genaue Herausforderung war und aus welchen konkreten Taten oder Interaktionen Ihr persönlicher Beitrag bestand. Sollte der Auswahltag aus mehreren Gesprächen bestehen, zahlt es sich aus, wenn Sie zu den wichtigsten Themen mehr als ein Beispiel parat haben – so müssen Sie nicht in jedem Interview dieselbe Erfahrung schildern. Die Interviewer:innen entscheiden in der Regel am Ende gemeinsam und je breiter das Bild ist, das Sie anbieten, desto besser sind Ihre Chancen.

Anschließend sollten Sie mit einer Partnerin oder einem Partner üben, Ihre Erfahrungen souverän, authentisch und fokussiert wiederzugeben. Dabei achtet die Sparringspartnerin oder der Sparringspartner vor allem auf die folgenden Punkte:

- **Nicht zu viele Details** – Interviewzeit ist kostbar: Beschreiben Sie den Kontext nur so detailliert, wie es zum Verständnis Ihrer persönlichen Erfahrung unabdingbar ist. Interviewer:innen sind sehr viel mehr an Ihrer persönlichen Rolle im Projekt interessiert als an der generellen Situation des Unternehmens, in dem Sie Ihr Praktikum absolviert haben.
- **Vermeiden Sie Generalisierungen** – Beschreiben Sie konkret, was Sie meinen, wenn Sie von den Chancen und Herausforderungen sprechen. Statt einem generalisierenden „die Zusammenarbeit mit Chines:innen ist ja immer sehr schwierig“ schildern Sie besser genau, was die Teamarbeit in der konkreten Situation herausfordernd gemacht hat.
- **„Ich“ statt „Man“** – Trauen Sie sich, konkret hervorzuheben, worin Ihr persönlicher Beitrag bestand. Natürlich gewinnt man öfter als Team und seltener alleine. Ihre Interviewpartner:innen wollen aber vor allem ein Gefühl dafür bekommen, welche Rolle Sie persönlich in diesem Team gespielt haben.
- **Chancen statt Probleme** – Schildern Sie nicht nur die Probleme, die Sie in der Situation gesehen haben. Wer vor allem die Schwierigkeiten sieht bzw. diese besonders detailliert schildert, wird auch nachher eher mit diesen in Verbindung gebracht. Erzählen Sie lieber von den interessanten Möglichkeiten, denen Sie begegnet sind, und kommen dann zu den Hindernissen, die auf dem Weg dorthin zu überwinden waren.
- **Jeder Mensch verdient Wertschätzung** – Schon auf dem Schulhof gilt: Wer immer schlecht über andere spricht, hat irgendwann keine Freunde mehr. Versuchen Sie auch in der Beschreibung von herausfordernden Persönlichkeiten nicht nur über deren negative Eigenschaften zu sprechen. Zeigen Sie, dass Sie in der Lage sind, jeden Menschen wertzuschätzen und dessen Verhalten in den Kontext der konkreten Situation einzuordnen.
- **Schau mir in die Augen** – Wer selbst nicht überzeugt ist, kann auch andere nicht überzeugen. Zeigen Sie, dass Sie gut vorbereitet sind. Lächeln Sie und schauen Sie Ihr Gegenüber an, wenn Sie zuversichtlich und optimistisch Ihre Erfahrung schildern.

Im letzten Schritt müssen Sie im Gespräch die richtige Gelegenheit finden, Ihre Erfahrung zu teilen. Wann immer Sie im Interview nach Ihren Stärken oder Erfahrungen zu persönlichen Eigenschaften gefragt werden, ist der Moment gekommen. Lassen Sie das generische „ich habe immer gerne im Team gearbeitet“ hinter sich und glänzen Sie mit Ihrer Vorbereitung, wenn Sie lebendig und authentisch von Ihren spannendsten Teamerfahrungen berichten.

Anforderungen an Bewerberinnen und Bewerber

von Mathias Huber

Der Berufseinstieg in die Unternehmensberatung ist ein ideales Karrieresprungbrett. Kein anderes Umfeld bietet die Möglichkeit, so schnell Verantwortung zu übernehmen und einen umfassenden Einblick in die Welt der Wirtschaft oder auch des öffentlichen Sektors zu erhalten. Nur: Wie wird man Consultant? Welche Profile und Qualifikationen werden gesucht – und warum?

Worauf es nicht ankommt

Das Studienfach ist bei den meisten Unternehmensberatungen kein Auswahlkriterium. Im Consulting geht es vor allem darum, Probleme zu lösen – und diese Fähigkeit wird in jeder wissenschaftlichen Ausbildung entwickelt, unabhängig von der Fachrichtung. Gleich zu Beginn wird dabei sichergestellt, dass alle Kolleg:innen die benötigten BWL-Grundlagen haben, um gut vorbereitet in ihre Beratungstätigkeit zu starten.

Was eine Unternehmensberatung stark macht, ist die Vielfalt ihrer Beschäftigten, die Kombination aus wissenschaftlichem Arbeiten, interdisziplinärem Denken und Praxisorientierung. Diese Mischung führt zu optimalen Lösungen, die oft neu und überraschend sind. Aus diesem Grund suchen Beratungen Absolvent:innen und Promovierte aller Disziplinen: Ingenieur:innen, Naturwissenschaftler:innen und Mathematiker:innen ebenso wie Wirtschafts- und Geisteswissenschaftler:innen, Mediziner:innen oder Jurist:innen. Bei McKinsey beispielsweise hat nur die Hälfte der Berater:innen einen wirtschaftswissenschaftlichen Hintergrund. Zur Vielfalt zählt auch, dass Beratungen zunehmend Einsteiger:innen mit relevanter Berufserfahrung suchen, insbesondere aus Industrieunternehmen. Die Kombination aus verschiedensten Fachrichtungen und unterschiedlichen Vorerfahrungen führt nicht nur zu außergewöhnlichen Ansätzen in der Beratungsarbeit, sondern auch zu einem sehr bereichernden Miteinander.

Dieses breite Spektrum spiegelt sich in der Vielfalt der Projekte und Klienten wider. Von der Entwicklung einer Unternehmensstrategie oder Organisationsstruktur über funktionsbezogene Aufgaben in Forschung, Produktion und Logistik, Marketing, IT und Finanzen bis hin zu speziellen Programmen zur Effizienz-, Umsatz- oder Ertragssteigerung – das alles sind Projekte, mit denen Unternehmensberatungen beauftragt werden. Die Arbeit erfolgt stets direkt beim Klienten vor Ort, oft in internationalen Teams.

Auch ein bestimmter Notendurchschnitt ist keine zwingende Voraussetzung, um sich bei einer Beratung zu bewerben. Akademische Leistungen sind wichtig – aber eine Einladung zum Kennenlernen ist nicht ausschließlich daran geknüpft.

Worauf es wirklich ankommt

Relevante Auswahlkriterien sind neben den akademischen Leistungen insbesondere analytische Fähigkeiten, praktische Erfahrungen und Engagement, das über das Curriculum hinausgeht. Tätigkeitsfelder können hier im sozialen, kulturellen, sportlichen oder auch politischen Bereich liegen. Entscheidend ist zu sehen, dass sich Bewerber:innen für verschiedene Themen begeistern können und bereit sind, Verantwortung zu übernehmen.

Grundvoraussetzung für die konstruktive Arbeit im Team und mit dem Klienten sind soziale Kompetenzen. Hierzu zählen insbesondere Kommunikations- und Kooperationsfähigkeit, Teamgeist und Einfühlungsvermögen. Da Unternehmensberater:innen immer wieder neu mit den unterschiedlichsten Aufgaben und Fragen konfrontiert werden, ist große Flexibilität im Denken und Handeln ebenfalls unverzichtbar.

Wie man sich bewirbt

Der Einstellungsprozess bei Unternehmensberatungen umfasst in der Regel zwei Schritte: die schriftliche Bewerbung und den Auswahltag mit Interviews. Für die schriftliche Bewerbung, die jederzeit eingereicht werden kann, sind folgende Unterlagen erforderlich:

- **Motivationsschreiben:** Darin erläutern die Bewerber:innen, warum sie sich für das Berufsfeld der Unternehmensberatung interessieren.
- **Lebenslauf:** Er enthält Angaben zum akademischen Werdegang (mit Abschluss- bzw. Zwischennoten), zu Praktika, Berufserfahrung und Auslandsaufenthalten sowie zu Interessen und Engagements außerhalb der Ausbildung.
- **Zeugnisse:** Alle Schul- bzw. Hochschulzeugnisse ab dem Abitur sowie Praktikumszeugnisse und Zertifikate sollten dem Schreiben beigefügt sein.

Wenn die schriftlichen Unterlagen überzeugen, werden die Bewerber:innen zu Interviews eingeladen. Dabei erwarten die Interessent:innen mehrere etwa einstündige Gespräche mit meist je einem Consultant. Teil dieser Gespräche ist die Diskussion einer Fallstudie. Dafür muss man keinen Mathe-Leistungskurs belegt haben; allerdings sollte man auch einmal ohne Taschenrechner zurechtkommen können.

Immer mehr Beratungen setzen zudem Vorab-Interviews per Videochat oder Online-Spiele zur Problemlösekompetenz ein, wodurch der Auswahlprozess individuell auf die einzelne Bewerberin oder den einzelnen Bewerber abgestimmt wird.

Die Bewerber:innen erhalten in der Regel noch am selben Tag ein persönliches Feedback. Falls sich die Consultants nach den Interviews einig und die Eindrücke positiv sind sowie das Interesse auf beiden Seiten fortbesteht, folgt abschließend ein Interview mit einem Senior-Partner. Geeigneten Bewerber:innen wird dann meist direkt ein Angebot gemacht.

Das Auswahlgespräch – mehr als eine Case Study

von Tim Ruhoff

„Sehr geehrte Bewerberin, wir haben Ihre Bewerbung mit Interesse gelesen und möchten Sie zum Bewerbungsgespräch einladen." - Wer ein solches Schreiben von einer Beratung erhält, sollte sich geehrt fühlen. Der Pflichtteil ist somit geschafft; nun folgt die Kür.

Warum es „Bewerbungsgespräch" heißt

Viele Bewerber:innen glauben, dass die Vorbereitung auf ein Bewerbungsgespräch hauptsächlich im Trainieren von Case Studies besteht. Ja - in jedem Interview gibt es eine oder mehrere Case Studies. Ja - mit etwas Übung gelingen diese schneller und sicherer. Das ist jedoch bei Weitem nicht alles! Ein Bewerbungsgespräch ist in erster Linie ein Gespräch, sonst hieße es „Bewerbungs-Case-Study". Genau hier liegt der häufigste Fehler von Bewerber:innen. Auswendig gelernte Antworten, zurechtgelegte Floskeln und das krampfhafte Anwenden von Analyse-Tools sind schlicht unerwünscht. Stellen Sie sich den Kunden vor, der Sie als Berater:in für viel Geld einkauft. Will der Dinge hören, die er selbst nachlesen kann? Darüber hinaus sind erlernte Beispiele oft nicht übertragbar, und im Interview hagelt es Minuspunkte, wenn der Eindruck entsteht, dass man nicht mitdenkt.

Jedes Beratungsprojekt verlangt, dass man sich in die Probleme des Kunden einfindet und nach Lösungen sucht. Ob das Problem mit oder ohne das Five-Forces-Modell von Porter zu lösen ist, interessiert den Kunden nur marginal. Die Hauptsache ist, es wird gelöst. Es ist noch niemand gescheitert, weil kein Analyse-Tool genutzt wurde. Viele Bewerber:innen haben aber dadurch geglänzt, dass sie sich davon gelöst und unkonventionelle Wege gefunden haben.

Der Bewerbertag

Sie bekommen vor einem Interview immer Infos zum Tagesablauf. In den meisten Fällen sollten diese Informationen vollkommen ausreichend sein. Seien Sie sich bewusst, dass Ihren Interviewpartner:innen Ihre Korrespondenzen mit den Personaler:innen, insbesondere E-Mails, zur Verfügung gestellt werden. Schreiben Sie also formal korrekte E-Mails und führen Sie höfliche Telefonate - egal, mit wem. Lesen Sie auf jeden Fall vorher alle Unterlagen sorgfältig durch, und werfen Sie zur Sicherheit noch einen Blick auf die Website. Sollte sich bei der Vorbereitung zeigen, dass Sie nicht sorgfältig vorgehen, wird jede Beratung das vermerken.

Angemessen gekleidet, fit, ausgeschlafen und pünktlich

Consultants kleiden sich schlicht und elegant. Mit einem schwarzen bzw. dunkelgrauen Anzug oder Kostüm liegt man nie falsch. Das äußere Erscheinungsbild ist wichtig, denn Kleider machen bekanntlich Leute. Deshalb sollten Sie auch Tattoos, Piercings oder auffälligen Schmuck nur so zeigen, wie es im Business passend ist. Ihr Gegenüber wird sich sonst immer fragen: Was würde der Kunde jetzt denken? Lassen Sie es nicht so weit kommen.

Was brauchen Sie, um richtig fit zu werden? Literweise Kaffee? Eine Runde Joggen im Park? Musik Ihrer Lieblingsband? Organisieren Sie es! Man sollte für sein Interview so fit wie möglich sein. Das Auswendiglernen von Kennzahlen oder Formeln gehört unter keinen Umständen an den Frühstückstisch. Sie müssen nicht alles wissen, sondern sich gut verkaufen. Im Interview können Ihnen die Bücher nicht mehr helfen. Ein erholter Geist kann allerdings einiges bewirken.

Seien Sie pünktlich. Am besten stehen Sie mit einem Puffer von 20 Minuten am Empfang der Beratung, bekommen ein Namenskärtchen und setzen sich zu den anderen Bewerber:innen. Das ist die erste Schlüsselszene. Sicherlich können nicht alle genommen werden, aber die meisten Beratungen haben keine Quote für einen Bewerbungstag. Das bedeutet, die Mitbewerber:innen sind mögliche Verbündete, denn einige Beratungen machen Team-Stresstests, bei denen analysiert wird, wie Sie sich in ein Team einfinden können. Wenn man von Anfang an den Eindruck erweckt, dass man nur sein eigenes Weiterkommen im Sinn hat, werden einem die übrigen Bewerber:innen diese Einstellung nicht danken. Selbiges gilt übrigens für die Consultants, die sich im Interview überlegen, ob sie sich ein Projekt mit Ihnen vorstellen können. Außerdem: Man sieht sich immer zweimal im Leben.

Der persönliche Eindruck

Könnte ich mir vorstellen, mit meinem Gegenüber auf einer einsamen Insel ausgesetzt zu sein und mich mit ihm dort durchzuschlagen? Nicht mit jeder Kollegin und jedem Kollegen muss man gleich eine Freundschaft schließen, aber man sollte schon auf einer Wellenlänge liegen, denn Projekteinsätze sind immer strapaziös. Enge Deadlines, Vorstandspräsentationen, lange Flüge und Wochenenden im Ausland lassen sich nur schwer ertragen, wenn man einander persönlich nicht leiden kann. Daher sollten Sie sich Ihre Interviewpartner:innen genau ansehen und überlegen, ob Sie sich eine intensive Zusammenarbeit vorstellen können.

Ausschlaggebend für ein erfolgreiches Gespräch ist daher die richtige Einstellung: Bewerberin oder Bewerber und Unternehmen befinden sich an einem Bewerbertag in einer gleichgewichtigen Situation. Schon aus dieser Erkenntnis heraus sollte man offen, ehrlich, aber auch selbstbewusst und durchaus entspannt in solche Bewerbertage starten. Unternehmen suchen nicht die perfekte Bewerberin oder den perfekten Bewerber mit dem perfekten Lebenslauf und perfekten Fähigkeiten. Sie suchen den perfekten Match. Nutzen Sie dieses Wissen!

100 Prozent bis zum Ende

Sollte es letztlich nicht klappen, unterschätzen Sie nicht den Wert des abschließenden Gesprächs. Aus Fehlern kann man lernen, aber vielleicht gibt es auch Hinweise, warum Sie zu genau dieser Beratung nicht gepasst haben. Die Erkenntnisse können sowohl für die Vorbereitung weiterer Interviews als auch für die Auswahl der Beratungen sehr wichtig sein.

Bewerbungscheckliste und Partnertraining

von Tim Ruhoff

In einem Interview soll möglichst naturgetreu simuliert werden, was die Kandidat:innen beim Kunden erwartet. Auch vor einem Beratungsprojekt müssen eine Menge Dinge vorbereitet und erledigt werden - genauso ist es mit dem Bewerbertag. Nutzen Sie die folgende Checkliste, damit Sie nichts vergessen und sich auf das Wesentliche konzentrieren können.

Vier Wochen vor dem Interview – nicht alles geht von heut auf morgen

Check 1: Partnerinterviews

Die beste Vorbereitung auf ein Interview in der Beratung ist das Partnerinterview. Es geht darum, gemeinsam mit einem anderen Menschen einen Fall zu lösen. Zwar müssen die Bewerber:innen die Arbeit machen, aber die Kommunikation und das sinnvolle Fragenstellen sind essenziell. Nutzen Sie die Cases in diesem Buch, und planen Sie möglichst drei Partnerinterviews mit anderen Kandidat:innen. Die Anfrage für ein Partnerinterview sollte etwa mit dem Versand der Bewerbungsunterlagen beginnen.

Finden Sie Ihre:n Trainingspartner:in unter www.e-fellows.net/lernpartner

- Sie können in Lernangeboten suchen, oder Sie stellen selbst ein Lerngesuch ein.
- Das Formular sollte selbsterklärend sein. Wählen Sie unter „Suche Partner für" die Option „Cases üben"; in den weiteren Feldern können Sie unter anderem die Region/Stadt, den Zeitraum sowie die Art der Zusammenarbeit (online oder „in echt") angeben.
- Tragen Sie im Erläuterungsfeld ein, was Sie trainieren möchten (Case Studies, Bewerbungsgespräch inkl. Case Study, inhaltliche Schwerpunkte oder Branchen).
- Meist bekommen Sie schon nach wenigen Tagen die ersten Rückmeldungen.

Es ist sinnvoll, sich vor dem Training über den Ablauf und den Übungsmodus zu verständigen. Ein persönliches Treffen ist sicherlich die beste Vorbereitungsform, allerdings auch die zeitaufwendigste. Für die Interviews sollte Folgendes vorbereitet werden:

- Austausch der Bewerbungsunterlagen vorab
- zwei Fragen zum Tagesgeschehen
- mindestens zwei kritische Fragen zum CV der Partnerin oder des Partners
- ein Brainteaser und eine Case Study

Was den Ablauf und gewisse Grundregeln betrifft, noch einige Tipps: Erst stellt einer die Fragen. Wenn das Interview nach 45 bis 60 Minuten abgeschlossen ist, tauscht man die Rollen. Der Brainteaser sollte ungefähr fünf bis zehn Minuten der Zeit in Anspruch nehmen, die Case Study maximal 25 Minuten. Damit bleiben mindestens 15 Minuten für das Gespräch. Wer sein Gegenüber hier ins Schwitzen bringt, bietet die beste Vorbereitung auf das reale Interview und verhilft somit zu einem strategischen Vorteil - oft weiß man nämlich selbst nicht, worüber Fremde beim Lesen des CVs stolpern. Im Nachgang kann man sich nun gut auf mögliche Fragen vorbereiten. Das Partnertraining hat den großen Vorteil, dass die Interviewsituation greifbarer wird und man sich schneller auf das Wesentliche konzentrieren kann. Das Selbstvertrauen wächst ebenfalls, was für das Bewerbungsgespräch sehr wichtig ist. Das Partnerinterview ist nicht dazu da, sich gegenseitig fertigzumachen, sondern um sich gegenseitig auf Stresssituationen vorzubereiten. Das ist zweifellos ein schmaler Grat für zwei Menschen, die einander nicht kennen. Daher ist es wichtig, sachlich, professionell und eher eine Spur gutmütiger zu sein, als man es im Interview erwartet – schließlich tut man sich gegenseitig einen großen Gefallen.

Check 2: Zeitungen

Zeitunglesen ist gut für den Background. Sie sollten up to date sein, denn in so manchem Interview werden Ihnen auch Fragen zum aktuellen Geschehen gestellt. Außerdem ist es immer gut, wenn man bei einer Case Study den Bogen zu aktuellen Themen schlagen kann.

Check 3: Kopfrechnen

Kopfrechnen ist nicht bei allen Beratungen in gleichem Maße Pflicht, aber an einem souveränen Umgang mit Zahlen werden Bewerber:innen gemessen. Das Schöne daran ist: Man kann es sehr gut üben und beim Interview beispielsweise durch sehr gute Kopfrechen-Fähigkeiten glänzen.

Check 4: Interviewpartner:innen

Meistens sind die Interviewpartner:innen auf der Website des Unternehmens oder auf Plattformen wie Xing zu finden. Wenn Sie herausfinden, wo sie sich engagieren, ist das sicherlich ein guter Aufhänger für das Gespräch.

Check 5: Beratungen

Beratungen unterscheiden sich nicht nur in ihren Themenschwerpunkten, sondern auch in den Umgangsformen und Erwartungen an die Bewerber:innen. Die Branchenrubrik „Beratung" auf der e-fellows.net-Website und dieses Buch zeigen Ihnen in den Unternehmensporträts, wen die Firmen suchen.

Check 6: The Case Study State of Mind

„The Case Study State of Mind" soll bedeuten, dass man bewusst quer und kritisch denken soll, wenn man Informationen aus der Presse erhält oder Dinge im Alltag wahrnimmt.

- Deutschland hat die Energiewende beschlossen und im folgenden Jahr die Subventionen für alternative Energien reduziert – welche Folgen hat das?
- Im Zuge der Euro-Krise zeigte sich, dass Griechenland bei der Aufnahme in die Euro-Zone falsche Wirtschaftsdaten angegeben hat. Warum waren diese Daten so wichtig, und warum wäre es für Griechenland in der Krise gut gewesen, keinen Euro zu haben?
- Wie viel kostet eigentlich ein Döner in der Herstellung, und wann ist ein Schnellimbiss profitabel?
- Wie kann es sein, dass es günstiger ist, Krabben aus England in Thailand pulen zu lassen, um sie dann zum Verkauf wieder nach England zu schicken?

Wenn Sie solche Fragen mit Ihren Freund:innen diskutieren oder selbst eine Antwort suchen, bereiten Sie sich bestens auf ein Interview in der Beratung vor. Dinge hinterfragen und sehend durch das Leben gehen sind Eigenschaften, die man trainieren kann.

Zwei Wochen vor dem Interview – letzte Vorbereitungen

- Kennen Sie Ihre Unterlagen?
- Kennen Sie das Unternehmen und möglichst Ihr Gegenüber im Interview?
- Wissen Sie, warum Sie genau in dieser Beratung anfangen möchten?
- Kennen Sie den Ablauf und das Timing des Interviews?
- Kennen Sie Ihre Stärken, und wissen Sie, wie Sie sie anschaulich belegen können?
- Kennen Sie die Schwachpunkte Ihres CVs und wissen Sie sie zu rechtfertigen?
- Kennen Sie Ablauf und Timing von Brainteasern und Case Studies?
- Haben Sie einige schlaue Fragen vorbereitet?

Eine Woche vor dem Interview – Feintuning

- Die Reiseplanung steht an.
- Erhöhen Sie Ihren Nachrichtenkonsum.
- Suchen Sie nach realen aktuellen Erfahrungsberichten.

Zu diesem Zeitpunkt sollten Sie wissen, was auf Sie zukommt. Case Studies sollten kein Fremdwort mehr sein, 12 × 19 rechnen Sie in wenigen Sekunden im Kopf. Warum Sie das Wartesemester gut genutzt haben, auch wenn Sie kein Praktikum vorweisen können, legen Sie in drei kompakten Sätzen dar, und was in der Welt der Wirtschaft gerade passiert, wissen Sie auch. Greifen Sie auch auf Erfahrungsberichte anderer Bewerber:innen zurück, die Sie in diesem Buch, unter www.e-fellows.net/Karriere/Branchen-Beratung-und-IT/Erfahrungsberichte-aus-dem-Consulting, in der e-fellows.net community und in weiteren Online-Foren finden.

Wenn Sie alle genannten Punkte berücksichtigt haben, sind Sie bestens auf das Interview vorbereitet.

Mit Stress im Bewerbungsgespräch souverän umgehen

von Prof. Dr. Johanna Moebus

Sie haben den Termin Ihres Bewerbungstages rot im Kalender markiert. Sie üben fleißig Case Studies, lesen regelmäßig Zeitung und können Dreisatz und Prozentrechnung ohne Taschenrechner sicher bewältigen. Gratulation, Ihre Vorbereitung läuft auf Hochtouren! Dennoch bekommen Sie schweißnasse Hände, wenn Sie nur an den Bewerbungstag denken? Keine Panik - diese Stressreaktion ist vollkommen normal. Mit der richtigen Vorbereitung und Einstellung können Sie sie sogar zu Ihrem Vorteil nutzen.

Jedes Bewerbungsgespräch ist eine Stresssituation – akzeptieren und nutzen Sie das!

Herzklopfen, kalte, schweißnasse Hände und ein flaues Gefühl im Magen - diese Symptome kennen Sie sicher aus anderen Prüfungs- oder Stresssituationen. Mithilfe des vegetativen Nervensystems und des Botenstoffs Adrenalin reagiert Ihr Körper auf einen Stressor. Der Körper will damit die Energie freisetzen, die für eine angemessene Reaktion auf die „Gefahrensituation" nötig ist. Körperfunktionen, die für das unmittelbare Überleben nicht notwendig sind, werden dabei unterdrückt.

Während unsere Vorfahr:innen gut beraten waren, beim Auftauchen eines Säbelzahntigers vor der Höhle entweder zu kämpfen oder möglichst schnell zu fliehen, sollten Sie dies natürlich im Bewerbungsgespräch nicht tun. Nutzen Sie stattdessen die körperliche Stressreaktion als Ihren Bewerbungsturbo - sie ermöglicht Ihnen nämlich, genau im richtigen Augenblick Energie zu mobilisieren und sie Ihrem Gehirn und damit Ihrer Konzentration auf das Bewerbungsgespräch zur Verfügung zu stellen. Auch wenn Sie in der Nacht vor dem großen Tag noch so schlecht geschlafen haben - Sie werden im entscheidenden Moment nicht müde sein. Genauso wenig müssen Sie sich sorgen, während des Gesprächs zur Toilette laufen zu müssen.

Stress wird erst dann zum Problem, wenn die Stressdosis zu groß wird und die Stressreaktion Ihre Leistungsfähigkeit im Bewerbungsgespräch bremst. Dies geht typischerweise damit einher, dass die anregende Wirkung der Stresssituation in Angst oder Panik umschlägt. Sie können sich dann nicht mehr gut konzentrieren und empfinden vielleicht den Drang, das Gespräch abzubrechen. Damit Sie im Bewerbungsprozess Ihr Bestes geben können, ist es daher wichtig, sowohl die Stressdosis als auch Ihre Reaktion darauf zu kontrollieren.

Typische Stresssituationen am Bewerbungstag

Stress entsteht am Bewerbungstag bei einer Unternehmensberatung nicht nur durch das eigentliche Bewerbungsgespräch, sondern auch durch äußere Faktoren und andere Elemente des Bewerbungstages (z.B. schriftliche Tests). Minimieren Sie möglichen Stress durch äußere Faktoren, wo immer dies in Ihrem Einflussbereich liegt. Planen Sie die Anfahrt sorgfältig, informieren Sie sich genau darüber, wo Sie erwartet werden, und kalkulieren Sie einen ausreichenden zeitlichen Puffer ein. Wer bereits in der Bahn den ersten Schweißausbruch erlebt, wird im Bewerbungsgespräch weniger souverän und konzentriert agieren können.

Schriftliche Tests, vor allem Mathematik- oder Logiktests, werden neben den eigentlichen Bewerbungsgesprächen von Bewerber:innen als starke Stressoren empfunden. Problematisch ist hierbei häufig nicht der Schwierigkeitsgrad der Aufgaben, sondern eher der Gesamtumfang und das Gefühl, nicht alles schaffen zu können. Machen Sie sich klar, dass es in der Regel kaum möglich ist, alle Aufgaben eines Tests in der gestellten Zeit zu beantworten. Genauso unwahrscheinlich ist, dass Sie - oder Ihre Mitbewerber:innen - alles fehlerlos bearbeiten können. Schriftliche Tests überprüfen neben Ihrer intellektuellen Leistung immer auch Ihre Souveränität und gegebenenfalls Ihre Fähigkeit, mit einer suboptimalen Leistung umzugehen. Versuchen Sie daher, einen geschriebenen Test für den restlichen Bewerbungstag mental zur Seite zu legen. Sollten Sie später auf die Ergebnisse angesprochen werden, ist es immer noch früh genug, Ihre Leistung selbstkritisch zu diskutieren.

Das eigentliche Bewerbungsgespräch ist in der Regel zweigeteilt. Häufig beginnt das Gespräch mit Fragen zur Person und zum Werdegang, bevor zur Case Study übergegangen wird. Sogenannte Stressfragen, die Sie gezielt aus der Fassung bringen oder provozieren sollen, sind im Gespräch mit Consultants eher unüblich. Stress entsteht in dieser Phase des Gesprächs vielmehr durch Fragen, auf die man nicht ausreichend vorbereitet ist: zum Beispiel nach persönlichen Schwächen. Viele Bewerber:innen empfinden auch die persönliche Note des Gesprächs insgesamt als Stressfaktor. Der Druck, als potenzielle neue Kollegin oder potenzieller neuer Kollege möglichst sympathisch zu wirken, kann zum Stressor werden. Während der zweiten Phase des Case-Interviews kommt typischerweise die Angst, den Case nicht richtig oder schnell genug lösen zu können, als Stressfaktor hinzu.

Drei Elemente für mehr Souveränität: Vorbereitung, Kommunikation, Authentizität

Vorbereitung ist nicht nur für die erfolgreiche Bearbeitung von Case Studies notwendig. Auch im persönlichen Teil des Bewerbungsgesprächs kann mit der richtigen Vorbereitung die Stressdosis deutlich reduziert werden. Viele Bewerber:innen stellen sich zwar auf gängige Fragen ein, geraten aber ins Schwitzen, wenn sie detailliert nach konkreten Beispielsituationen gefragt werden.

Wenn es dann so weit ist und Sie im Bewerbungsgespräch sitzen, helfen Ihnen richtige Kommunikation und Authentizität, die Stressbelastung zu kontrollieren und mit Sympathie und Souveränität zu punkten.

Vorbereitung: Ihre USP, überzeugende Stärken und glaubhafte Schwächen

„Inwiefern machen Sie uns besser - nicht nur größer?" „Warum sollten wir gerade Sie einstellen?" Wenn Sie auf diese Fragen eine überzeugende Antwort liefern können, haben Sie bereits einen wesentlichen Aspekt der Vorbereitung geleistet: Sie kennen Ihr Alleinstellungsmerkmal, Ihre Unique Selling Proposition (USP). Der Begriff der USP kommt aus dem klassischen Marketing und passt genauso gut auf Ihr Selbstmarketing im Bewerbungsprozess. Ihre USP beschreibt, welchen Nutzen Sie der Unternehmensberatung durch die spezielle Kombination Ihrer Eigenschaften und Fähigkeiten bringen. Ihre USP sollte Sie nicht nur von anderen Bewerber:innen unterscheiden, sondern auch einen eindeutigen Nutzen für die Beratung haben. Dabei geht es eher selten um rein fachliche Qualifikationen. Natürlich ist beispielsweise ein sehr gutes BWL-Studium beim Einstieg in die Unternehmensberatung von Nutzen - es ist aber noch lange kein hinreichendes Einstellungskriterium.

„Was schätzen Ihre Kommiliton:innen/Ihre Kolleg:innen an Ihnen?" Dass die Frage nach persönlichen Stärken zum typischen Repertoire eines Bewerbungsgesprächs gehört, ist mittlerweile Allgemeinwissen. Dennoch wird dieses scheinbar harmlose Thema leicht zur Stressfalle. Bedenken Sie, dass Consultants berufsbedingt Expert:innen in kritischen Fragen sind. Wenn Sie Ihre Teamfähigkeit als Stärke präsentieren, müssen Sie sich darauf einstellen, diese mit überzeugenden Beispielsituationen belegen zu können. Was genau haben Sie und Ihr Team bereits erreicht? Wie können Sie belegen, dass es sich dabei um eine herausragende Leistung und nicht nur um einen Durchschnittserfolg handelt? Inwieweit ist diese Stärke für die Firma von Nutzen? Beschäftigen Sie sich daher im Vorfeld der Bewerbung strukturiert mit Ihren Stärken. Versuchen Sie, mindestens zwei relevante Stärken fachlicher Art (Hard Skills) und zwei persönlicher Art (Soft Skills) zu finden, die Sie jeweils mit konkreten Beispielen oder Anekdoten belegen können. Üben Sie, einer anderen Person Ihre Stärken zu erklären, und lassen Sie sich kritisch hinterfragen. Es kann hilfreich sein, sich die eigene Argumentation wie eine selbstgemauerte Wand vorzustellen – eine Wand, gegen die Ihr Gegenüber im Interview kräftig tritt. Bleibt Ihre Wand dabei stehen?

„Was können Sie gar nicht?" Auch auf eine direkte Frage nach Schwächen sollten Sie sich einstellen. Widerstehen Sie der Versuchung, Perfektionismus und Selbstkritik als Schwächen zu verpacken, und überlegen Sie stattdessen: Wo sehen Sie bei sich noch Lernbedarf? Bei welchen Aufgaben sind Sie unsicher? Vielleicht gerade jetzt, im Bewerbungsgespräch, unter Leistungsdruck? Bei dieser Frage geht es primär darum, Ihre Fähigkeit zur Selbstreflexion und Lösungskompetenz zu überprüfen. Bereiten Sie sich darauf vor, zwei Schwächen – am besten je eine aus dem Bereich der Hard und Soft Skills – anhand von realen Beispielsituationen schildern zu können. Je konkreter Sie dies vorbereiten, desto souveräner können Sie mit der Stresssituation im Gespräch umgehen. Vermeiden Sie, Ihr Unvermögen breitzutreten, und konzentrieren Sie sich stattdessen darauf, wie Sie diese Schwäche im Berufsalltag durch Unterstützung und Kompetenzaufbau überwinden können.

Kommunikation: Schweigen ist Silber, Reden ist Gold

Auch bei optimaler Vorbereitung kann es vorkommen, dass Sie beim Bearbeiten der Case Study vor Nervosität den Faden verlieren. Consultants sind es gewohnt, nicht alleine zu arbeiten, und das sogenannte Team Problem Solving – also die Problemlösung im Team – gehört zu ihrem Tagesgeschäft. Versuchen Sie, sich dies zunutze zu machen, indem Sie Ihre Interviewpartner:innen aktiv in die Lösung der Case Study einbeziehen. Diese wissen, dass Sie sich in einer Stresssituation befinden, und sind häufig bereit, Ihnen die ein oder andere Unterstützung zu geben. Dies setzt jedoch voraus, dass Sie sie Anteil an Ihren Gedanken haben lassen. Kommunizieren Sie daher transparent und möglichst strukturiert, aber nehmen Sie sich Zeit zum Denken und vermeiden Sie Verzweiflung oder gar Panik. Bedenken Sie, dass im Interview meist weniger Wert auf eine perfekte Lösung gelegt wird, sondern auf ein souveränes und strukturiertes Vorgehen. In der Praxis hat sich folgendes Kommunikationsmuster bewährt:

- Fassen Sie zunächst zusammen, was Sie bereits verstanden haben. Wenn wesentliche Informationen fehlen, wird Ihr Gegenüber Sie höchstwahrscheinlich darauf hinweisen. Sie müssen hierbei keine intellektuelle Höchstleistung vollbringen! Die richtige Strukturierung der Ausgangslage ist bereits ein guter Schritt in Richtung Lösung.
- Stellen Sie sicher, dass Sie die Aufgabe verstanden haben, indem Sie sie paraphrasieren.

- Strukturieren Sie den Lösungsraum: Was benötigen Sie für die Lösung der Fragestellung? Welche alternativen Lösungswege sehen Sie? Ihr Gegenüber wird Ihnen an dieser Stelle im Interview vermutlich einen Hinweis geben, in welche Richtung Sie gehen sollen.
- Erarbeiten Sie den ausgewählten Lösungsweg mithilfe von lautem Denken und Fragen. Nutzen Sie Ihr Gegenüber als Sparringspartner:in und Informationsquelle. Achten Sie auf die Reaktion Ihres Gegenübers: Wenn Sie auf dem Holzweg sind, wird Ihnen das sehr wahrscheinlich zu verstehen gegeben.

Vielen Bewerber:innen hilft es, diese Stresssituation leichter zu bewältigen, wenn sie Stift und Papier zur Hilfe nehmen. Schreiben Sie sich Zahlen, die Sie genannt bekommen, stets auf. Rechnen Sie ruhig schriftlich, und machen Sie sich Notizen zu Lösungsansätzen.

Authentizität: Bitten Sie um Hilfe, und bleiben Sie sich treu

So weit die Theorie – was aber tun, wenn der Test eine gefühlte Katastrophe war, Sie es nicht geschafft haben, das Thema Ihrer Master-Arbeit allgemeinverständlich zu erklären, und Sie sich noch dazu bei der Case Study verrechnet haben? Erste Hilfe bei Stress und Panik leistet folgende Regel: Bitten Sie um Hilfe! Konkret bedeutet das: Sagen Sie, dass Sie nervös sind, und nehmen Sie sich eine Minute zum Durchatmen. Allein das Ansprechen Ihrer Aufregung wird Ihnen etwas Erleichterung verschaffen. Bitten Sie um Hilfe, wenn Sie im Case partout nicht mehr ein noch aus wissen. Gute Consultants kennen auch ihre eigenen Grenzen und wissen, wann sie sich Unterstützung holen müssen. Sie werden Ihnen Ihre Nervosität in der Regel nicht negativ auslegen, wenn Sie in der Lage sind, sich aus der Panikfalle zu befreien und das Gespräch beziehungsweise den Case anschließend vernünftig abzuschließen.

Bleiben Sie sich dabei immer treu, und investieren Sie keine Energie darin, sich zu verstellen. In einem Berufsalltag, in dem Zwölfstundentage eher die Regel als die Ausnahme sind, sollten Sie sich auch am Ende eines Projekts noch im Teamraum wohlfühlen. Wenn Sie aber bereits im Verlauf des Bewerbungstages das Gefühl bekommen, dass Sie und die Unternehmensberatung, bei der Sie sich beworben haben, nicht gut zusammenpassen, sollten Sie sich die Freiheit nehmen, weiterzusuchen.

Wie Case-Interviewende ticken

von Fedon Moog

Zu einem erfolgreichen Bewerbungsgespräch gehört eine kleine Portion Magie. Sicherlich, Sie können sich inhaltlich blendend vorbereiten, Dutzende Ratgeber lesen, Cases üben, im Internet recherchieren - Ihr Interview kann trotzdem schiefgehen. Meistens hat das zwei Gründe. Erstens: Sie denken zu viel an sich und zu wenig an Ihre Gesprächspartner:innen. Zweitens: Sie gehen (fälschlicherweise) davon aus, Interviews seien standardisierte, binäre Angelegenheiten, in denen es nur richtig oder falsch gibt. Das ist genau die Haltung, mit der Sie scheitern werden. Denn Berater:innen sind auch nur Menschen, die man am besten auch wie Menschen behandelt. Überzeugen Sie Ihre Gesprächspartner:innen, auch emotional.

Interviews werden meistens von Berater:innen durchgeführt. Das bedeutet, Ihnen sitzt kein psychologisch ausgebildeter Personalmensch gegenüber. Zwar haben die meisten Interviewer:innen einige Seminare besucht, um gute Bewerberinterviews zu führen. Berater:innen sind dennoch in der Regel keine Interviewprofis, sondern Beratungsprofis. Versetzen Sie sich also in die Lage Ihres Gegenübers: In welcher Situation befinden sich Ihre Gesprächspartner:innen, wenn sie ein Interview führen? Und was würde Sie an den Bewerber:innen interessieren, wenn Sie auf der anderen Seite säßen?

Berater:innen gehen davon aus, dass die Welt durch Vereinfachung besser zu verstehen ist. Helfen Sie Ihrem Gegenüber: Sagen Sie einprägsame Dinge mit simplen Worten. Etwas, das im Gedächtnis haften bleibt. Natürlich waren Sie auf einer guten Uni, können beeindruckende Abschlüsse vorweisen und sich in endlosen Schachtelsätzen kompliziert ausdrücken. Wenn Sie das gern tun, dann gehen Sie am besten an die Uni, nicht in die Beratung. Präsentieren Sie sich also kompakt und klug!

Im Interview ist Ihr Gegenüber Ihr Kunde, den Sie überzeugen wollen. Bedenken Sie, dass Berater:innen ein anstrengendes Leben führen (Hotels, Meetings, Präsentationen, Flüge, Telefonkonferenzen etc.) - unterhalten Sie sie, und wecken Sie den Menschen in ihnen. Vielleicht mit einer Anekdote, die sie zum Lachen bringt. Ein seltsames Hobby oder ein skurriles Praktikum wird Ihnen mehr helfen als eine endlose Aufzählung beruflicher Stationen.

Sie brauchen diese emotionale Verbindung: Wenn Sie mindestens einen Ihrer Interviewpartner:innen auf Ihrer Seite haben, erhöhen sich Ihre Erfolgschancen erheblich. Das liegt am Prozess der Interviewbewertung. Im Regelfall werden Sie von mehreren Berater:innen separat befragt und im Anschluss wird sich zur Beratung zurückgezogen. Wenn sich alle einig sind, dann rutschen Sie problemlos durch. Aber gerade Wackelkandidat:innen benötigen aktive Fürsprecher:innen, die für sie kämpfen. In einen solchen Kampf wird niemand ziehen, nur weil Sie den Case richtig gelöst haben (das haben vor Ihnen schon Hunderte geschafft).

Stellen Sie sich die meisten Berater:innen wie Diven vor. Zu einer Diva gehört eine Menge Kompetenz und ein Schuss Eitelkeit. Senior Consultants - diejenigen, die Sie interviewen - sind meistens seit einigen Jahren in der Beratung und haben dafür sehr viel (auf-)gegeben. Wenn Sie diese Opfer anerkennen, werden sich die Consultants verstanden fühlen. Bedauern Sie Ihr Gegenüber nicht, weil es selten zu Hause ist und wenig Zeit für Freund:innen hat – fragen Sie lieber: „Wie gehen Sie damit um, dass …?" Vergessen Sie nicht: Eitle Menschen reden gerne über sich. Sie möchten bewundert werden. Tun Sie Ihren Interviewpartner:innen den Gefallen. Lachen Sie mit ihnen, streicheln Sie ihr Ego, und geben Sie zu erkennen, dass ihr Projekt total spannend klingt. Das gehört schlicht zum guten Ton.

Über unterschiedliche Firmen, Altersgruppen und soziale Prägungen hinweg kann man drei Gruppen von Beratertypen beobachten: die Macher:innen, die Analytiker:innen und die Sozialen. Jede Gruppe legt in Gesprächen Wert auf unterschiedliche Aspekte. Wer im Interview Erfolg haben will, sollte sich diese Unterschiede bewusst machen. (Natürlich ist die Realität nicht ganz so einfach wie dieses Modell – aber Sie wollen ja in die Beratung!)

Die Macher:innen: Ergebnisse sind alles
Macher:innen unterbrechen schnell, bauen gerne (Zeit-)Druck auf und legen großen Wert auf Geschwindigkeit. Lassen Sie sich bloß nicht verunsichern, sondern legen Sie einen Zahn zu – auch wenn Sie damit höhere Risiken eingehen. Macher:innen werden Ihnen den Rundungsfehler im Kommabereich nicht vorwerfen. Halten Sie sich nicht zu sehr mit der Diskussion von Varianten Ihrer Annahmen auf – damit nerven Sie Macher-Berater:innen, die Sie dann nur noch öfter unterbrechen werden. Also: Zack, zack Richtung Ergebnis – und die vielen Abers besser außen vor lassen. Wenn Sie am Ende des Case ein falsches Ergebnis haben, wird Ihnen eine Macherin oder ein Macher das verzeihen. Haben Sie gar keins, dann haben Sie ein Problem.

Analytiker:innen: Stringenz zählt
Analytiker:innen sind der Gegenpol der Macher:innen. Schnell-schnell nehmen sie als oberflächlich wahr, eine spontane Antwort empfinden sie als „aus der Hüfte geschossen". Sie schätzen einen guten Plan und das Abwägen von Varianten. Logik und Gründlichkeit gehen vor Zwischenergebnissen und „Nase". Sie erkennen Analytiker:innen daran, dass sie grundsätzlich ruhig sind und eher langsam sprechen. Sie werden weniger, dafür aber durchdachtere Fragen stellen. Finden sie eine Inkonsistenz in Ihrer Antwort oder im Lösungsvorgehen, werden sie anfangen zu bohren, bis Sie entweder den Fehler einsehen oder das Gespräch beendet ist. Vermeiden Sie in jedem Fall Emotionalität; knicken Sie nicht zu schnell ein – Analytiker:innen wissen Sturheit zu schätzen. Gehen Sie lieber etwas langsamer und dafür genauer vor.

Die Sozialen: Der Mensch zählt
Die scheinbar angenehmsten Interviewer:innen sind die Sozialen. Sie sind Menschenversteher:innen, die oft flexibler, nahbarer, weniger penetrant als Macher:innen und weniger scharf als Analytiker:innen wirken. Dumm nur, dass diese Sorte Interviewer:in auch am schwersten mit Fakten zu überzeugen ist. Hier hilft es, den Kopf kurz auf Stand-by-Modus zu schalten und sich auf das Gefühl zu verlassen. Die Sozialen interessieren sich für die Schnittmenge an Chemie zwischen sich selbst, Ihnen und der Firma. Teilen Sie vielleicht Hobbys, Erfahrungen im Studium, haben Sie in derselben Stadt gewohnt? Sagen Sie es ihnen. Behandeln Sie die Sozialen eher wie eine Kneipenbekanntschaft in Köln. Aber Vorsicht: Duzen Sie sie nicht, und überschreiten Sie ebenso wenig die Respektgrenzen. Zeigen Sie sich so, wie Sie sind – alles andere werden die Sozialen Ihnen wahrscheinlich sowieso nicht abnehmen.

Interviewtipps für fachfremde Bewerberinnen und Bewerber

von Fedon Moog

Unternehmensberatungen bezeichnen sich gerne als „offen für Bewerber:innen aller Fachrichtungen". Das klingt gut und muntert eine Kunsthistorikerin oder einen Kunsthistoriker mit überschaubaren Jobaussichten möglicherweise auf. Freuen Sie sich allerdings nicht zu früh. Denn gerade fachfremde Kandidat:innen müssen Hürden im Interview überwinden, bei denen der Exotenstatus im schlimmsten Fall auch hinderlich sein kann.

Der Regelfall: Interviewende mit Wirtschaftshintergrund befragen Exot:innen
Fachfremde Bewerber:innen, also solche ohne einschlägige Wirtschaftskenntnisse, werden oft als etwas Besonderes behandelt, weil die Interviewer:innen nicht so recht wissen, was sie tatsächlich vom vermeintlichen Paradiesvogel verlangen können. Denn die meisten Interviewer:innen – Exotenquote hin oder her – sind eben doch BWLer:innen und artverwandte Exemplare. Deswegen fragen sie sich, ob ihr Case „exotentauglich" ist. Ob vielleicht eine Modifikation erforderlich ist. Wie so eine Exotin oder ein Exot überhaupt an ein Problem herangeht. So viel Unsicherheit gegenüber unserer Kunsthistorikerin oder unserem Kunsthistoriker kann dazu führen, dass sie einen weichgespülten Case lösen dürfen, der nahezu keine BWL-Fachkenntnisse erfordert.

Aber auch dieser glückliche Regelfall bedeutet nicht, dass Keine-Ahnung-Haben eine Option ist. Natürlich müssen Sie auch – und vor allem als Fachfremde:r – die gängigen Frameworks beherrschen; das ist nicht zuletzt eine Frage des Respekts gegenüber Ihrem potenziellen künftigen Arbeitgeber. „Weichgespült" kann bedeuten, dass die Interviewer:innen nicht die verschiedensten Bilanzpositionen nach unterschiedlichen Rechnungskonventionen erläutert haben wollen. Eine Fachfremde oder ein Fachfremder zu sein wird Sie aber nicht davon entbinden, die Grundrechenarten zu beherrschen und Geschäftssinn zu zeigen.

Abweichend vom Normalfall gibt es zwei Extreme. Die Variante: „Der soll als Exot erst recht zeigen, dass er etwas von BWL versteht." Und die Variante: „Die soll beweisen, dass sie wenigstens in ihrem Fachgebiet spitze ist."

Um sich auf BWL-Extrem-Prüfer:innen vorzubereiten, lesen Sie die einschlägigen Ratgeber, und lernen Sie vor allem die technischen Teile (Bilanzposten, GuV, Cashflow, buchhalterische Grundregeln etc.). BWL-Extrem-Interviewer:innen werden nicht von Ihnen verlangen, dass Sie alles können. Wenn Sie aber mit dem einen oder anderen Fachterminus glänzen und im Großen und Ganzen eine akzeptable Figur machen, dann haben Sie sie für sich gewonnen. Um hier zu bestehen, müssen Sie nur ein wenig büffeln, mehr nicht. Schließlich sind die Grundlagen der BWL keine Hexerei.

Selbst wenn Sie folgenden Hinweis für selbstverständlich halten: Seien Sie niemals – auch nicht gegenüber den Extrem-BWLer:innen – arrogant. Es mag ja durchaus sein, dass die BWL eine der vermutlich jüngsten Hilfswissenschaften ist (insbesondere im Vergleich zur Mathematik, Physik, Philosophie etc.). Es mag auch sein, dass Ihnen die vereinfachten Problemstellungen der klassischen BWL eher banal vorkommen. Aber es wird einen Grund geben, warum sich Ihre Interviewerin oder Ihr Interviewer dafür entschieden hat. Seien Sie also nett, freundlich und offen.

Der schwierigere Fall: Fachfremde Interviewende befragen fachfremde Bewerber:innen

Schwieriger ist es, wenn fachfremde Bewerber:innen von fachfremden Interviewer:innen geprüft werden. Sind Ihre Interviewer:innen selbst als Exot:innen eingestiegen, wissen sie aus Erfahrung, was auf Sie zukommt – genau deswegen werden Sie auch von ihnen befragt. Jetzt müssen Sie aufpassen, denn es kann durchaus sein, dass Ihre Interviewerin oder Ihr Interviewer das Gleiche studiert hat wie Sie.

Als Erstes wird die Interviewerin oder der Interviewer herausfinden wollen, ob Sie auf Ihrem Fachgebiet wirklich so viel Expertise haben, wie Sie in der Papierbewerbung angegeben haben. Es ist (leider) keine Ausnahme, dass Interviewer:innen Bewerber:innen vor sich sitzen haben, die als Studienschwerpunkte Internationale Politik, Internationale Wirtschaftspolitik, Politische Theorie oder Philosophie angeben und bei fachspezifischen Fragen maximale Ahnungslosigkeit beweisen. Grundbegriffe und Überblickswissen Fehlanzeige? So wird das nichts.

Machen Sie es besser. Wenn Sie schon wenig Ahnung von BWL haben, dann sollten Sie wenigstens Ihr Studiengebiet extrem gut beherrschen. Wenn Sie auch hier wenig zu bieten haben – dann tun Sie nicht so als ob. Lassen Sie alles, was Sie im Interview nicht mit fundiertem Wissen belegen können, in Ihrer Papierbewerbung weg. Es besteht die Gefahr, dass Sie als Blender:in dastehen – und Sie gerade deswegen nicht den Einstieg schaffen.

Neben Ihrem fachspezifischen Know-how werden fachfremde Interviewer:innen Ihre Beratungsfertigkeiten sehen wollen. Es geht darum zu zeigen, dass Sie in Ihrem Wissensgebiet das kleine Beratungseinmaleins anwenden können: Gehen Sie strukturiert an das Problem heran? Wenden Sie die 80/20-Regel an? Kommen Sie auf den Punkt? Konzentrieren Sie sich auf das Wesentliche, gerade dann, wenn Sie sehr viel Expertise auf einem Fachgebiet mitbringen?

Gerne werden Fachfremde mit komplizierten akademischen Abschlussarbeiten darum gebeten, ihr Werk in wenigen Sätzen für jedermann verständlich darzustellen. Bereiten Sie sich auf so eine Frage vor. Erklären Sie Ihrer Oma, was Sie in der Robotik eigentlich vier Jahre lang gemacht haben. Wenn Oma kapiert, wieso dieser Leiter, an dem Sie geforscht haben, die Menschheit weiterbringt, dann sollten es Ihre Interviewerpartner:innen auch verstehen.

Unterschiedliche Case-Typen erfolgreich meistern

von Dr. Stephan Baur

Im Recruiting-Prozess von Unternehmensberatungen sind Case-Bearbeitungen an der Tagesordnung. Nach einer Begrüßung könnte Ihr Bewerbungsgespräch mit der Aufforderung starten: „Erstellen Sie bitte ein Marketingkonzept für ein Hotel!“ Sie haben sich noch nie mit Marketing beschäftigt und kennen die Tourismusindustrie nur als Gast? Dennoch kein Grund, nervös zu werden! Selbst wenn Sie einschlägige Vorkenntnisse in der Branche besitzen, werden die Interviewer:innen genauer nachbohren, um zu sehen, wie Sie auf Fragen und Einwände reagieren. Lassen Sie sich nicht aus dem Konzept bringen!

Aber warum verwenden Unternehmensberatungen diese Fallstudien und Aufgaben, deren Lösung Bewerber:innen nicht kennen können? Cases sollen Bewerber:innen in eine Situation versetzen, mit der Unternehmensberater:innen jeden Tag konfrontiert sind: Sie müssen sich schnell in neue und ungewohnte Situationen hineindenken und zügig ein Lösungskonzept für eine definierte Aufgabenstellung erarbeiten. Mithilfe eines Case können die Interviewenden schnell erkennen, wie eine Kandidatin oder ein Kandidat eine derartige Aufgabe bewältigen kann. Die Kriterien, die im Rahmen eines Case abgeprüft werden können, sind vielfältig: Die Fähigkeit zu strukturieren, analytisches und logisches Denken sowie Kreativität sind im Interview immer gefragt. Man sollte sich jedoch nicht abschrecken lassen: Mit der richtigen Vorbereitung schaffen Sie die besten Voraussetzungen, um jeden Case zu lösen.

Der Abschätzungs-Case

Wie oft drückt ein Consultant täglich die Enter-Taste einer PC-Tastatur? Wie viele gebrauchte Autos wechseln in Deutschland jährlich ihre Besitzerin oder ihren Besitzer? Wie viele Fußbälle gibt es in Europa? Die Themenstellungen in Abschätzungs-Cases sind unerschöpflich und unberechenbar. Hier gilt es, strukturiert an die Lösung heranzugehen, damit Sie alle wesentlichen Aspekte in Ihren Überlegungen berücksichtigen. Ihnen fehlen wichtige Informationen? Fragen Sie nach – in der Regel verraten Ihnen die Interviewer:innen dann mehr Details. Wenn nicht, nehmen Sie die erhaltenen Informationen als Basis und treffen Sie Annahmen. Bringen Sie dabei Ihre eigene Lebenserfahrung ein: Denken Sie an das Tippen Ihrer Abschlussarbeit, die Anzahl an Gebrauchtwagenverkäufen im Bekanntenkreis und die Fußballvereine aus Ihrer Stadt. Sicherlich helfen Ihnen diese Erfahrungen im Case weiter und geben Ihnen auch Ansatzpunkte, um sich selbst Abschätzungs-Cases zur Übung zu überlegen. Zudem hilft es, wenn Sie eine ungefähre Vorstellung von den Einwohnerzahlen in Deutschland haben oder der Stadt, in der Sie wohnen.

Der Business Case

Business Cases geben Unternehmensberatungen die Möglichkeit, die Fähigkeiten ihrer Bewerber:innen unter praxisnahen Voraussetzungen zu beurteilen. Viele der Cases beruhen auf tatsächlichen, aber stark vereinfachten Projekterfahrungen der Berater:innen und geben Bewerber:innen einen guten Einblick in die Beratungstätigkeit und eine typische Projektsituation: Nicht nur das Marketingkonzept für das Hotel, sondern auch Finanzierungsstrategien für eine Schiffswerft oder die Kostenreduktion einer Bank können im Business Case als Herausforderung auf Sie zukommen. Oft werden aber auch offene Fragen formuliert: Stellen Sie sich vor, Sie haben eine Million Euro zur Verfügung und möchten ein Unternehmen gründen. Welche Branche wählen Sie? Zeigen Sie die Profitabilität Ihres Unternehmens auf. Ein Verständnis für wirtschaftliche Grundbegriffe ist von Vorteil – auch wenn Sie keinen wirtschaftswissenschaftlichen Hintergrund mitbringen. Ein gutes Allgemeinwissen und Erfahrungen aus Praktika und Studium helfen, um die Interviewer:innen mit realitätsnahen Grundannahmen zu beeindrucken. Von Bewerber:innen ohne wirtschaftswissenschaftlichen Hintergrund werden keine Expertenkenntnisse verlangt.

Wenn Sie in die Detailanalyse eines Business Case eintauchen, versetzen Sie sich in die Lage des Unternehmens. Welche Ziele und Interessen verfolgt es? In der Regel gilt es zu optimieren: Umsatz steigern, Produktportfolio anpassen, Kosten senken oder auch Prozesse verbessern. Um zu vermeiden, dass Sie sich in den zahlreichen potenziellen Problemstellungen verlieren, bieten Sie Ihrem Gegenüber früh eine Grundstruktur für Ihren Lösungsansatz an. So können Sie rasch in die Diskussion mit einsteigen und eventuell einzelne Aspekte ausklammern.

Im Rahmen aller dieser Cases kann es auch sein, dass Sie quantitative Abschätzungen (im Kopf oder auf dem Papier) machen sollen. Dies wird Ihnen sicherlich dank Ihrer guten Vorbereitung und der Wiederholung der Grundrechenarten keine Probleme bereiten. Sollten Sie sich dennoch einmal verrechnen, dann bemühen Sie sich, nicht nervös zu werden, sondern gehen Sie nochmals in Ruhe den Rechenweg durch. Mein Tipp: Machen Sie, bevor Sie das Ergebnis nennen, nochmals eine grobe Abschätzung hinsichtlich der Größenordnung des Ergebnisses.

Es kommt vor, dass Business Cases auch von einer Gruppe von Bewerber:innen gelöst werden sollen, um deren Teamfähigkeit zu beobachten. Finden Sie Ihre Rolle im Team! Allerdings kann nicht jeder Wortführerin oder Wortführer sein. Beteiligen Sie sich aktiv an Diskussionen und Analysen, und treiben Sie nicht nur stumm Ihre eigene Analyse voran. Reflektieren Sie im Vorfeld Teamerfahrungen aus Studium oder Praktika: Auf welche Stärken können Sie sich verlassen, und wobei benötigen Sie Unterstützung?

In der Vorbereitung auf den Business Case kann es hilfreich sein, sich mit Grundzügen der Betriebswirtschaft, wie zum Beispiel einer Gewinn-und-Verlust-Rechnung oder einer Bilanz, aber auch den einschlägigen Lösungsmodellen wie Porters Five Forces oder den 4 Ps des Marketing vertraut machen, die in diesem Ratgeber im Kapitel „Frameworks zur Bearbeitung von Cases“ (ab Seite 100) näher betrachtet werden. Interviewer:innen kennen oft die angewendeten Modelle und werden deshalb nicht sonderlich beeindruckt sein. Sie sollten diese Modelle also nur als Starthilfe betrachten und eigene Ansätze entwickeln. Aber aufgepasst: Bei der Anwendung eines unpassenden Modells kann der Schuss nach hinten losgehen.

Der Brainteaser

Eineinhalb Hühner legen an eineinhalb Tagen genau eineinhalb Eier. Wie viele Eier legt ein Huhn an einem Tag? Falls Sie nicht das Glück hatten, bereits während Ihrer Vorbereitung über den gefragten Brainteaser gestolpert zu sein, gilt es Ruhe zu bewahren. Ihre Analysefähigkeit und Ihr Vorstellungsvermögen werden in dieser Situation auf die Probe gestellt. Oft landen Sie bei Ihrem Lösungsweg in einer Sackgasse und müssen noch mal von vorne anfangen. Dies bedeutet jedoch nicht, dass

Sie gescheitert sind. Sie sollten Ihre Überlegungen aussprechen, eventuell geben die Interviewer:innen Ihnen zusätzliche Hinweise. Ändern Sie Ihren Blickwinkel, und überzeugen Sie sie auch mit unkonventionellen Ansätzen. Vermutlich sind Sie so auch darauf gekommen, dass ein Huhn an einem Tag genau zwei Drittel Eier legt.

Neben den verschiedenen Fallstudien sollten Sie im Bewerbungsgespräch eines nicht vergessen: Überzeugen Sie durch Ihre Persönlichkeit. Ihre Gesprächspartner:innen suchen neben Ihrer fachlichen und analytischen Klasse auch zukünftige Kolleg:innen, die neue Perspektiven einbringen und mit denen die Arbeit Spaß macht.

Case Studies und Brainteaser zur Übung finden Sie im vierten Kapitel.

Tipps für Case-Interviews:

1. **Bleiben Sie ruhig!** Lassen Sie sich nicht unter Druck setzen. Sollten Sie merken, dass Ihre Antwort nicht den Vorstellungen Ihres Gegenübers entspricht, bewahren Sie Ruhe. Wichtig ist, dass Sie weiterhin konzentriert bleiben und nach Alternativen suchen. Übrigens: Man muss nicht alle Fragen richtig beantworten, um bei einer Bewerbung Erfolg zu haben.
2. **Strukturieren Sie!** Die Aufgabenstellungen eines Case sind mitunter sehr komplex. Umso wichtiger ist eine strukturierte Herangehensweise. Geben Sie Ihrem Gegenüber das Gefühl, dass Sie durch Ihre eigene Ordnung der Themenbereiche die Problemstellung verstehen und im Griff haben. So wird es für Sie auch leichter, nach Detailausführungen zu den Kernpunkten des Case zurückzufinden. Als hilfreich erweist es sich hierbei auch, die Aufgabenstellung und die Annahmen des Case zu notieren, sodass Sie sich während der Bearbeitung immer sicher sein können, dass Sie die richtige Frage beantworten.
3. **Arbeiten Sie ergebnisorientiert!** Verlieren Sie sich nicht in Details, und beziehen Sie sich immer wieder auf die Ausgangsfrage. So gelingt es Ihnen, in der gesetzten Zeit die geforderte Lösung zu erarbeiten. Bedenken Sie: Die Dauer des Interviews ist begrenzt. Je schneller Sie zu einer Lösung kommen, desto mehr Zeit haben die Interviewer:innen, Sie durch weitere Fragen als interessante Gesprächspartnerin oder interessanten Gesprächspartner kennenzulernen.
4. **Teilen Sie Ihre Gedanken!** Ein richtiges Ergebnis im Case genügt nicht für den Interviewerfolg. Der Lösungsansatz spielt eine entscheidende Rolle. Sie sollten also die Interviewer:innen an Ihren Überlegungen teilhaben lassen, um zu zeigen, dass Sie die Problemstellung erfasst und eine gute Lösung erarbeitet haben.
5. **Stellen Sie Fragen!** Aus Ihrer Sicht fehlen Informationen für ein erfolgreiches Lösen des Case? Fragen Sie nach! Dies gilt ebenso, wenn Ihnen Einzelheiten während des Case unklar erscheinen.
6. **Begeistern Sie!** In der Unternehmensberatung müssen Sie Ihre Kunden überzeugen. Hierzu sollten Sie in der Lage sein, mit Ihren Ideen zu begeistern und Ihr Gegenüber mitzureißen. Das setzt neben der inhaltlichen Qualität Ihres Vortrags auch ein selbstbewusstes Auftreten und entsprechende kommunikative Fertigkeiten voraus.
7. **Seien Sie Sie selbst!** Zwar kommt es bei einer Fallstudie in erster Linie auf fachliche Kompetenz an. Dennoch werden sich die Interviewenden fragen, wie die Zusammenarbeit mit Ihnen im Team wäre. Arroganz und Überheblichkeit können hier trotz sehr guter Fachkenntnisse zum Ausschlusskriterium werden.

Neun Stolpersteine beim Lösen von Cases

von Fedon Moog

Eine Menge Bewerbungsratgeber behaupten, Case-Interviews bei Unternehmensberatungen seien eine spezielle, maßgeschneiderte Angelegenheit. Das stimmt zwar in Bezug auf den Inhalt der Cases, aber nicht auf deren Beurteilung. Denn die Beurteilung der Bewerberleistung folgt ungeschriebenen, aber recht einheitlichen Standards. Firmenübergreifend sind die Kriterien für Erfolg, Mittelmaß und Scheitern ziemlich stereotyp. Welche Faktoren sind die wichtigsten, und welche Fehler führen mit hoher Sicherheit zur Ablehnung?

Cases sind zwar individuell – die Beurteilung ist aber einheitlicher, als man denkt

Unabhängig davon, bei welcher Unternehmensberatung Sie sich bewerben und wie selektiv das Unternehmen bei der Personalauswahl vorgeht – Berater:innen, die typischerweise ein Case-Interview mit Bewerber:innen durchführen, prüfen vier Faktoren: Struktur, Wissen, Geschäftssinn und Ergebnis. Natürlich werden Sie keine Beratung finden, die explizit genau diese oder nur diese vier Faktoren prüft. Dennoch: Es sind die wichtigsten Aspekte, die in eine Vielzahl von Einzelprüfungskriterien einfließen.

- **Struktur:** Bewerber:in entwirft einen Plan, hat diesen logisch strukturiert, folgt ihm und macht Annahmen während der Case-Bearbeitung transparent.
- **Verständnis:** Bewerber:in versteht den Case, und kennt sich zumindest grob mit dem (Geschäfts-)Umfeld aus, in dem der Case angesiedelt ist.
- **Gespür:** Geschäftssinn ist erkennbar. Bewerber:in fokussiert sich auf die businessrelevanten Fragestellungen.
- **Ergebnis:** Der Case endet mit einem (Zwischen-)Ergebnis, das mindestens plausibel, idealerweise auch richtig ist.

Als Faustregel gilt: Erfüllen Bewerber:innen alle vier Kriterien, haben sie den Case gemeistert. Drei von vier sind okay bzw. Mittelmaß. Weniger heißt: Die Bewerber:innen haben den Case nicht bewältigt. Ob das nun bedeuten muss, dass sie als künftige Mitarbeiter:innen nicht infrage kommen, hängt vom Unternehmen und dessen Auswahlstandards ab. Auch wenn es kaum eine Personalerin oder ein Personaler zugeben würde – von der Laune der Interviewpartner:innen hängt das Glück natürlich auch ab, vor allem bei Grenzfällen.

Was bedeuten die Bewertungskriterien nun in der Praxis? Am einfachsten ist es, einen exemplarischen Case durchzugehen, der einem auch im Interview begegnen könnte – mit dem Ziel, mögliche Stolpersteine zu (er)kennen und diesen geschickt auszuweichen.

Aufgabenstellung des exemplarischen Case

„Ein befreundeter Skilehrer möchte netto mehr verdienen. Ihm ist aufgefallen, dass es in seinem Skigebiet nur wenige Möglichkeiten gibt, Snacks und Getränke direkt auf der Piste zu kaufen. Er fragt Sie, ob es sich lohnen würde, wenn er mit einer Art mobilem Kiosk (im Sinne eines Bauchladens) im Skigebiet unterwegs wäre. Was raten Sie ihm?“

Auf den ersten Blick sieht dieser Case einfach aus. Es gibt wenige Zahlen und Fakten, der Case ist nicht kompliziert dargestellt. Zudem spielt er in einem Umfeld, das einigen Bewerber:innen möglicherweise bekannt ist (anders als vielleicht IT-Netzwerke, Backoffice-Prozesse einer Bank etc.). Doch hinter der Oberfläche stecken eine Reihe von Fallen, die sich auch in anderen Cases wiederfinden.

Struktur

Beratung lebt davon, unstrukturierten Kunden zu helfen, passende Lösungen zu finden. Meistens kennen die Kunden unendlich mehr Details ihrer Branche. Was vielen Kunden aber fehlt, sind die Methoden, um strategische Fragen zu beantworten. Hier können Berater:innen wie Sie helfen.

Fehler 1: zu breit denken

Das erste K.o.-Kriterium bei einem so breiten Case lauert darin, den Case nicht einzuschränken. Es ist zwar verlockend, die Frage des Skilehrers aus steuerlicher, rechtlicher, organisatorischer, logistischer, Marketing- und Pricing-Sicht zu beleuchten. Realistischerweise wird man das allerdings in 20 bis 35 Minuten nicht schaffen.

Eine mögliche Einschränkung könnte man vornehmen, indem man eines der vielen Frameworks anlegt. Wichtig ist, ein passendes Framework einzusetzen. Man könnte zum Beispiel Porters Five Forces einsetzen, alternativ auch eine Marketingbetrachtung (4 Ps) oder eine Gewinnabschätzung (Kosten/Umsätze im Vergleich zum aktuellen Nettoeinkommen des Skilehrers). Experimentieren Sie besser nicht zu viel – lieber ein bekanntes Framework als eine bunte Lösung, in der Sie und Ihre Gesprächspartnerin oder Ihr Gesprächspartner den Überblick verlieren.

Fehler 2: keinen Plan skizzieren

Natürlich sind Sie intelligent und clever. Deswegen wollen Sie auch Berater:in werden. Vielleicht glauben Sie, dass nur Halbschlaue einen Plan auf Papier skizzieren. Falsch! Ohne Plan werden Sie sich verrennen. Auf jeden Fall aber werden Sie Ihre Interviewerin oder Ihren Interviewer irgendwo auf Ihrem genialen, aber intransparenten Lösungsweg verlieren. Selbst wenn Sie begnadet sind – Ihr Gegenüber wird davon ausgehen, dass Sie keinen Plan haben. Also: Skizzieren Sie Ihr Lösungsvorgehen, und sprechen Sie es mit Ihrem Gegenüber durch. „Erstens schaue ich mir an…, zweitens werde ich…“ Nutzen Sie die Gelegenheit, um klärende Fragen zu stellen.

Fehler 3: einen Plan haben, ihn aber nicht einhalten
Häufig fangen Bewerber:innen gut an: Sie denken nach, strukturieren das Problem und schreiben den Lösungsweg auf einen Zettel. Die Interviewer:innen freuen sich. Und dann passiert es leider, dass die Bewerber:innen sich von ihrem Plan lösen. Manchmal liegt das an der Aufregung: Man kann nicht mehr geradeaus denken und vergisst selbst, dass man ja einen Plan skizziert hat.

Manchmal aber liegt es auch an den Interviewer:innen, die Fragen stellen, um zu verunsichern, Druck aufzubauen oder einfach nur abzulenken. Sie wollen sehen, wie Sie mit solchen Situationen umgehen. Das Beste ist, freundlich, aber bestimmt darauf hinzuweisen, dass Sie nun die Bearbeitung des Case kurzzeitig unterbrechen, aber gleich zum Case zurückkehren werden. Wenn es zeitlich kritisch wird, weisen Sie darauf hin, dass die Beantwortung dieser Extra-Frage möglicherweise die finale Antwort auf die Frage des Skilehrers in Gefahr bringt. Damit zeigen Sie, dass Sie den Fokus auch unter Druck nicht verlieren.

Fehler 4: intransparent vorgehen
Angenommen, Sie haben sich dafür entschieden, für den Skilehrer das Gewinnpotenzial zu ermitteln, und Sie haben dieses Ziel mit Ihrer Interviewerin oder Ihrem Interviewer abgestimmt. Sie planen, zunächst die Umsatzseite zu analysieren, um besser zu verstehen, welche Produkte für welche Skifahrergruppen und zu welchem Preis angeboten werden könnten. Viele Bewerber:innen vergessen dabei jedoch, Ihr Gegenüber im detaillierten Denkprozess mitzunehmen.

Wenn Sie festlegen, nur Energy-Drinks anzubieten, von drei Euro pro Stück ausgehen und abschätzen, wie viele Skifahrer:innen auf der Piste an solchen Drinks interessiert wären, müssen Sie dies erklären. Es reicht nicht, sich einfach an das Flipchart zu stellen und „500 Euro pro Tag" hinzuschreiben. Stellen Sie sich vor, Ihre Interviewerin oder Ihr Interviewer ist blind, und Sie wollen ihnen über den Gehweg helfen – auch in so einer Situation würden Sie erklären, was Sie nun genau machen und warum.

Verstehen

Oft heißt es, man brauche keinerlei Fachkenntnisse, um einen Bewerbungsprozess erfolgreich zu durchlaufen. Das mag in Ausnahmefällen stimmen. In der Regel müssen Sie aber zumindest sehr genau begreifen, um was es in einem Case eigentlich geht. Das setzt voraus, dass Sie den Case zu 100 Prozent durchdringen und das Umfeld des Case zumindest einschätzen können.

Fehler 5: den Case nicht verstehen
Logisch, Sie müssen nachvollziehen können, um was es in diesem Case geht. Bei dem Skilehrer-Case sollte das kein Problem sein. Schwierigkeiten kann es aber bereiten, wenn Sie zu etwas Untypischem aufgefordert werden, z. B. einen Umsetzungsplan bzw. einen Netzplan zu erstellen oder eine Rede zu halten. Grundsätzlich gilt: Wenn Sie auch nur einen Hauch Unsicherheit verspüren, ob Sie den Case richtig verstanden haben und die an Sie gestellte Aufgabe: Fragen Sie nach! Es ist besser zu fragen, als auf Verdacht in die falsche Richtung zu starten. Das könnte Ihnen als Mangel an Struktur ausgelegt werden. Zudem gilt: Interviewer:innen werden Ihnen Fragen fast immer nachsehen.

Um das richtige Framework für die Case-Lösung anzuwenden, müssen Sie das Umfeld verstehen, in dem der Case spielt. Sie müssen sich vorstellen können, wie das Geschäftsmodell in der Praxis aussieht. Sie müssen vernünftige Annahmen treffen können, etwa in Bezug darauf, was die meisten Skifahrer:innen interessiert, wie ein Skigebiet funktioniert und was ein Bauchladen ist. Wenn Sie noch nie Skifahren waren, dann haben Sie ein Problem. Der größte Fehler, den Sie jetzt machen können, wäre zu bluffen. Fragen Sie nach! Sagen Sie, dass Sie noch nie Skifahren waren. Tun Sie nicht so, als sei alles klar, wenn Sie in Wahrheit Zweifel haben.

Gespür

Ärgerlicherweise kann man Gespür nicht auswendig lernen. Streber:innen haben hier keine Chance. Den richtigen Riecher für ein gutes Geschäft, eine kreative Strategie oder einen vernünftigen Umsetzungsplan können Sie nicht üben. Interviewer:innen prüfen dieses schwer zu fassende Gespür oft unbewusst ab. Schließlich würden Berater:innen niemals zugeben, ein derartig schwammiges Kriterium heranzuziehen. Britische Berater:innen würden möglicherweise von „common sense" sprechen.

Fehler 6: weltfremd denken

Bei unserem Skilehrer-Case haben Sie viele Möglichkeiten, mangelnden Geschäftssinn zu beweisen. Sie könnten beispielsweise auf die Idee kommen, warme Snacks anzubieten (das wird logistisch kaum funktionieren). Sie könnten auch vorschlagen, Skistöcke anzubieten (Skifahrer:innen verlieren die Stöcke gelegentlich beim Liftfahren). Auch das ist keine sonderlich pragmatische Idee, weil Stöcke schwer sind und in sehr individuellen Größen angeboten werden. Beide Ideen sind hübsch, aber funktionieren wohl eher nicht.

Fehler 7: zu theoretisch vorgehen

Einer der größten Fehler von Bewerber:innen ist, dass sie einen Case verkomplizieren, anstatt ihn zu vereinfachen. Beim Skilehrer könnte das bedeuten, dass man nicht das Umsatzpotenzial (grob) überschlägt, sondern sich in vielfältigen Szenarien bezüglich der Produkt- und Kundenvarianten verirrt. Theoretiker:innen würden eine Matrix aufmalen, Kundensegmente nach Interesse und Alter aufzeigen, Einkaufskosten danebensetzen, sich vielleicht noch über Sourcing bestimmter Warengruppen Gedanken machen. Alles richtig, aber trotzdem nicht hilfreich. Eine so weitverzweigte Analyse lässt sich in der Kürze der Zeit kaum umsetzen.

Besser ist es, sich zunächst zu überlegen, wie vielen Skifahrer:innen unser mobiler Bauchladen überhaupt pro Tag begegnen könnte. Die Kundengruppen spielen bei dieser Betrachtung zunächst einmal keine Rolle. Ist die Zahl klein, macht eine Segmentierung keinen Sinn, weil die Geschäftsidee unseres Skilehrers vermutlich nicht funktionieren wird (es sei denn, er bietet hochpreisige Produkte mit großer Marge an).

Ergebnis

Berater:innen mögen geniale Strateg:innen sein. Der Kunde wird in der Regel aber nicht am Gedankenprozess seiner Berater:innen, sondern an einem Ergebnis interessiert sein. Dasselbe gilt für die Interviewer:innen. Auch wenn es seltsam klingen mag: Ihre Interviewer:innen sind Ihre Kund:innen. Sie wollen von Ihnen beraten werden. Vor allem aber wünschen sie sich eine Antwort auf ihre Frage. Kein Ergebnis zu liefern ist daher keine Option.

Fehler 8: gar kein Ergebnis liefern

Cases können eine eigenständige Dynamik entwickeln. Man startet mit dem Skilehrer, plaudert hier und da, schiebt noch einen Brainteaser dazwischen – und zack, die Zeit ist um. Das ist schlecht für die Interviewer:innen, zeigt es doch, dass sie den Prozess nicht sonderlich gut gemanagt haben. Es ist aber auch schlecht für Sie als Bewerber:in – denn im Zweifel wird notiert, dass Sie keine Lösung für den Case gefunden haben (auch wenn das ungerecht erscheinen mag).

Um sich abzusichern, sollten Sie Ihre (Zwischen-)Ergebnisse am Ende des Case darstellen. Vier Punkte sind hierbei wichtig:

- Was war die Aufgabe?
- Wie sind Sie die Aufgabe angegangen?
- Was haben Sie herausgefunden?
- Was empfehlen Sie?

Auch wenn man zu keinem konkreten Ergebnis gekommen ist, lässt sich das als Ergebnis darstellen. Wenn Sie also festgestellt haben, dass die Geschäftsidee des Skilehrers stark von der Größe des Skigebiets und von rechtlichen Rahmenbedingungen abhängt (Lizenz für den Bauchladen), verkaufen Sie diese Erkenntnis als Ergebnis. Das ist zwar nicht sonderlich spannend, aber besser als gar nichts.

Fehler 9: ein völlig unplausibles Ergebnis anbieten

Selbst wenn Sie einen tollen Plan herausgearbeitet haben, strukturiert vorgegangen sind, Zwischenfragen beantwortet haben – Sie sind am Case gescheitert, wenn Ihre Empfehlung komplett danebenliegt. Kommen Sie beim möglichen Umsatz auf 100.000 Euro pro Monat, dann sind Sie vielleicht ein bisschen zu optimistisch für die Beratung. Oder Sie haben tatsächlich eine geniale Geschäftsidee und sollten sich überlegen, ob Sie wirklich als Greenhorn in der Beratung anfangen wollen.

BWL-Basiswissen zur Case-Bewältigung

von Thiemo Purkart

Die Grundlagen der Betriebswirtschaftslehre (BWL) sowie deren Grundkonzepte sind eine wichtige Basis für die Arbeit in einer Unternehmensberatung. Zusammen mit den im nächsten Beitrag erläuterten Frameworks sind sie essenziell für die Bearbeitung von Case Studies. Die Modelle und Methoden der BWL basieren auf dem Grundsatz, dass Mittel und Waren in der Regel nicht unbegrenzt verfügbar sind. Die BWL umfasst den gesamten Prozess unternehmerischer Tätigkeiten von der Planung über die Organisation und die Steuerung bis hin zur Durchführung und Kontrolle. Grundlegend für die BWL ist das sogenannte ökonomische Prinzip. Es beschreibt die betriebswirtschaftliche Notwendigkeit, die nötigen Mittel zur Erreichung der Unternehmensziele möglichst ideal einzusetzen. Die Ziele (z.B. Nutzen-, Gewinn- oder Umsatzsteigerung) können auf verschiedene Art und Weise erreicht werden:

- **Minimalprinzip:** Bei vorgegebenem Ziel ist der Mitteleinsatz so gering wie möglich zu halten.
- **Maximalprinzip:** Bei vorgegebenem Mitteleinsatz ist das höchstmögliche Ziel zu erreichen.
- **Optimalprinzip:** Weder das zu erreichende Ziel noch die verfügbaren Mittel sind fest vorgegeben. Die Auswahl der besten Handlungsalternative erfolgt über eine Funktion, die die anfallenden Kosten dem erzielbaren Nutzen gegenüberstellt.

Grundlagen der Betriebswirtschaftslehre

Die Grundlagen der Betriebswirtschaftslehre bilden die einzelnen Funktionen innerhalb eines jeden Unternehmens. Alle hier genannten Funktionen spielen prinzipiell in jedem Unternehmen eine Rolle und sind lediglich je nach Branche oder Ausrichtung eines Unternehmens unterschiedlich stark ausgeprägt. Ein Dienstleistungsunternehmen beispielsweise hat in der Regel weniger stark ausgeprägte Logistikbereiche als ein Unternehmen aus dem produzierenden Gewerbe. Aber auch ein Dienstleistungsunternehmen greift auf „Lieferanten" (z.B. andere Dienstleister) zurück und betreibt eine „Produktion" (z.B. Wissensgenerierung, Wissensspeicherung), die gesteuert werden muss. Bei der Bearbeitung von Case Studies sind entweder einzelne Funktionen im Detail zu erläutern und ein spezifisches Problem zu lösen, oder es muss der übergreifende Zusammenhang der einzelnen Bereiche innerhalb und außerhalb des Unternehmens hergestellt werden.

Logistik

Die Logistik beschäftigt sich mit den Waren- und Informationsflüssen zwischen Lieferanten (Beschaffungsmarkt), Produktion, Lagern und Kunden (Absatzmarkt). Ebenso sind Abfallentsorgung und Recycling ein wichtiges Aufgabengebiet dieser Teildisziplin. Grosvenor Plowman hat mit der Formulierung der sogenannten Seven Rights eine bekannte Kurzdefinition der Logistik formuliert: Es gilt, das richtige Gut in der richtigen Menge, im richtigen Zustand, am richtigen Ort, zur richtigen Zeit, für den richtigen Kunden und zu den richtigen Kosten bereitzustellen.

Logistikkette nach Ihde

Produktionswirtschaft
Die Produktionswirtschaft behandelt die Planung und Steuerung von Produktionsprozessen sowie deren vor- und nachgelagerte Aufgaben, wie etwa die Bedarfsplanung oder Qualitätskontrolle. Im Allgemeinen unterscheidet diese spezielle Betriebswirtschaftslehre (SBWL) nach der Art der Produkterzeugung zwischen Fertigungs- und Prozessindustrie. In der Fertigungsindustrie werden Produkte in der Regel durch die Montage einzelner Bauteile hergestellt (z. B. Autoindustrie, Maschinenbau etc.). Die Prozessindustrie erzeugt Waren im Zuge durchgängiger Produktionsprozesse, die als Ergebnis stets eine bestimmte Menge, wie etwa Gewicht oder Volumen, eines Produkts haben (z. B. Chemie-, Stahl-, Pharmaindustrie etc.).

Marketing
Das Marketing setzt sich zum Ziel, betriebswirtschaftliche Entscheidungen optimal an den Anforderungen des Marktes auszurichten. Im sogenannten Marketingmix werden die langfristig geplanten Vorgaben in konkrete Aktivitäten betreffend Produkt (Product), Preis (Price), Kommunikation (Promotion) und Distribution (Placement) umgesetzt. Mit der steigenden Bedeutung des Dienstleistungssektors wurde der klassische Marketingmix um die Perspektiven Personal, Prozesse und physisches Umfeld erweitert, um die besonders in diesem Industriesektor relevanten Aspekte zu erfassen.

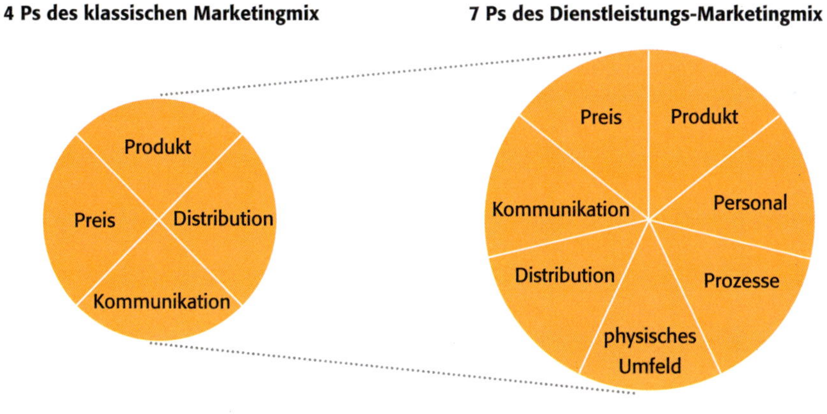

Marketingmix nach Homburg

Finanzwirtschaft

Die Finanzwirtschaft beschäftigt sich mit drei wichtigen Aufgaben unternehmerischen Handelns: Beschaffung von Kapital, Investition und Risikomanagement. Bei der Finanzierung von Unternehmenszielen kommen der Absatzmarkt für die eigenen Produkte, aber auch die Mittel des Kapitalmarktes zum Einsatz. Durch die finanzielle Bewertung von Investitionsalternativen werden Entscheidungshilfen gegeben, wie das Kapital des Unternehmens optimal eingesetzt werden kann. Im Rahmen des Risikomanagements erfasst und bewertet die Finanzwirtschaft die Risiken des unternehmerischen Handelns, wie etwa Kredit- und Anlagerisiken, Umweltrisiken oder auch Produkt- und Absatzrisiken. Nach nationalem und internationalem Gesetz (z. B. Aktiengesetz, Sarbanes-Oxley-Act – SOX etc.) sind zahlreiche Unternehmen gesetzlich verpflichtet, ihren Fortbestand durch gezieltes Risikomanagement abzusichern.

Regelkreis des Risikomanagements

Internes und externes Rechnungswesen

Im Rechnungswesen werden Methoden und Werkzeuge entwickelt und eingesetzt, die es ermöglichen, Finanzströme innerhalb und außerhalb des Unternehmens zu erfassen und einzelnen Situationen und Positionen zuzuordnen. Das interne Rechnungswesen bildet mit der Kosten- und Erlösrechnung die Grundlage zur Steuerung und Kontrolle unternehmensinterner Leistungserbringung durch das Unternehmens-Controlling. Das externe Rechnungswesen unterliegt meist handels- und steuerrechtlichen Anforderungen (z. B. Handelsgesetzbuch – HGB, International Financial Reporting Standards – IFRS etc.) und dokumentiert die Vermögens-, Finanz- und Ertragslage des Unternehmens für Außenstehende. Die wichtigsten Elemente des externen Rechnungswesens sind die Bilanz sowie die Gewinn-und-Verlust-Rechnung.

Unternehmenspolitik

Mit der Unternehmenspolitik legt ein Unternehmen fest, auf welchen Gebieten es tätig ist und welche Verhaltensgrundsätze für diese Tätigkeiten gelten müssen. Die wichtigste Aufgabe der Unternehmenspolitik besteht darin, den verschiedenen Interessen von Eigentümer:innen (Shareholder) und anderen Anspruchsteller:innen (Stakeholder; z. B. Angestellte, Kunden, Lieferanten etc.) gerecht zu werden. In jüngster Vergangenheit sind die Aufgaben der Unternehmenspolitik unter dem Begriff „Corporate Governance“ in den Mittelpunkt des öffentlichen Interesses gerückt.

Organisation und Personalwesen

Das Organisationsmanagement beschäftigt sich mit der Aufbau- und Ablauforganisation eines Unternehmens, in neuerer Zeit auch mit der Systemkonfiguration. Die Aufbauorganisation, z. B. visualisiert durch ein Organigramm, legt fest, wie einzelne Arbeitsschritte im Unternehmen aufgeteilt werden. Die wichtigsten Bausteine der Aufbauorganisation sind dabei u. a. Betriebsstätten und Werke, aber auch kleinere Einheiten wie etwa Abteilungen, Stabsstellen oder Berichtslinien. Die Ablauforganisation bestimmt und optimiert die Koordination zwischen den Organisationseinheiten zur Erstellung der gesamtbetrieblichen Leistungen. Die resultierende Form von Aufbau- und Ablaufstruktur hat wiederum großen Einfluss auf die Gestaltung und Anpassung der Systemkonfiguration. Die Systemkonfiguration definiert, welche Arbeitsmittel den einzelnen Einheiten der Aufbauorganisation zur Verfügung stehen, und legt fest, wie die Ablauforganisation dadurch unterstützt wird, z. B. durch Kommunikations- und Informationssysteme.

Die Hauptaufgaben des Personalwesens liegen in der Personalführung (Personalplanung und -entwicklung, Kommunikation etc.) und der Personalverwaltung (Personaleinsatz und -betreuung, Lohn- und Gehaltswesen etc.). Auch diese Disziplin der BWL unterliegt zahlreichen Gesetzen und Regelungen. International agierende Unternehmen müssen sich dabei mit einer Vielzahl unterschiedlicher Bestimmungen auseinandersetzen, um eine gleiche und faire Behandlung der Mitarbeiter:innen zu gewährleisten.

Informationsmanagement

Informationsmanagement ist einer der am stärksten wachsenden Bereiche in heutigen Unternehmen. Das Informationsmanagement bekommt insbesondere dann großes Gewicht, wenn es darum geht, Informationen und Daten aus verschiedenen Bereichen und den dort genutzten Informations- und Anwendungssystemen innerhalb eines Unternehmens oder z. B. auch nach Fusionen allgemein zugänglich und auswertbar zu machen. Die drei Kerninformationstypen, die zur Steuerung eines Unternehmens benötigt werden, sind:

- Informationen, die eine Aussage über die Zielerreichung der Unternehmensstrategie ermöglichen
- Informationen, die zur Erfüllung rechtlicher und anderer Verpflichtungen dienen
- Informationen, die die Mitarbeiter:innen des Unternehmens benötigen, um ihre täglichen Aufgaben optimal zu erfüllen

Das Informationsmanagement ist eine der wichtigsten Querschnittfunktionen im Unternehmen, da es insbesondere durch die Bereitstellung der Informations- und Systeminfrastruktur die Arbeitsgrundlage für die meisten anderen Unternehmensbereiche schafft. Mit dem Informationsmanagement wird unternehmensweit festgelegt, wie und wo Informationen gespeichert werden, wer Zugang zu diesen Informationen braucht und bekommt sowie welche Werkzeuge zur Analyse und Nutzung der Daten bereitgestellt werden.

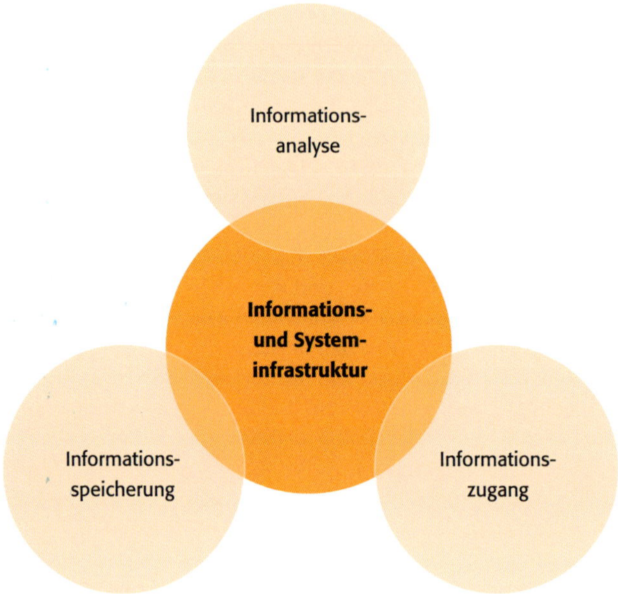

Kerngebiete des Informationsmanagements

Betriebswirtschaftliche Grundkonzepte

Die im Folgenden erläuterten betriebswirtschaftlichen Grundkonzepte bilden – gemeinsam mit den im nächsten Beitrag beschriebenen Frameworks – die Grundlage für die Bearbeitung von Case Studies. Häufig stehen diese Grundkonzepte im Kontext mit den oben aufgeführten Funktionen innerhalb jedes Unternehmens. Bei Fragestellungen aus dem Bereich Marketing spielen oftmals die Konzepte zur Preispolitik eine Rolle, in der Produktionswirtschaft dagegen Skalen-, Verbund- und Dichtevorteile sowie Erfahrungskurven und Produktlebenszyklen. Für Case Studies aus den Bereichen Finanzwirtschaft oder Rechnungswesen werden häufig die Gewinn-und-Verlust-Rechnung, die Bilanz oder bestimmte Kennzahlen benutzt.

Preispolitik

Die Preispolitik beschäftigt sich maßgeblich mit den zwei wichtigsten Marktfaktoren eines Produkts: der Preisuntergrenze und der Preisobergrenze. Die Preisuntergrenze lässt sich aus den Material- und Produktionskosten der Herstellung berechnen und definiert somit die Gewinnschwelle. Die Preisobergrenze ist in der Regel marktorientiert und wird unter anderem von den Preisen konkurrierender Unternehmen oder auch dem Kaufverhalten der Kundschaft beeinflusst. Das Ziel der Preispolitik ist die Maximierung des Gewinns, der mit einzelnen Produkten oder Dienstleistungen erzielt werden kann. Die gängigsten Preisstrategien sind die Festpreisstrategie (Hochpreis- oder Niedrigpreisstrategie), die Wettbewerbspreisstrategie (Preisführer, -folger oder -kämpfer) und die Preisabfolgestrategie (mit der Zeit sinkende oder mit der Zeit steigende Preise; auch als Abschöpfungs- bzw. Penetrationsstrategie bekannt).

Skalen-, Verbund- und Dichtevorteile

In der BWL spricht man von Skalenvorteilen (Economies of Scale), wenn sich die produzierte Menge über die Zeit stärker vergrößert als die Menge der dafür eingesetzten Mittel. Die häufigsten Ursachen für das Auftreten von Skaleneffekten sind steigende Automatisierung, effizientere Arbeitsteilung und Produktionsstätten sowie die Erfahrungskurve. Skaleneffekte können ein entscheidender Faktor in der Preispolitik sein, ermöglichen sie es doch einem Unternehmen, ein Produkt mit der Zeit immer günstiger zu produzieren und somit entweder den Profit zu steigern oder den Preis zu senken.

Darüber hinaus lassen sich Kostenvorteile auch durch effektivere Produktionsmethoden oder eine sinnvolle Erweiterung der Produktpalette erreichen. Realisieren lassen sich diese sogenannten Verbundvorteile (Economies of Scope) beispielsweise durch die Nutzung derselben Produktionsstätten und -mittel für zusätzliche Produkte und Dienstleistungen. Dies führt zu einer Senkung des Anteils der fixen Kosten je Produkt oder Serviceleistung.

Eine dritte Möglichkeit, Kosten zu senken, ergibt sich, wenn die Nachfrage räumlich konzentriert ist. Diese Dichtevorteile (Economies of Density) lassen sich besonders bei Unternehmen realisieren, deren Produkte und Dienstleistungen im Transport von Gütern bestehen oder vom Anschluss an ein Versorgungsnetz abhängen, z. B. Post- und Paketdienste, Schienen- und Straßenverkehr, Wasser-, Strom- und Gasversorger etc.

Erfahrungskurve

Die Erfahrungskurve ergibt sich aus der Betrachtung der Auswirkungen von Skalen-, Verbund- und Dichtevorteilen. Anhand dieses Konzepts lässt sich aufzeigen, dass sich ein möglichst hoher Marktanteil zu Beginn eines Produktlebenszyklus vorteilhaft auf die langfristige Wettbewerbsfähigkeit auswirkt. Wichtig ist bei dieser Betrachtung, dass sich die Erfahrungskurve nicht auf die absolute Produktionsmenge bezieht, sondern auf die kumulierte. Vereinfacht ausgedrückt trägt dies der Tatsache Rechnung, dass man pro produzierter Einheit immer weniger dazulernen und somit optimieren kann. Die Erfahrungskurve ist branchenabhängig und lässt deshalb keine generellen Aussagen zu. Für das produzierende Gewerbe geht man davon aus, dass sich die Produktionsstückkosten bei einer Verdoppelung der kumulierten Produktionsmenge um 20 bis 30 Prozent senken lassen.

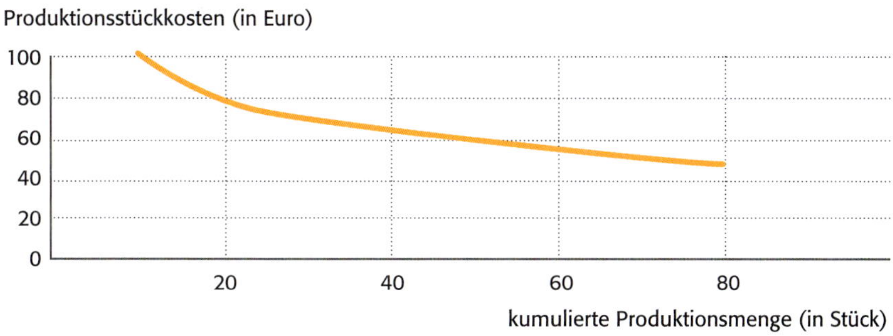

Erfahrungskurve (exemplarisch)

Produktlebenszyklus

Das Modell des Produktlebenszyklus beschreibt die typischen Phasen, die ein Produkt oder eine Dienstleistung durchläuft. Es beginnt mit der Entwicklung und endet mit der Ablösung des Produkts durch einen Nachfolger oder den vollständigen Rückzug aus dem Markt. Das Produktlebenszyklus-Management (kurz: Produktmanagement; engl. Product Lifecycle Management) ist das Kerngebiet der Produktpolitik eines Unternehmens. Dadurch wird entschieden, wie ein Unternehmen auf neue Anforderungen mittels Produktinnovation reagiert oder sich durch Produktvariation auf veränderte Bedingungen einstellt.

Eines der wichtigsten Ereignisse im Produktlebenszyklus ist der Durchbruch der Einnahmen-/Ausgabenkurve durch null, der sogenannte Break-even. Ab diesem Punkt hat das Produkt genug Umsatz erwirtschaftet, um nicht nur die Produktions- und Vertriebskosten zu decken, sondern auch die bis dahin entstandenen Entwicklungskosten. Jedes Unternehmen ist bestrebt, die Phasen des Wachstums und der Reife so lange wie möglich auszudehnen, indem es beispielsweise durch die Preispolitik oder gezieltes Marketing seine Marktposition gegen andere Wettbewerber verteidigt.

Ein oft unterbewertetes Handlungsgebiet des Produktmanagements ist die Sättigungsphase. Gelingt es dem Unternehmen in dieser Phase nicht, durch Diversifikation oder Differenzierung den Rückgang der Verkäufe abzufangen, muss das Produkt konsequent und rechtzeitig aus der Produktion und vom Markt genommen werden, bevor Verluste entstehen. Besonders zu beachten ist dabei, dass sich die durch ein Produkt anfallenden Kosten nicht allein durch die Einstellung der Produktion auf null reduzieren lassen. Vielmehr fallen die sogenannten Verkaufsfolgekosten, wie z. B. Service- und Garantieleistungen oder die Bereitstellung von Ersatzteilen, weiterhin an.

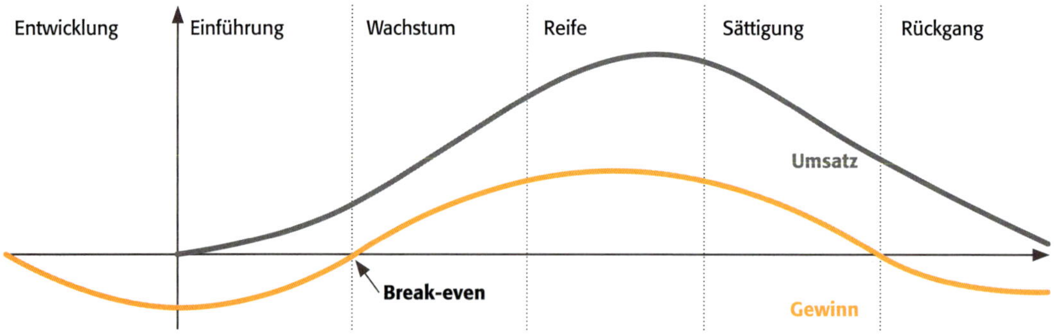

Produktlebenszyklus nach Vernon/Hirsch

Gewinn-und-Verlust-Rechnung (GuV)

Die Gewinn-und-Verlust-Rechnung (GuV) fällt unter das Aufgabengebiet des externen Rechnungswesens und ist neben der Bilanz ein Hauptbestandteil des Jahresabschlusses. Da sich die GuV primär an unternehmensexterne Instanzen richtet, z.B. Kapitalgebende, Kunden, Lieferanten, Arbeitnehmer:innen etc., unterliegt sie zahlreichen nationalen und internationalen handels- und steuerrechtlichen Vorschriften, z.B. Handelsgesetzbuch (HGB), International Financial Reporting Standards (IFRS),

International Accounting Standards (IAS), United States Generally Accepted Accounting Principles (US-GAAP) etc. Die Rechengrößen der GuV sind die Aufwendungen und Erträge zur Ermittlung des Betriebsergebnisses oder Jahresüberschusses eines Geschäftsjahres. Obwohl diese Größen grundsätzlich periodengerecht erfasst werden müssen, gibt es Unterschiede in den einzelnen Vorschriften, wie das Betriebsergebnis daraus zu berechnen ist. Die US-GAAP schreiben das sogenannte Umsatzkostenverfahren (UKV) vor, während das HGB, aber auch die IAS zusätzlich das sogenannte Gesamtkostenverfahren (GKV) zulassen. Der wesentliche Unterschied zwischen den Berechnungsmethoden ist, dass das UKV nur die Umsätze und Kosten der in der Periode abgesetzten Produkte und Dienstleistungen berücksichtigt, während das GKV auch Bestandsveränderungen an fertigen und unfertigen Erzeugnissen einbezieht.

Gewinn- und Verlustrechnung

	Gesamtkostenverfahren (GKV)		**Umsatzkostenverfahren (UKV)**
	Periodenumsatz		Periodenumsatzerlöse
+/–	wertmäßige Bestandsveränderungen an fertigen und unfertigen Erzeugnissen	–	Periodengesamtkosten (Kosten des Umsatzes)
–	Periodengesamtkosten		
=	**Betriebsergebnis/Jahresüberschuss nach GKV**	**=**	**Betriebsergebnis/Jahresüberschuss nach UKV**

Neben der Erfüllung von rechtlichen Anforderungen hat das UKV zudem den Vorteil, dass sich mithilfe der Kostenstellen- und Kostenträgerrechnung die Ergebnisse über Absatzgebiete, Kundenbereiche oder Unternehmensteile aufgliedern lassen. Im GKV werden Aufwendungen und Erlöse lediglich auf einzelne Kostenarten, z. B. Material-, Personal-, Energiekosten etc. aufgeteilt.

Bilanz

Die Bilanz bildet zusammen mit der GuV den Jahresabschluss eines Unternehmens. Wie die GuV auch, richtet sich die Bilanz primär an unternehmensexterne Instanzen und erfüllt aufgrund ihrer Vergangenheitsorientierung in erster Linie eine Dokumentationsfunktion. Im Gegensatz zur GuV bezieht sich die Bilanz immer auf einen bestimmten Zeitpunkt, den sogenannten Bilanzstichtag, und weist die Vermögens-, Finanz- und Ertragslage eines Unternehmens zu diesem Zeitpunkt aus. Die Bilanz gliedert sich in Vermögen (sogenannte Aktiva) zur Auskunft über die Mittelverwendung und Verpflichtungen (sogenannte Passiva) zum Ausweis der Mittelentstehung und der Finanzierung des Unternehmens.

Innerhalb der Aktiva wird das Vermögen in zwei Gruppen aufgeteilt: zum einen das sogenannte Anlagevermögen, das im Unternehmen langfristig verwendet wird, zum anderen das sogenannte Umlaufvermögen, das dem Unternehmen nur kurzfristig zur Verfügung steht. Die Passiva werden in drei Gruppen untergliedert: das Eigenkapital, das das von den Anteilseigner:innen eingebrachte Stamm- bzw. Grundkapital zuzüglich der erwirtschafteten Rücklagen und Gewinne umfasst; die Rückstellungen, die beispielsweise für Pensionen oder Steuerzahlungen gebildet werden; außerdem das Fremdkapital, das die von Dritten zur Verfügung gestellten Mittel ausweist.

Analog zur GuV müssen Aufwendungen und Erträge auch bei der Bilanz periodengerecht erfasst werden. Zu diesem Zweck können auf beiden Seiten der Bilanz zusätzlich sogenannte Rechnungsabgrenzungsposten gebildet werden, die es ermöglichen, Vermögen und Verpflichtungen der richtigen Bilanzperiode zuzuordnen, z. B. wenn der Zeitpunkt der Lieferung und Rechnungsstellung in eine andere Abrechnungsperiode fällt als der Zahlungseingang.

Bilanz

Aktiva	**Passiva**
A. Anlagevermögen	**A. Eigenkapital**
I. Sachanlagen	I. Gezeichnetes Kapital
II. Immaterielle Vermögensgegenstände	II. Kapitalrücklagen
III. Finanzanlagen	III. Gewinnrücklagen
B. Umlaufvermögen	IV. Gewinnvortrag/Verlustvortrag
I. Vorräte	V. Jahresüberschuss/Jahresfehlbetrag
II. Forderungen und sonstige Vermögensgegenstände	**B. Rückstellungen**
III. Wertpapiere	I. Rückstellungen für Pensionen und ähnliche Verpflichtungen
IV. Kassenbestand, Bundesbankguthaben, Guthaben bei Kreditinstituten und Schecks	II. Steuerrückstellungen
C. Rechnungsabgrenzungsposten	III. Sonstige Rückstellungen
	C. Verbindlichkeiten
	I. Anleihen
	II. Verbindlichkeiten
	III. Erhaltene Anzahlungen
	D. Rechnungsabgrenzungsposten
Bilanzsumme	**Bilanzsumme**

Kapitalstrukturkennzahlen

Eigenkapitalquote: Die Eigenkapitalquote drückt den Anteil der Eigenmittel am Gesamtkapital bzw. der Bilanzsumme eines Unternehmens aus.

- Eigenkapitalquote [%] = (Eigenkapital ÷ Gesamtkapital) × 100

Fremdkapitalquote: Die Fremdkapitalquote gibt den Anteil des Fremdkapitals am Gesamtkapital bzw. der Bilanzsumme an.

- Fremdkapitalquote [%] = (Fremdkapital ÷ Gesamtkapital) × 100

Verschuldungsgrad: Der Verschuldungsgrad gibt das Verhältnis von Fremdkapital zu Eigenkapital an.

- Verschuldungsgrad [%] = (Fremdkapital ÷ Eigenkapital) × 100

Erfolgskennzahlen/Gewinnkennzahlen

Zur Berechnung des Gewinns eines Unternehmens haben sich zahlreiche Varianten mit unterschiedlicher Zielrichtung und kontextbezogener Aussagekraft entwickelt. Als Ausgangslage dient all diesen Kennzahlen der Jahresüberschuss, der in der Gewinn-und-Verlust-Rechnung ausgewiesen wird.

- **EBT** Ertrag vor Steuern (Earnings before Taxes): Im Gegensatz zum Jahresüberschuss ist der Gewinn vor Steuern unabhängig von Steuereffekten wie z. B. Steuernachzahlungen oder Steuerminderung. Er eignet sich daher besser für den Vergleich des Gewinns verschiedener Abrechnungsperioden oder Unternehmensbereiche.
- **EBIT** Ertrag vor Zinsen und Steuern (Earnings before Interest and Taxes): Um die Vergleichbarkeit weiter zu erhöhen, wird zur Berechnung des EBIT der Jahresüberschuss zusätzlich zu den Steuereffekten auch um alle Zinsaufwendungen und -erträge bereinigt.
- **EBITA** Ertrag vor Zinsen, Steuern und Abschreibungen auf immaterielle Vermögenswerte (Earnings before Interest, Taxes and Amortisation): Diese Kennzahl ist gegenüber dem EBIT zusätzlich noch um die Abschreibungen auf Firmenwerte bereinigt.
- **EBITDA** Ertrag vor Zinsen, Steuern und Abschreibungen auf Sachanlagen sowie auf immaterielle Vermögenswerte (Earnings before Interest, Taxes, Depreciation and Amortisation): Als Erweiterung zum EBITA wird hier der Gewinn nicht nur um Abschreibungen auf Firmenwerte, sondern um alle Abschreibungen auf Vermögensgegenstände bereinigt. Diese Kennzahl ermöglicht somit den Vergleich von Unternehmen, die nach unterschiedlichsten Gesetzgebungen bilanzieren. Die Aussagekraft des EBITDA ist jedoch umstritten, da er im Vergleich mit dem EBT oder dem EBIT zahlreiche Aufwendungen ignoriert.
- **Geldfluss** (Cashflow): Der Cashflow wird aus der Differenz von Einnahmen und Ausgaben ermittelt und gibt an, in welchem Umfang ein Unternehmen finanzielle Mittel aus eigener Kraft erwirtschaften kann. Eine genauere Erklärung sowie die bekannten Berechnungsmethoden folgen auf den Seiten 98 und 99.

Gewinnkennzahlen

	Jahresüberschuss + Steueraufwand – Steuererträge + außerordentlicher Aufwand – außerordentliche Erträge
= EBT	
+ Zinsaufwand – Zinserträge	+ Zinsaufwand – Zinserträge + Abschreibungen auf Firmenwerte – Zuschreibungen auf Firmenwerte
= EBIT	**= EBITA**
+ Abschreibungen auf das Anlagevermögen – Zuschreibungen zum Anlagevermögen	+ Abschreibungen auf Sachanlagen – Zuschreibungen auf Sachanlagen
= EBITDA	

Rentabilitätskennzahlen

Als Basis zur Berechnung der meisten Rentabilitätskennzahlen wird in der Regel der Gewinn vor Steuern (Earnings before Taxes - EBT) benutzt. Dadurch wird eine vergleichende Bewertung der Rentabilität verschiedener Unternehmen oder Abrechnungsperioden, z. B. wegen unterschiedlicher Steuergesetze möglich.

Umsatzrendite: Die Umsatzrendite (Return on Sales) bezeichnet das Verhältnis von Gewinn zu Umsatz innerhalb einer bestimmten Periode.

- Umsatzrendite [%] = (Gewinn ÷ Umsatz) × 100

Eigenkapitalrentabilität: Die Eigenkapitalrentabilität (Return on Equity) gibt an, wie hoch sich das Eigenkapital innerhalb einer bestimmten Periode verzinst hat.

- Eigenkapitalrentabilität [%] = (Gewinn ÷ Eigenkapital) × 100

Die Vergleichbarkeit zwischen verschiedenen Unternehmen allein auf Basis dieser Kennzahl ist nur eingeschränkt möglich, da durch die Senkung der Eigenkapitalquote (z. B. durch die Aufnahme von Fremdkapital) die Eigenkapitalrentabilität steigt. Dieser Effekt wird auch als Hebeleffekt (Leverage Effect) bezeichnet.

Gesamtkapitalrentabilität: Die Gesamtkapitalrentabilität (Return on Investment - ROI) gibt an, wie hoch sich das Gesamtkapital innerhalb einer bestimmten Periode verzinst hat.

- Gesamtkapitalrentabilität [%]
  = [(Gewinn + Fremdkapitalzinsen) ÷ Ø Gesamtkapital] × 100

Da das Gesamtkapital aus Eigenkapital und Fremdkapital besteht, müssen zur Berechnung der Gesamtkapitalrentabilität sowohl der Gewinn (erwirtschaftet durch den Einsatz des Eigen- und Fremdkapitals) als auch die Fremdkapitalzinsen (an die Fremdkapitalgeber:innen abgeführter Gewinn) mit einbezogen werden. Durch die Verwendung dieser Kennzahl lassen sich die Nachteile der Eigenkapitalrentabilität umgehen.

Durch Erweiterung der obigen Formel um

- Umsatzrendite = (Gewinn + Fremdkapitalzinsen) ÷ Umsatz
- Kapitalumschlag = Umsatz ÷ Ø Gesamtkapital

erhält man eine ebenfalls weit verbreitete Darstellung zur Berechnung der Gesamtkapitalrentabilität bzw. des Return on Investment (ROI).

- ROI [%] = (Umsatzrendite × Kapitalumschlag) × 100

Cashflow

Der Cashflow ist eine betriebswirtschaftliche Kennzahl, die eine Aussage über die Fähigkeit eines Unternehmens erlaubt, die benötigten finanziellen Mittel selbst zu erwirtschaften. Im Zusammenhang mit dem Cashflow spricht man häufig auch vom sogenannten Innenfinanzierungspotenzial, das sich aus der Differenz von Einnahmen und Ausgaben innerhalb einer bestimmten Periode ergibt. Als Einnahmen und Ausgaben sind alle Erträge und Aufwendungen zu verstehen, die innerhalb der Periode zu Ein- oder Auszahlungen geführt haben, d. h. zahlungswirksam waren.

Bei der Berechnung des Cashflows im engeren Sinn, dem sogenannten Cashflow aus Geschäftstätigkeit oder auch operativem Cashflow, können zwei Methoden angewandt werden: Bei der indirekten Methode werden alle nicht zahlungswirksamen Erträge und Aufwendungen vom Jahresüberschuss abgezogen. Bei der direkten Methode ergibt sich der Wert aus der Addition der zahlungswirksamen Erträge und Aufwendungen. Darüber hinaus gibt es noch weitere Varianten von Cashflow-Kennzahlen, die entweder eine Aussage über einen bestimmten Bereich der unternehmerischen Tätigkeit (z. B. Cashflow aus Investitionstätigkeit, Cashflow aus Finanzierungstätigkeit etc.) oder einen bestimmten Teil des finanziellen Potenzials des Unternehmens treffen sollen (z. B. Free Cashflow – freies Kapital beispielsweise zur Rückzahlung von Krediten oder zur Ausschüttung an Anteilseigner:innen).

Cashflow aus Geschäftstätigkeit

Indirekte Methode	**Direkte Methode**
Jahresüberschuss	
+/– Abschreibungen/Zuschreibungen	[+] Einzahlungen aus Umsätzen
+/– Erhöhung/Minderung des Gewinnvortrags	+ Einzahlungen aus Forderungen
+/– Erhöhung/Minderung von Rückstellungen	– Auszahlungen aufgrund der betrieblichen Tätigkeit (z. B. Personal, Betriebsmittel etc.)
+/– Erhöhung/Minderung von Rücklagen	– Auszahlungen für Verbindlichkeiten
+/– Erhöhung/Minderung am Bestand fertiger und unfertiger Erzeugnisse	
= Cashflow aus Geschäftstätigkeit (operativer Cashflow)	

Cashflow aus Investitionstätigkeit

[+] Einzahlungen aus Anlagenabgängen (Desinvestitionen)
– Auszahlungen für Anlagenzugänge (Investitionen)
= Cashflow aus Investitionstätigkeit

Cashflow aus Finanzierungstätigkeit

[+] Einzahlungen von Eigenkapital
– Auszahlungen von Eigenkapital
+ Einzahlungen aus Aufnahme von Krediten/Verbindlichkeiten
– Auszahlungen zur Tilgung von Krediten/Verbindlichkeiten
= Cashflow aus Finanzierungstätigkeit

Free Cashflow

Cashflow aus Geschäftstätigkeit
– Cashflow aus Investitionstätigkeit
= Free Cashflow

Frameworks zur Bearbeitung von Cases

von Ali Aslan Gümüsay und David Liebig

Frameworks bieten Strukturen für die Lösung von Case Studies und sind daher wichtige Instrumente in Bewerbungsgesprächen. Sie stellen jedoch lediglich ein unterstützendes Hilfsmittel zur Lösung von Cases dar. Zur erfolgreichen Lösung eines Falls sind in der Regel Flexibilität und Kreativität gefragt, was zudem die Auslassung oder Anpassung von Frameworks sowie Outside-the-Box-Denken erfordert. Das Beherrschen der Frameworks alleine garantiert nicht, dass stets ein passendes Tool zur Falllösung zur Verfügung steht, das dann nur noch mit Inhalten zu füllen ist. Vielmehr sollten Bewerber:innen zeigen, dass sie in der Lage sind, schnell individuelle und kontextspezifische Strukturen zur Fallstudien-Bearbeitung zu schaffen bzw. bekannte Frameworks so umzugestalten bzw. zu verknüpfen, dass diese den meist komplexeren Ansprüchen des Case gerecht werden.

Ein Vorschlag für eine strukturierte Übersicht und Anwendung von Frameworks ist nachstehend dargestellt. Die Aufteilung erhebt dabei nicht den Anspruch auf Vollständigkeit. Sie bietet Bewerber:innen vielmehr Werkzeuge für die erfolgreiche Bearbeitung von Case Studies. Strategische Fallbeispiele können meist in drei Kategorien untergliedert werden: interne, externe und gemischte Fragestellungen. Je nach Fragestellung können unterschiedliche Frameworks genutzt werden. Dies bedeutet, dass man den Case für die Auswahl des richtigen Frameworks zunächst einer der drei Problemstellungen zuordnen sollte.

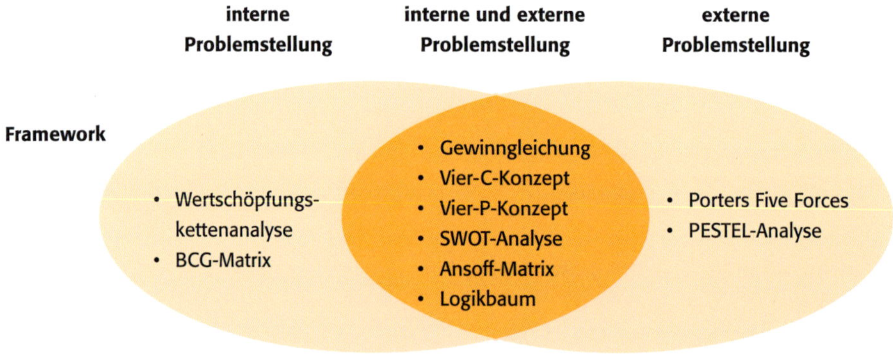

Untergliederung strategischer Fallbeispiele

Externe Problemstellung

Eine externe Problemstellung fokussiert sich auf die Faktoren, die außerhalb des Unternehmens zu finden sind. Nicht die internen Prozesse und Faktoren des Unternehmens stellen das primäre Problemfeld dar, sondern die Umwelt, der Markt, Kunden oder andere Unternehmen sowie von diesen erzeugte Effekte. Folgende zwei Frameworks werden zur Identifikation und Analyse externer Problemstellungen erläutert:

- Five-Forces-Modell
- PESTEL-Analyse

Interne Problemstellung

Fallbeispiele mit internen Problemstellungen betrachten unternehmensinterne Fragestellungen. Sie behandeln beispielsweise eine zu hohe Kostensituation bei den Vertriebsmitarbeiter:innen oder einen zu hohen Lagerbestand aufgrund einer fehlenden Prozesssichtweise. Für die interne Analyse sind folgende Frameworks hervorzuheben:

- Wertschöpfungskettenanalyse
- BCG-Matrix

Interne und externe Problemstellung

Meist sind sowohl interne als auch externe Betrachtungen des Falls notwendig, um herauszufinden, welche Problemstellung vorliegt. Neben der Anwendung der bereits vorgestellten Frameworks zur Analyse von internen und externen Problemstellungen können folgende Analyse-Tools für beide Analyseebenen verwendet werden:

- Gewinngleichung
- Vier-C-Konzept
- SWOT-Analyse
- Vier-P-Konzept
- Ansoff-Matrix
- Logikbaum

Ein gemischter Fall könnte beispielsweise der Gewinneinbruch eines Unternehmens sein. Dies kann sowohl unternehmensinterne Gründe haben, die sich auf die Kostensituation des Unternehmens niederschlagen, als auch externe Ursachen, die beispielsweise die abgesetzte Menge oder eine falsche Preispolitik betreffen. In diesem Fall sollten Bewerber:innen mögliche interne wie externe Ursachen erkennen und den Interviewer:innen eine strukturierte beidseitige Analyse präsentieren.

Five-Forces-Modell von Michael Porter

Das Five-Forces-Modell ist ein Analysewerkzeug, das von Michael E. Porter im Jahr 1979 entwickelt wurde. Porter definierte fünf Faktoren, die eine Branche maßgeblich beeinflussen und die es zur Bewertung der Wettbewerbsintensität und Branchenattraktivität zu berücksichtigen gilt. Für Unternehmen und Organisationen bietet die Betrachtung der fünf von Porter definierten Einflussfaktoren eine Möglichkeit zur systematischen Beobachtung der Marktkräfte sowie deren Zusammenspiel. Es handelt sich bei diesem Modell um ein strategisches Analysewerkzeug, bei dem in Case Studies die ganzheitliche Betrachtung der Umwelt im Vordergrund steht und nicht die Detailbewertung des Unternehmens. Ziel der Analyse anhand der Five Forces ist die Bewertung der Marktkräfte und die Ermittlung der Attraktivität einer Branche.

Die Betrachtung der Haupteinflussfaktoren auf eine Branche und das Verständnis für die Zusammenhänge werden in Case-Interviews häufig und gern abgefragt. Die Anwendung des Five-Forces-Modells bietet eine Möglichkeit der ersten Bearbeitung.

Fünf Faktoren des Five-Forces-Modells

Im Folgenden wird das Modell näher erläutert:

Verhandlungsmacht der Lieferanten

Als einen Einflussfaktor bestimmt Porter die Verhandlungsmacht der Lieferanten. Im Case-Interview ist hier beispielsweise die Anzahl sowie die Größe und Marktmacht der Lieferanten abzuschätzen. Bei nur wenigen Anbietern im Markt (Oligopol) werden diese ihre starke Machtposition ausnutzen und erhöhte Preise verlangen. Sofern es sich um einen fragmentierten Lieferantenmarkt mit geringen Marktanteilen der einzelnen Zulieferer handelt, hat das beziehende Unternehmen eine gestärkte Verhandlungsmacht und kann die verschiedenen Lieferanten gegeneinander ausspielen. Dies ist auch abhängig von den Möglichkeiten und/oder Kosten eines Produktwechsels. Im Fall eines Spezialprodukts fällt es in der Regel schwerer, das Produkt zu ersetzen bzw. ist ein Wechsel mit höheren Kosten verbunden.

Rivalität innerhalb der Branche

Die Rivalität innerhalb der Branche ist meistens der am stärksten wirkende Einflussfaktor. Hierbei ist zu hinterfragen, welcher Wettbewerbssituation das Unternehmen ausgesetzt ist. Anzahl und Marktmacht der Wettbewerber geben hier bereits eine gute Basis für die Bewertung. Häufig kann als erster Anhaltspunkt eine Abschätzung der Concentration Ratio (CR) herangezogen werden. Diese misst den Marktanteil der größten Unternehmen und gibt dadurch Auskunft über die Konzentration in einem Markt. Vereinen beispielsweise die vier größten Unternehmen mehr als 80 Prozent des gesamten Marktes, ist dies ein mögliches Indiz für eine hohe Konzentration in einem Markt, wodurch auf eine eher niedrige Konkurrenzsituation geschlossen werden kann. Hoch fragmentierte Märkte weisen demgegenüber in der Regel einen weitaus größeren Wettbewerb auf. Auch eine fehlende Produktdifferenzierung erhöht den Wettbewerbsdruck.

Verhandlungsmacht der Kunden

Die Marktmacht der Kunden ist eng mit dem angebotenen Produkt verbunden. Handelt es sich um ein undifferenziertes Standardprodukt, können Kunden möglicherweise schnell, günstig und unkompliziert den Anbieter wechseln. Hierbei ist insbesondere auch die Preissensitivität der Kunden einzubeziehen. Bei hoher Sensitivität werden Kunden bei Preissteigerungen schneller geneigt sein, einen Produktwechsel vorzunehmen. Zusätzlich ist die Anzahl der Kunden zu bewerten. Basiert der Absatz eines Unternehmens auf nur wenigen Schlüsselkunden, so ist deren Machtposition deutlich stärker einzustufen als die einer großen, unbekannten Kundenmasse.

Bedrohung durch neue Marktteilnehmer

Neue Marktteilnehmer können sich im Markt etablieren und stellen dabei eine potenzielle Bedrohung dar. In diesem Zusammenhang sind Eintrittsbarrieren in der Branche ein mögliches Hemmnis für Neueintritte. Bestehen beispielsweise rechtliche Beschränkungen in Form von restriktiven Lizenzen, ist der Eintritt von Wettbewerbern schwieriger bzw. seltener der Fall. Weiterhin stellen Kostenvorteile und Skaleneffekte einen wichtigen Bewertungspunkt dar. Besonders kapitalintensive Branchen wie Luft- und Raumfahrt, Pharma oder die Automobilindustrie bieten weniger Möglichkeiten für schnelle Neueintritte und sind dadurch eher weniger von neuen Wettbewerbern bedroht.

Bedrohung durch Substitute

Substitute sind Güter oder Dienstleistungen, die das Potenzial aufweisen, das bestehende Gut oder die bestehende Dienstleistung zu ersetzen. Sie stellen hierdurch eine direkte Bedrohung dar. Klassische Substitutionsgüter sind z. B. Butter und Margarine. Substitutionsprodukte, die unter anderem durch technologischen Fortschritt entwickelt werden, können das vom Unternehmen angebotene Produkt sogar überflüssig werden lassen.

PESTEL-Analyse

Die verschiedensten Umweltfaktoren wirken kontinuierlich auf Unternehmen ein. Die PESTEL-Analyse ist ein Umweltanalyse-Modell, das die strukturierte Betrachtung dieser verschiedenen externen Faktoren ermöglicht. Die Buchstaben sind ein Akronym und stehen für „political, economical, social, technological, environmental, legal", also die politischen, ökonomischen, soziokulturellen, technologischen, ökologischen und rechtlichen Faktoren. Es existieren verschiedene Zusammenstellungen der Buchstaben, wie zum Beispiel PESTLE; zudem gibt es Modelle mit weniger Faktoren wie STEP oder STEEP, die dementsprechend weniger Buchstaben im Akronym beinhalten. Je nach Fallstudie kann die Betrachtung der Faktoren auch auf eine Auswahl beschränkt werden.

Politische Faktoren

Zu den politischen Faktoren gehören unter anderem Wirtschaftsabkommen, Steuern oder andere Beschlüsse der verschiedenen Institutionen. Wirtschaftsabkommen können z. B. das Bewegen von Waren, Dienstleistungen, Personen und Kapital erleichtern, was für das einzelne Unternehmen positive wie auch negative Auswirkungen haben kann. Einerseits können sie für einen stärkeren Wettbewerb sorgen, andererseits mögen dadurch Faktorpreise sinken. Um die jeweiligen Auswirkungen im fiktiven Fallbeispiel zu analysieren, hilft es, mögliche Effekte zu benennen und sie seinem Gegnüber im Gespräch aufzuzeigen, sodass dieser den fiktiven Kontext erläutern kann.

Ökonomische Faktoren

Ökonomische Faktoren sind zum Beispiel Zinsraten, Währungsschwankungen, Inflation oder Arbeitslosigkeit. Ein Unternehmen, das sehr viel exportiert, mag unter einer starken heimischen Währung leiden, da es nur bedingt die gestiegenen Produktionskosten auf den Preis aufschlagen kann. Gleichzeitig kann ein Unternehmen so vergünstigt nötige Ressourcen importieren. Ein hoher Zinskurs kann größere Investitionen erschweren, weil die Kapitalbeschaffung dadurch teurer ist.

Soziokulturelle Faktoren
Soziokulturelle Faktoren wie die demografische Lage, die Einkommensverteilung oder das Arbeitsverständnis wirken sich auf Arbeitnehmer:innen wie auch Konsument:innen aus. So kann der demografische Wandel für ein Unternehmen bedeuten, dass es seine Kundenzielgruppe ändern, das Produkt anpassen oder neue Märkte erschließen muss.

Technologische Faktoren
Technologische Faktoren beinhalten Aspekte rund um Forschung, Innovation, Trends und Produktlebenszyklen. Ein Unternehmen kann seinen Wettbewerbsvorteil verspielen, wenn es nicht inkrementelle und disruptive Innovationen hervorbringt bzw. auf diese reagiert. Innovation umfasst hierbei nicht nur neue Erfindungen, sondern auch ihre Implementierung bzw. Kommerzialisierung.

Ökologische Faktoren
Zu den ökologischen Faktoren gehören unter anderem Emissionen, Ressourcenverbrauch und die Nutzung von Ökosystemen. Ressourcenknappheit kann zum Beispiel zu einem Preisanstieg oder zum Bedarf an alternativen Mitteln führen; eine Veränderung der Ökosysteme bzw. des ökologischen Bewusstseins kann die Nachfrage beeinflussen.

Rechtliche Faktoren
Zuletzt sind rechtliche Faktoren wie Gesetzesänderungen zu analysieren - sei es im Wettbewerbsrecht, Arbeitsrecht oder bei anderen Gesetzen an tatsächlichen wie potenziellen Produktions- und auch Vertriebsstandorten. Auch Entscheidungen zu Fusionen und Übernahmen sind stark von den rechtlichen Rahmenbedingungen abhängig.

BCG-Matrix

Die 1968 von der Boston Consulting Group (BCG) entwickelte Matrix bietet eine Portfolioübersicht und dient der Bewertung der unternehmensspezifischen Geschäftseinheiten (Business Units) oder Produkte. Sie ist die wohl bekannteste 2×2-Matrix und wird daher im Folgenden detaillierter beschrieben. Hintergrund der Bewertung von Produkten oder Geschäftseinheiten mithilfe der BCG-Matrix ist die andauernde und teilweise unreflektierte Weiterentwicklung von Unternehmen. Produktinnovationen wurden in der Vergangenheit vom Unternehmen geschaffen und am Markt etabliert, ohne jedoch näher auf den Markterfolg oder das Potenzial zu achten. Die BCG-Matrix positioniert die Bewertungsgegenstände, beispielsweise Produkte oder Business Units, anhand der zwei Dimensionen Marktwachstum und relativer Marktanteil.

Marktwachstum
Die Positionierung der Bewertungsgegenstände anhand der Marktwachstums-Dimension zeigt die Marktattraktivität eines Produkts und macht das zukünftige Entwicklungspotenzial transparent. Besonderen Einfluss hat dabei die Produktlebenszyklus-Kurve, die als Grundlage der Bewertung des Marktwachstums herangezogen wird. Ein Produkt, das am Beginn der Lebenszyklus-Kurve steht, sieht sich in der Regel einem hohen Marktwachstum ausgesetzt und ist dementsprechend in der BCG-Matrix hoch zu positionieren.

Relativer Marktanteil

Die Bewertung des relativen Marktanteils ergibt sich aus dem Verhältnis des eigenen Marktanteils zu dem des stärksten Konkurrenten. Ein relativer Marktanteil > 1 weist auf die Marktführerschaft eines Produkts bzw. der Geschäftseinheit hin, da in diesem Fall das Produkt des stärksten Wettbewerbers einen kleineren Marktanteil aufweist als das eigene. Je höher der relative Marktanteil des Produkts, desto weiter links steht es in der Matrix.

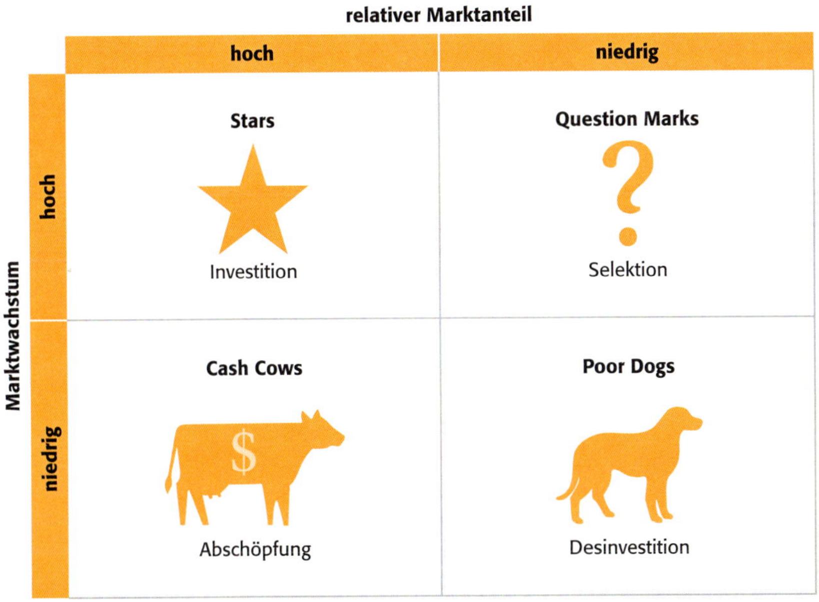

BCG-Matrix

Die Positionierung der unternehmensspezifischen Produkte und Geschäftseinheiten erfolgt in vier Quadranten, denen jeweils unterschiedliche Interpretationen und Handlungsempfehlungen zukommen:

Fragezeichen oder Question Marks

Fragezeichen sind Neuprodukte, die über ein hohes Wachstumspotenzial verfügen, bisher jedoch nur geringe Marktanteile erzielen konnten. Die Produkte bedürfen daher zunächst einer Bewertung in Hinblick auf das tatsächliche Potenzial, um zu einer Aussage über die Weiterentwicklung zu gelangen. In potenzialträchtige Produkte ist zu investieren. Rückflüsse zu Beginn der Markteinführung sind jedoch nicht zu erwarten. In weniger aussichtsreiche Produkte sollte hingegen desinvestiert werden. Bei den Fragezeichen ist somit eine Selektion vorzunehmen.

Stars

Hierunter fallen die Geschäftseinheiten und Produkte, die bereits hohe Rückflüsse generieren, große Marktanteile aufweisen und zudem über weiteres Potenzial verfügen. Trotz des hohen Investitionsbedarfs für die Festigung und den Ausbau der Marktsituation verfügen die Stars bereits über einen hohen Cashflow, der auch zukünftig als aussichtsreich einzuschätzen ist. Strategisch ist daher eine weitere Investition in die Stars zu empfehlen.

Cash Cows

Cash Cows sind durch einen hohen Marktanteil, jedoch nur niedriges Marktwachstum gekennzeichnet. Sie weisen eine hohe Profitabilität, allerdings keine langfristige Ausbaubarkeit auf. Cash Cows stellen allerdings die notwendige Liquidität zum Ausbau der anderen Produkte und Geschäftseinheiten zur Verfügung und sind daher weiter zu „melken". Für Produkte und Geschäftseinheiten der Cash Cows empfiehlt sich eine Abschöpfungsstrategie.

Poor Dogs

Schließlich befinden sich im rechten unteren Quadranten die Poor Dogs. Dabei handelt es sich um auslaufende Produkte, die über einen niedrigen Marktanteil und nur geringes Wachstum verfügen. Obwohl sie meist unprofitabel sind, verbrauchen Poor Dogs Ressourcen im Unternehmen. Mögliche Erträge sind daher kurzfristig weiter abzuschöpfen, langfristig sollte jedoch desinvestiert werden. Für die Poor Dogs empfiehlt sich daher eine Desinvestitionsstrategie.

Mithilfe der BCG-Matrix können im Rahmen von Fallstudien Geschäftseinheiten und Produkte bewertet werden. Möglicherweise lassen sich aber Cases durch abweichende und individualisierte Matrixformen treffender behandeln. In solchen Fällen sollten die Dimensionen der BCG-Matrix angepasst werden.

Wertschöpfungskettenanalyse

Zahlreiche Case-Interviews beschäftigen sich mit den internen Prozessen in Unternehmen. Das von Michael E. Porter 1985 vorgestellte Modell zur Analyse der Wertschöpfungskette (Value Chain) bietet in diesem Zusammenhang eine systematische Analyse der im Unternehmen ablaufenden Aktivitäten und Prozesse.

Im Case-Interview ist die Value Chain eine äußerst hilfreiche Methode zur strukturierten Identifikation unternehmensinterner Problemfelder. Nach Porter ist die Wertkette in primäre und sekundäre bzw. unterstützende Aktivitäten untergliedert. Bewerber:innen sollten das Problem zunächst anhand der primären Aktivitäten zu ergründen versuchen und anschließend Fragen zu den unterstützenden Aktivitäten stellen. Primäre Aktivitäten sind in diesem Zusammenhang unmittelbar auf den Kunden ausgerichtete Prozesse, wohingegen sekundäre Aktivitäten die primären unterstützen.

Primäre Aktivitäten umfassen folgende Bereiche:

- **Eingangslogistik:** Die Eingangslogistik umfasst den Wareneingang, die Qualitätskontrolle, gegebenenfalls die Lagerung und den anschließenden Transport.

- **Operationen:** Die Operationen stellen den Kern der Leistungserstellung im Unternehmen dar. Dabei kann es sich um eine Weiterverarbeitung oder Zusammenführung mit anderen Komponenten handeln.
- **Marketing und Vertrieb:** Marketing und Vertriebsleistungen umfassen alle mit dem Absatz der Produkte in Zusammenhang stehenden Aktivitäten, wie z. B. Werbeannoncen, Preispolitik etc.
- **Ausgangslogistik:** Die Ausgangslogistik umfasst eine weitere Lagerung und Distribution der im Unternehmen erstellten betrieblichen Leistung.
- **Kundendienst:** Serviceleistungen im Unternehmen finden im Anschluss an die Leistungserstellung und den Absatz des Produkts statt. Hierzu sind im Rahmen der Wertschöpfungskettenanalyse vor allem Kundenbetreuung, Ersatzteillieferung, Garantien etc. zu zählen.

Sekundäre Aktivitäten haben unterstützenden Charakter und sind daher abteilungsübergreifend zu betrachten:

- Als **Unternehmensinfrastruktur** wird die Unternehmensführung bezeichnet. Bei der Identifikation von Problemfaktoren können Bewerber:innen z. B. Fragen zur betrieblichen Infrastruktur stellen, da diese von der Unternehmensinfrastruktur festgelegt werden. Dazu gehören Ressourcen-Allokationen, Organisationsstrukturen, Strategiedefinitionen etc.
- Die **Personalwirtschaft** umfasst die Rekrutierung, die Einsatzplanung, Entlohnung und Freisetzung von Arbeitskräften. Darüber hinaus sind Trainings und Weiterbildungsmaßnahmen in diesem Bereich zu berücksichtigen.
- **Technologieentwicklung** betrifft die IT-Systeme im Unternehmen, die Datenspeicherung und -verwaltung, das unternehmensinterne sowie gegebenenfalls externe Daten- und Wissensmanagement.
- Abschließend ist als unterstützende Aktivität die **Beschaffung** von Produktionsfaktoren im Unternehmen von großer Wichtigkeit. Diese umfasst alle Kommunikations- und Informationsaustausch-Beziehungen zwischen dem Unternehmen und seinen Lieferanten.

Die hier vorgestellte Wertschöpfungskette von Porter stellt ein generisches Instrument dar, das unbedingt der Anpassung und Spezifizierung auf die jeweilige Unternehmenssituation bzw. den Case bedarf. Die Wertschöpfungskette bietet eine mögliche Prozessschritt-Übersicht an, die von der tatsächlichen abweichen kann und daher meist auf unternehmensspezifische Aspekte angepasst werden muss.

Primäre und sekundäre Aktivitäten der Wertschöpfungskette nach Porter

Gewinngleichung

Die aus den betriebswirtschaftlichen Grundlagen bekannte Gewinngleichung lässt sich ebenfalls als gute Strukturierungshilfe heranziehen. Die Gewinngleichung besteht in ihrer Grundform aus drei Bestandteilen: Gewinn = Erlöse – Kosten.

Häufig stehen Bewerber:innen im Case-Interview vor der Situation eines Gewinnrückgangs, oder das Unternehmen im Fallbeispiel ist sogar in die Verlustzone geraten. Anhand der Gewinngleichung kann nun eine strukturierte Analyse aufgebaut werden. Hierzu sind zunächst die Bestandteile der rechten Seite der Gleichung vertieft zu betrachten.

Erlöse
Eine Ursache für den Gewinnrückgang kann im abnehmenden Umsatz liegen. Der Umsatz ergibt sich aus der Anzahl der verkauften Produkte (Menge) zum jeweiligen Verkaufspreis. Da die abgesetzte Menge und der Preis den Umsatz bestimmen, sind diese beiden Bereiche von Bewerber:innen zu analysieren. Zu geringe Absatzzahlen können beispielsweise auf falsch eingeschätzte Kundenwünsche, eine verfehlte Produktpolitik oder eine mangelhafte Ermittlung des optimalen Vertriebskanals zurückzuführen sein. Möglicherweise ist jedoch die Verkaufsmenge im Interview-Case gleich geblieben oder gar gestiegen, wohingegen die Preise gesunken sind. Dies kann beispielsweise an durch den Vertrieb zusätzlich eingeräumten Rabatten liegen.

Kosten
Die Ursache für einen Gewinnrückgang kann neben einer Umsatzabnahme auch eine Kostensteigerung sein. Die Kosten der Gewinngleichung lassen sich in variable und fixe Kosten unterteilen. Fixkosten fallen unabhängig von der tatsächlich produzierten Menge der Produkte an. Hierzu gehört beispielsweise die Abschreibung für Maschinen. Variable Kosten hingegen sind abhängig von der produzierten Menge und fallen somit nur an, wenn tatsächlich ein Produktionsprozess stattfindet. Hierunter fallen beispielsweise die meisten Input-Faktoren, die in das Produkt einfließen. Dabei sollte auch bewertet werden, ob etwa Komplexitätsvereinfachungen möglich sind, weil das Produkt „over-engineered“ ist.

Bewerber:innen können hierbei das Verhältnis der fixen und variablen Kosten untersuchen, wobei vor allem die Ausnutzung von Skalen- und Lerneffekten zu analysieren ist. Zudem sind vor diesem Hintergrund mögliche Investitionsplanungen zu beobachten. Neben dem Verhältnis fixer und variabler Kosten sollten Bewerber:innen auf die internen Prozesse des Unternehmens eingehen, wobei eine Verknüpfung mit der bereits oben dargestellten Wertschöpfungskette möglich ist.

Insgesamt stellt die Gewinngleichung somit ein gleichermaßen einfaches und effektives Mittel zur Fallbearbeitung dar: Gewinn = Menge × Verkaufspreis – (fixe Kosten + variable Kosten), siehe Grafik auf der nächsten Seite.

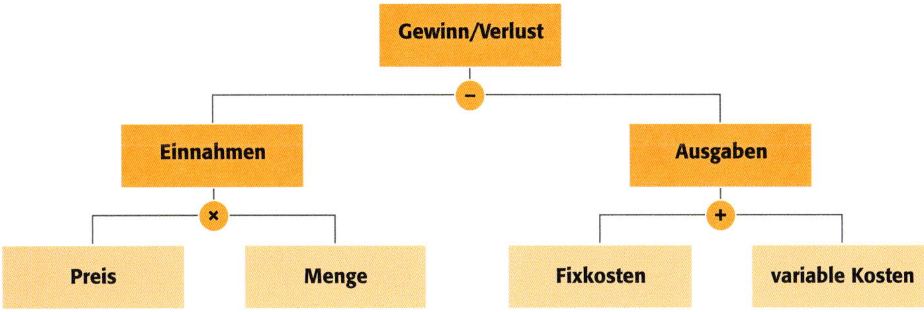

Vier-C-Konzept

Das Vier-C-Konzept bewertet vier maßgeblich auf das Unternehmen wirkende Einflussfaktoren und ermöglicht hierdurch eine grobe Evaluierung des Kerngeschäfts. Die Einflussfaktoren sind dabei sowohl interner als auch externer Natur und bieten dadurch die Grundlage für eine umfassende und übergeordnete Bewertung.

Kunden (Customers)
Zur Bewertung des Kerngeschäfts eines Unternehmens sind zunächst die Kunden zu analysieren. Ähnlich wie in dem bereits vorgestellten Five-Forces-Modell stellt sich die Frage nach der Anzahl und Marktmacht der Kunden. Preissensitive Kunden reagieren anders auf Preiserhöhungen als weniger sensitive. Weiterhin sind in einigen Bereichen mögliche Stammkunden in Erwägung zu ziehen, die für einen kontinuierlichen Umsatz sorgen. Zusätzlich können Kunden in Segmente untergliedert und gegebenenfalls mit differenzierten Produkten angesprochen werden.

Wettbewerb (Competitors)
Eine weitere externe Bewertung ist in Bezug auf den Wettbewerb vorzunehmen. Auch dies ist analog zum Five-Forces-Modell durchzuführen, wobei auf die Stärke der Wettbewerber einzugehen ist. Zudem sind hierbei potenzielle neue Wettbewerber zu analysieren sowie hemmende Marktein- und -austrittsbarrieren in die Bewertung einzubeziehen.

Fähigkeiten (Capabilities)
Die Fähigkeiten eines Unternehmens sind in Bezug auf den Gegenstand der Geschäftstätigkeit zu bewerten. Bewerber:innen sollten die Ressourcen des Unternehmens abschätzen können, die diesem zu einem Wettbewerbsvorteil verhelfen. Hierunter können beispielsweise die Organisationsstruktur, besondere Logistiksysteme oder ein herausragendes Produktdesign fallen. Neben der Identifikation von positiven Fähigkeiten sind weitere Verbesserungspotenziale offenzulegen.

Kosten (Costs)
Zuletzt ist die Kostenstruktur eines Unternehmens zu betrachten. Hierbei können Bewerber:innen auf das Verhältnis von fixen zu variablen Kosten eingehen und auf eventuelle Risiken hinweisen. Zudem können Vergleiche zu anderen Unternehmen durchgeführt werden. Ebenfalls ist in diesem Zusammenhang auf Skaleneffekte einzugehen, die bei einer höheren Produktionsauslastung möglich werden.

Das Vier-C-Konzept bietet ein ausgezeichnetes Modell für die erste interne und externe Bewertung von Unternehmen und gibt in den meisten Case Studies insbesondere bei Marketingthemen eine gute Strukturierungshilfe. Allerdings sollten Bewerber:innen auch hierbei eine Erweiterung oder Einschränkung in Erwägung ziehen. Zudem analysiert das Vier-C-Konzept die Kernkompetenzen eines Unternehmens und bietet daher nur eingeschränkte Analysemöglichkeiten, wenn es um diversifizierte Unternehmen geht.

SWOT-Analyse

Die SWOT-Analyse unterstützt Bewerber:innen bei der Analyse von strategischen Fragen und Problemstellungen, die sowohl intern als auch extern begründet sein können. Sie stellt eine einfache und flexible, aber eher oberflächliche Methode dar, bei der sowohl die innerbetrieblichen Stärken und Schwächen (Strengths & Weaknesses) als auch die externen Chancen und Risiken (Opportunities & Threats) in die Betrachtung einfließen:

intern	**Strengths (Stärken)** • Konzentration auf High-Value-Kundschaft ermöglicht hohe Margen • Personenbeförderungsschein bereits vorhanden • langjährige Erfahrung in der Personenbeförderung	**Weaknesses (Schwächen)** • geringe Fahrerqualifikationen im Team vorhanden • geringes Startkapital für hochklassige Limousinen vorhanden • wenig bestehende Kontakte zu potenzieller Kundschaft
extern	**Opportunities (Chancen)** • steuerliche Absetzbarkeit von Limousinenservices • alter Fahrzeugbestand der Konkurrenzunternehmen • lokaler Markt für High-Value-Kundschaft vorhanden • Wirtschaftsaufschwung und aufstrebendes Marktumfeld	**Threats (Gefahren)** • problematischer Markt für qualifiziertes Personal und mehrsprachige Fahrer:innen • Existenz langjährig etablierter Konkurrenzunternehmen

SWOT-Analyse zur Eröffnung eines Limousinenservices

Aus dieser ganzheitlichen Betrachtung kann eine übergeordnete Strategie für das Unternehmen abgeleitet werden, die neben internen Prozessoptimierungen langfristige Zielrichtungen unter Berücksichtigung der Marktentwicklung umfasst. Eine effektive SWOT-Analyse zeichnet sich nicht dadurch aus, dass für jeden der vier Bereiche möglichst viele Themen identifiziert werden, sondern vor allem durch die Selektion der wichtigsten drei bis fünf Inhalte. Bewerber:innen sollten daher bemüht sein, den wirklichen Kern jeder Kategorie zu identifizieren.

Die SWOT-Analyse kann beispielsweise zur Bewertung von Unternehmen, Geschäftseinheiten, Produkten oder zur Standortplanung eingesetzt werden. Die einzelnen Analyseteile werden im Folgenden dargestellt:

Interne Analyse

Die interne Analyse fokussiert das Unternehmen selbst und dient dazu, die wesentlichen Stärken und Schwächen zu identifizieren. Hierbei empfiehlt sich ein klar strukturiertes Vorgehen, damit nicht der Eindruck vermittelt wird, dass man beliebig nach Stärken und Schwächen sucht. Bewerber:innen haben selbstverständlich die Möglichkeit, die SWOT-Analyse mit anderen Frameworks zu verknüpfen, sodass im Rahmen der internen Analyse beispielsweise die Wertschöpfungskette untersucht werden kann. Die im Unternehmen ablaufenden Wertschöpfungsstufen werden schrittweise durchgegangen und in Bezug auf ihre Stärken und Schwächen analysiert.

Neben der prozessorientierten Analyse können auch Abteilungen des Unternehmens wie Produktion, Marketing und Personalabteilung durchleuchtet werden. Andere Strukturen, beispielsweise die Betrachtung von verschiedenen Kosten und Produkten, z. B. anhand der Bilanz sowie Gewinn-und-Verlust-Rechnung, sind selbstverständlich ebenso anwendbar.

Zusätzlich sollte darauf geachtet werden, dass nicht nur materielle Stärken und Schwächen identifiziert, sondern auch immaterielle Bereiche miteinbezogen werden. Beispielsweise können das Produktdesign oder die äußerst hohe Qualifikation der Mitarbeiter:innen ein Herausstellungsmerkmal sein.

Wichtig ist bei der Durchführung der internen Analyse zudem die Gegenüberstellung des Untersuchungsgegenstands mit anderen Vergleichseinheiten (z. B. Unternehmen, Produkten etc.). Eine Stärke oder Schwäche des Unternehmens sollte nur dann als solche identifiziert werden, wenn es sich darin signifikant von den Wettbewerbern unterscheidet.

Externe Analyse

Die externe Analyse umfasst die Untersuchung und Identifikation der Chancen und Risiken. Sie beschäftigt sich mit der Umwelt des Unternehmens und betrachtet somit Einflussfaktoren, die in der Regel exogen sind. Da die Unternehmensumwelt kaum beeinflussbar ist, bedarf es einer Anpassung des Unternehmens an die Umweltsituation. Das Unternehmen kann somit lediglich reagieren.

Die externe Analyse sollte ebenfalls strukturiert gestaltet werden und umfasst beispielsweise die Themenbereiche Markt, Wettbewerb, Kunden und Zulieferer. Mögliche Chancen und Risiken ergeben sich dabei aus gesättigten Märkten, Bevölkerungsabnahme, demografischen Veränderungen in der Bevölkerung etc.

Im Anschluss an die interne und externe Analyse sind Handlungsanleitungen zu generieren und Empfehlungen abzuleiten. Vereinfacht kann dies durch die Kombination der vier Bereiche geschehen:

- **Stärken – Chancen:** Die Stärken eines Unternehmens sollten im Hinblick auf die gebotenen Chancen bestmöglich genutzt werden. Beispielsweise kann eine charismatische Unternehmensführerin oder ein charismatischer Unternehmensführer (Stärke) dazu genutzt werden, mithilfe neuer Medien (Chance) Online-Werbung für das eigene Produkt zu machen.

- **Stärken – Risiken:** Eine Unternehmensstärke kann ebenfalls dazu verwendet werden, auftauchenden Risiken zu begegnen. Beispielsweise kann die charismatische Führungskraft (Stärke) aktive Lobbyarbeit zur Verbesserung der politischen Rahmenbedingungen (Risiko) leisten.
- **Schwächen – Chancen:** Hierbei sollten sich Bewerber:innen fragen, wie die Chancen zu nutzen sind, um die Schwächen des Unternehmens zu reduzieren. Beispielsweise kann die Globalisierung (Chance) zu einem höheren Absatz in aufstrebenden Ländern verhelfen, wodurch durch verbesserte Skaleneffekte die Kostensituation des Unternehmens verbessert wird.
- **Schwächen – Risiken:** Bei dieser Kombination sollten Bewerber:innen für mögliche Bedrohungen sensibilisiert werden. Wenn das Unternehmen beispielsweise einen extrem hohen Energieausstoß bei der Erzeugung seiner Produkte hat (Schwäche), müssen bei einer Änderung der energiepolitischen Rahmenbedingungen in Richtung Restriktionen dringend Maßnahmen ergriffen werden.

Trotz ihrer Einfachheit bietet die SWOT-Analyse somit eine Methodik zur Analyse der internen und externen Situation und führt zudem zu sinnvollen Vorschlägen.

Vier-P-Konzept

Das Vier-P-Konzept wurde von Jerome McCarthy entwickelt und umfasst als Hauptelemente die wichtigsten absatzpolitischen Entscheidungsdimensionen. Dieser Marketingmix dient der Ableitung konkreter Handlungsalternativen und hilft Bewerber:innen vor allem bei der Identifikation von Schwachstellen einer Produktpositionierung. Das Vier-P-Konzept umfasst die vier Bereiche Product, Price, Promotion und Place, die unmittelbar auf den Markterfolg eines Produkts einwirken. Die Methode unterstützt Bewerber:innen sowohl bei der Bewertung einer Neuprodukteinführung als auch bei der Identifikation von Stärken und Schwächen bestehender Produkte.

Product

Der Erfolg eines Produkts am Markt wird maßgeblich durch eine passende Produktpolitik beeinflusst. Das Produkt muss den Markterfordernissen gerecht werden und sich an den Bedürfnissen der Konsument:innen orientieren. Nur ein von den Konsument:innen wahrgenommener Nutzen des Produkts führt zum Kauf. Wichtig ist hierbei, dass das Produkt ein eindeutiges Differenzierungsmerkmal gegenüber anderen Produkten aufweist, wobei häufig von einem einzigartigen Verkaufsargument (USP – Unique Selling Proposition) gesprochen wird.

Neben dem Produkt selbst sind im Rahmen der Analyse auch weitere Aspekte der Produktpolitik zu analysieren. Beispielsweise können hierbei ein modularer Aufbau des Produkts, das Angebot von Nebenleistungen oder Zusatzausstattungen analysiert werden.

Price
Ein entscheidendes Kriterium für den Markterfolg ist die Preispolitik. Diese steht in Zusammenhang mit der Produktpolitik und ist daher nicht ohne deren Einbeziehung zu bewerten. Differenziert sich das Produkt stark von Wettbewerbsprodukten und leistet dieser Unterschied einen wesentlichen Vorteil, so ist in der Regel ein höherer Angebotspreis gerechtfertigt. Ein extrem niedriger Preis, beispielsweise bei einem Standardprodukt, kann ebenfalls sinnvoll sein und zu einer Verdrängung der Wettbewerber führen.

Zusätzlich sind hierbei auch mögliche Rabattaktionen, Sonderkonditionen, Skonti oder Boni zu analysieren, die ebenfalls einen Einfluss auf die Preispolitik des Produkts haben.

Promotion
Maßgeblichen Einfluss auf den Erfolg hat weiterhin die Werbung, die beispielsweise für eine Produktneueinführung durchgeführt wird. Bewerber:innen haben diesbezüglich die Art und das Medium der Werbung zu analysieren, deren Angemessenheit zu bewerten sowie Verbesserungspotenziale aufzuzeigen.

Place
Zuletzt ist im Rahmen des Vier-P-Konzepts auf die Distributionspolitik des Produkts einzugehen. Hierbei wird bewertet, welche Distributionskanäle für die Marktplatzierung optimalerweise zu wählen sind und wie die Kundschaft zielgerichtet angesprochen werden kann.

Die Ansoff-Matrix

Die Ansoff-Matrix, benannt nach ihrem Erfinder Harry Igor Ansoff, ist ein Instrument zur strategischen Betrachtung unterschiedlicher Wachstumsstrategien. Da sie die vier Produkt-Markt-Kombinationen beleuchtet, wird sie auch Produkt-Markt-Matrix genannt. Die vier Wachstumsstrategien sind Marktdurchdringung bei bestehenden Märkten und Produkten, Produktentwicklung bei bestehenden Märkten und neuen Produkten, Marktentwicklung bei neuen Märkten und bestehenden Produkten und Diversifikation bei neuen Märkten und Produkten. Entlang dieser vier Strategieoptionen können Unternehmen Szenarien der Produktgestaltung entwickeln, die Risiken und Nutzen abwägen und eine Wachstumsstrategie oder eine Kombination auswählen.

		Produkt	
		bestehend	**neu**
Markt	**bestehend**	Marktdurchdringung	Produktentwicklung
	neu	Marktentwicklung	Diversifikation

Ansoff-Matrix

Die vier Produkt-Markt-Optionen:

- **Marktdurchdringung:** Eine Intensivierung der Marktbearbeitung erfolgt z. B. durch Kosten- und Preissenkungen und verstärktes Marketing. Ziel ist es, den Marktanteil mindestens zu halten oder auszubauen, indem der Absatz bei bestehenden Kunden erhöht wird und/oder die Produkte an neue Kunden verkauft werden. Das Wachstumspotenzial ist hierbei begrenzt, wenn der Markt bereits gesättigt ist. Dafür ist das Risiko bei dieser Strategie meist gering.
- **Produktentwicklung:** Die Gestaltung von Neuprodukten oder neuen Produktlinien entsteht durch eine Weiterentwicklung oder die Einführung eines vollständig neuen Produkts in den bestehenden Markt. Das Unternehmen kann auf eine hohe Marktkenntnis und eine bestehende Infrastruktur zurückgreifen, z. B. bei Organisation, Logistik und Vertrieb.
- **Marktentwicklung:** Die Marktentwicklung erfolgt durch eine geografische Expansion in neue Exportmärkte oder eine Marktausweitung auf neue Kundenzielgruppen. Da bestehende Märkte häufig gesättigt sind, kann das Verkaufspotenzial durch neue Distributions- und Absatzkanäle wirksam erhöht werden.
- **Diversifikation:** Die Diversifikation ist ein doppelter Aufbruch, da sich das Unternehmen außerhalb von gegenwärtigen Produkten und Märkten bewegt. Sie ist damit die risikoreichste Strategie, weil wenig Synergieeffekte zu bestehenden Produkten vorhanden sind und das Unternehmen Neuland betritt. Ansoff unterscheidet hierbei drei Typen der Diversifikation: Die horizontale Diversifikation umfasst artverwandte neue Produkte im Einklang mit Kernkompetenzen des Unternehmens. Die vertikale Diversifikation ist eine Ausweitung der Wertschöpfungskette des Unternehmens auf vorgelagerte (Rückwärtsintegration) oder nachfolgende (Vorwärtsintegration) Prozesse. Die laterale/konglomerate Diversifikation schließlich ist die Ausweitung auf gänzlich neue Markt- und Produktgebiete.

Die Ansoff-Matrix wurde vor über 50 Jahren entwickelt und wird noch heute als Analysewerkzeug genutzt. Zwar beschränkt sie sich auf die beiden Faktoren Märkte und Produkte, ist wachstumsfixiert und erklärt weder die spezifischen Strategie- noch Implementierungsprozesse; dennoch ermöglicht sie eine unkomplizierte Strukturierung von Wachstumsstrategien. Die Ansoff-Matrix ist daher ein hilfreiches Instrument, um die unternehmerische Produkt- und Marktgestaltung in Cases zu analysieren und zu bewerten.

Logikbaum

Entscheidungs- oder Logikbäume dienen der strukturierten Herangehensweise an ein Problem und sind gleichermaßen für interne und externe Problemstellungen geeignet. Der Logikbaum zerlegt das Problem in seine Einzelteile und gewährleistet hierdurch eine übersichtliche Darstellung der Teilprobleme und Gesamtzusammenhänge. Der Top-down-Ansatz ist die am häufigsten verwendete Vorgehensweise, wobei jedoch ein Bottom-up-Ansatz ebenso gut denkbar ist.

Bei der Problemzerlegung muss jedoch beachtet werden, dass die Teilprobleme jeweils auf der richtigen Ebene angesiedelt sind und zudem dem MECE-Prinzip entsprechen. MECE steht hierbei für einen Ansatz, der „Mutually Exclusive" (ME) und „Collectively Exhaustive" (CE) ist. Die Bestandteile des Logikbaums sollen demnach überschneidungsfrei sein, gleichzeitig aber im Ganzen ausreichen, um das Problem zu erfassen. Beispielhaft kann dies anhand des Logikbaumes der Gewinngleichung verdeutlicht werden.

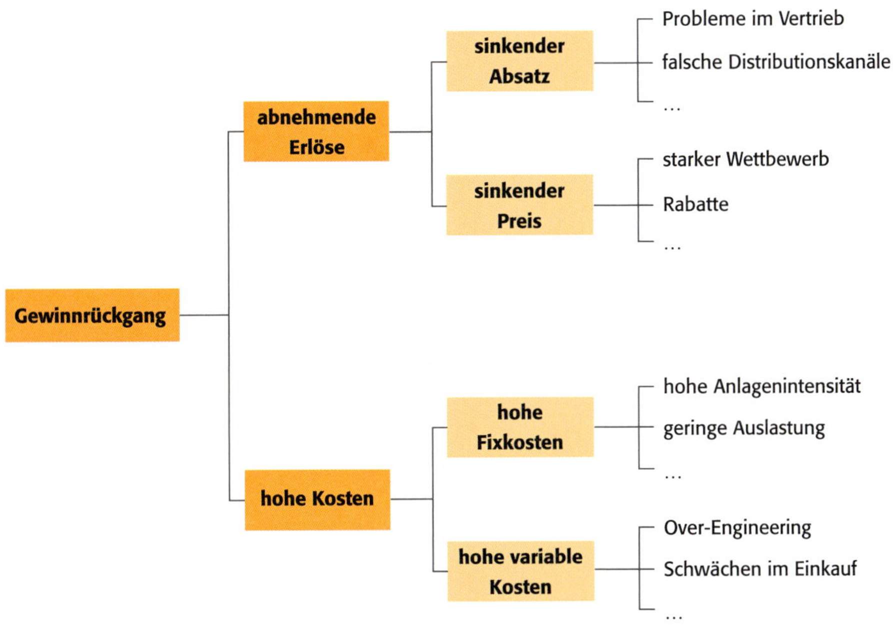

Logikbaum

Weitere Frameworks

Wie anfangs erwähnt, dienen Frameworks als Stütze bei der Bearbeitung von Fallstudien und sind besonders nützlich, wenn sie kritisch und kreativ angewendet werden. Es gibt zahlreiche Konzepte, die als Repertoire dienen. Fünf weitere seien hier kurz erwähnt:

- Benchmarking bezeichnet den Vergleich von Produkten, Dienstleistungen, Prozessen, Methoden und Praktiken zwischen Unternehmen, um Verbesserungspotenzial zu erkennen und entsprechend umzusetzen.
- Die Wettbewerbsmatrix von Michael Porter, die auch unter dem Konzept der generischen Strategien bekannt ist, ist ebenfalls ein Instrument für die Produktpolitik eines Unternehmens. Porter benennt darin die drei Wettbewerbsstrategien Differenzierung, Kostenführerschaft und Fokussierung.
- Eine Alternative zum Five-Forces-Modell bietet das Wertnetz von Adam Brandenburger und Barry Nalebuff. Es betont insbesondere kooperative neben kompetitiven Strategien und führt das Konzept von Komplementoren ein. Komplementoren sind Unternehmen, die zum eigenen Produkt bzw. zur eigenen Dienstleistung ergänzende Produkte oder Dienstleistungen anbieten.
- Das Konzept des Shared Value von Kramer und Porter verortet das Unternehmen in der Gemeinschaft und ist ein integrativer Ansatz von sozialem und wirtschaftlichem Fortschritt. Die Konkurrenzfähigkeit eines Unternehmens und das Befinden der Gemeinschaft bedingen einander in diesem Ansatz.
- Die Szenariotechnik dient als Analysemethode zur strategischen Unternehmensplanung, indem sie Trend- und Extremszenarien aufzeigt, woraus sich Handlungsempfehlungen für das betroffene Unternehmen ableiten lassen.

Abschließend ist anzumerken, dass zahlreiche weitere Frameworks herangezogen werden können, um Cases zu verstehen, zu strukturieren sowie Handlungsalternativen zu erkennen und aufzuzeigen. Herausragende Bewerber:innen zeichnen sich insbesondere durch einen neuartigen und kreativen Ansatz aus, der die bekannten Frameworks abändert oder selbstständig neue erschafft.

LINK-TIPP:

Mindmap zum Lösen von Case Studies

Der ehemalige e-fellows.net-Stipendiat Sebastian Paasch hat eine Mindmap angefertigt, die zeigt, wie man an Case Studies herangehen kann. Sie steht unter folgendem Link zum Download zur Verfügung: download.e-fellows.net/mind_map.pdf

Hilfreiche Basisdaten für Case Studies

Ob konkreter, realitätsnaher Business Case oder kreative Abschätzung – grundlegende Daten helfen nicht nur beim Meistern von Fallstudien, sie zeigen außerdem ein solides Grundwissen und eine gute Vorbereitung auf das Bewerbungsverfahren. Im Folgenden sind einige Basisdaten zu Deutschland, Europa und der Welt zusammengestellt.

Länderprofil – Deutschland

Basisdaten Deutschland

Fläche	**357 Tsd. km²**
N-S-Ausdehnung	ca. 870 km
O-W-Ausdehnung	ca. 630 km
Straßennetz (außerorts)	**230 Tsd. km**
Autobahnnetz	13 Tsd. km
Schienennetz	**34 Tsd. km**
Einwohnerzahl	**83,1 Mio.**
< 15 Jahre	11 Mio.
15 bis 65 Jahre	54 Mio.
≥ 65 Jahre	18 Mio.
männlich/weiblich	41 Mio./42,1 Mio.
Erwerbstätige	45 Mio.
Geburten	788 Tsd.
Anzahl privater Haushalte	**41,4 Mio.**
mit Internetzugang	38 Mio.

Viele weitere Daten und Statistiken zu den Themenfeldern Wirtschaft, Umwelt und Gesellschaft finden sich zum Beispiel auf der Website des Statistischen Bundesamts. Zusätzlich zu den oben genannten Fakten ist es nützlich, über aktuelle politische sowie wirtschaftliche Entwicklungen informiert zu sein. Hierzu empfiehlt sich die Lektüre der gängigen Tageszeitungen.

Zahlen, Daten, Fakten zu Europa

Kommt man im Interview auf das Thema Europa zu sprechen, ist es zunächst wichtig, abzuklären, „welches" Europa gemeint ist: das geografische Europa, die Europäische Union oder etwa die Eurozone. Die folgende Übersicht der Basisgrößen bezieht sich auf Daten der Europäischen Union mit ihren 27 Mitgliedsstaaten.

Basisdaten EU

Mitgliedsstaaten	**27**
Amtssprachen	**24**
Fläche gesamt	**ca. 4,1 Mio. km²**
flächengrößter Staat: Frankreich (exkl. Übersee)	544 Tsd. km²
flächenkleinster Staat: Malta	316 km²
Einwohnerzahl gesamt	**447,1 Mio.**
Euroraum (19 Länder)	341,2 Mio.
Frankreich	66,9 Mio.
Italien	60,5 Mio.
Spanien	46,7 Mio.
Polen	38,4 Mio.
Geburten gesamt pro Jahr	**5,1 Mio.**
Erwerbstätigenquote (15- bis 64-Jährige) gesamt	**73,1 %**
Frauen	68,4 %
Männer	79,3 %

Mithilfe von Eckdaten einiger EU-Staaten lassen sich nun, falls benötigt, die Größenordnungen z. B. von Einwohnerzahl oder Fläche weiterer Länder grob abschätzen. Statt ins Blaue hinein etwa die Fläche von Spanien zu schätzen, macht es einen besseren Eindruck, die Schätzung mit logischen Annahmen zu begründen:

„Die Fläche Spaniens ist etwas kleiner als die Fläche des größten EU-Landes Frankreich mit ca. 550.000 km². Sie ist allerdings weit größer als die Fläche Deutschlands mit ca. 360.000 km². Deshalb schätze ich die Fläche Spaniens auf rund 500.000 km²."

Auf der Website des statistischen Amts Eurostat der Europäischen Kommission sind zusätzlich zu den oben genannten Daten eine große Zahl von Statistiken, Grafiken und Veröffentlichungen über eine weite thematische Bandbreite frei zugänglich.

Basisinformationen – die Welt

Basisdaten global

Anzahl Staaten/Territorien	**ca. 270**
UN-Mitgliedsstaaten	**193**
Erdoberfläche	**510 Mio. km²**
Meeresfläche	ca. 360 Mio. km²
Landfläche	ca. 150 Mio. km²
landflächengrößte Staaten:	
Russland	17,1 Mio. km²
Kanada	10,0 Mio. km²
USA	9,8 Mio. km²
China	9,6 Mio. km²
landflächenkleinster Staat: Vatikanstadt	0,4 km²
Weltbevölkerung	**7,7 Mrd.**
bevölkerungsreichste Staaten:	
China	1.398 Mio.
Indien	1.392 Mio.
USA	329 Mio.
Indonesien	268 Mio.
bevölkerungsärmster Staat: Vatikanstadt	ca. 450
Anteil < 15 Jahre	**25 %**
Anteil ≥ 65 Jahre	**9,0 %**
Ø jährl. Bevölkerungswachstum	**1,1 %**
max. Bevölkerungswachstum: Angola	3,49 %
min. Bevölkerungswachstum: Cookinseln	–2,72 %

QUELLEN:

- CIA: www.cia.gov/the-world-factbook
- Destatis (Statistisches Bundesamt Deutschland): www.destatis.de
- Eurostat (statistisches Amt der Europäischen Kommission): ec.europa.eu/eurostat
- Lexas: www.lexas.de/erde/index.aspx
- United Nations, Overview: www.un.org/en/sections/about-un/overview/index.html

4. Case Studies zur Übung

Mensch vs. Maschine: Einsparpotenzial durch Getränkeautomaten

von Karina Schwarz

Aufgabenstellung

Ein Großunternehmen am Standort Berlin bietet seinen Mitarbeiter:innen durch einen hauseigenen Getränkeausschank die ständige Verfügbarkeit von Kaltgetränken an. Montag bis Freitag bedienen zwei Vollzeit-Servicekräfte die hier ansässigen 1.000 Mitarbeiter:innen. Davon konsumiert die Hälfte in der Regel fünf Kaltgetränke pro Woche. Zur Kosteneinsparung holt das Unternehmen nun ein Kaufangebot für Kaltgetränkeautomaten mit einer Kapazität von jeweils 400 Getränken pro Automat ein.

1. Wie hoch ist das Einsparpotenzial im ersten Jahr?
2. Sind Getränkeautomaten eine wirksame, kosteneffektive Lösung, um die ständige Verfügbarkeit von Kaltgetränken zu garantieren?

Lösungsweg

Folgende Schritte sind zur Beantwortung der Fragen notwendig:
- Ermittlung der Getränkekosten pro Jahr
- Abschätzung der Kosten des Getränkeausschanks pro Jahr
- Abschätzung der Kosten der Getränkeautomaten im ersten Jahr
- Gegenüberstellung der Kosten
- Zusammenfassung des Ergebnisses und Darstellung der Vor- und Nachteile

Ermittlung der Getränkekosten pro Jahr

Zur Ermittlung der Getränkekosten pro Jahr wird zunächst der zu deckende jährliche Kaltgetränkebedarf ermittelt, um anschließend die anfallenden Kosten abzuschätzen. Es wird angenommen, dass zum regelmäßigen Konsum ein variabler Anteil von einem Fünftel des Gesamtbedarfs anfällt. Dieser setzt sich unter anderem aus dem Getränkekonsum von Gästen und Kunden zusammen. Außerdem wird zur Vereinfachung angenommen, dass sich die geschätzten Kosten von 0,60 Euro pro Kaltgetränk im Einkauf nicht unterscheiden.

1. Getränkebedarf pro Jahr: Fix + variabel

- ▶ Fix pro Woche: 500 Mitarbeiter:innen × 5 Getränke pro Woche = 2.500 Getränke

- ▶ Variabel pro Woche: Annahme 1/5 × 2.500 Getränke = 500 Getränke

- ▶ Total pro Jahr: (2.500 + 500) × 52 Wochen = 156.000 Getränke jährlich

2. Getränkekosten pro Jahr (Annahme: 0,60 Euro pro Kaltgetränk im Einkauf)

- ▶ Totaler Wareneinsatz: 156.000 Getränke × 0,60 Euro = 93.600 Euro jährlich

Abschätzung der Kosten des Getränkeausschanks pro Jahr
Zur Ermittlung der anfallenden Kosten des Getränkeausschanks pro Jahr empfiehlt sich eine Aufteilung in die folgenden zwei Hauptpositionen, da sich der Wareneinsatz beim Getränkeausschank und bei den Automaten nicht unterscheidet:

1. Personalkosten: Die Personalkosten setzen sich aus (a) den Grundkosten und (b) den Personalnebenkosten zusammen. Zur Berechnung der Personalkosten wird angenommen, dass das Unternehmen zwei Vollzeitkräfte (FTE) zum Mindestlohn von 9,50 Euro pro Stunde, 40 Stunden pro Woche beschäftigt und zusätzlich 25 Prozent Personalnebenkosten (PNK) zahlt.

▸ 2 FTE × (9,50 Euro × 40h × 52 Wochen) + 25 % PNK = 49.400 Euro jährlich [GK1]

2. Infrastrukturkosten: Die Kosten für die Infrastruktur umfassen (a) Miete, Strom, Instandhaltung und (b) Kasse und Ausstattung. Für den Getränkeausschank wird angenommen, dass sich die monatlichen Kosten für beide Positionen auf jeweils 500 Euro belaufen.

▸ (500 Euro + 500 Euro) × 12 Monate = 12.000 Euro jährlich [GK2]

3. Gesamtkosten: Personalkosten + Infrastrukturkosten

▸ 49.400 Euro + 12.000 Euro = 61.400 Euro jährlich [GK3]

Abschätzung der Getränkeautomatenkosten im ersten Jahr
Um den wöchentlichen Bedarf von 3.000 Getränken abzudecken, ist es notwendig, mindestens acht Automaten mit einer Kapazität von 400 Getränken anzuschaffen. Zur Ermittlung der Kosten empfiehlt sich eine Unterteilung in Anschaffungskosten und laufende Kosten. Wir nehmen an, dass die Kaltgetränkeautomaten einmalig angeschafft werden und sich die Kosten hierfür auf 10.000 Euro pro Automaten belaufen. Zusätzliche laufende Kosten umfassen zum Beispiel Strom und Instandhaltung. Diese Position wird geschätzt auf insgesamt 200 Euro pro Monat und Automat.

1. Anschaffungskosten:

▸ 8 Automaten × 10.000 Euro = 80.000 Euro im 1. Jahr [GN1]

2. Laufende Kosten:

▸ 8 Automaten × (200 Euro × 12 Monate) = 19.200 Euro jährlich [GN2]

3. Gesamtkosten: Anschaffungskosten + laufende Kosten

▸ 80.000 Euro + 19.200 Euro = 99.200 Euro im 1. Jahr [GN3]

Gegenüberstellung der Kosten

Da in der Aufgabenstellung nach dem Einsparpotenzial im ersten Jahr gefragt wird, reicht hier grundsätzlich eine Gegenüberstellung allein für das erste Jahr. Allerdings sind hier die hohen, nur einmalig zu zahlenden Anschaffungskosten der Automaten und die verhältnismäßig geringen laufenden Kosten zu berücksichtigen. Daher wird erwartet, dass zumindest grob überschlagen wird, ab wann sich der Kauf der Automaten lohnt oder wie hoch die Differenz im zweiten Jahr ist.

1. **Jahr #1:** Gegenüberstellung der Gesamtkosten

- Getränkeausschank [GK3] – Getränkeautomaten [GN3]
- 61.400 Euro – 99.200 Euro = –37.800 Euro

2. **Jahr #2:** Gegenüberstellung der Gesamtkosten

- Getränkeausschank ([GK3] × 2 Jahre) –
  Getränkeautomaten ([GN1] + [GN2] × 2 Jahre)
- (61.400 Euro × 2 Jahre) – [80.000 Euro + (19.200 Euro × 2 Jahre)] = 4.400 Euro

Zusammenfassung

Bezugnehmend auf die Frage, ob Getränkeautomaten eine wirksame, kosteneffektive Lösung sind, lässt sich zusammenfassend sagen, dass der Kauf von acht Kaltgetränkeautomaten erst ab Ende des zweiten Jahres Einsparpotenziale ermöglicht. Bei einer solchen Entscheidung zur Umstellung eines kundennahen Getränkeservices auf automatisierte Getränkeautomaten sollten dennoch auch andere, nicht monetäre Faktoren und Auswirkungen berücksichtigt werden. Daher sollten an dieser Stelle kurz ein paar Vor- und Nachteile der jeweiligen Alternativen abschließend dargestellt und diskutiert werden. Hier können zum Beispiel die Auswirkungen der Umstellung auf die Mitarbeiterzufriedenheit, die soziale Interaktion sowie Reputation und Kultur des Unternehmens thematisiert werden.

Lukratives Impfgeschäft?

von Jana Reuther

Aufgabenstellung

Ein Münchner Allgemeinarzt führt aktuell eine Praxis in der Innenstadt, die sich auf Kassenpatient:innen fokussiert. Die Arztpraxis gehört zu den kleineren Hausarztpraxen in München, sodass es neben dem Arzt noch zwei Assistent:innen gibt, die in Vollzeit arbeiten. Die Praxis ist aktuell zu 100 Prozent ausgelastet, sodass keine weiteren Patient:innen mehr aufgenommen werden können. Der Arzt steht kurz vor der Pensionierung. Nun wird ihm angeboten, ab sofort Covid-19 Impfungen durchzuführen.

Soll er das Angebot annehmen?

Lösungsweg

Folgende Schritte sind zur Beantwortung der Fragen notwendig:
- Gegenüberstellung des Deckungsbeitrags des Impf- und Praxisgeschäfts
- Abschätzung möglicher Impfungen und der Marge aus dem Impfgeschäft
- Abschätzung der Patientenzahl und der Marge aus dem Praxisgeschäft
- Evaluierung und Empfehlung

Die Frage, ob das Angebot angenommen werden soll, kann beantwortet werden, indem man ausrechnet, inwiefern ein größerer Deckungsbeitrag durch das Impfen als durch das aktuelle Praxisgeschäft erzielt wird. Die Berechnung des Deckungsbeitrages ist zurückzuführen auf die Information, dass die Praxis aktuell zu 100 Prozent ausgelastet ist und es sich somit nicht um das Füllen verfügbarer Kapazitäten handelt. Impfen als zusätzliche Einnahmequelle ist somit ausgeschlossen.

Der zu berechnende Deckungsbeitrag der Impfung sowie des aktuellen Praxisgeschäfts lässt sich aus der

▸ Anzahl an Impfungen oder Patient:innen × Marge des Impf- oder Praxisgeschäfts

berechnen. Als Vergleichswert wird ein Tag genommen.

HINWEIS: In diesem Case wird die Mengenberechnung von der Angebotsseite betrachtet, das heißt, die potenzielle Abdeckung an Impfungen durch die Praxis. Zur einfachen Berechnung bieten sich runde Werte an.

HINWEIS: Neben dem Arzt gibt es zwei Assistent:innen, die stets in der Praxis arbeiten, jedoch ist für die Betrachtung dieses Cases nur der Arzt relevant, da nur er die Impfung (per Gesetz) durchführen darf.

Abschätzung möglicher Impfungen und Marge aus dem Impfgeschäft

Um die Zahl möglicher Impfungen durch den Arzt pro Tag abzuschätzen, wird angenommen, dass die zu betrachtende Praxis täglich acht Stunden zwischen 8 und 17 Uhr (inklusive einer Stunde Mittagspause) geöffnet hat. Außerdem wird davon ausgegangen, dass eine Impfung (inklusive Beratung) im Schnitt 15 Minuten in Anspruch nimmt, sodass der Arzt maximal vier Impfungen pro Stunde durchführen kann. Das ergibt 32 Impfungen pro Tag durch den Arzt:

▶ 4 Impfungen/h × 8 h = 32 Impfungen pro Tag durch den Arzt

Annahme: Die Marge pro Impfung liegt bei 30 Euro.

Bei einer angenommenen Impfmarge von 30 Euro pro Impfung ergibt sich somit ein Deckungsbeitrag von 960 Euro pro Tag durch das Impfgeschäft.

Abschätzung der Patientenzahl und der Marge aus dem Praxisgeschäft

Auch hier wird davon ausgegangen, dass die Praxis täglich acht Stunden in Betrieb ist. Des Weiteren ist es plausibel, dass der Arzt ca. sechs Patient:innen pro Stunde behandelt. So erhält man eine maximale Patientenzahl von 48 Patient:innen, die täglich durch den Arzt behandelt werden:

▶ 6 Patient:innen/h × 8 h = 48 Patient:innen pro Tag durch den Arzt

Annahme: Die Marge pro Patient:in liegt bei 25 Euro.

Daraus lässt sich ableiten, dass der Arzt mit seinem aktuellen Praxisgeschäft bei einer angenommenen Marge von 25 Euro pro Patient:in einen Deckungsbeitrag von 1.200 Euro pro Tag erwirtschaftet.

	Impfgeschäft	Aktuelles Praxisgeschäft
Anzahl	32 Impfungen/Tag	48 Patienten/Tag
Marge	30 Euro/Impfung	25 Euro/Patient
Deckungsbeitrag	960 Euro/Tag	1.200 Euro/Tag
Differenz	240 Euro/Tag	

Evaluierung und Empfehlung: Soll der Arzt das Angebot annehmen?

Mit der angenommenen Marge von 30 Euro pro Impfung lohnt sich das Angebot aktuell nicht für den Münchner Hausarzt, da er mit seinem Praxisgeschäft pro Tag mehr verdient. Um das Angebot der Impfungen lukrativ zu machen, müsste ...

Mengenanpassungen

... der Arzt 40 Patient:innen pro Tag impfen (5 anstatt 4 Patient:innen pro Stunde)

▶ 1.200 Euro ÷ 30 Euro = 40 Patient:innen

... der Arzt im aktuellen Praxisgeschäft 38 Patient:innen am Tag behandeln (Auslastung von maximal 80 Prozent)

▶ 960 Euro ÷ 25 Euro ≈ 38 Patient:innen (= Auslastung von 80 Prozent)

... die Marge einer Impfung bei ca. 38 Euro liegen

▸ 1.200 Euro ÷ 32 Impfungen = 37,5 Euro

... der Verdienst des Arztes pro Patient:in bei maximal 20 Euro liegen (5 Euro weniger)

▸ 960 Euro ÷ 48 Patient:innen = 20 Euro

Preis-anpassungen

Wichtig ist, an dieser Stelle auch zu erwähnen, dass der Arzt bei der Umstellung auf das Impfgeschäft zusätzlich (komplett oder teilweise) Investitionen in Kühlungen oder Maßnahmen zur Einhaltung von Hygienevorschriften tätigen müsste. Diese Investitionskosten müssten umgelegt werden.

HINWEIS: Hier wägt man als gute Bewerberin oder guter Bewerber potenzielle Hebel ab, um das Impfgeschäft für den Arzt doch noch attraktiv zu machen.

Ein zu empfehlender Hebel wäre zum Beispiel die Anstellung einer zweiten Ärztin oder eines zweiten Arztes und entsprechend eine Kombination aus dem aktuellen Praxisgeschäft und dem Impfgeschäft als ergänzende Tätigkeit. Des Weiteren bietet es sich auch an, die Anlaufkurve und potenzielle Abflachung der Impfnachfrage (Achtung: zwei Impfungen pro Patient:in) zu diskutieren. Eine weitere vorstellbare Empfehlung wäre auch, dass der Arzt seine Praxis schließt und anfängt, in einem Impfzentrum zu arbeiten. Hier läge sein Verdienst - wie im aktuellen Praxisgeschäft (6 Patient:innen/h × 25 Euro/Patient:in) - bei 150 Euro pro Stunde, jedoch würden die anfänglichen Investitionskosten für das Impfen sowie die Fixkosten der Praxis wegfallen.

Ladepunkte für Elektroautomobile in Deutschland

von Dr. Johannes Engel und Yuqi Zheng

Aufgabenstellung

Im Zuge der Energiewende beschäftigt sich die Bundesregierung mit den Rahmenbedingungen für die Verkehrswende. Im Bereich des individuellen Personenverkehrs steht dabei unter anderem die benötigte Infrastruktur für eine Elektrifizierung des Pkw-Verkehrs im Fokus. Vor diesem Hintergrund beauftragt das Bundesministerium für Verkehr und digitale Infrastruktur eine Marktstudie bei Ihnen mit folgender Fragestellung: Wie viele Ladepunkte werden benötigt, wenn alle Pkws in Deutschland durch Elektrofahrzeuge ersetzt würden?

Lösungsweg

Folgende Schritte sind zur Beantwortung der Fragen notwendig:

- Schätzung der Anzahl gemeldeter Pkws in Deutschland
- Schätzung der Laufleistung
- Ableitung des jährlichen Energiebedarfs
- Ableitung der benötigten Ladeenergie
- Berechnung der Netto-Ladezeit
- Ableitung der Anzahl der Ladepunkte

HINWEIS: Scheuen Sie im Interview nicht davor zurück, für die Aufgabenstellung relevante Werte, die Sie nicht kennen oder ableiten können, zu erfragen.

Schätzung der Anzahl gemeldeter Pkws in Deutschland

Hierfür bieten sich zwei Möglichkeiten: Entweder Sie haben eine halbwegs aktuelle Zahl der jährlich vom Kraftfahrt-Bundesamt berichteten Meldezahlen im Kopf (48,25 Mio. Pkws, Stand 2020), oder Sie nehmen eine Abschätzung über die Haushalte in Deutschland (ca. 41,5 Mio., Stand 2019) vor.

Für die Herleitung der Pkws pro Haushalt machen wir folgende Annahmen: 20 Prozent der Haushalte, besonders im städtischen Umfeld, besitzen kein Auto. 50 Prozent der Haushalte besitzen genau einen Pkw. 30 Prozent der Haushalte besitzen zwei oder mehr Autos; für die Kalkulation gehen wir für diese Gruppe von 2,5 Fahrzeugen aus. Zur einfacheren Berechnung rechnen wir im Folgenden mit 40 Mio. deutschen Haushalten weiter. Daraus ergeben sich:

▸ 40 × (50 % × 1 + 30 % × 2,5) = 50 Mio. Pkws

Schätzung der Laufleistung

Die durchschnittliche Laufleistung der in Deutschland zugelassenen Pkws liegt bei ca. 15.000 km pro Jahr. Angewendet auf 50 Mio. Pkws ergibt sich daraus eine jährliche Strecke von 750×10^9 km.

Ableitung des jährlichen Energiebedarfs

Um aus der gefahrenen Strecke den Energiebedarf abzuleiten, wird eine Abschätzung des Verbrauchs pro Strecke benötigt. Die Spanne liegt bei den am Markt befindlichen Modellen zwischen 16 kWh und 30 kWh pro 100 km. Um aus dieser Spanne den gewichteten Durchschnitt zu berechnen, ist eine Annahme über die Flottenzusammensetzung erforderlich. Wir gehen im Folgenden von einem Wert von 25 kWh/100 km aus. Der Energiebedarf ergibt sich dann als das Produkt aus Strecke und Verbrauch:

- 750×10^9 km $\times$ 25 kWh $\div$ 100 km = $187{,}5 \times 10^9$ kWh

Ableitung der benötigten Ladeenergie

Im Gegensatz zu Verbrennern sind batteriegetriebene Fahrzeuge sensibel für Temperaturen. Dies führt gerade im Winterhalbjahr zu deutlich wahrnehmbaren Verlusten bei der Batterieladung. Bei kalten Temperaturen liegt der Energieaufwand für die Batterieladung bis zu 30 Prozent höher als die zur Verfügung stehende Energie für die Bewegung des Fahrzeugs. Man erhält den Ladeenergiebedarf:

- $187{,}5 \times 10^9$ kWh $\times$ (50 % $\times$ 1 + 50 % $\times$ 1,3) = $215{,}625 \times 10^9$ kWh $\approx 220 \times 10^9$ kWh

Berechnung der Netto-Ladezeit

Die Leistung der Ladepunkte liegt typischerweise zwischen 20 kW und 350 kW, abhängig von der jeweils verwendeten Technologie. Wir gehen im Weiteren von einer durchschnittlichen Ladeleistung von 50 kW aus. Die Netto-Ladezeit ergibt sich als Quotient von Ladeenergie und Leistung je Ladepunkt:

- (220×10^9 kWh) $\div$ 50 kW = $4{,}4 \times 10^9$ h

Ableitung der Anzahl der Ladepunkte

Da es nicht realistisch ist, von einer vollständigen und gleichmäßigen Auslastung aller Ladepunkte rund um die Uhr auszugehen, treffen wir noch einige Annahmen zu den unterschiedlichen Typen von Ladepunkten:

Kategorie	Anteil	Netto-Ladezeit	Auslastung
Privat (Wallbox)	70 %	2 × 4 h/Woche	(2 × 4 h) ÷ (7 × 24 h) = 1/21 ≈ 5 %
Halböffentlich (bspw. Einkaufszentrum)	10 %	12 h/Tag	50 %
Öffentlich	20 %	20 h/Tag	80 %

Daraus ergibt sich für die durchschnittliche Auslastung aller Ladepunkte folgende Gleichung:

- ► (70 % × 5 %) + (10 % × 50 %) + (20 % × 80 %) = 24,5 % ≈ 25 %

Als Quotient aus Netto-Ladezeit und der jährlichen Auslastung der Ladepunkte erhalten wir zuletzt für die Anzahl der Ladepunkte:

- ► $4{,}4 \times 10^9$ h ÷ (24 h × 365 × 25 %) = $4{,}4 \times 10^9$ h ÷ ($2{,}19 \times 10^3$ h) ≈ 2×10^6

Wir erhalten somit das Ergebnis: Wenn alle Pkws in Deutschland durch Elektrofahrzeuge ersetzt werden, benötigt man ca. 2 Mio. Ladepunkte.

Prozessautomatisierung im Mittelstand mit Robotic Process Automation (RPA)

von Sebastian Serfas

Aufgabenstellung

Sie unterstützen als Teil eines fünfköpfigen Beraterteams einen großen Mittelständler bei der erstmaligen Einführung von Robotic Process Automation (RPA). RPA ist eine digitale Technologie, bei der Software-Roboter - sogenannte Bots - repetitive, regelbasierte Tätigkeiten automatisiert ausführen. Der Bot nutzt dabei die „normalen“ Benutzeroberflächen der Anwendungen, über die auch menschliche Nutzer:innen ihre Eingaben machen und imitiert das zuvor beobachtete menschliche Verhalten bei der Durchführung von Tätigkeiten wie Klicks, Eingaben, Navigation oder Befehlen. Dies ermöglicht es, auch Prozesse zu automatisieren, bei denen verschiedene Anwendungen genutzt werden, die nicht über Schnittstellen integriert sind, im Gegensatz zur herkömmlichen IT-Automatisierung. Zudem ist keine klassische Programmierung notwendig, und es wird nicht in die bestehende IT-Architektur eingegriffen, da der Bot wie normale Nutzer:innen agiert. Typische Beispiele für den Einsatz von RPA sind die Verarbeitung von Reisekostenabrechnungen und das Kreditorenmanagement (Erfassung und Bearbeitung von Lieferantenrechnungen).

HINWEIS: Für diesen Case ist kein technisches Wissen zu RPA notwendig! Er ist so konzipiert, dass sich zu allen Fragen auch ohne RPA-Vorkenntnisse gute Antworten finden lassen. Die obige Beschreibung enthält jedoch - wie in vielen Case Studies üblich - einige leicht zu überlesende Details, die Ihnen bei der Beantwortung helfen können.

Frage 1: Überlegen Sie, wo Robotic Process Automation noch genutzt werden könnte. Nennen Sie drei beispielhafte Prozesse, bei denen RPA Ihrer Einschätzung nach gut zum Einsatz kommen könnte, und erläutern Sie kurz, warum Sie diese Beispiele gewählt haben!

Frage 2: Welche Vorteile könnte ein Unternehmen Ihrer Meinung nach durch den Einsatz von RPA erlangen, abgesehen von möglichen Kosteneinsparungen?

Frage 3: Betrachten Sie nun das Thema Kosteneinsparungen näher. Wie würden Sie für eine erste grobe Abschätzung von Einsparpotenzialen vorgehen? Überlegen Sie sich dazu ein kleines Rechenbeispiel, und beschreiben Sie parallel Ihre Überlegungen!

Frage 4: Zur Unternehmensberatung gehört regelmäßig auch die Umsetzung. Welche möglichen Herausforderungen könnten sich bei der Implementierung von RPA ergeben?

Lösungsweg

HINWEIS: Es ist sehr wichtig, dass Sie sich nicht durch ein Ihnen gegebenenfalls unbekanntes Thema (hier: RPA) verunsichern lassen! Im Berateralltag ist es nicht ungewöhnlich, dass man sich schnell in neue Themen einarbeiten muss. Beachten Sie außerdem: trotz des scheinbar technischen Aufhängers stehen eigentlich ganz klassische Berater-Skills im Zentrum für die Bewertung dieser Case Study. Als Bewerber:in sollen Sie hier unter anderem eine schnelle Auffassungsgabe und insbesondere eine strukturierte Herangehensweise demonstrieren und zugleich zeigen, dass Sie sich gut in Ihnen gegebenenfalls unbekannte Themen hineindenken können.

Frage 1: Einsatzmöglichkeiten von Robotic Process Automation
Diese Eingangsfrage dient im Interviewkontext unter anderem dazu, festzustellen, ob Sie das Basiskonzept von RPA verstanden haben.

HINWEIS: Lassen Sie Ihre Interviewpartnerin oder Ihren Interviewpartner an den Überlegungen teilhaben, indem Sie laut denken.

Der Schlüssel zur Beantwortung der Frage liegt darin zu erkennen, dass für RPA gut geeignete Prozesse bestimmte Charakteristika aufweisen sollten. Einen ganz zentralen Anhaltspunkt gibt Ihnen dabei die einleitende Beschreibung zu Beginn der Case Study: Sie müssen repetitiv und regelbasiert sein. Weitere Eigenschaften können Sie durch logisches Denken selbst herleiten. Beispielsweise soll sich die Automatisierung ja auch wirtschaftlich lohnen, deshalb wäre ein hohes Prozessvolumen ideal; ebenso gilt, dass der Prozess aktuell großteils händisch und mit hohem Arbeits- und Zeitaufwand von Mitarbeiter:innen ausgeführt wird. Beide Aspekte erhöhen mögliche Einsparpotenziale bei der Automatisierung. Zudem ist zu beachten: Je standardisierter der Prozess ist und je weniger Ausnahmen und Sonderfälle es gibt, desto besser.

Nachdem Sie einige wichtige Charakteristika herausgearbeitet haben, können Sie nun überlegen, bei welchen Tätigkeiten bzw. Prozessen diese gut zutreffen und haben damit auch gleich die zugehörigen Begründungen für Ihre Auswahl parat. Welche konkreten Prozesse Sie wählen, ist dabei sekundär, sofern sie in das von Ihnen erarbeitete System passen. In der Praxis wird Robotic Process Automation zum Beispiel bei den folgenden Prozessen sehr erfolgreich eingesetzt: Pflege von Lieferanten-, Kunden- und Mitarbeiterstammdaten, Beantwortung von Kundenanfragen, Auswertungen von öffentlichen Ausschreibungen, Lohnbuchhaltung, Markt- und Wettbewerbsbeobachtung, Abgleich oder Übertragung von Daten zwischen verschiedenen Systemen, Erstellung von Reports und Berichten.

Frage 2: Nicht-finanzielle Vorteile von Robotic Process Automation
Bei dieser Aufgabe sollen Sie unter anderem zeigen, dass Sie auch über den Tellerrand (hier: das offensichtliche Thema Kosteneinsparungen) hinausschauen können und über ein gutes, grundlegendes „Business-Verständnis" verfügen, das es Ihnen ermöglicht, abzuschätzen, welche Auswirkungen der Einsatz von RPA in einem Unternehmen noch haben könnte. Auch hier gibt es wieder zahlreiche Antwortmöglichkeiten, zu denen im Folgenden einige exemplarische Beispiele genannt werden. Bitte denken Sie auch daran, in Ihre Antwort eine erkennbare Struktur bzw. einen roten Faden zu integrieren, um im Interview die für Unternehmensberater:innen wichtige, strukturierte Herangehensweise zu demonstrieren!

Der Einsatz von Robotic Process Automation kann für das Unternehmen zu einer Vielzahl an Vorteilen führen. Ein wichtiger Aspekt ist die hohe Verfügbarkeit von RPA. Während Mitarbeiter:innen dem Unternehmen nur während der effektiven Arbeitszeit zur Verfügung stehen, ist die RPA-Software rund um die Uhr im Einsatz: Der Bot braucht keine Pausen, er muss nicht essen oder schlafen, nimmt keinen Urlaub und wird nicht krank. Dies ermöglicht eine kontinuierliche Prozessbearbeitung ohne Verzögerungen oder Rückstaus.

Die Bearbeitung der Prozesse erfolgt darüber hinaus stets mit der gleichen, verlässlich hohen Qualität, was sich neben einer erhöhten Produktivität auch positiv auf die Zufriedenheit der Kunden auswirken kann. Auch zeigt der RPA-Bot keine Ermüdung oder Ablenkung, sodass typisch menschliche (Leichtsinns-)Fehler vermieden werden.

Zudem entsteht seitens des Bots keine Demotivation durch stupide, repetitive Aufgaben. Vielmehr kann RPA Mitarbeiter:innen entlasten, indem manuelle Routineaufgaben automatisiert werden. So bleibt mehr Zeit für anspruchsvollere, wertstiftendere Tätigkeiten, was häufig zu einer höheren Mitarbeiterzufriedenheit führt.

Ein häufig unterschätzter Vorteil besteht darin, dass der RPA-Bot seine Tätigkeiten in Echtzeit protokollieren und saubere Dokumentationen erzeugen kann, die nicht nur für interne Zwecke wie für die Kostenrechnung genutzt werden können, sondern auch zur Einhaltung von regulatorischen Vorgaben notwendig sind und sich bei manueller Erledigung häufig als sehr zeitaufwändig und arbeitsintensiv erweisen.

Ein weiterer für Unternehmen vorteilhafter Aspekt von RPA wird ebenfalls in der Case-Einleitung angesprochen: Da die Bots typischerweise über die Benutzeroberflächen agieren, sind keine tiefgreifenden Eingriffe in die IT-System-Landschaft des Unternehmens notwendig. Außerdem erfordert die Bot-Erstellung keine klassischen Programmierkenntnisse, sodass nicht auf (meist knappe) IT-Spezialist:innen zurückgegriffen werden muss.

Insgesamt sind die Einstiegshürden für die Nutzung von RPA verhältnismäßig niedrig und die initialen Investitionskosten - bei zahlreichen finanziellen und nicht-finanziellen potenziellen Vorteilen - eher gering, insbesondere im Vergleich zu anderen Digitalisierungstechnologien.

Frage 3: Abschätzung von Kosteneinsparpotenzialen durch RPA

Bei dieser Aufgabe gibt es naturgemäß eine Vielzahl verschiedenster Antworten. Es geht den Case-Interviewenden hier allerdings gar nicht um eine ganz bestimmte fachliche Lösung, sondern vielmehr darum, wie und warum Sie zu Ihrer Lösung gekommen sind, ob Ihre Vorgehensweise strukturiert und gut nachvollziehbar und Ihre Überlegungen plausibel waren, und ob Sie zwischen wichtigen und unwichtigen Teilaspekten differenzieren können. Deshalb erhalten Sie im Folgenden auch keine Musterlösungsberechnung, sondern Hinweise zu wichtigen inhaltlichen Aspekten, die bei einer guten Antwort - unabhängig davon, welchen Prozess Sie wählen - typischerweise mit einbezogen werden.

Als ersten Schritt sollten Sie kurz Ihre Gesamtstruktur darstellen. Hier könnten Sie sich beispielsweise auf drei Elemente fokussieren: erzielbare Einsparungen (d. h. eingesparte Kosten), Einmalkosten durch die RPA-Einführung und laufende Kosten aus dem RPA-Betrieb.

HINWEIS: Scheuen Sie sich nicht davor, für das kleine Rechenbeispiel auf grobe Schätzwerte zurückzugreifen, am besten mit runden Zahlen, um das spätere Rechnen nicht unnötig kompliziert zu gestalten. Vergessen Sie jedoch nicht, kurz darzustellen, wie Sie auf die jeweiligen Werte gekommen sind, und warum diese Ihrer Meinung nach plausibel sind.

Zur Herleitung der eingesparten Kosten benötigen Sie insbesondere das Prozessvolumen, die eingesparte Zeit pro Prozessdurchlauf und die Kosten pro eingesparter Zeiteinheit; zum Beispiel den Stundenlohn aus Unternehmenssicht, inklusive aller Nebenkosten. Daraus können Sie durch Multiplikation das direkte Einsparpotenzial berechnen.

Je nach Situation werden häufig auch indirekte, sekundäre Einspareffekte erzielt, zum Beispiel durch eine niedrigere Reklamationsquote aufgrund höherer Prozessqualität. Hier bietet es sich an, diese Aspekte nur kurz zu benennen und sie dann – zum Beispiel mit einem expliziten Hinweis bezüglich der Fokussierung auf die wichtigsten Elemente – für die Abschätzung nicht weiter zu verfolgen. Eine gute Interviewerin oder ein guter Interviewer würde an dieser Stelle zu erkennen geben, falls eine tiefergehende Auseinandersetzung mit diesen Aspekten doch gewünscht sein sollte.

Neben den einmaligen Investitionskosten, die bei der RPA-Einführung entstehen (Durchführung der vorbereitenden Prozessanalyse, Anbieterauswahl, Erstellung und Anlernen der Bots, Test- und Pilotbetrieb etc.; inklusive Gehalt der Projektmitarbeitenden plus gegebenfalls externe Beratungskosten), sind auch die laufenden Kosten des RPA-Betriebs zu betrachten. Dazu gehören neben den Lizenzkosten der RPA-Software unter anderem Kosten für die Betreuung und Wartung der RPA-Bots sowie gegebenenfalls Kosten für die Infrastruktur (z. B. IT-Server).

Als letzten Schritt kombinieren Sie Ihre bisher genannten Komponenten und interpretieren die Ergebnisse. Hierfür bietet es sich an, klassische Methoden der Investitionsrechnung zu benutzen, wie zum Beispiel Payback Period (dt. Amortisationsdauer; Zeitdauer, bis die Investition durch die Einsparungen wieder „reingeholt" ist) und Net Present Value (NPV; dt. Kapitalwertmethode; Summe der Barwerte aller Ein- und Auszahlungen). Diese gehören zum Standard-Repertoire in der Beratung und werden deshalb in Interviews häufig vorausgesetzt.

Frage 4: Herausforderungen bei der Implementierung

Bei der Beantwortung dieser Frage kommt es – neben der Identifikation von relevanten Herausforderungen über verschiedene unternehmensbezogene Aspekte hinweg – auch wieder auf ein sehr strukturiertes Vorgehen an. Zählen Sie nicht einfach alle Ihnen spontan einfallenden Herausforderungen durcheinander auf, sondern folgen Sie einer erkennbaren Logik, und erläutern Sie diese auch Ihrer Interviewparterin oder Ihrem Interviewpartner.

Beispielsweise könnten Sie die Herausforderungen wie folgt clustern und diskutieren:

- **Technische Herausforderungen:** Vernachlässigung von Wartung und Pflege der Bots, Auswahl eines unpassenden Anbieters, mangelnde IT-Unterstützung, unzureichende IT-Infrastruktur, fehlende Vorkehrungen bezüglich Cybersecurity etc.
- **Organisatorische Herausforderungen:** unklare Verantwortlichkeiten zwischen IT und Fachabteilung, fehlende Top-Management-Unterstützung, Skepsis und gegebenenfalls sogar Widerstände von Mitarbeiter:innen, mangelnde Berücksichtigung der Unternehmenskultur, kein systematischer Aufbau von RPA-Know-how innerhalb des Unternehmens etc.
- **Operative Herausforderungen:** oberflächliche Prozessanalyse vor der Umsetzung, unzureichende Tests und vorschnelle Live-Schaltung der RPA-Bots, geringe Verfügbarkeit der für die Implementierung notwendigen Mitarbeiter:innen etc.
- **Finanzielle Herausforderungen:** Nicht-Erreichen der monetären Einsparziele, überhöhte Erwartungen, Auswahl unpassender Prozesse, vorschnelle Implementierung ohne detaillierten Business Case, unerwartete Zusatzkosten, fehlende Skalierung etc.
- **Governance-bezogene Herausforderungen:** fehlende Überwachung der RPA-Bots, Gewährung unangemessener IT-Zugriffsrechte und Berechtigungslevel für die Bots, mangelndes Datenschutzbewusstsein, unzureichende Vorkehrungen gegen missbräuchliche Verwendung durch Mitarbeiter:innen (insbesondere bei Zahlungsvorgängen) etc.
- **Sonstige Herausforderungen:** fehlende zugrundeliegende Strategie, einseitiger Fokus auf kurzfristige Kosteneinsparungen, Fehleinschätzung der Einsatzmöglichkeiten von RPA (RPA eignet sich z. B. kaum für eine vollständige End-to-end-Automatisierung) etc.

Lösungsstruktur auf einen Blick

Die folgende Abbildung verdeutlicht zum Abschluss noch einmal, dass in der Praxis letztlich alle vier im Case adressierten Bereiche zusammenwirken und gemeinsam zu betrachten sind, um zu entscheiden, ob in einem bestimmten (Beratungs-)Projekt der Einsatz von Robotic Process Automation sinnvoll ist oder eben nicht. Auch hierzu kann sich im Case-Interview noch eine entsprechende, finale Diskussion anschließen.

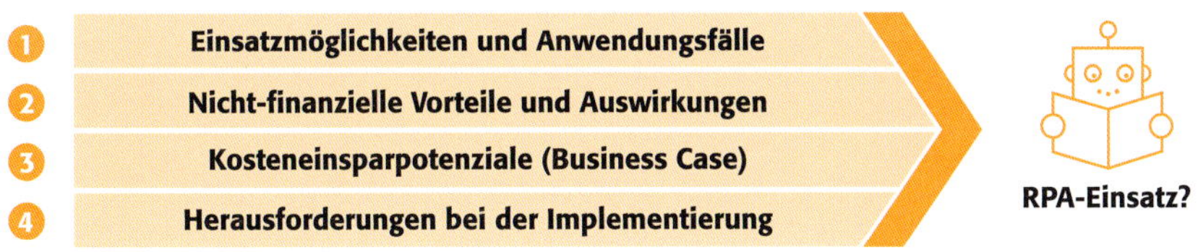

HINWEIS: Je nach Ziel, Rahmenbedingungen, Vorkenntnissen der Gesprächspartner:innen und Verlauf des Interviews können Schwerpunkte, Detaillierungsgrad und Intensität der Betrachtung sowie der angestoßenen Diskussionen stark variieren.

Ich wünsche Ihnen viel Spaß bei der Vorbereitung und viel Erfolg in den Interviews!

Evaluation einer Bundesbehörde

von Moritz Hahn

Interviewer:in: Ein Bundesministerium beauftragt uns, eine nachgeordnete Behörde nach Wirtschaftlichkeitsgrundsätzen, also Effizienz- und Effektivitätsaspekten, zu untersuchen. Man möchte gerne wissen, in welchem Umfang das *AKV-Prinzip* eingehalten wird und wie sachgerecht und effizient Aufgaben innerhalb der Behörde wahrgenommen werden. Wie würden Sie vorgehen?

HINWEIS: Bewerber:innen sollten die Aufgabenstellung wiederholen, um sicherzustellen, dass sie nichts missverstehen. An dieser Stelle verzichten wir zur Vereinfachung hierauf.

Bewerber:in: Bevor ich beginne, einen Lösungsweg zu skizzieren, möchte ich gerne verstehen, um was für eine Behörde es sich handelt.

Interviewer:in: Die Behörde untersteht einem Bundesministerium und ist eine wesentliche Stütze des deutschen Staates. Es arbeiten ungefähr 2.000 Beamt:innen und Angestellte in der Behörde, wovon sich ein großer Teil auf Kernprozesse und ein kleiner Teil auf Unterstützungs- und Führungsprozesse fokussiert, wie der folgenden Abbildung entnommen werden kann. Auf die genauen Aufgaben der Behörde kann leider aufgrund von Vertraulichkeit nicht eingegangen werden.

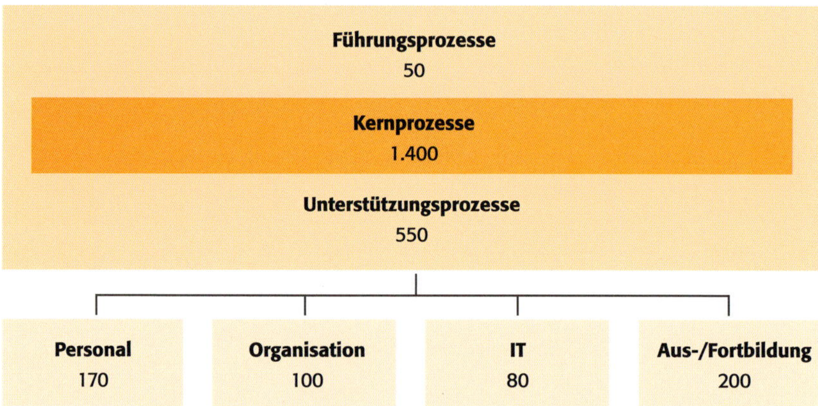

Prozesslandkarte der Behörde mit Soll-Personalausstattung in Vollzeitäquivalenten (VZÄ)

Bewerber:in: Ok, ich verstehe. Was besagt das von Ihnen genannte *AKV-Prinzip*?

Interviewer:in: In der deutschen Bundesverwaltung gilt nach Paragraph 4 Absatz 5 der Gemeinsamen Geschäftsordnung der Bundesministerien der Organisationsgrundsatz des *AKV-Prinzips*, auch Kongruenzprinzip der Organisation genannt. Das bedeutet, dass die Aufgaben, Kompetenzen und die Verantwortung einer Stelle oder Organisationseinheit in Balance stehen sollen, um eine sachgerechte und effiziente Aufgabenwahrnehmung innerhalb der Organisation sicherzustellen.

Bewerber:in: Aha. Was ist in diesem Zusammenhang unter Aufgaben, Kompetenzen und Verantwortung sowie unter Sachgerechtigkeit zu verstehen?

Interviewer:in: Unter einer „Aufgabe“ ist eine Tätigkeit zu verstehen, die ein bestimmtes Ziel verfolgt. Unter „Kompetenzen“ sind Befugnisse und Ressourcen zu verstehen, die notwendig sind, um das Ziel zu erreichen. Unter „Verantwortung“ ist eine Rechenschaftspflicht für die erfolgreiche Umsetzung und Zielerfüllung einer Aufgabe, wie zum Beispiel für ein Budget, zu verstehen. Sachgerecht ist etwas, das den begründeten Anforderungen gerecht wird. Darunter versteht man unter anderem, wie qualitativ gut oder effektiv eine Aufgabe wahrgenommen wird.

Bewerber:in: Ok, ich denke, ich habe die Grundzüge des Organisationsprinzips verstanden. Ich würde mir jetzt ein paar Minuten Zeit nehmen, um mein Vorgehen bei der Beantwortung der Frage, in welchem Umfang das *AKV-Prinzip* in der Behörde eingehalten wird, zu strukturieren.

Interviewer:in: Gerne.

HINWEIS: In der Regel erhalten Bewerber:innen zwei bis fünf Minuten Zeit zum gedanklichen Brainstorming und zur schriftlichen Skizzierung ihres Vorgehens.

Bewerber:in: Ich verstehe, die Aufgaben der Behörde lassen sich in Führungs-, Kern- und Unterstützungsprozesse untergliedern. Mit dieser Unterteilung würde ich auch die unterschiedlichen Organisationsbereiche der Behörde untersuchen. Um die Aufgaben, Kompetenzen und die Verantwortung der jeweiligen Organisationseinheiten zu ermitteln, würde ich zum einen Unterlagen auswerten und zum anderen Interviews mit Beschäftigten führen. Die sachgerechte und effiziente Aufgabenwahrnehmung würde ich, wenn möglich, anhand von Daten, die Einblick in die verursachten Kosten und Ergebnisse der Behörde geben, berechnen und zeitgleich qualitative Informationen ebenso in Interviews erheben. Gibt es hier bekannte Indikatoren, die errechnet werden können?

Interviewer:in: Leider nein. Sie haben beim methodischen Vorgehen jede Freiheit. Welche methodischen Schritte würden Sie in diesem Projekt gehen?

Bewerber:in: Grundsätzlich würde ich vermutlich aufgrund von Zeit- und Ressourcenknappheit bei der Erhebung und Analyse pragmatisch vorgehen. Es empfiehlt sich, wenn möglich auf vorhandene quantitative und qualitative Quellen zurückzugreifen. Ich würde somit zum einen nach Daten und Dokumenten fragen und zum anderen Interviews mit den Führungskräften führen.

HINWEIS: Das Vorgehen der Evaluierung sollte möglichst viele vorhandene Datenquellen einbeziehen und Erhebungs- und Analyseschritte simultan ablaufen lassen, um die Kürze der Projektlaufzeit zu berücksichtigen. Ein mögliches Vorgehensmodell ist der nachfolgenden Abbildung zu entnehmen.

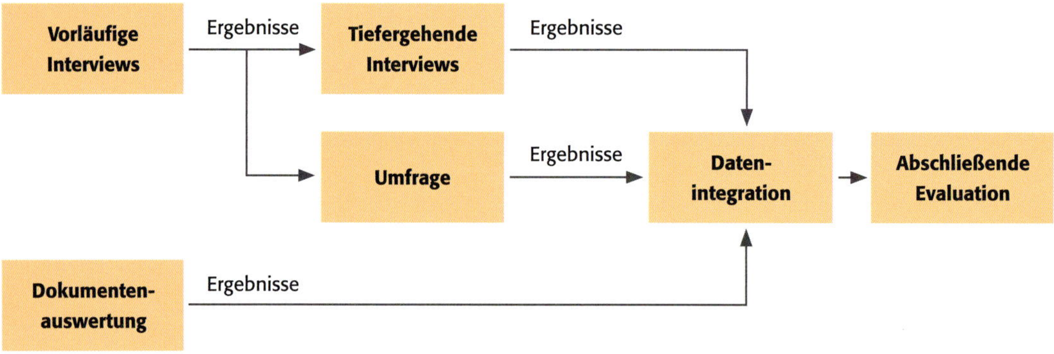

Methodisches Evaluationsvorgehen

Interviewer:in: Sehr gut. Gäbe es noch eine weitere Möglichkeit, um systematisch Einschätzungen der Beschäftigten zu erheben?

Bewerber:in: Ja, mit ausreichend Expertise sowie Vor- und Nachbereitungszeit ließe sich auch eine Beschäftigtenumfrage durchführen und auswerten.

Interviewer:in: Genau. Was wären aus Ihrer Sicht die Vor- und Nachteile der genannten Erhebungsmethoden?

Bewerber:in: Daten und Dokumente zur Verfügung zu stellen, sollte für die Behörde mit wenig Aufwand verbunden sein. Ein Problem könnten Vertraulichkeitsbedenken, insbesondere bei Personaldaten, sein. Ein zweites Problem könnte sich daraus ergeben, dass die Sachlage der Daten und Dokumente entweder veraltet ist oder eher einen Soll-Zustand als die gelebte Realität wiedergibt. Deswegen wäre es wichtig, auch mit den Beschäftigten zu sprechen und Interviews zu führen. Diese müssten dafür jedoch ausreichend Zeit zur Verfügung haben. Interviews sind zudem zwangsläufig subjektiv und geben eher Aufschluss über wahrgenommene Kausalzusammenhänge und Motive. Als Interviewer:in sollte man den zwangsläufig beschränkten Wahrnehmungshorizont der Interviewpartner:innen und deren persönliche oder politische Interessen berücksichtigen.

Interviewer:in: Ja, sehr gut. Und wie schätzen Sie das Instrument der Umfrage ein?

Bewerber:in: Eine Umfrage kann die Einschätzungen und Meinungen der Beschäftigten der gesamten Behörde vollständig erfassen. Die Umfrageergebnisse wären somit im Vergleich zu den Interviewerhebungen besser verallgemeinerbar. Die Problematik wäre hier nur, sehr präzise Fragen zu stellen, sodass wenig Interpretationsspielraum bei der Umfrageauswertung besteht. Hier würde es helfen, einen Umfragebogen vorab mit wenigen Beschäftigten zu testen.

Interviewer:in: Genau. Vielen Dank. Das Evaluationsteam ist entsprechend der besprochenen Methoden vorgegangen. Im Rahmen der Interviews hat sich herauskristallisiert, dass mehrere Interviewpartner:innen aus den Kernprozessen über Frustration mit dem Personal- und Organisationsbereich der Unterstützungsprozesse berichten. Eine Handvoll Interviewpartner:innen erzählt von mangelnder Koordination und langwierigen Abstimmungsprozessen. Es stellt sich damit die Frage, ob sich diese Erkenntnisse zum Personal- und Organisationsbereich auch in objektiven Effizienzindikatoren wiederfinden lassen und somit ein konkreter Evaluationsbefund gestellt werden kann. Die Behörde hat uns unter anderem Kosten- und Leistungsrechnungsdaten aus den Jahren 2016, 2018 und 2020 zur Verfügung gestellt. Die Datenstruktur finden Sie im folgenden Auszug aus den Kosten- und Leistungsrechnungsdaten:

Kostenstelle	Kosten-bezeichnung	Produkt	Produkt-bezeichnung	Leistung	Leistungs-bezeichnung	Gebuchte Stunden
KM4391	Referat 5	KZ259900	Rechts-/Fachaufsicht	HZ209902	Abordnung	257.724,20 h
KM4391	Referat 5	KZ950100	Leitungs- und Management-aufgaben	HZ900101	Allgemeine Leitungs- und Führungs-aufgaben	123,00 h
KM4391	Referat 5	KZ95P000	Organisation	HZ91P002	Grundsatz	41,00 h
KM4391	Referat 5	KZ950100	Sonstige Kontierungsobjekte	HZ990103	Urlaub, Wochenfeier-tage, Dienstbefreiung	332,00 h
KM4391	Referat 5	KZ150400	Personal	HZ110401	Grundsatz	241,00 h
KM4392	Referat 5	KZ150800	Aus- und Fortbildung	HZ110801	Organisation Fortbildung	222,00 h
…						

Auszug aus den Kosten- und Leistungsrechnungsdaten

Bewerber:in: Aha. Ich würde mir einen Moment Zeit nehmen und mir den Auszug genauer anschauen.

Interviewer:in: Gerne.

Bewerber:in: Ich verstehe, dass in den Kosten- und Leistungsrechnungsdaten Leistungen, wie zum Beispiel die des Organisations- oder Personalbereichs, enthalten sind, die auf bestimmte Kostenstellen also Organisationseinheiten der Behörde gebucht werden können, korrekt?

Interviewer:in: Genau.

Bewerber:in: Dazu kommt, dass auch eine Aufwandszahl in Form der gebuchten Stunden eingetragen wird. Damit könnte man alle Organisations- und Personalleistungen herausfiltern und die dafür gebuchten Stunden für die drei Jahre aufsummieren. Steigerungen oder Verringerungen der Anzahl der gebuchten Stunden für Personal- und Organisationsleistungen über die drei Jahre hinweg könnten dann Aufschluss über die Verbesserung oder Verschlechterung der Effizienz geben.

Interviewer:in: Ja, sehr gut, jedoch lässt sich damit noch keine zuverlässige Aussage zur Effizienz treffen. Wir wissen nämlich auch, dass die Behörde seit Jahren personell stark wächst. Das heißt, es ist auch davon auszugehen, dass die gebuchten Leistungen des Organisations- und Personalbereichs zunehmen.

Bewerber:in: Ah, ok. Dann müssten die Aufwandszahlen pro Kopf bzw. auf Mitarbeiterbasis berechnet werden. Hierfür bräuchte ich die Beschäftigtenzahlen der drei Jahre. Stehen diese zur Verfügung?

Interviewer:in: Ja. Uns liegen Zahlen gemäß folgender Tabelle vor:

	Gebuchte Stunden		
Produktbezeichnung	**2016**	**2018**	**2020**
Personal und Organisation	14.617	22.386	25.027
IT	29.096	28.493	31.007
Haushalt	15.164	13.013	11.640
Aus- und Fortbildung	39.333	40.660	32.305
Anzahl Beschäftigte	1.723	1.760	1.891

Gebuchte Stunden der unterstützenden Leistungen 2016, 2018, 2020

Bewerber:in: Vielen Dank. Ich würde den Pro-Kopf-Wert der gebuchten Stunden je unterstützender Leistung errechnen.

Interviewer:in: Gerne. Sie können sich erst einmal nur auf die Berechnung der Personal- und Organisationsleistungen konzentrieren.

Bewerber:in: Für den Personal- und Organisationsbereich habe ich für 2016 ungefähr 8,5 gebuchte Stunden je Beschäftigen, für 2018 ungefähr 12,7 gebuchte Stunden je Beschäftigten und für 2020 ungefähr 13,2 gebuchte Stunden je Beschäftigten errechnet. Damit stieg der Aufwand der Personal- und Organisationsleistungen je Beschäftigten insbesondere von 2016 auf 2018 stark an. Wenn ich mir die gebuchten Stunden der anderen Leistungen anschaue, dann ist der Anstieg vor allem im Personal- und Organisationsbereich zu beobachten. Damit kann geschlussfolgert werden, dass der Personal- und Organisationsbereich im Vergleich zu den anderen unterstützenden Leistungen weniger effizient geworden ist. Wissen wir, ob das Aufgabenportfolio des Personal- und Organisationsbereichs gewachsen ist?

Interviewer:in: Wir wissen, dass in geringem Umfang weitere Aufgaben, wie die vermehrte Einstellung externer Beschäftigter, hinzugekommen sind.

Bewerber:in: Kann das eine Steigerung des Aufwands um ca. 50 Prozent erklären?

Interviewer:in: Nein.

Bewerber:in: Dann komme ich zu dem Schluss, dass sich die in den Interviews beschriebene Frustration Beschäftigter aus den Kernprozessen mit dem Personal- und Organisationsbereich in den Kosten- und Leistungsrechnungsdaten widerspiegelt. Damit kann der allgemeine Befund gestellt werden, dass der Personal- und Organisationsbereich an Effizienz eingebüßt hat und Maßnahmen zur Effizienzverbesserung entwickelt werden sollten.

Interviewer:in: Vielen Dank. Was könnten Ansätze dafür sein, den Personal- und Organisationsbereich der Behörde koordinierter und effizienter zu gestalten?

Bewerber:in: Ohne die Hintergründe und Behördencharakteristika besser zu kennen, würde ich vorschlagen, generell ein besonderes Augenmerk auf die Prozessausrichtung des Personal- und Organisationsbereichs zu legen. Es sollte eine stärkere Qualitäts- bzw. Kundenorientierung erreicht werden, möglicherweise klarere Rollenzuordnungen geschaffen und interne Schnittstellen minimiert werden.

Interviewer:in: Besten Dank.

Free up & Sell it

von Stephanie Köstner und Christian Zehner

Aufgabenstellung

Das Unternehmen Global First aus dem produzierenden Gewerbe hat die Entscheidung getroffen, die Unternehmenssparte Batterien zu veräußern. Hierbei soll die Batteriesparte zukünftig eigenständig – bekannt als neue „Battery Solutions" – mit den weltweiten Gesellschaften agieren und aus der Muttergesellschaft Global First vollständig herausgetrennt werden. Die Fragestellung an den CIO lautet: Wie kann die herausgetrennte Sparte mit ihren weltweit 20 Gesellschaften zukünftig IT-technisch autark operieren (Ziel: kosteneffizient und lean)?

HINWEIS: IT ist bei der Ausgliederung von Unternehmenseinheiten aus bestehenden Unternehmen ein essenzieller „Enabler".

HINWEIS: Der dargestellte Lösungsweg im Case-Interview-Format erlaubt lediglich einen ersten Einblick in die Ansätze und Herausforderungen, die bei einer solchen Ausgliederung zu beachten sind. Ziel ist es, einen Überblick über relevante Fragestellungen zu schaffen. Zudem wissenswert zur Bearbeitung der Fallstudie:

- **Veräußerung/Ausgliederung** = Carve-out
- **Standalone** = eigenständig agierende Gesellschaft
- **Day 1** = beschreibt den Tag, an dem die Gesellschaft aus rechtlicher und operativer Sicht von der Muttergesellschaft getrennt wird und eigenständig agiert

Die übergreifende Aufgabe ist es, einen groben Projektplan für die Durchführung des IT-Carve-out von Global First zu erstellen. Dies kann im Interview entlang der folgenden fünf Fragen, die es zu berücksichtigen und zu beantworten gilt, erfolgen.

Diese Fallstudie wird dir präsentiert von

pwc

Pricewaterhouse Coopers GmbH

Du willst mit deinem Job mehr bewegen? Mit deinen Ideen einen nachhaltigen Beitrag leisten? Als Deutschlands führende Wirtschaftsprüfungs- und Beratungsgesellschaft bieten wir dir dafür alle Chancen und Möglichkeiten. Denn bei uns gestaltest du die Zukunft von Unternehmen aktiv mit. In unserem weltweiten Netzwerk hast du die Gelegenheit, als Individuum zu wachsen, flexibel zu arbeiten, dauerhafte Beziehungen aufzubauen und Einfluss zu nehmen. Dabei möchten wir dir so viel Freiraum geben wie möglich. Damit du dich entwickeln und mehr aus deinen Zielen machen kannst: nämlich eine Karriere, die dich erfüllt.

Fragestellung 1

Was muss als Erstes - noch vor der Durchführung des Carve-outs - beachtet werden?

Lösungsweg 1

Es ist zunächst wichtig zu verstehen, wie die Gesellschaften der Battery Solutions zukünftig aufgebaut sind, wie das Geschäft betrieben wird, wo die physischen Standorte gelegen sind und wie viele Mitarbeiter:innen an diesen Standorten arbeiten werden.

Anhand dieser Informationen wird ein „IT Greenfield Szenario" entwickelt, in welchem die Kernbausteine der IT abgebildet werden und eine Kostenschätzung gegeben wird, um die Einmalaufwände für die Ausgliederung und die laufenden IT-Kosten nach Day 1 einzugrenzen.

Die Definition des Day-1-Konzeptes erfolgt auf Basis von Prämissen, sogenannten Guidelines zur Konzeption und Durchführung des IT-Carve-outs, welche vorher mit dem Management abgeglichen werden.

Fragestellung 2

Welches sind die wesentlichen IT-Komponenten, die beim Carve-out berücksichtigt werden müssen?

HINWEIS: Es wird an dieser Stelle erwartet, dass auch konkrete Beispiele für jede IT-Komponente und die bei der Umsetzung wichtigsten Punkte genannt werden.

Lösungsweg 2

Hier werden vier IT-Komponenten betrachtet, welche im Folgenden detaillierter erklärt werden: ERP, Non-ERP, IT-Infrastruktur und IT-Sicherheit, IT-Ablauforganisation und IT-Governance.

ERP – Enterprise Resource Planning

Das ERP-System vieler Unternehmen bildet das Herzstück, welches die Geschäftsabläufe in digitaler Form abbildet und dazu auch alle notwendigen Daten für die Geschäftsfunktionen enthält. Im produzierenden Gewerbe besteht das ERP-System klassischerweise aus den Kernkomponenten Finanzen, Controlling, Vertrieb, Produktion, Einkauf und Logistik. Im klassischen Sinne wird bei Battery Solutions eine Bestellung ausgelöst, um das Rohmaterial beim Lieferanten einzukaufen. Die Ware wird an die Gesellschaft ausgeliefert und beim Wareneingang in das Lager eingebucht. Im Zuge der Produktion werden die Rohmaterialien zum Endprodukt (der Batterie) verarbeitet. Das Endprodukt wird zwischengelagert und beim Verkauf an den Endkunden wieder aus dem Lager ausgebucht und über den Warenausgang und die vordefinierte Logistikkette dem Kunden zugestellt. Bei der Zustellung wird eine Rechnung an den Endkunden erstellt, und die Erlöse werden im ERP-System verbucht. Die Kosten für z. B. die Beschaffung oder die Produktion werden ebenfalls im ERP-System verbucht.

Pricewaterhouse Coopers GmbH

Somit kann zum Ablauf eines jeden Monats eine Übersicht darüber, wie viel Gewinn oder Verlust die Gesellschaft verbucht hat, generiert werden.

Wichtige Punkte zur erfolgreichen Ausgliederung von Battery Solutions in Bezug auf das ERP-System sind:

- **Auswahl des zukünftigen ERP-Dienstleisters** für Battery Solutions,
- **Definition eines Blueprint-Konzeptes** mit den zukünftigen Geschäftsprozessen und Prozesseigentümer:innen,
- **Erstellung eines Datenmigrationskonzepts** zur Überführung der Stammdaten von Global First zum neuen Zielsystem von Battery Solutions. Hierbei sollte ein Augenmerk insbesondere darauf gelegt werden, dass transaktionsirrelevante Daten nicht migriert werden dürfen (z. B. Strategiepapiere von Global First, Kunden- und Lieferantendaten, die nur für Global First relevant sind oder auch z. B. geistiges Eigentum von Global First),
- **Durchführung von Anwenderakzeptanztests** für die neu aufgesetzte technische Landschaft sowie für die migrierten Stammdaten in einem definierten Zeitraum vor Day 1,
- **Erstellung eines Cut-over-Plans** nach abgeschlossener Testphase, welcher minutiös beschreibt, in welchem Bereich Aufgaben anfallen und zu welchem Zeitpunkt diese durchzuführen sind, damit Battery Solutions am Day 1 eigenständig in den weltweiten Gesellschaften operieren kann.

Non-ERP/Business-Applikationen

In der Unternehmenssparte Batterien haben sich Applikationen, Handhabungen, Prozesse und Daten angesammelt. Teilweise werden Tools aus Gewohnheit genutzt, ohne dass hinterfragt wird, ob sich der Prozess in Zukunft (nach Day 1) nicht auch einfacher bzw. kostengünstiger abwickeln lässt. Um herauszufinden, welche Applikationen im Einklang mit dem Geschäftsprozess der zukünftigen Batteriegesellschaft stehen und wirklich benötigt werden, gilt es, Non-ERP/Business-Applikationen, die aus rechtlicher und geschäftskritischer Sicht erforderlich sind, zu identifizieren und zu implementieren. Dafür gibt es folgende Möglichkeiten:

- **Übertragung/Neukauf:** Zu übertragende oder neu zu beschaffende Applikationen (z. B. Adobe Standard, think-cell etc.)
- **Alternative Lösung:** Applikationen, die nicht übertragen werden können, sondern eine Standalone- bzw. Alternativlösung benötigen (z. B. Tools, die seitens Global First lediglich für globale Prozesse benötigt werden)

Wichtige Punkte zur erfolgreichen Ausgliederung von Battery Solutions aus Non-ERP-Sicht sind außerdem:

- **Erstellung eines Standard Software Portfolios** (z. B. Windows 10, Office 365, Teams, Power Apps, Antivirus und Endgeräteschutz-Applikationen sowie eine Auswahl an Web-Browsern), das zum Day 1 automatisch auf den Rechnern der Mitarbeiter:innen in der Batteriegesellschaft installiert wird,
- **Identifikation von benötigten Business-Applikationen**, die im Einklang mit den Geschäftsprozessen von Battery Solutions stehen (z. B. länderspezifische lokale Anforderungen zu steuerlichen und rechtlichen Schnittstellen mit Behörden),
- **Identifikation und Transfer von unstrukturierten Daten** (Daten, die nicht automatisiert migriert werden, z. B. im Rahmen der ERP-Migration), wie lokal gespeicherte Daten auf dem Desktop, Daten und Informationen aus Altsystemen (z. B. Lotus Notes) und SharePoint-Seiten der Global First.

Pricewaterhouse Coopers GmbH

IT-Infrastruktur und IT-Sicherheit

Die IT-Infrastruktur umfasst Rechenzentren und Netzwerke, die den Austausch über Cloudlösungen, Konnektivität und Kollaborationswerkzeuge (z. B. Microsoft Office 365 mit Teams und OneDrive) zwischen den Mitarbeiter:innen von Battery Solutions ermöglichen.

Die IT-Sicherheit umfasst den Reifegrad der IT-Sicherheit und die wichtigsten IT-Sicherheitskontrollen, -Richtlinien und -Verfahren für die neuen Gesellschaften von Battery Solutions. Die Sicherheitsmaßnahmen werden in drei Kernbereichen verankert: in der Cloud, im Netzwerk der Gesellschaften und über den Internetzugang mit Virtual Private Network (VPN).

Wichtige Punkte zur erfolgreichen Ausgliederung von Battery Solutions in Bezug auf die IT-Infrastruktur und -Sicherheit sind:

- **Identifikation der bestehenden IT-Vermögenswerte**, die im Rahmen des Verkaufs an Battery Solutions übergehen,
- **Abgleich der bestehenden vs. benötigten IT-Vermögenswerte** sowie Neubeschaffung der fehlenden Assets (auch im Fall von Neubeschaffung durch Ablauf des jeweiligen Lebenszyklus des Gerätes),
- **Separierung und Neuaufbau der IT-Infrastruktur** durch Auswahl von IT-Dienstleistern zum Aufbau der Cloud und zur Einrichtung der Firewall,
- **Trennung der Interkonnektivität zwischen den Standorten.** Dies bedeutet, dass im Standalone-Konzept von Battery Solutions der Zugang über das WAN-Netzwerk zu Global First abgeschaltet wird und auch kein übergreifendes WAN-Netzwerk zwischen den einzelnen Battery-Solutions-Gesellschaften aufgebaut wird. Somit agieren die Gesellschaften von Batterie Solutions mit einer eigenen und standardisierten IT-Landschaft autark.

IT-Ablauforganisation und IT-Governance

Der Aufbau der IT-Ablauforganisation bei Battery Solutions legt einen Fokus auf die Schaffung der organisatorischen Strukturen auf globaler, regionaler und lokaler Ebene. Für eine funktionierende IT-Ablauforganisation ist es maßgeblich, eine angemessene IT-Governance mit IT-Prozessen und Regelwerken innerhalb der einzelnen IT-Komponenten (z. B. ERP, Non-ERP, Infrastruktur etc.) zu etablieren, um effizient und agil operieren zu können.

Wichtige Punkte zur erfolgreichen Ausgliederung von Battery Solutions aus IT-Ablauforganisation- und IT-Governance-Sicht sind:

- **Erstellung eines Target Operation Model** (TOM) zur Schaffung von transparenten Organisationsstrukturen,
- **Erstellung von IT-Prozessen und einem IT-Regelwerk** zur Ausrichtung der IT-Abläufe,
- Sicherstellung und Durchführung der **Hypercare-Phase** nach Day 1.

Fragestellung 3

Bitte nennen Sie die wichtigsten Stakeholder und Prozesse aus der IT-Komponente „IT-Infrastruktur".

Lösungsweg 3

Ein Vorschlag zur Nennung der Stakeholder und Prozesse auf globaler, regionaler und lokaler Ebene kann wie folgt aussehen:

(Exemplary only)	**People**	**Processes**
Global	• Global Service Provider • Global Vendor Manager • Regional IT Manager	• Global Cost Controlling • 3rd level IT Helpdesk process (if 1st and 2nd level cannot solve the incident)
Regional	• Regional IT Manager • Regional Vendor Manager	• Helpdesk process (for 2nd level support) • User Account Management • IT Hardware approval process
Local	• Local Country Manager • Local Head of Finance • Local IT Manager	• IT Hardware approval process • IT Helpdesk process (for 1st level support)

IT-Infrastruktur: Stakeholder und Prozesse auf globaler, regionaler und lokaler Ebene

Fragestellung 4

Welche Meilensteine sehen Sie für die IT-Komponente „ERP"?

Lösungsweg 4

Für das Arbeitspaket ERP können folgende Meilensteine als wichtig erachtet werden, um Battery Solutions erfolgreich aus Global First auszugliedern:

- ERP-Blueprint-Konzept erstellt und validiert,
- ERP-Systemaufbau fertiggestellt und validiert,
- Zu migrierende Stammdaten identifiziert, validiert und in das neue Zielsystem von Battery Solutions migriert,
- Benutzerakzeptanztests und -schulungen durchgeführt,
- Benutzerberechtigungskonzept implementiert.

Fragestellung 5

Die wichtigsten Schritte für einen übergreifenden Projektplan zur Ausgliederung von Battery Solutions sind nun identifiziert. Welche abschließenden Überlegungen – abseits von den genannten – gilt es noch zu berücksichtigen?

Lösungsweg 5

Neben den genannten Punkten sollte zusätzlich Folgendes berücksichtigt werden:

- **Abgrenzung des IT-Projektrahmens,** sodass im vorgegebenen Zeitrahmen mit den vorhandenen Ressourcen und dem freigegeben IT-Budget eine Realisierung zum Day 1 zustande kommt und Battery Solutions eigenständig agieren kann,
- **Nutzen des Grundsatzes „Carve-out first, optimize later"** zur Orientierung, sodass die wesentlichen Funktionalitäten, die für die Fortführung des Geschäftes am Day 1 notwendig sind, zur Verfügung stehen,
- **Umsetzung des IT-Projektplans im Kontext der Deal-Zeitschiene**. Hierbei werden drei wesentliche Meilensteine berücksichtigt: Signing, Closing und Day 1. Bis zum Signing wird klassischerweise das IT-Konzept definiert, welches im Anschluss zum Day 1 umgesetzt wird.

Die folgende Darstellung verschafft einen vereinfachten Überblick über die wesentlichen Meilensteine, die für den IT-Carve-out von Bedeutung sind. Im Zuge der Transaktion ist die Entwicklung von detaillierten Zeitplänen mit den durchzuführenden Aktivitäten erforderlich.

Pricewaterhouse
Coopers GmbH

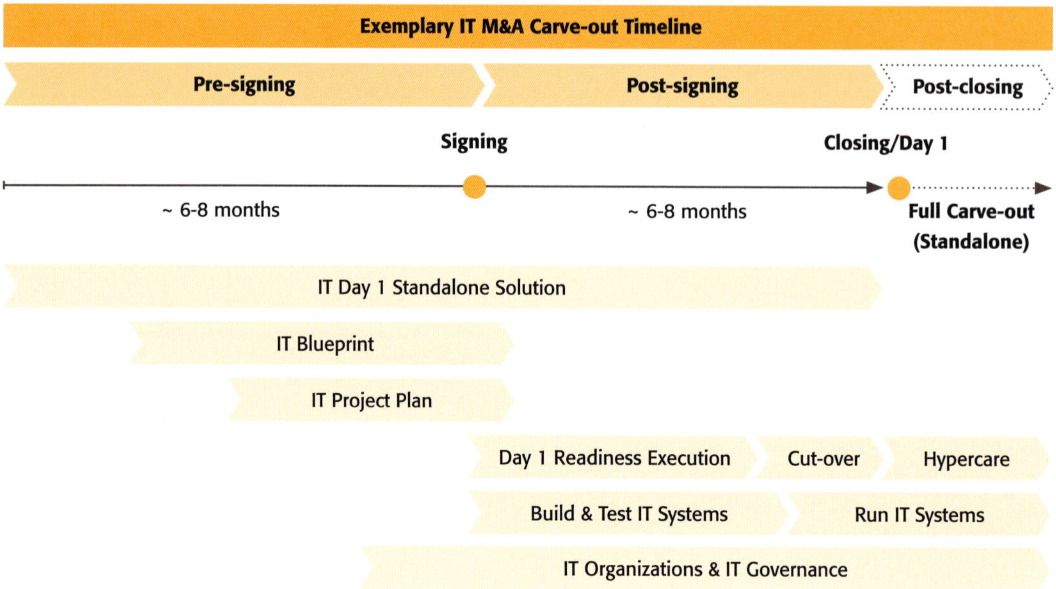

Klingt gut? Mehr erfahren!

Beispiel für eine IT-Carve-out Zeitschiene
(Zeitschiene variiert je Transaktion)

pwc

Pricewaterhouse Coopers GmbH

Friedrich-Ebert-Anlage 35–37
60327 Frankfurt am Main
www.karriere.pwc.de

Rebecca Bollweg
Personalmarketing & Recruiting
+49 69 95850
DE_Karriere@pwc.com

Umsatzsteigerung bei AllFit Deutschland

von Lisa Remmelberger und Anna Krumpen

Interviewer:in: Ihr Klient ist der Fitness-Aggregator AllFit Deutschland. AllFit Deutschland bietet seinen Kund:innen ein Fitness-Abo an, welches Zugang zu über 4.000 Partnereinrichtungen innerhalb Deutschlands ermöglicht. Zu diesen Partnern gehören unter anderem Fitnessstudios, Schwimmbäder, Yoga-Studios und Kletterhallen. Der Jahresumsatz des Unternehmens liegt aktuell bei 24 Mio. Euro. In letzter Zeit konnte AllFit Deutschland seine Umsätze jedoch nicht mehr steigern. Aus diesem Grund kommt die Geschäftsleitung auf Sie zu und bittet um Hilfe. Konkret möchte das Management Maßnahmen identifizieren, mit denen der jährliche Umsatz in Zukunft wieder ansteigt.

Bewerber:in: Wie kann diese Umsatzsteigerung erreicht werden? Dafür gibt es grob gesprochen zwei Kernstrategien: Entweder wir erhöhen die Preise für Abonnements oder die Anzahl der Abonnent:innen. Grundlegend ist beides möglich. Um mögliche Maßnahmen konkreter identifizieren zu können, würde ich gerne zwei anfängliche Fragen stellen. Erstens: Wie sieht das aktuelle Produktportfolio und das Preismodell aus? Zweitens: Konnte AllFit Deutschland beobachten, dass es einen im Vergleich zum Markt hohen Kundenabgang gibt, oder haben wir es eher mit einer geringerer Anzahl an Neukund:innen zu tun?

Interviewer:in: Momentan bietet AllFit Deutschland ein Fitness-Abo zum Preis von 40 Euro pro Monat an. Dieses Angebot umfasst unbeschränkten Zugang zu allen Partnereinrichtungen von AllFit Deutschland. Die Kundenabwanderungsquote (Churn) ist im Vergleich zum Branchendurchschnitt relativ stabil, während die Anzahl an Neukund:innen prozentual etwas geringer ausfällt als bei den Wettbewerbern.

Bewerber:in: Vielen Dank für die Informationen – das entspricht also durchschnittlich 50.000 Bestandskund:innen.

▸ 24 Mio. Euro Umsatz pro Jahr ÷ 12 Monate ÷ 40 Euro pro Monat = 50.000

Auf dieser Basis sehe ich primär folgende Möglichkeiten, den Umsatz zu steigern: Für das bestehende Produkt können wir entweder die Anzahl der Nutzer:innen (Bestandskund:innen – Churn + Neukund:innen) oder den durchschnittlichen Umsatz pro Nutzer:in erhöhen. Da der Churn relativ stabil scheint, sollten wir den Fokus stärker auf die Neukundengewinnung und die Erhöhung des durchschnittlichen Umsatzes pro Kundin oder Kunde legen. Primär könnte das Unternehmen die Anzahl der Nutzer:innen anheben durch:

1. gezielte **Marketingaktivitäten** (z. B. Werbung auf Sportevents oder mit Influencern),
2. eine **Optimierung des Vertriebs** (z. B. Penetration neuer Kanäle mittels indirektem Vertrieb durch größere Sportgeschäfte),
3. **Preisänderungen** (generelle Preissenkung oder ermäßigte Angebote)
4. **Qualitätsverbesserungen** in Produkt und Service (z. B. höhere Qualität der Partner, Verbesserung der Mobil-Kundenapplikation), um die Zufriedenheit der Kundschaft und das Produktengagement (also die Nutzungshäufigkeit) zu erhöhen. Dies reduziert wiederum den Churn.

Sekundär würde ich AllFit Deutschland empfehlen den durchschnittlichen Umsatz entweder durch (1) eine pauschale Preiserhöhung oder durch (2) eine indirekte Preiserhöhung kombiniert mit einer Produktdifferenzierung zu steigern. Letzteres würde bedeuten, dass durch unterschiedliche Varianten des Angebots, welche auf verschiedene Kundensegmente zugeschnitten sind, die unterschiedlichen Zahlungsbereitschaften der Kund:innen optimal abgeschöpft werden können. Darüber hinaus gibt es natürlich auch noch die Möglichkeit, durch eine Angebotserweiterung abseits des Kernsortiments zu wachsen.

Interviewer:in: Das sind alles sehr gute Strategien, um den Umsatz zu steigern. Lassen Sie uns zunächst den Fokus auf die Erhöhung des durchschnittlichen Umsatzes pro Kundin oder Kunde legen. Wir haben ein Interview mit der Bereichsleiterin für Marketing von AllFit Deutschland geführt. Dabei hat sie uns erzählt, dass die Abonnent:innen ihrer Meinung nach sehr unterschiedliche Ansprüche und Wünsche haben. Exakte Unterschiede konnte sie uns jedoch leider nicht nennen, da dies intern noch nie systematisch erfasst wurde. Wie würden Sie diese Informationen verwenden, und welche nächsten Schritte würden Sie der Projektleitung vorschlagen?

Bewerber:in: Dass es heterogene Kundengruppen gibt, ist sehr interessant für die Evaluierung der zuvor genannten Optionen. Auf dieser Basis könnte vor allem die Einführung eines differenzierten Produktportfolios vielversprechend für AllFit Deutschland sein. Ich würde empfehlen, diese Heterogenität durch Marktforschung weiter zu spezifizieren. Dabei sollte die Analyse zum einen das Nutzungsverhalten und die Prioritäten (z. B. wie wichtig es ist, unterschiedliche Sportarten und deutschlandweite Partnerangebote anzubieten, welche Rolle die Qualität der Partnereinrichtungen spielt etc.) von bestehenden und potenziellen Kund:innen untersuchen. Dadurch kann das Unternehmen herausfinden, welche Kundensegmente es generell gibt und welche davon bereits (erfolgreich) bedient werden. Zum anderen könnte es hilfreich sein, die aktuelle Kundenzufriedenheit und Zahlungsbereitschaft zu messen.

Interviewer:in: Das ist ein guter Ansatz. Die Durchführung von Marktforschungsstudien ist essenziell dafür, Kundenbedürfnisse zu erforschen und bildet oft die Basis für Portfolio- und Preisoptimierungen. Können Sie ein paar Beispielfragen nennen, mit welchen Sie die genannten Punkte evaluieren würden?

Bewerber:in: Gerne. Für die Wichtigkeit bestimmter Produkteigenschaften würde ich im internen Team vor Beginn der Marktforschung alle zu testenden Eigenschaften identifizieren. Diese würden dann durch die an der Marktforschung teilnehmenden Personen auf Basis einer Likert-Skala bewertet werden (von 1 = unwichtig bis 7 = sehr wichtig). Anhand der verschiedenen Antworten lassen sich dann anschließend Segmente bilden, in die man die Kund:innen einordnen kann. Die Zahlungsbereitschaften könnten unter anderem durch die Van-Westendorp-Methode abgefragt werden.

Interviewer:in: Das sind gute Beispiele. Im Fall von AllFit Deutschland konnten wir Folgendes feststellen:

Poweruser:in (20 % der Kund:innen)	Gelegenheitssportler:in (60 % der Kund:innen)	Alibi-Sportler:in (20 % der Kund:innen)
• 10+ Besuche pro Monat • Nutzen regelmäßig alle verschiedenen Partnereinrichtungstypen, also Fitnessstudios, Schwimmbäder, Kletterhallen etc. • Nutzen das Angebot auch, wenn sie auf Dienstreisen oder privat unterwegs sind • Finden Preise bis zu 70 Euro pro Monat akzeptabel	• 5–10 Besuche im Monat • Nutzen regelmäßig Fitnessstudios und ab und zu auch Schwimmbäder • Nutzen das Angebot in der Regel nur in ihrer Heimatstadt • Finden Preise bis zu 50 Euro pro Monat akzeptabel	• Weniger als 5 Besuche im Monat • Nutzen nur ab und zu Fitnessstudios • Nutzen das Angebot in der Regel nur in ihrer Heimatstadt • Finden Preise bis zu 30 Euro pro Monat akzeptabel

Wie würden Sie mit diesen neuen Informationen fortfahren?

Bewerber:in: Es ist klar zu erkennen, dass sich die Segmente stark in Nutzung und Zahlungsbereitschaft unterscheiden. Auf Basis dessen würde ich je Segment eine Produktoption anbieten, die auf das jeweilige Nutzungsverhalten zugeschnitten ist. Neben der Art der genutzten Partnereinrichtungen scheint es Unterschiede darin zu geben, ob die Kund:innen das Angebot regional oder deutschlandweit nutzen möchten. Diese Unterscheidung eignet sich gut als weiteres Differenzierungsmerkmal. Bei den optimalen Preispunkten müsste AllFit Deutschland noch prüfen, ob es sich bei den in der Umfrage genannten Preisen um den Preis im Umsatzoptimum handelt.

	AllFit Gold	AllFit Silber	AllFit Bronze
Check-ins pro Monat	**unbegrenzt**	**10**	**4**
Zugang zu Partnernetzwerk	**deutschlandweit**	**nur in Heimatstadt**	**nur in Heimatstadt**
Fitnessstudios	✔	✔	✔
Schwimmbäder	✔	✔	
Kletterhallen, Yogastudios und viele weitere Partnereinrichtungen	✔		
	70 Euro	**50 Euro**	**30 Euro**

Interviewer:in: Das sieht schon einmal sehr gut aus. Eine solche Produktdifferenzierung in sogenannte „Good, Better, Best"-Produkte bietet eine Vielzahl an Vorteilen. Zum einen entstehen attraktive Angebote für eine größere Zielgruppe: Es gibt dann ein Einstiegsangebot für Wenignutzer:innen, ein Basisangebot für die breite Masse und ein Premium-Angebot für Heavy-User. Dadurch schöpft das Unternehmen auch die unterschiedlichen Zahlungsbereitschaften der bestehenden Kund:innen besser ab. Lassen Sie uns berechnen, was der Umsatzeffekt wäre. Gehen Sie dabei davon aus, dass die Preise der Marktforschung das Umsatzoptimum darstellen.

Bewerber:in: Alles klar. Bevor ich mit der Berechnung beginne, stellt sich für mich noch die Frage, ob wir durch den niedrigeren Preispunkt ein neues Segment mit geringeren Budgets ansprechen?

Interviewer:in: Generell wäre das eine sehr valide Annahme. Lassen Sie uns zur Vereinfachung aber mit 100 Prozent der aktuellen Kund:innen rechnen.

Bewerber:in: Danke. Darauf basierend lässt sich ein Umsatz von 30 Mio. Euro pro Jahr berechnen. Das sind 6 Mio. Euro mehr als der Status quo.

HINWEIS: Mithilfe der Preisbereitschaften und Anteile der Kundensegmente kann der zu erwartende Umsatz berechnet werden.

Kundensegment	Anteil	Kund:innen	Akzeptabler Preis	Erwarteter Umsatz	Gesamtumsatz
Poweruser:in – Gold	20 %	10.000	70 Euro	700.000 Euro	2,5 Mio. Euro/Monat 30 Mio. Euro/Jahr
Gelegenheitssportler:in – Silber	60 %	30.000	50 Euro	1.500.000 Euro	
Alibisportler:in – Bronze	20 %	10.000	30 Euro	300.000 Euro	

Rechnung: Preisanpassung + Produktdifferenzierung

Interviewer:in: Das klingt plausibel für mich. AllFit Deutschland glaubt jedoch noch nicht so ganz an die Vorteile einer Produktdifferenzierung und hat Angst, dass die Implementierung zu kompliziert wird. Deshalb möchte das Unternehmen gerne den Effekt einer undifferenzierten Preiserhöhung berechnet haben. Glücklicherweise haben wir in der Marktforschung hierzu die Preiselastizitäten abgefragt. Können Sie mir sagen, was der umsatzoptimale Preispunkt und der daraus resultierende Umsatz pro Jahr wäre?

Preis in Euro/Monat	Nachfrage in Tsd. Kund:innen	Preiselastizität
20	75	–0,40
30	60	–0,50
40	50	–0,60
50	42,5	–1,00
60	34	–1,24
70	27	–1,30
80	22	–1,80

Nachfrage nach AllFit Deutschland Fitnessabos in Abhängigkeit vom Preis

Bewerber:in: Auf Basis der Preiselastizität ist der Umsatz bei einem Preis von 50 Euro pro Monat im Optimum. Bei allen Preisen unterhalb dieser Schwelle ist die Elastizität größer als -1. Das bedeutet, der Nachfragerückgang ist geringer als der Preisanstieg. Bei allen Preispunkten über 50 Euro ist die Elastizität kleiner als -1. Dies wiederum bedeutet, dass der Nachfragerückgang höher ist als der Preisanstieg. Bei einem Preis von 50 Euro pro Monat und 42.500 Kund:innen ergibt das dann einen Umsatz von 25,5 Mio. Euro pro Jahr, was 4,5 Mio. Euro weniger als bei der Preisanpassung mit Produktdifferenzierung wären.

Interviewer:in: Prima. Sie haben zuvor erwähnt, dass AllFit Deutschland auch sein Angebot erweitern könnte, um die Anzahl der Kund:innen und teilweise den Umsatz pro Kundin oder Kunde zu steigern. Welche konkreten Möglichkeiten gibt es hier?

Bewerber:in: Ich würde gerne das Brainstorming auf Basis der folgenden Matrix strukturieren:

		Produkt	
		bestehend	**neu**
Markt	**bestehend**		**1 Produkterweiterungen** • Einführung von Upgrademöglichkeiten (z. B. gewisses Kontingent an Fitnessdrinks) • Erweiterung des Produktangebots durch neue Partnereinrichtungen
	neu	**2 Neue Märkte** • Angebot an B2B-Kundschaft (Unternehmen bieten AllFit für Angestellte an) • Expansion in weitere Länder	**3 Produktdiversifikation** • Eröffnung von Sportrestaurants • Verkauf von Sportartikeln (Kleidung, Geräte, …)

Darauf basierend kann AllFit Deutschland (1) im bestehenden Markt das aktuelle Produkt erweitern, (2) das aktuelle Produkt in neuen Märkten anbieten oder (3) neue Produkte in neuen Märkten einführen.

Interviewer:in: Das sind noch einmal einige sehr gute Punkte. Damit sind wir auch schon am Ende der Case Study angelangt. Vielen Dank für Ihre Zeit.

Lösungsstruktur auf einen Blick

Ausgangssituation

- Aktueller Jahresumsatz von AllFit Deutschland: 24 Mio. Euro
- Stagnation der Umsätze über die letzten Jahre

Ziel

- Klare Umsatzsteigerung

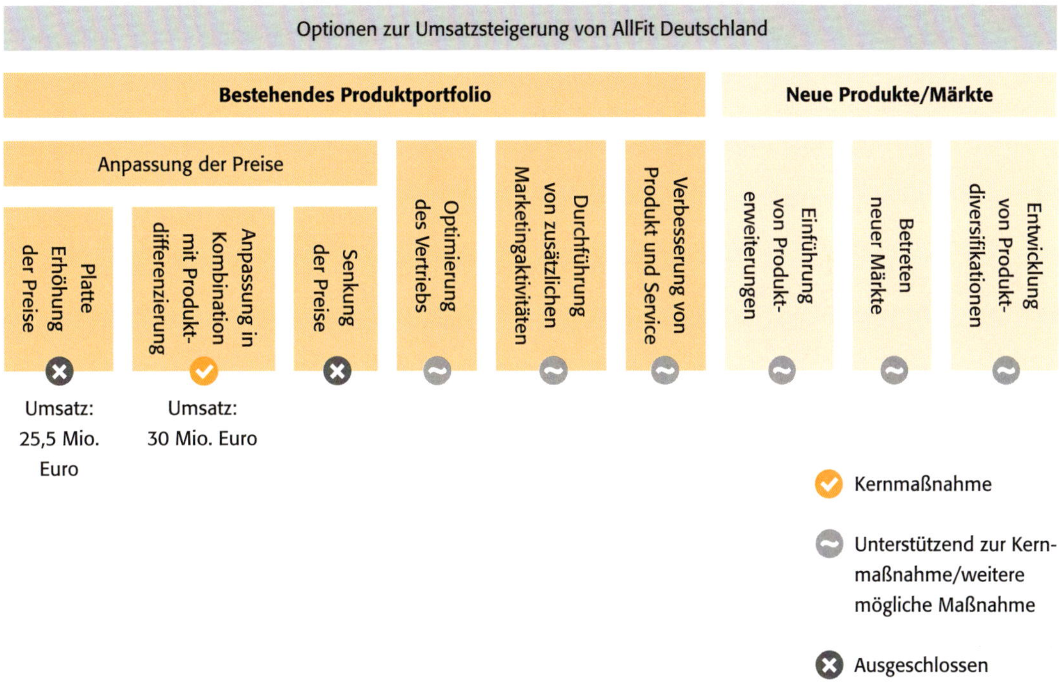

Indischer Autohersteller in Not

von Marco-Alexander Horchler

Aufgabenstellung

Ihr Kunde ist ein indischer Autohersteller. Am Jahresende stellt der CEO fest, dass der Gewinn pro Fahrzeug im Vergleich zum Vorjahr stark gesunken ist. Da der Gewinn pro Fahrzeug den Firmeneigentümern sehr wichtig ist, engagiert der CEO Ihre Beratungsfirma, um herauszufinden, woher das Problem kommt und wie es zu lösen ist.

Lösungsweg

Bevor Sie mit der Lösung des Cases beginnen, können Sie zunächst zwei bis drei Fragen zur Abgrenzung Ihres Projektauftrags stellen. So erfahren Sie zum Beispiel, dass von einem Einheitsprodukt anstatt von verschiedenen Automobilsegmenten auszugehen ist. Nachdem Sie anfängliche Fragen geklärt haben, wiederholen Sie die Aufgabenstellung und bitten um einen kurzen Moment zur Strukturierung Ihrer Gedanken.

Anfangsstruktur

HINWEIS: Ihre Anfangsstruktur sowie Ihr weiteres Vorgehen im Case sollte überschneidungsfrei und allumfassend sein.

Aus Ihren ersten Überlegungen schließen Sie, dass sich Veränderungen im Gewinn pro Fahrzeug - die Fragestellung bezieht sich auf die Fahrzeugebene - entweder auf den Preis oder auf die Kosten pro Fahrzeug zurückführen lassen. Bei den Kosten pro Fahrzeug ist weiterhin zu beachten, dass sich diese sowohl aus variablen Kosten als auch aus der Fixkostenumlage zusammensetzen.

Nachdem Sie die Struktur vorgestellt haben, beginnen Sie nun mit der Ausarbeitung Ihrer Lösung. Auf Nachfrage erfahren Sie hierbei, dass sich der Preis pro Fahrzeug seit dem letzten Jahr nicht verändert hat. Somit beginnen Sie, den Kostenblock zu analysieren. Eine weitere Nachfrage ergibt, dass auch die variablen Kosten pro Fahrzeug konstant geblieben sind. Daraus schließen Sie, dass der gesunkene Gewinn pro Fahrzeug nur durch eine gestiegene Fixkostenumlage bedingt sein kann.

Mit diesem Wissen steigen Sie in die tiefere Analyse ein, indem Sie Ihre anfänglichen Überlegungen entsprechend weiterführen. Für die Berechnung der Fixkostenumlage pro Fahrzeug schlagen Sie vor, die gesamten Fixkosten durch die Ausbringungsmenge an Fahrzeugen zu teilen. Daraufhin erhalten Sie die Information, dass die Ausbringungsmenge dieses Jahr deutlich gesunken ist. Daraus folgern Sie, dass es hierfür sowohl interne Gründe (Kapazität des Autoherstellers) sowie externe Gründe (Nachfrage am Markt) geben kann und erfahren, dass die Kapazität des Autoherstellers abgenommen hat.

Um Fahrzeuge zu produzieren benötigt man Produktionsinput (ausreichend Material) und einen funktionierenden Produktionsprozess (ausreichend Maschinen, Personal etc.). Man gibt Ihnen zu verstehen, dass es beim Produktionsinput seit diesem Jahr immer wieder Lieferengpässe gegeben hat und dass sich vor allem der Produktionsinput an Autoreifen als problembehaftet erwiesen hat. Bisher stammen die Autoreifen von einem einzigen Zulieferer aus China, welcher sich nun mit Problemen beim Import konfrontiert sieht. Die daraus resultierende geringere Verfügbarkeit von Autoreifen hat somit die Ausbringungsmenge an Fahrzeugen verschmälert und sich im Rückschluss auch negativ auf die Skaleneffekte ausgewirkt. Dies hat somit zum gesunkenen Gewinn pro Fahrzeug geführt.

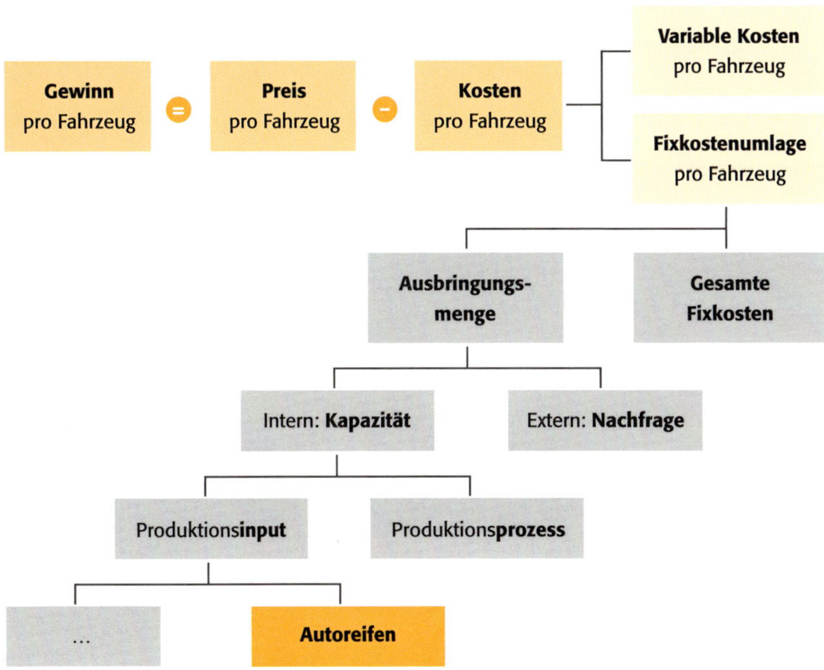

Vollständige Lösungsstruktur

Nachdem Sie gezeigt haben, dass Sie strukturiert vorgehen können, wird nun auch Ihre Geschicklichkeit im Umgang mit Zahlen geprüft. Dafür wird Ihnen im Interview nun ein Angebot eines Zulieferers aus Indien für Autoreifen zum gleichen Preis präsentiert. Es gilt zu ermitteln, wie viele zusätzliche Autoreifen beim indischen Zulieferer im nächsten Jahr zugekauft werden sollten, damit der Gewinn pro Fahrzeug wieder auf den Vorjahreswert erhöht werden kann.

Bevor Sie nach den Daten zur Berechnung fragen, beginnen Sie auch hier am besten mit der Skizze einer Berechnungsstruktur. Um zu ermitteln, wie viele zusätzliche Autoreifen benötigt werden, gilt es zunächst in Erfahrung zu bringen, wie viel weniger Fahrzeuge dieses Jahr aufgrund des Lieferengpasses produziert wurden.

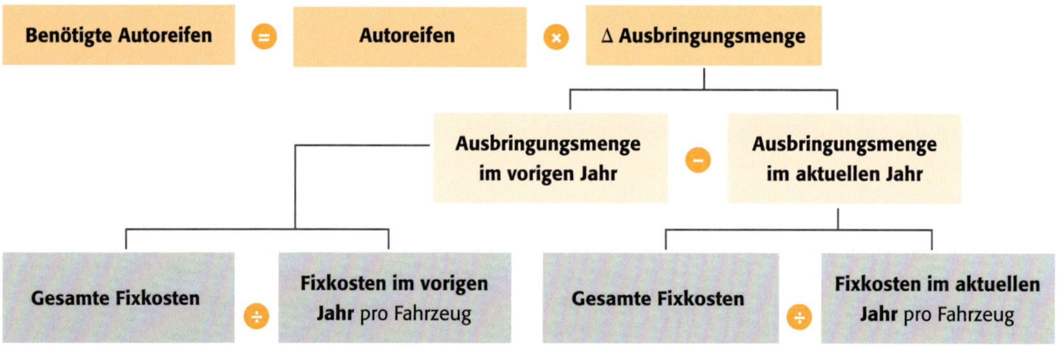

Rechenstruktur

Auch diese Struktur stellen Sie zunächst vor und weisen dabei auch auf Ihre Annahme hin, dass außer dem Lieferengpass bei den Autoreifen alle weiteren Variablen konstant bleiben. Auf Nachfrage erhalten Sie die benötigten Daten:

Autoreifen pro Fahrzeug	4 (ohne Ersatzreifen)
Gesamte Fixkosten	30 Mrd. Rupien
Fixkostenumlage im vorigen Jahr pro Fahrzeug	75 Tsd. Rupien
Fixkostenumlage im aktuellen Jahr pro Fahrzeug	91 Tsd. Rupien

Entsprechend können Sie Ihre Struktur befüllen und kommen zu dem Ergebnis, dass im nächsten Jahr zusätzlich 280.000 Autoreifen vom indischen Zulieferer eingekauft werden sollten.

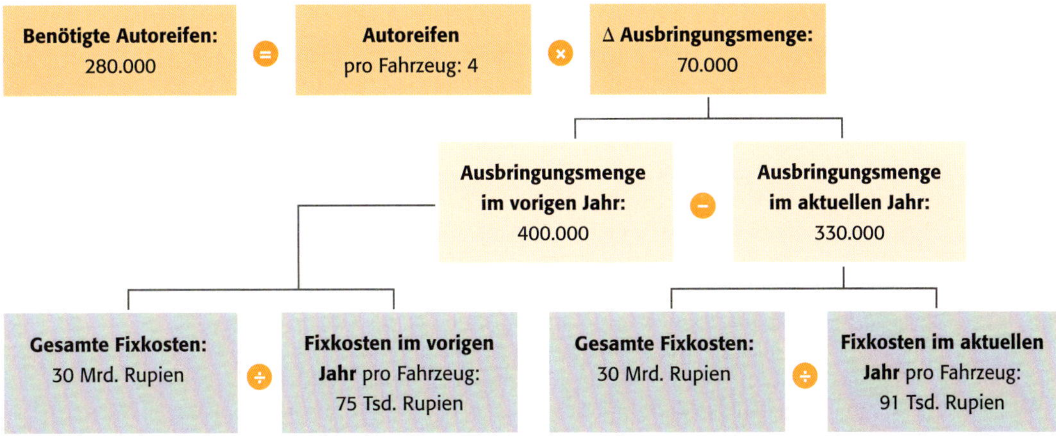

Rechnung mit Lösung

Zum Schluss werden Sie noch um ein Fazit gebeten. Hierfür eignet sich sehr häufig folgende Top-down-Struktur:

- **Empfehlung:** Der indische Autohersteller sollte im nächsten Jahr zusätzliche 280.000 Autoreifen vom lokalen, indischen Zulieferer einkaufen, um seinen Gewinn pro Fahrzeug aus dem Vorjahr zu halten.
- **Begründung:** Die entsprechende Menge kann wegen Importproblemen nicht weiter vom bisherigen chinesischen Zulieferer bezogen werden. Die durch Lieferengpässe bedingte, geringere Zahl an verfügbaren Autoreifen hat im aktuellen Jahr die Ausbringungsmenge an Fahrzeugen und somit auch die Skaleneffekte verschmälert. Dies führte zum gesunkenen Gewinn pro Fahrzeug im aktuellen Jahr.
- **Limitationen:** Neben der genannten Ceteris-Paribus-Annahme sollte auch die Qualität der Autoreifen des lokalen Zulieferers überprüft und sichergestellt werden.
- **Nächste Schritte:** Bei der bisher derart starken Abhängigkeit von einem einzigen chinesischen Zulieferer kann außerdem eine weitergehende Analyse des generellen Sourcing-Konzepts sinnvoll sein.

Mit Rückenwind aus der Krise – Restrukturierung der Windstrom AG

von Florian Erbach

Interviewer:in: Die Windstrom AG ist ein weltweit agierender Hersteller von Windkraftanlagen. Sie projektiert, fertigt, errichtet und wartet Onshore-Windparks mit geografischem Fokus auf den Absatzmärkten in Europa, Nord- und Südamerika sowie Australien. Nach Jahren stetigen Wachstums wurden zuletzt Umsatzrückgänge verzeichnet, und das operative Ergebnis ist drastisch eingebrochen. Unterdessen hat sich auch die Marktsituation eingetrübt, und das Wettbewerbsumfeld gewinnt an Dynamik. In Verbindung mit unklaren Zukunftsprognosen hat das Top-Management die Notwendigkeit eines Turnarounds erkannt und bittet um eine Bewertung der aktuellen Unternehmenssituation, die Identifikation möglicher Restrukturierungsbedarfe sowie die Entwicklung und Priorisierung wirksamer Maßnahmen zur Überwindung der Krise.

Bewerber:in: Vielen Dank für die Einführung in die aktuelle Unternehmenssituation, die ich grundlegend verstanden habe. Für eine bessere Einordnung richte ich meinen Blick zunächst auf externe Faktoren in den Branchen des Anlagenbaus und der Energiewirtschaft, die beide maßgeblichen Einfluss auf die Windstrom AG als weltweit agierenden Hersteller von Windkraftanlagen haben. Anschließend werde ich die internen Herausforderungen analysieren sowie darauf aufbauend Handlungsempfehlungen herleiten und priorisieren.

Die Wertschöpfungskette eines Windanlagenbauers lässt sich in einer vereinfachten Betrachtung in fünf wesentliche Stufen einteilen. Ausgangspunkt stellen hierbei zunächst die Plattformentwicklung und der Verkauf dar, woraufhin sich die Anwendungsentwicklung und der Einkauf anschließen. Daraufhin erfolgen die Industrialisierung und Montage der Windkraftanlagen sowie die Installation und Inbetriebnahme. Der Betrieb und das Angebot von Services, beispielsweise bei Wartung und Instandhaltung, vervollständigen diese Wertschöpfungskette. In Bezug auf die Energiewirtschaft kommen die installierten Windanlagen schließlich bei der Energieerzeugung zum Einsatz.

Wertschöpfungskette des (Wind-)Anlagenbaus

Interviewer:in: Die skizzierte Wertschöpfungskette können Sie als Grundlage für die weitere Bearbeitung verwenden. Zunächst möchte ich gerne noch mehr über mögliche marktseitige Herausforderungen der Windstrom AG erfahren. Welche Beispiele fallen Ihnen hierzu ein?

Bewerber:in: Derzeit sind die Ausweitung bei der Erzeugung erneuerbarer Energien sowie Lösungen für die dezentrale Energieerzeugung von besonderer Bedeutung. Mit einem technologischen Fortschritt und einer kontinuierlichen Steigerung der Leistungsfähigkeit von Windanlagen gilt es zunehmend kunden- und projektspezifische Lösungen anzubieten und die dadurch entstehende Variantenvielfalt und Komplexität im Leistungsportfolio profitabel zu gestalten. Tragfähige (Recycling-) Konzepte für Windparks nach dem Ende der Laufzeit sind zudem aus einer Nachhaltigkeitsperspektive zu entwickeln und umzusetzen. Damit einhergehend sind weitreichende Investitionen in die Zukunfts- und Wettbewerbsfähigkeit notwendig, die mit politischen, ökologischen und gesellschaftlichen Anforderungen im Einklang stehen müssen.

Interviewer:in: Vielen Dank für die Darstellung der wesentlichen Treiber in der Energiewirtschaft. Eine detaillierte Marktanalyse ist im vorliegenden Fall nicht notwendig. Für die weitere Betrachtung ist es ausreichend zu wissen, dass die Windstrom AG über einen signifikanten Marktanteil verfügt und weitestgehend konstante Auftragseingänge verzeichnet. Zudem fand eine Konsolidierung der Branche statt, aus der zahlreiche Allianzen entstanden sind.

HINWEIS: Abhängig von der Schwerpunktsetzung im Interview ist in diesem Teil eine detaillierte Analyse der Trends und Treiber in der Energiewirtschaft oder der Markt- und Wettbewerbsstruktur möglich. Hierfür können bekannte Frameworks wie Porter (Seite 101 in diesem Buch) oder PESTEL (Seite 103 in diesem Buch) unter Einbeziehung spezifischer Daten, zum Beispiel Marktvolumen, -anteil, -ausschöpfungsgrad oder -potenzial, verwendet werden.

Interviewer:in: Wie bereits eingangs beschrieben, befindet sich unser Kunde in einer unternehmerischen Schieflage. Bitte schildern Sie mir Ihre Gedanken über mögliche Auslöser dieser Krise und die daraus resultierenden Auswirkungen für die Zukunft der Windstrom AG.

Bewerber:in: Für die Schieflage können unterschiedliche Faktoren ausschlaggebend sein, die (unternehmens-)interne und externe Ursachen haben und sich im Zeitverlauf ändern. Ausgangspunkt für Krisen sind intern häufig auf Stakeholder oder die Strategie zurückzuführen. Daraus entsteht eine Produkt- und Absatzkrise, die wiederum eine Ergebniskrise zur Folge und somit maßgebliche Auswirkungen auf die Liquidität des Unternehmens hat. Ohne das proaktive Ergreifen von Gegenmaßnahmen droht schließlich die Insolvenz. Verstärkt werden diese Effekte durch externe Faktoren, wie beispielsweise neue Wettbewerber, einen Preiskampf, technologische Veränderungen, steigende Rohstoffpreise oder sich ändernde Anforderungen der Kundschaft. Im Verlauf der Krise reduziert sich der Handlungsspielraum für das Unternehmen, während der Handlungsdruck für die Umsetzung wirksamer Maßnahmen kontinuierlich steigt.

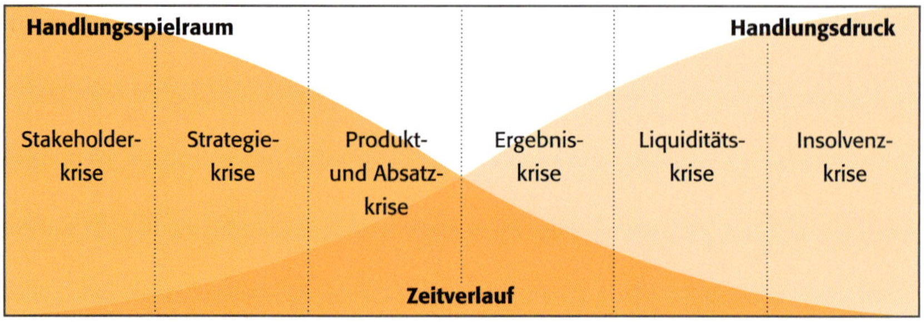

Phasen einer Unternehmenskrise

Interviewer:in: Die Einordnung ist im Wesentlichen zutreffend, aber noch sehr allgemein. Dazu bitte ich Sie, konkrete Beispiele für mögliche interne Ursachen zu nennen.

Bewerber:in: Im Gegensatz zu externen Faktoren, die aus Veränderungen der Unternehmensumwelt folgen, resultieren interne Faktoren häufig aus Fehleinschätzungen bei der Strategieentwicklung, organisatorischen Ineffizienzen entlang der gesamten innerbetrieblichen Wertschöpfungskette in direkten und indirekten Funktionen oder finanzwirtschaftlichen Schwächen. Im Kontext einer bevorstehenden Restrukturierung kann daher nach Stellhebeln auf der Top-Line (Portfolio, Strategie) oder auf der Bottom-Line (Sachkosten, Personalkosten) unterschieden werden.

Interviewer:in: Vielen Dank für Ihre Einordnung der Unternehmenssituation. Nun möchte ich mich mit Ihnen auf die Analyse der internen Situation unseres Kunden fokussieren. Dazu stehen Ihnen folgende Informationen zur Verfügung.

HINWEIS: An dieser Stelle wird die weiterführende Analyse externer Ursachen sowie strategischer (Top-Line) Aspekte explizit ausgeschlossen. Eine Vorbereitung auf damit verbundene Fragestellungen und ein mögliches Vorgehen ist dennoch empfehlenswert.

	2016	2017	2018	2019	2020
Umsatz (in Tsd. Euro)	908.560	946.240	777.600	733.440	860.240
EBIT (in Tsd. Euro)	50.400	32.000	32.080	–21.600	–48.880
EBIT-Marge (in Prozent)	5,5	3,4	4,1	–2,9	–5,7

Bewerber:in: Die Unternehmenskennzahlen verstärken den von Ihnen geschilderten Eindruck einer vorherrschenden Krisensituation der Windstrom AG. Die Umsätze waren zuletzt rückläufig, scheinen sich jedoch im vergangenen Jahr wieder stabilisiert zu haben. Allerdings ist insbesondere die negative EBIT-Marge von –5,7 Prozent im Jahr 2020 ein wesentlicher Indikator für Restrukturierungsbedarf. Mit jedem zusätzlich erwirtschafteten Euro reduziert sich das Ergebnis weiter (negative Grenzerlöse). Da das operative Ergebnis von verschiedenen Faktoren beeinflusst wird, ist für eine fundierte Bewertung die Betrachtung weiterer Kennzahlen empfehlenswert.

Interviewer:in: Welche Kennzahlen erscheinen Ihnen hierfür besonders aussagekräftig?

Bewerber:in: Eine Einschätzung über mögliche Ursachen des Rückgangs beim operativen Ergebnis kann anhand der Gewinn- und Verlustrechnung nachvollzogen werden. Hierfür ist eine Aufstellung der Material- und Personalkosten besonders hilfreich.

Interviewer:in: Von unserem Kunden haben wir dazu folgende Kennzahlen erhalten:

	2020
Materialkosten (in Tsd. Euro)	692.262
Personalkosten (in Tsd. Euro)	112.130
Ausschreibungen (in Tsd. Euro)	55.393
Sonstige betriebliche Kosten (in Tsd. Euro)	92.835
Gesamtkosten (in Tsd. Euro)	**952.620**

Bewerber:in: Der vorliegende Ausschnitt aus der Gewinn- und Verlustrechnung zeigt, dass die Material- (73 Prozent) und Personalkosten (12 Prozent) die wesentlichen Kostenpositionen des Gesamtaufwands der Windstrom AG darstellen. Für das weitere Vorgehen schlage ich daher zunächst die Betrachtung der Material- und anschließend der Personalkosten vor.

Interviewer:in: Eine detaillierte Betrachtung der Materialkosten ist nicht notwendig, diese unterliegen nach Aussage des Auftraggebers maßgeblich externen und somit wenig beeinflussbaren Effekten. Fokussieren Sie sich daher bitte auf eine nähere Betrachtung der Personalkosten.

HINWEIS: Auch hier wird ein möglicher Analyseteil explizit ausgegrenzt. Es ist denkbar, dass alternativ die Analyse der Materialkosten (Einzel- und Gemeinkosten) verfolgt wird oder die Schwerpunktsetzung eigenständig durch die Bewerberin oder den Bewerber erfolgen soll.

Bewerber:in: Gerne betrachte ich die Personalkosten als mögliche Ursache genauer. Bislang ist lediglich bekannt, dass diese 12 Prozent der Gesamtaufwendungen der Windstrom AG verursachen. Mit dieser einseitigen Betrachtung ist eine vertiefte Analyse jedoch nur bedingt aussagekräftig. Können Sie mir weitere Informationen über die Beschäftigtenanzahl nennen?

Interviewer:in: Das Personal der Windstrom AG hat sich in den vergangenen Jahren wie folgt entwickelt:

	2016	**2017**	**2018**	**2019**	**2020**
Beschäftigte	1.508	1.766	1.903	2.114	2.029

Bewerber:in: Anhand dieser Informationen wird erkenntlich, dass trotz des Rückgangs bei Umsatz und EBIT weiterhin Personal aufgebaut wurde. Eine Erhöhung der Aussagekraft entsteht durch die Betrachtung des Umsatzes pro Beschäftigten.

	2016	2017	2018	2019	2020
Umsatz/Beschäftigte (in Tsd. Euro)	602	536	409	347	424

Interviewer:in: Was für weitere Aussagen können Sie hieraus ableiten?

Bewerber:in: Aus den berechneten Zahlen lässt sich erkennen, dass auch der Umsatz pro Beschäftigen zuletzt stark rückläufig war. Das bedeutet, dass trotz des Aufbaus der Belegschaft keine Umsatzsteigerung erzielt wurde. Diese Erkenntnis legt die Einschätzung nahe, dass aufgrund des Personalaufbaus die Komplexität in den (Verwaltungs-) Strukturen unverhältnismäßig gestiegen ist und kein zusätzlicher Wertschöpfungsbeitrag erbracht wurde.

Interviewer:in: Welche weiteren Informationen für die Bekräftigung dieser Aussage können Ihnen behilflich sein?

Bewerber:in: Die Aussagekraft der bisherigen Erkenntnisse kann durch einen Branchen- oder Wettbewerbsvergleich des Personalkostenanteils weiter verstärkt werden. Haben Sie hierzu weitere Informationen vorliegen?

Interviewer:in: Aus vergleichbaren Projekten wissen wir, dass der direkte Wettbewerb der Windstrom AG mit einem Personalkostenanteil von durchschnittlich 8 bis 10 Prozent erfolgreich wirtschaftet.

Bewerber:in: Der Wettbewerbsvergleich zeigt, dass die Höhe des Personalkostenanteils nicht branchenüblich ist und Effizienzpotenziale nicht vollständig ausgeschöpft werden. Daraus kann geschlussfolgert werden, dass eine Ursache für die ökonomische Schieflage der Windstrom AG insbesondere aus internen Faktoren resultiert. Einen Aspekt stellen hierbei die Personalkosten dar, die trotz des zuletzt rückläufigen Umsatzes gestiegen sind. Zusammenfassend ist daher festzustellen, dass ein Abbau des Personals notwendig erscheint, um der Krisensituation der Windstrom AG entgegenzuwirken.

Interviewer:in: Wie hoch beziffern Sie das Einsparungspotenzial bei den Personalkosten aufgrund der Ihnen vorliegenden Informationen?

Bewerber:in: Basierend auf der Annahme, dass die Windstrom AG die Geschäftstätigkeit mit 10 Prozent Personalkostenanteil abbilden kann, würden Personalkosten von 95.262 Tsd. Euro im Vergleich zu den bisherigen Kosten von 112.130 Tsd. Euro anfallen. Es entstünde ein Einsparungspotenzial von 2 Prozent oder 16.868 Tsd. Euro bei den Gesamtkosten.

Interviewer:in: Wie bewerten Sie diese Einschätzung vor dem Hintergrund Ihrer bisherigen Erkenntnisse?

Bewerber:in: Das aufgezeigte Einsparungspotenzial von 2 Prozent erscheint vergleichsweise gering. In Verbindung mit der Aussage des Managements, dass die Materialkosten mit einem Anteil von 73 Prozent an den Gesamtkosten wenig beeinflussbar sind, sollte dennoch eine weiterführende Analyse dieser Kostenposition in Betracht gezogen werden.

Interviewer:in: Nachdem Sie die aktuelle Situation umfangreich analysiert haben, gilt es nun konkrete Handlungsempfehlungen für das Management zur Überwindung der Krise zu entwickeln. Was empfehlen Sie basierend auf Ihren bisherigen Ergebnissen?

Bewerber:in: Die Analyse der Unternehmenssituation zeigt, dass insbesondere Herausforderungen seitens der Personalkosten vorliegen und dadurch organisatorische Optimierungspotenziale stärker ausgeschöpft werden müssen. Eine Reduzierung der Belegschaft lässt sich durch sozialverträgliche Instrumente wie einen Einstellungsstopp, die Nutzung der natürlichen Fluktuation, das Auslaufen befristeter Verträge oder Freiwilligenprogramme gestalten. Hingegen können Sachkosten durch die Anpassung der Wertschöpfungstiefe, die Reduktion von Fremddienstleistungen (Rechts- und Beratungskosten), Einsparungen bei Grundstücken und Gebäuden (Standortschließung oder -zusammenlegung) oder der Kürzung von Marketingbudgets (Kampagnen, Messen, Werbeartikel) realisiert werden. Im Rahmen dessen ist zudem eine Untersuchung der sonstigen betrieblichen Kosten ratsam. Eine Trendumkehr kann ebenso auf der Umsatzseite in Form einer gezielten Ausweitung der Vertriebsaktivitäten durch die Gewinnung neuer Projekte oder der langfristigen Entwicklung neuer Märkte erreicht werden.

Interviewer:in: Gibt es noch weitere potenzielle Maßnahmen, die Ihnen geläufig sind? Beschreiben Sie diese.

Bewerber:in: Ebenfalls empfehlen sich eine Überprüfung der Unternehmensstrategie und die Entwicklung der Unternehmenskultur zu einer stärker leistungsorientierten Organisation. Außerdem sollten Aufbau- und Ablauforganisation, beispielsweise durch den Abbau von Redundanzen oder die Einführung eines umfassenden Prozessmanagements, kritisch betrachtet werden. Nicht zuletzt kann eine Verbesserung der unternehmensweiten IT-Systemlandschaft weitere Effizienzpotenziale erschließen. Betriebsbedingte Kündigungen stellen im schlimmsten Fall ein weiteres Instrument dar. Bei allen Maßnahmen gilt es die Wirksamkeit zu berücksichtigen und eine mögliche Beeinträchtigung der Vertriebs- und Marketingaktivitäten zulasten der Auftragslage und der Umsatzerlöse auszuschließen.

Interviewer:in: Ihre Einschätzung zur Bewertung der einzelnen Maßnahmen teile ich. Anhand welcher Methodik würden Sie vorgehen?

Bewerber:in: Vor dem Hintergrund der angespannten Unternehmenssituation sind mögliche Maßnahmen auf ihr jeweiliges Umsatz- oder Kosteneinsparungspotenzial für eine Ergebnisverbesserung zu bewerten, miteinander zu vergleichen und anschließend für die Umsetzung zu priorisieren. Begonnen werden sollte mit der kurzfristigen Absicherung der Liquidität, zum Beispiel durch das Ausreizen von Kreditlinien oder einer Anpassung des Forderungs- und Verbindlichkeitsmanagements, bei gleichzeitiger Sicherstellung des operativen Geschäfts (Umsatz, Deckungsbeitrag, Ergebnis). Mittelfristig besteht die Zielsetzung in einer nachhaltigen Kostenreduktion sowie der strategischen und operativen Neuausrichtung oder gar dem Verkauf defizitärer Bereiche. Die Schaffung einer Grundlage für weiteres Wachstum stellt darüber hinaus eine langfristige Aufgabe für die Windstrom AG dar. Während der Restrukturierung empfiehlt sich zudem die Etablierung eines umfassenden Risikomanagements, welches Transparenz über aktuelle und zukünftige Risiken sowie deren Einfluss schafft. Insbesondere bei einer Personalreduzierung gilt es von Beginn an Einigung mit dem Betriebsrat zu erzielen und die Entstehung von Mehrkosten zu vermeiden. Dadurch können frühzeitige Mitigationsmaßnahmen eingeleitet werden.

Interviewer:in: Vielen Dank für die Analyse der Windstrom AG und die Entwicklung der verschiedenen Handlungsoptionen. Diese werden wir im nächsten Gespräch mit dem Management diskutieren und eine mögliche Umsetzung thematisieren.

Bewerber:in: Ich danke Ihnen für die Diskussion dieser interessanten Fallstudie.

Lösungsstruktur auf einen Blick

Ausgangssituation

Was ist die spezifische Problemstellung des Unternehmens?

Branchenverständnis

Wie funktioniert die Energiewirtschaft grundsätzlich?

Plattformentwicklung und Verkauf → Anwendungsentwicklung und Einkauf → Industrialisierung und Montage → Installation und Inbetriebnahme → Betrieb und Service

Unternehmensverständnis

Was sind Ursachen für die aktuelle Situation des Unternehmens?

Interne Faktoren	Externe Faktoren
Sachkosten	Personalkosten

Handlungsempfehlungen

Was sind mögliche Lösungsansätze für die Problemstellung?

Kulturell | Strategisch | Finanziell | Organisatorisch | Systemisch

Kurzfristig → Mittelfristig → Langfristig

Restrukturierung der Windstrom AG

5G als Treiber für eine digitale Stadt?

von Melanie Nimianu

Aufgabenstellung

Die Bürgermeisterin einer mitteleuropäischen Stadt mit drei Millionen Einwohner:innen legt großen Wert darauf, dass die Stadt international in verschiedensten Städterankings, wie zum Beispiel dem Global Liveability Ranking oder dem Smart City Index eine Vorreiterposition einnimmt und dementsprechend auch technologisch stets am Puls der Zeit ist. In den letzten 15 Jahren rangierte die Stadt in verschiedenen Rankings stets unter den Top 10. Durch die Verbreitung des 5G-Mobilfunkstandards denkt die Bürgermeisterin über den Mehrwert eines frühzeitigen 5G-Ausbaus für Bürger:innen und Unternehmen nach. Die Regierung des Landes hat bereits vor einigen Monaten eine 5G-Strategie entwickelt, Handlungsfelder für den Ausbau in den kommenden Jahren identifiziert und grobe Rahmenbedingungen festgelegt. Insgesamt sind die zeitlichen Ambitionen des Landes nicht so hoch wie die der Bürgermeisterin. Daher stellt sich unter anderem die Frage, ob die Stadt innerhalb des Landes einen schnelleren Ausbau sicherstellen könnte.

Hintergrundinformationen zur 5G-Technologie

- Der 5G-Mobilfunkstandard baut auf dem bestehenden Mobilfunkstandard 4G auf. Im Vergleich zu früheren Technologien müssen bei der 5G-Technologie Funkzellen engmaschiger ausgebaut werden. Hierfür werden einerseits mehr Makrostandorte (Antennen) benötigt und andererseits wird eine Verdichtung durch Micro-Cells (Mikroantennen) erzielt. Alle Standorte erfordern eine Anbindung an die Glasfaserinfrastruktur.
- 5G ist keine lineare Weiterentwicklung von 4G, sondern besteht aus einer Vielzahl technologisch verbesserter Eigenschaften. Dazu zählen beispielsweise:
  - **Geringe Latenz:** Signalverzögerung kann auf ein Minimum reduziert werden und ermöglicht dadurch Anwendungen mit Echtzeitübertragung.
  - **Hohe Gerätedichte:** Auf einer Fläche von circa 3 km^2 könnten mehr als 3 Mio. Endgeräte auf ein 5G-Netzwerk zugreifen.
  - **Hohe Datenrate:** Mit 10 Gigabit pro Sekunde Einzeldatenrate könnte man den gesamten Inhalt von Wikipedia binnen 6,9 Minuten herunterladen.
- Wichtig zu beachten ist, dass die Telekommunikationsinfrastruktur den Telekommunikationsunternehmen und nicht der Stadt gehört und daher die Unternehmen finale Entscheidungsträger über etwaige Investitionen in den 5G-Ausbau sind.

HINWEIS: Bitte lesen und bearbeiten Sie die Aufgabenstellungen nacheinander. Die Aufgabenstellungen bauen aufeinander auf und enthalten Antworten auf die vorangegangenen Fragestellungen.

Fragestellung 1

Welche Faktoren müssen in der Konzeptstudie für die Stadt berücksichtigt werden, um herauszufinden, ob ein frühzeitiger Ausbau von 5G für die Stadt wertstiftend ist? Würden Sie auf Basis der identifizierten Faktoren einen frühzeitigen Ausbau empfehlen?

Lösungsweg 1

Für die Bürgermeisterin der Stadt ist es essenziell, ihren Bürger:innen sowie ihren Unternehmer:innen neuste technologische Möglichkeiten zu bieten. Zusätzlich möchte die Stadt auch international eine Vorreiterrolle einnehmen, weshalb internationale Rankings und Städtevergleiche relevant sind. In Einklang mit diesen Ambitionen der Bürgermeisterin kann es durchaus sinnvoll sein, über die Mindestziele der Landesregierung hinauszugehen, wenn die Analyse zeigt, dass ein frühzeitiger 5G-Ausbau wertstiftend ist. Zu den wichtigsten Faktoren der Analyse zählen:

- Wettbewerbsfähigkeit des Standortes
- Wahrung der internationalen Vorreiterposition
- Zukünftige Bedürfnisse der Bürger:innen
- Zukünftige Dienste der Stadt

Wettbewerbsfähigkeit des Standortes
Städte und Regionen sind einem immer stärker werdenden Wettbewerb untereinander ausgesetzt. Das Ziel ist die Ansiedlung neuer Unternehmen und eine Minimierung der Abwanderung etablierter Unternehmen. Diese tragen signifikant zum Wertbeitrag der Stadt bzw. dem Land bei. Abgesehen vom zusätzlich erzielbaren Bruttoinlandsbeitrag (BIP-Beitrag) sorgt ein wettbewerbsfähiger Standort für mehr Beschäftigung und verhindert das Abwandern von Unternehmen und Fachkräften sowie der Bevölkerung. Die herrschende Infrastruktur ist eine Grundvoraussetzung für die Gewährleistung eines wettbewerbsfähigen Standortes und sollte daher am Puls der Zeit sein.

Wahrung der internationalen Vorreiterposition
Städtevergleiche und Rankings haben große PR-Wirkung für Städte und Regionen. Eine gute Positionierung in Rankings wirkt sich positiv auf den Tourismus, Zuwanderung und Unternehmensgründungen aus. Insofern die Stadt ihre bisherigen Top-Platzierungen und die damit einhergehende internationale Vorreiterrolle auch in Zukunft beibehalten möchte, ist ein frühzeitiger 5G-Ausbau durchaus zu berücksichtigen.

Zukünftige Bedürfnisse der Bürger:innen
Die Bevölkerung wird durch Werbung zu neuen 5G-Mobiltelefonen sowie zu 5G-Anwendungen bei Ambulanzdrohnen, intelligenten Verkehrswegen oder Smart Stadion bereits auf den neuen Mobilfunkstandard 5G aufmerksam gemacht. Wenn, wie von der Bürgermeisterin beschrieben, die Bevölkerung schon daran gewöhnt ist, dass die Stadt die neusten technologischen Standards meist zügig umsetzt, wird 5G in dieser Stadt schneller an Bedeutung gewinnen als in anderen Städten oder Regionen. Ein späterer 5G-Ausbau könnte daher zu einer Nichterfüllung der Erwartungen der Bürger:innen führen.

Zukünftige Dienste der Stadt
Um zu den lebenswertesten Städten zu gehören, ist es erforderlich, Bürger:innen und Unternehmen neuartige Services zu bieten. Die Stadt sowie Leitbetriebe öffentlicher Hand könnten daher als wesentliche Nachfrager von 5G-Diensten fungieren und mithilfe dieser Technologie neue Dienste, wie zum Beispiel Echtzeit-Verkehrssteuerung, selbstfahrende Busse und Katastrophenfallmanagement, für die Bevölkerung schaffen.

Aus diesen vier beschriebenen Punkten geht klar hervor, dass das Ausbleiben eines frühzeitigen 5G-Ausbaus für die Stadt mit signifikanten Werteinbußen einhergehen würde. Ein frühzeitiger 5G-Ausbau ist daher empfehlenswert.

Fragestellung 2

Welche Hebel stehen der Stadt zur Verfügung, um den 5G-Ausbau zu fördern?

HINWEIS: Wichtig ist hier vor allem, dass 5G nicht nur frühzeitig ausgebaut wird, sondern auch im gesamten Stadtgebiet verfügbar ist. Das heißt, Randbereiche der Stadt sollen ebenso mit 5G versorgt werden, obwohl sie für Telekommunikationsunternehmen teilweise eine weniger lukrative Einnahmequelle darstellen und somit nicht in ihrem primären Ausbaufokus stehen.

Lösungsweg 2

Bei der Beantwortung von Fragestellung 2 ist die Komplexität des Eigentums der Telekommunikationsinfrastruktur zu bedenken. Diese ist in Besitz der Telekommunikationsunternehmen. Diese Unternehmen werden im Normalfall gewinnmaximierend betrieben und haben daher wenig Anreiz, nicht lukrative Bereiche von Städten frühzeitig mit neuesten Technologien auszustatten. Möglichkeiten der Stadt, um dieser Dynamik entgegenzuwirken, sind unter anderem:

- **Anreize/Förderungen**
  - Bereitstellung öffentlicher Gebäude sowie Infrastruktur für Antennenstandorte
  - Förderungszahlungen für die 5G-Abdeckung auch in städtischen Randbereichen
- **Strafen**
  - Strafzahlungen bei Verzögerung oder Nichteinhaltung vereinbarter Ausbaupläne
  - Strafzahlungen für Nichtabdeckung städtischer Randbereiche
- **Vereinfachung der Genehmigungsverfahren für den Ausbau der Antennen**

Im Vergleich zu Strafzahlungen sind Förderungen ein kooperativer Ansatz für die Zusammenarbeit der Stadt mit den Telekommunikationsunternehmen. Strafen sind meist an Ausbauziele geknüpft. Zum einen können Ausbauziele Teil der Lizenzvergabe im Rahmen der 5G-Frequenzauktion sein. Zum anderen können Ausbauvereinbarungen bilateral mit Telekommunikationsunternehmen ausverhandelt werden, wenn keine Ausbauziele innerhalb der Frequenzauktion festgelegt wurden. Es obliegt den Interviewkandidat:innen, für welche Option sie argumentieren möchten. In diesem Lösungsvorschlag wird ein Anreizsystem gewählt, welches durch Strafen ergänzt werden kann. Zu den Anreizen gehören:

Bereitstellung öffentlicher Gebäude sowie Infrastruktur
Städte besitzen Grundstücke sowie Liegenschaften, die für das Anbringen von Makro- und Mikroantennen zur Verfügung gestellt werden können. Die Stadt kann durch niedrigere Standortmieten einen Anreiz schaffen, städtische Randbereiche mit 5G auszustatten. Zusätzlich kann die Stadt Telekommunikationsunternehmen Infrastruktur wie Straßenlaternen oder Busstationen zur Verfügung stellen oder den Ausbau zum Beispiel durch eine Glasfaseranbindung fördern.

Förderungszahlungen für die 5G-Abdeckung städtischer Randbereiche
Alternativ oder zusätzlich können direkte Förderzahlungen für die Abdeckung ausgewählter Stadtviertel bzw. Randbereiche angeboten werden. Ein Beispiel hierfür wäre eine Förderzahlung für jeden zehnten ausgebauten Standort.

Des Weiteren ist die Vereinfachung der Genehmigungsverfahren für einen raschen Antennenausbau essenziell.

Fragestellung 3

Welche 5G-Ausbauförderungen soll die Stadt den Telekommunikationsunternehmen anbieten? Es stehen zwei Optionen zur Verfügung. Bitte berechnen Sie, welche Option für die Stadt günstiger ist.

Option 1
Bereitstellung von Standorten auf öffentlichen Gebäuden zu geringeren Standortmieten für neue Antennenstandorte.

	Antennenstandorte	
	Bestehende Standorte	Neue Standorte
Telekommunikationsunternehmen 1	1.000	200
Telekommunikationsunternehmen 2	1.000	200
Gemeinsame Nutzung von Antennenstandorten[1]	50 %	50 %

Bestehende und neue Antennenstandorte pro Telekommunikationsunternehmen

[1] Der Prozentwert gibt an, wie viele Anlagen durch die Telekommunikationsunternehmen gemeinsam betrieben werden.

Mietkostenverringerung je neuem Antennenstandort: 500 Euro pro Monat für die nächsten 20 Jahre

Option 2
Förderung der Glasfaseranbindung aller bestehenden und neuen Antennenstandorte durch Einmalzahlung pro Standort.

	Antennenstandorte	
	Bestehende Standorte	Neue Standorte
Mit bestehender Glasfaseranbindung	40 %	0 %

Anteil an bestehenden und neuen Antennenstandorten mit Glasfaseranbindung

Glasfaserausbauzuschuss je Antennenstandort: 30.000 Euro (Einmalzahlung)

Lösungsweg 3

Option 1
Zuerst ist zu berechnen, wie viele Antennenstandorte es gibt.

	Antennenstandorte	
	Bestehende Standorte	Neue Standorte
Telekommunikationsunternehmen 1	500	100
Telekommunikationsunternehmen 2	500	100
Telekommunikationsunternehmen 1 + 2	500	100
Antennenstandorte total	**1.500**	**300**

Berechnung der Gesamtzahl an bestehenden und neuen Antennenstandorten

Für die Berechnung der Förderung werden die 300 neuen Antennenstandorte mit den verringerten Mietkosten je Antennenstandort von 500 Euro pro Monat über 20 Jahre multipliziert.

- 300 Antennenstandorte × 500 Euro/Monat × 12 Monate × 20 Jahre = 36.000.000 Euro

Für die Stadt ergibt Option 1 eine Förderung in Höhe von 36.000.000 Euro.

Option 2
Die Förderung des Glasfaserausbaus aller bestehenden und neuen Antennenstandorte errechnet sich durch die Gesamtzahl an Antennenstandorten ohne Glasfaseranbindung multipliziert mit der Einmalzahlung pro Standort.

	Antennenstandorte		
	Bestehende Standorte	Neue Standorte	Total
Ohne Glasfaseranbindung	1.500 × (1 – 0,4) = 900	300 × 1 = 300	1.200

Berechnung der Anzahl an bestehenden und neuen Antennenstandorten ohne Glasfaseranbindung

- 1.200 Antennenstandorte × 30.000 Euro/Antennenstandort = 36.000.000 Euro

Für die Stadt ergibt Option 2 eine Förderung in Höhe von 36.000.000 Euro.

Schlussfolgerung
Option 1 stellt für die Stadt aus zwei Gründen die günstigere Option dar: Erstens stellen die gesenkten Mieteinnahmen lediglich Opportunitätskosten dar, die politisch leichter zu argumentieren sind als die echten Zahlungsmittelabflüsse in Option 2. Zweitens sind die Kapitalwerte der beiden Optionen ein wichtiges Entscheidungsmerkmal. Option 1 beinhaltet geringere monatliche Mieteinnahmen über eine Laufzeit von 20 Jahren. Das heißt, die finanzielle Auswirkung ist für die Stadt zum heutigen Zeitpunkt geringer und der Effekt verteilt sich über 20 Jahre. Option 2 hingegen bedarf großer Einmalkosten zu Beginn des Projekts, um den Glasfaserausbau zu ermöglichen. Die Stadt hat infolgedessen im kurzen Zeithorizont große Ausgaben und dadurch weniger Kapital für andere Projekte zur Verfügung. Unter Anbetracht von positiven Kapitalkosten liegt der Kapitalwert von Option 1 folglich unter jenem von Option 2.

Fragestellung 4

Identifizieren Sie die Stakeholder, die strategisch in den 5G-Ausbauprozess einzubinden sind oder ein Informationsinteresse zu diesem Thema haben.

Lösungsweg 4

Für die Bürgermeisterin sind unter anderem folgende Stakeholder von Relevanz:

Relevante Stakeholder

Bei Infrastrukturprojekten ist es von besonderer Bedeutung, relevante Stakeholdergruppen in den Prozess einzubinden, ihre Erwartungen zu verstehen und durch Informationsbereitstellung Bedenken zu mildern. Hierfür eignen sich Stakeholder-Management-Modelle, um den Handlungsbedarf zur Steuerung der unterschiedlichen Stakeholdergruppen abzuleiten. Darauf soll in dieser Case Study allerdings nicht weiter eingegangen werden.

Fragestellung 5

Die Bürgermeisterin steht kurz vor der Wiederwahl und möchte daher den Bürger:innen und Unternehmen neuartige 5G-Dienste anbieten. Ideal wäre laut Bürgermeisterin ein Pilotprojekt, welches noch vor der Wahl in einem Jahr implementiert werden kann. Welche 5G-Anwendungsbeispiele fallen Ihnen ein? Welches Anwendungsbeispiel aus dem Gesundheitswesen würden Sie der Bürgermeisterin als Pilotprojekt empfehlen und warum?

HINWEIS: Wenn Sie mit dem Thema bis dato nicht in Berührung gekommen sind, hilft es, mit Ihrer Interviewpartnerin oder Ihrem Interviewpartner an dieser Stelle in den Dialog zu treten, gemeinsam Ideen zu sammeln und der Kreativität freien Lauf zu lassen. Vor allem in Partnerinterviews kommt dies in verschiedenen Beratungen vor. Bitte beachten Sie auch die Hintergrundinformationen zu 5G-Eigenschaften, die Sie zu Beginn erhalten haben.

Lösungsweg 5

Im Gesundheitswesen gibt es eine Vielzahl von 5G-Anwendungsbeispielen:

5G-Anwendungsbeispiel	Kurzbeschreibung
Vernetzte Rettungsdienste	Vernetzte Rettungsdienste ermöglichen effektivere Kommunikation zwischen Ersthelfer:innen, Rettungsdiensten sowie Krankenhäusern und anderen medizinischen Einrichtungen. Ermöglicht wird dies durch Daten- und Videoübertragung in Echtzeit, Ferndiagnosen etc.
Ambulanzdrohnen	Mit Defibrillatoren ausgestattete Drohnen verkürzen die Notfallreaktionszeit durch ihre rapide Fluggeschwindigkeit um mehrere Minuten. Mit bis zu 100 km/h erreichen Ambulanzdrohnen innerhalb kürzester Zeit abgelegene Einsatzorte (z. B. entlang der Stadtgrenzen).
Telemedizin und Telerehabilitation	Ferndiagnose und -behandlung sowie Erbringung von Rehabilitationsleistungen über das Internet ermöglichen effektive Behandlungen durch Echtzeit-Daten- und Videoübertragung bis hin zu einem automatischen Bewegungsabgleich mit bereits aufgenommenen 3D-Bewegungsmustern.
Patienten-Fernüberwachung	Rund-um-die-Uhr-Echtzeit-Überwachung von Patienten-Vitalparametern sorgt für eine effektive Pflege (z. B. für Demenzkranke). Pflegepersonal bzw. Ärztinnen und Ärzte werden bei Problemen (Sturzerkennung, Verschlechterung der Gesundheitsparameter etc.) automatisch verständigt.

5G-Anwendungsbeispiele im Gesundheitswesen

Aus den vier 5G-Anwendungsbeispielen soll eines als Pilotprojekt priorisiert werden. Das Pilotprojekt sollte in kurzer Zeit den größtmöglichen Nutzen erzielen. Zusätzlich sollte es eine starke Medienwirksamkeit ermöglichen. Die Priorisierung kann durch die Interviewkandidat:innen unterschiedlich argumentiert werden. Ein Beispiel für eine solche Argumentation wird im Folgenden kurz erläutert.

Beispiel
Zu Zeiten von Covid-19 ist die Patienten-Fernüberwachung ein effektives Pilotprojekt, um Bürger:innen Sicherheit zu bieten. Der Gesundheitszustand und die Vitalfunktionen von Patient:innen können bei Zustimmung 24 Stunden am Tag in Echtzeit überwacht werden, um eine bestmögliche Gesundheitsversorgung sicherzustellen. Bei Verschlechterung des Gesundheitszustands werden alle entsprechenden Institutionen automatisch verständigt und zum Einsatz gerufen. Dies erfordert eine Vernetzung der IT-Systeme und enge Zusammenarbeit zwischen Stakeholdern. In der aktuellen Ausnahmesituation der Pandemie ist dies schnell implementierbar.

Der Bürgermeisterin wird daher empfohlen, Patienten-Fernüberwachung als Pilotprojekt umzusetzen und dafür eine Task Force einzuführen, die sich mit der Ausschreibung, Projektplanung und Implementierung beschäftigt und das Projekt medienwirksam begleitet.

HINWEIS: Interviewer:innen setzen je nach Vorkenntnissen der Kandidat:innen verschiedene Schwerpunkte; der Gesprächsverlauf kann stark variieren. Während des Interviews ist es sehr wichtig, Aussagen der Interviewer:innen aufzunehmen und im Dialog strukturiert Lösungen zu erarbeiten. Ich empfehle, sich zwei bis drei Minuten Zeit zu nehmen, um Antworten zu strukturieren, bevor man in den Ideenaustausch einsteigt. Dies ermöglicht einen klar strukturierten Gesprächsverlauf.

Behalten Sie im Hinterkopf, dass Interviewer:innen am Erfolg Ihres Interviews interessiert sind. Ein selbstbewusstes Mindset trägt signifikant zum Erfolg bei. Es gilt nicht die „perfekte" Lösung zu suchen – in vielen Fällen gibt es diese auch gar nicht. Glauben Sie stattdessen an *Ihre* Lösung!

Ich wünsche Ihnen viel Erfolg bei Ihren Interviews!

Blockchain und Bio: Eine Sache der Transparenz

von Christoph Berning und Ismail Ismail

Interviewer:in: HealthFood, ein global operierender Einzelhandelskonzern, sieht sich höheren Kundenanforderungen gegenübergestellt. Die Kund:innen möchten besser über die Qualität und insbesondere die Herkunft der angebotenen Produkte informiert werden. Das Unternehmen hat Sie kontaktiert, um in dieser Sache beraten zu werden. HealthFood bezieht seine hochwertigen Produkte von überall auf der Welt, sowohl von Zwischenhändlern als auch direkt vom Erzeuger. Um den Kundenbedürfnissen gerecht zu werden, ist die strategische Leitung des Konzerns zu dem Entschluss gekommen, dass die Lieferkette eines jeden Produktes vom Erzeuger bis hin zum Endkunden transparent und nachvollziehbar werden muss. Was würden Sie HealthFood empfehlen, um den gestiegenen Kundenanforderungen gerecht zu werden?

Bewerber:in: Das klingt nach einer interessanten Fragestellung. In einem ersten Schritt würde ich gerne den Konzern und dessen aktuelle Situation besser kennenlernen, bevor ich mögliche Lösungsoptionen darlege. Was genau vertreibt HealthFood und gibt es besondere Fokusbereiche, von denen ich wissen sollte? Darüber hinaus würde ich gerne verstehen, in welchen Regionen der Welt der Konzern aktiv ist und ob die Zwischenhändler und Erzeuger, von denen die Produkte bezogen werden, häufig wechseln.

Interviewer:in: Gerne! Das Unternehmen ist eine Supermarktkette mit Filialen in verschiedenen Ländern, vornehmlich jedoch auf dem nordamerikanischen Kontinent. Der Hauptfokus des Unternehmens liegt auf Bioprodukten und damit auch auf dem Thema Nachhaltigkeit. Das Produktportfolio ist das einer klassischen Supermarktkette inklusive Obst- und Kühlabteilung sowie Fleischtheke – nur eben alles bio. Auch wenn versucht wird, möglichst viel von lokalen Erzeugern zu beziehen, wird ein Großteil der Lebensmittel nicht lokal, sondern aus einem globalen Händlernetzwerk bezogen. Aufgrund der Produktvielfalt und benötigten Mengen an Gütern ist es nicht unüblich, dass Lieferanten ab und zu wechseln oder neu hinzukommen.

Bewerber:in: Super, vielen Dank für die Informationen. Ich werde nun mein aktuelles Verständnis der Sachlage noch einmal zusammenfassen: Unser Kunde ist eine international operierende Bio-Supermarktkette mit Filialen vornehmlich in Nordamerika. Das Produktsortiment umfasst klassische Supermarktprodukte, mit einem starken Fokus auf Bio-Qualität und Nachhaltigkeit. Die Produkte werden von einer Vielzahl an unterschiedlichen, potenziell wechselnden Zwischenhändlern und Erzeugern bezogen, die global verteilt sind. Ziel des Kunden ist es, seine Lieferkette so transparent zu gestalten, dass die Herkunft einzelner Produkte eindeutig ermittelt werden kann. Dadurch kann HealthFood dann auch dem gestiegenen Informationsbedürfnis der Verbraucher:innen in diesem Marktsegment gerecht werden.

Interviewer:in: Genau, das fasst den Kunden und die Situation sehr gut zusammen. Wie von Ihnen bereits richtig erwähnt, haben wir es mit einer globalen Lieferkette sowie mit einer Vielzahl an Lieferanten und Händlern zu tun. Das globale Setup und die vielen Geschäftsbeziehungen zu verschiedenen, wechselnden Zulieferern machen die Kontrolle sehr schwierig. Deswegen ist HealthFood zudem auch die Fälschungssicherheit von Produktherkunft und -wegen ein wichtiges Anliegen. Wie kann HealthFood nun den Anforderungen seiner Kund:innen gerecht werden und seine Lieferkette transparent und nachvollziehbar machen – auch vor dem Hintergrund neuer Technologien? Was fällt Ihnen hierzu ein?

Bewerber:in: Eine Möglichkeit, die mir in den Sinn kommt und die alle Kriterien potenziell erfüllt, ist der Einsatz von Blockchain-Technologie.

Interviewer:in: Sehr gut! Das hört sich interessant an. Können Sie mir grob erklären, was Blockchain ist und welche Vorteile diese Technologie hat?

Bewerber:in: Ich stelle mir die Blockchain als eine Art Kette von Informationen oder Datensätzen vor, die für jeden einsehbar sind und die nicht mehr verändert werden können. Soweit ich weiß, wird jede neue Information entsprechend erfasst und als neuer „Block" ans Ende der „Kette" angehängt. So wird jede Änderung gespeichert und kann von jedem nachvollzogen werden.

Interviewer:in: Klingt interessant. Was bedeutet das bezogen auf unseren Kunden?

Bewerber:in: Bezogen auf unseren Kunden könnte die Blockchain dabei helfen, die Lieferketten der Produkte nachvollziehbar zu machen. Wenn ein Erzeuger zum Beispiel eine Kiste Mangos einscannt und dadurch einen neuen „Block" ans Ende der „Kette" anhängt, wird diese Information in der Blockchain gespeichert und kann nicht mehr verändert werden. Ist das Produkt im Supermarkt angekommen, kann über die gespeicherten Informationen auf der Blockchain die Produktherkunft nachvollzogen werden. Dadurch, dass die einmal gespeicherten Informationen unveränderbar sind, und jede Änderung als neue Information gespeichert wird, können die Informationen nicht manipuliert werden, und auch das Kriterium der Fälschungssicherheit wird erfüllt.

Interviewer:in: Das stimmt. Bei der Blockchain-Technologie wird jede neue Transaktion in sogenannten „Blocks" oder „Blöcken" auf der sogenannten „Chain" also „Kette" gespeichert. Bei jeder Transaktion wird die jeweilige Information mit einem Zeitstempel verknüpft und als neuer Block ans Ende der Blockchain angehängt. Man kann sich die Blockchain als Datenbank vorstellen, die auf vielen Rechnern in einem Peer-to-Peer-Netzwerk abgelegt ist. Jeder neue Knoten in diesem Netzwerk kopiert bei seinem Beitritt die vollständige Blockchain und übernimmt ab diesem Zeitpunkt die Aufgabe, die Transaktionen zu überprüfen und zu dokumentieren. Der Knoten bezeugt damit die Echtheit der Information, sodass die Information nachträglich nicht mehr manipuliert werden kann. Es gibt quasi mehrere Zeugen, die diese Information kennen. Wenn die Blockchain manipuliert würde, würden die Zeugen das merken.

Aufgrund seiner dezentralen, fälschungssicheren Informationsverwahrung eignet sich diese Technologie sehr gut dafür, Informationen transparent und nachvollziehbar zu machen und die Echtheit von Produktidentität und -herkunft zu verifizieren. Ein weiterer Vorteil ist, dass jede Nutzerin und jeder Nutzer zu jedem Zeitpunkt von überall auf die gespeicherten Informationen zugreifen und weitere Informationen hinzufügen kann. Das macht die Blockchain-Technologie insbesondere dann attraktiv, wenn, wie bei unserem Kunden, viele verschiedene Parteien miteinander Daten austauschen, die in keinem Vertrauensverhältnis zueinander stehen. Seit ihrer

Entwicklung haben sich durch die eben benannten, vorteilhaften Eigenschaften der Blockchain viele Anwendungsfälle ergeben. Grundsätzlich kann man jedoch sagen, dass die Blockchain-Technologie zwar Marktreife entwickelt hat, jedoch noch viel Potential besitzt. Wir haben hier ein paar Zahlen zur Entwicklung des globalen Blockchain-Marktes aus den letzten Jahren:

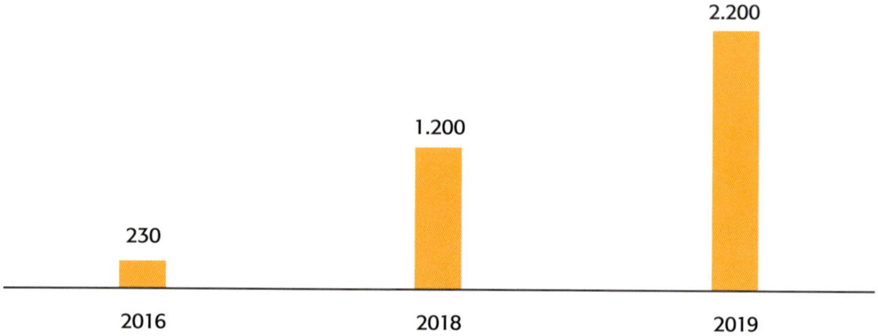

Entwicklung des Blockchain-Marktes (in Mio. Euro) zwischen 2016 und 2019

Können Sie mir die Grafik kurz erläutern und errechnen, wo der Markt in den Jahren 2021 und 2022 stehen wird?

Bewerber:in: Danke für die Übersicht. In der Grafik ist der Umsatz des Blockchain-Marktes für die Jahre 2016, 2018 und 2019 dargestellt. Im Jahr 2016 betrug der globale Umsatz im Bereich Blockchain 230 Mio. Euro. Für das Jahr 2019 ist ein Marktumsatz von 2,2 Mrd. Euro angegeben. Das entspricht ungefähr einer Verzehnfachung des Marktes in vier Jahren. Basierend auf diesen Zahlen lässt sich prognostizieren, wie groß der Markt in den nächsten Jahren sein wird.

HINWEIS: An dieser Stelle sind alternative Vorgehensweisen möglich.

- CAGR (Compound Annual Growth Rate) = (Volumen der aktuellen Periode ÷ Volumen der Startperiode)$^{1/t}$ – 1
- Marktwachstum 2016 bis 2018 = (1.200 Mio. Euro ÷ 230 Mio. Euro)$^{1/2}$ – 1 ≈ 130 %
- Marktwachstum 2018 bis 2019 = (2.200 Mio. Euro ÷ 1.200 Mio. Euro)$^{1/1}$ – 1 ≈ 80 %

Das durchschnittliche, jährliche Marktwachstum zwischen 2016 und 2018 betrug ca. 130 Prozent. Von 2018 auf 2019 betrug die Wachstumsrate dann ca. 80 Prozent. Wenn man davon ausgeht, dass die Wachstumsrate in den Jahren darauf konstant bei 80 Prozent bleibt, dann wird der Marktumsatz im Jahr 2021 ca. 7,1 Mrd. Euro und im Jahr 2022 ca. 12,8 Mrd. Euro betragen.

- Marktwachstum 2019 bis 2021 = 2.200 Mio. Euro × (1 + 80 %)^2 ≈ 7.128 Mio. Euro
- Marktwachstum 2019 bis 2022 = 2.200 Mio. Euro × (1 + 80 %)^3 ≈ 12.830 Mio. Euro

Interviewer:in: Wow, das ist ein beachtliches Potenzial und ein starkes Marktwachstum. Das klingt auf jeden Fall nach einer interessanten neuen Technologie. Sie haben das Interesse des Kunden geweckt, und er denkt darüber nach, Ihrem Vorschlag zu folgen. Daher bittet er Sie darum, eine finanzielle Machbarkeitsstudie durchzuführen, um zu ermitteln, ob sich die Einführung der neuen Technologie für HealthFood lohnt. Dafür hat der Kunde uns einige Fakten über das Unternehmen zur Verfügung gestellt: Nach konstanten Umsatzsteigerungen vor einigen Jahren ist der Jahresumsatz in den letzten Jahren bei 5 Mrd. Euro stagniert. Dies führt HealthFood auf die vermehrte Konkurrenz und die gestiegenen Kundenanforderungen zurück. Wenn HealthFood den höheren Verbraucheranforderungen hinsichtlich der Transparenz der Produktherkunft gerecht werden kann, ist davon auszugehen, dass sich mehr Verbraucher:innen für die Supermärkte von HealthFood entscheiden. Daher rechnet HealthFood damit, dass das Unternehmen durch die Einführung der Blockchain in den nächsten fünf Jahren eine Umsatzsteigerung von jährlich 5 Prozent erzielen kann. Der Kunde hat uns mitgeteilt, dass HealthFood ca. 1 Mrd. Transaktionen pro Jahr durchführt, die im Falle der Einführung einer Blockchain dort abgebildet werden müssten. Die üblichen Margen im Einzelhandel für Bio-Lebensmittel betragen 10 Prozent. Lohnt sich die Einführung der Blockchain für unseren Kunden?

Bewerber:in: Vielen Dank für die Informationen. Für die Berechnung des Break-Even-Point würde ich, neben den erwarteten Umsatzsteigerungen, ebenfalls die Kosten für die Einführung und den Betrieb der Blockchain benötigen. Können wir hier auf Erfahrungswerte unseres Unternehmens zurückgreifen?

Interviewer:in: Aus unseren bisherigen Erfahrungen wissen wir, dass bei der Nutzung eines der Public-Blockchain-Netzwerke (z. B. Ethereum) eine Transaktion etwa 0,03 Euro kostet. Die Anzahl der Transaktionen ist linear mit dem Umsatz verknüpft. Steigt der Umsatz um 5 Prozent, ist auch davon auszugehen, dass die Anzahl der Transaktionen um 5 Prozent steigt. Die Implementierungskosten der Blockchain-Technologie in diesem konkreten Fall betragen 20 Mio. Euro.

Implementierungskosten	20 Mio. Euro
Marge	10 %
Blockchain-Preis pro Transaktion	0,03 Euro

Bewerber:in: Vielen Dank. Ich würde mir einige Augenblicke Zeit nehmen und mir Gedanken machen.

HINWEIS: Die Bewerberin oder der Bewerber zeigt nach kurzer Bedenkzeit folgende Berechnung. Leichte Rundungen sind bei der Berechnung erlaubt.

Jahr	**Transaktionen** pro Jahr	**Umsatz** in Euro	**Gewinn** über Marge, in Euro	**Mehrgewinne durch Blockchain** kumuliert, in Euro	**Mehrpreis durch Blockchain** kumuliert, in Euro	**Break-Even** in Euro
1	1.000.000.000	5.000.000.000	500.000.000	–	50.000.000	–50.000.000
2	1.050.000.000	5.250.000.000	525.000.000	25.000.000	81.500.000	–56.500.000
3	1.102.500.000	5.512.500.000	551.250.000	76.250.000	114.575.000	–38.325.000
4	1.157.625.000	5.788.125.000	578.812.500	155.062.500	149.303.750	5.758.750
5	1.215.506.250	6.077.531.250	607.753.125	262.815.625	185.768.938	77.046.688

HINWEIS: Der Mehrgewinn beschreibt den kumulierten Gewinn durch den höheren Umsatz bei gleichbleibender Marge. Der Mehrpreis errechnet sich aus der Summe der Implementierungskosten und dem kumulierten jährlichen Preis pro Transaktion.

Basierend auf den Zahlen, die wir von unserem Kunden erhalten haben, und den Erfahrungswerten hinsichtlich des Transaktionspreises komme ich zu folgender Berechnung: In den ersten drei Jahren nach der Implementierung sind die Mehrkosten durch die Blockchain-Technologie noch höher als der Mehrgewinn, der durch die Einführung der Blockchain erzielt wird. Ab dem vierten Jahr übersteigen jedoch die erzielten Mehreinnahmen die für die Einführung und den Betrieb der Blockchain anfallenden Mehrkosten. Ab dem vierten Jahr rentiert sich somit die Investition in die Lieferkette und die Nutzung der Blockchain für das Unternehmen. Dies ist selbstverständlich von der Richtigkeit der getroffenen Annahmen abhängig. Bei meinen Berechnungen bin ich zum Beispiel davon ausgegangen, dass keine zusätzlichen Implementierungskosten anfallen und dass keine externen Einflüsse die Nachfrage oder das Umsatzwachstum beeinflussen.

Interviewer:in: Das hört sich plausibel an. Was wäre also Ihre Empfehlung für das Unternehmen?

Bewerber:in: Basierend auf den Berechnungen würde ich dem Unternehmen den Einsatz der Blockchain-Technologie zur Nachverfolgung der Produktherkunft empfehlen. Die Kosten der Einführung und die Zusatzkosten im Betrieb werden durch die gesteigerten Umsätze und die damit verbundenen Mehrgewinne ab dem vierten Jahr harmonisiert. Durch den Einsatz der Blockchain-Technologie kann jedes Produkt transparent entlang der gesamten Lieferkette nachverfolgt werden, womit das Unternehmen den Forderungen seiner Kund:innen nach mehr Transparenz und Nachverfolgbarkeit gerecht werden kann. Die Fälschungssicherheit der Blockchain-Technologie stellt zudem sicher, dass alle Informationen, die HealthFood an seine Kund:innen weitergibt, der Wahrheit entsprechen. Ein weiterer positiver Aspekt ist das Generieren von potenziellen Wettbewerbsvorteilen. Die Blockchain-Technologie noch vor der Konkurrenz einzuführen, könnte zum Beispiel zur Folge haben, dass Kundentreue und Kundenbindung erhöht werden, da das Unternehmen nun mit erhöhter Transparenz in Verbindung gebracht wird. Diese Vorteile verschaffen HealthFood einen Vorsprung, der sich potenziell auch auf die Leistung des Unternehmens reflektieren wird.

Interviewer:in: Herzlichen Dank für die Empfehlung und das Fazit!

Nachhaltiges Redesign der Lieferkette eines Batteriezellenherstellers

von Dr. Fabian Karl Keller

Aufgabenstellung

Die Firma SuperCell AG produziert Batteriezellen, welche als Zulieferungsteile zur Batteriemodulproduktion bei anderen Firmen eingesetzt werden. Die Module werden unter anderem in Batterieplattformen für Fahrzeuge bzw. Flugzeuge eingesetzt und müssen daher höchsten Anforderungen bezüglich ihrer Leistung und Qualität genügen. Aktuell produziert die SuperCell AG an einem deutschen Produktionsstandort und beliefert Kunden weltweit. Die Vorprodukte werden für mechanische und elektrische Teile überwiegend aus Europa bezogen. Chemische Komponenten und kritische Rohstoffe werden weltweit über diverse Zwischenhändler eingekauft und nach Deutschland verschifft.

In den letzten Jahren ist die Nachfrage nach SuperCell-Zellen enorm gestiegen. Das liegt zum einen an den technischen Spezifikationen, welche die Zellen gegenüber dem Wettbewerb überlegen machen. Zum anderen befindet sich der Mobilitätssektor im Umbruch. Immer mehr Firmen stellen ihr Produktportfolio auf batteriegestützte Antriebssysteme um und möchten sich mit leistungsstarken und zuverlässigen Systemen vom Wettbewerb differenzieren.

Die Produktionskapazität am deutschen Standort ist gerade an einem Punkt angelangt, an welchem weitere Aufträge zu drastischen Engpässen führen würden. Eine Erweiterungsfläche in der Nähe des Werkes hat die Geschäftsführung der SuperCell AG bereits erworben, und die ersten Planungen haben intern begonnen. Dabei geht man von einer Steigerung der weltweiten Nachfrage in den nächsten fünf Jahren um das Dreifache und in den nächsten zehn Jahren um das Neunfache aus. Dies ist abgeleitet aus den Pressemitteilungen der Endprodukthersteller sowie aus konkreten Kundenanfragen.

Vor diesem Hintergrund beauftragt die Geschäftsführung der SuperCell AG Sie mit der Einschätzung des aktuellen Supply-Chain-Designs und zur ersten Skizzierung von Maßnahmen für die Umsetzung eines möglichen Redesigns. Besonders wichtig ist der Geschäftsführung, dass der Bezug von Materialien und die Lieferung an die Kunden unter nachhaltigen Gesichtspunkten untersucht wird. Hintergrund dafür sind Zertifizierungsprogramme der SuperCell-Kunden bzw. der Endprodukthersteller in den nächsten Jahren. Aktuell kann die SuperCell AG die gängigen Zertifikate, wie z. B. die ISO 9001, vorweisen, ist aber beim Thema Nachhaltigkeit bisher auf Maßnahmen zur Energieeinsparung in der Produktion beschränkt.

Im ersten Termin sind Sie aufgefordert, der Geschäftsführung Ihre Einschätzung sowie erste Skizzen für Maßnahmen und das weitere Vorgehen in der Lieferkette der SuperCell AG darzulegen.

Lösungsweg

Da die Aufgabe im ersten Schritt von Ihnen alleine bearbeitet wird, ist die Erwartungshaltung, dass bei der Rückkehr der Interviewer:innen folgende vier Schritte durchlaufen werden. Alle Schritte können diskutiert oder weiter spezifiziert werden, jedoch sollte ein erstes großes Bild bereits erarbeitet sein.

Schritt 1: Ausgangssituation und Zielstellung

Dieser Schritt dient dazu, dass den Interviewer:innen nochmals der Sachverhalt gespiegelt und die Relevanz aufgezeigt wird. In diesem Case wäre es eine Möglichkeit, dies folgendermaßen zusammenzufassen:

- **Ausgangssituation:** Die deutsche Batteriezellenproduktion mit weltweitem Inbound- und Outbound-Fußabdruck soll perspektivisch um das Drei- bis Neunfache wachsen.
- **Zielstellung:** Eine nachhaltige Lieferkette vom Rohstoff bis zum Kunden soll entwickelt werden, um zukünftig Zertifizierungen zu erhalten. Diesem Thema ist höchste Priorität beizumessen, da ein fehlendes Zertifikat das Risiko von Umsatzeinbußen mit sich bringt.

Schritt 2: Definition der Lieferkette und von Nachhaltigkeit

Dieser Schritt dient dazu, den Interviewer:innen Ihre Kompetenz und Ihren Sachverstand zu beweisen. Dabei muss keine detaillierte Betrachtung, Definition oder Abgrenzung der Begriffe erfolgen, sondern vielmehr eine einfache Logik und idealerweise eine Visualisierung für die Diskussion entwickelt werden. In diesem Case wären folgende Definitionen und Annahmen eine Lösungsmöglichkeit:

a. Vereinfachte Lieferkette

Die zu betrachtende Lieferkette kann vereinfacht wie folgt dargestellt werden:

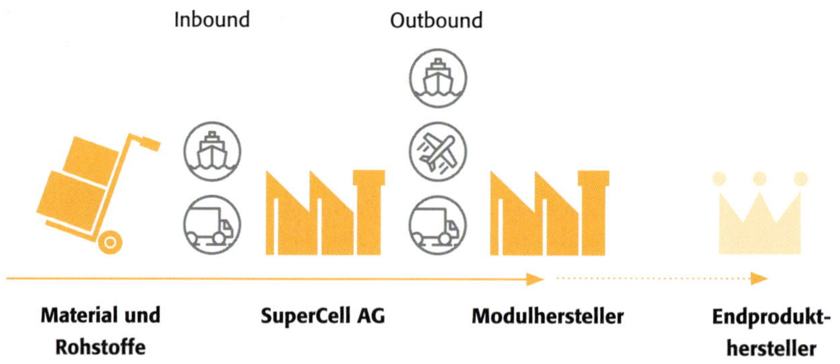

Lieferkette

Der Hersteller der Endprodukte ist dabei nicht im Fokus der Betrachtung, sollte aber genannt und bewusst ausgeschlossen werden.

b. Nachhaltigkeit

Dieses Thema verleitet dazu, sehr schnell Maßnahmen im Kontext Umwelt oder Energieeinsparung zu nennen. Jedoch ist der Nachhaltigkeitsbegriff im Supply-Chain-Kontext weiter gefasst und umfasst neben der ökologischen auch eine soziale Dimension und Aspekte der wirtschaftlichen Performance. Um dies für ein Unternehmen zu beschreiben, bieten sich KPIs (Key-Performance-Indikatoren) an. Speziell Methoden und KPIs aus dem Themenfeld der Operational Excellence können hier ein Startpunkt sein, um die wirtschaftliche Leistung eines Unternehmens zu messen. Diese gilt es dann um weitere KPIs der anderen Nachhaltigkeitsdimensionen zu erweitern. Eine Visualisierung könnte wie folgt aussehen:

Operational Excellence		Sustainability Excellence	
Ökonomisch	+	**Sozial**	**Ökologisch**
• Kosten		• Mitarbeitergesundheit	• Ressourcen
• Qualität		• Arbeitsbedingungen	• Verschmutzung
• Flexibilität		• Gemeindebeitrag	• Energieverbrauch
• Audit		• Konfliktpotenzial	• Abfall
• Kundenzufriedenheit		• Menschenrechte	• Recycling

(Re-)Design für Nachhaltigkeit

Schritt 3: Einschätzung und Visualisierung der Situation und Entwicklung von Vorschlägen für Maßnahmen zur Steigerung der Nachhaltigkeit

Dieser Schritt dient dazu, dass den Interviewer:innen die Verknüpfungsfähigkeit von Zielstellung und Definitionsrahmen gezeigt wird. Hierzu ist eine Möglichkeit, dass die vorher erarbeiteten Definitionen zueinander in Beziehung gebracht werden, beispielsweise indem die Lieferkette und die Nachhaltigkeitsdimensionen in einer Tabelle verknüpft werden. Diese könnte wie folgt aussehen:

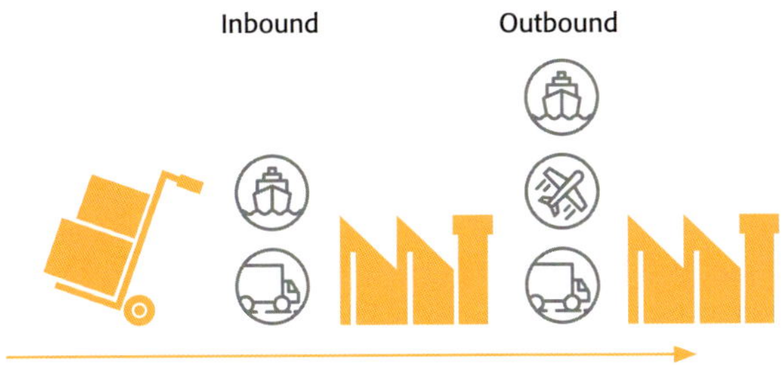

	Material und Rohstoffe	SuperCell AG	Modulhersteller
Ökonomisch			
Sozial			
Ökologisch			

Diskussionsmatrix

Nun können anhand dieser Tabelle gemeinsam mit den Interviewenden mögliche Maßnahmen zur Nachhaltigkeitssteigerung diskutiert und erarbeitet werden. Dabei sollten ca. zwei bis drei Vorschläge je Lieferkettenabschnitt ausgearbeitet sein, andere können in der Diskussion ergänzt werden. Exemplarische Maßnahmen sind:

- **Material und Rohstoffe**
  - **Ökologisch und sozial:** Kritische Rohstoffe und Materialen nur noch von zertifizierten Quellen abnehmen
  - **Sozial:** Engagement in Schwellen- und Entwicklungsländern, die Bezug zur Lieferkette und Produktion haben
- **Transport (Inbound/Outbound)**
  - **Ökonomisch und ökologisch:** Umstellen der Inbound- und Outbound-Transporte auf erneuerbare Energieträger; z. B. von LKWs auf die Bahn
  - **Ökonomisch und ökologisch:** Zusammenfassen der Transporte in Netzwerken zur besseren Auslastung
  - **Sozial:** Zurückgreifen auf „Fair-Place-to-Work"-zertifizierte Unternehmen
- **Super Cell AG**
  - **Ökonomisch, ökologisch und sozial:** Umstellung von zentraler auf lokale Produktion nahe beim Kunden
  - **Sozial:** Initiierung von zusätzlichen Gesundheitsprogrammen für die eigenen Beschäftigten
- **Modulhersteller (Kunde)**
  - **Ökonomisch und ökologisch:** Erarbeiten einer Rücknahme- und Recyclingstrategie für SuperCell-Produkte mit dem Kunden
  - **Ökonomisch und ökologisch:** Einführung eines nachhaltigen Behältermanagements zwischen Kunde und SuperCell, um Verpackungsaufwände zu reduzieren
  - **Ökologisch und sozial:** Zusammenarbeit mit Kunden, die sozial- und/oder umweltverträgliche Produkte herstellen

Da der Arbeitsauftrag nur darin bestand, eine Skizze von Maßnahmen auszuarbeiten, werden gegebenenfalls durch die Interviewer:innen weitere Maßnahmen in der Diskussion ergänzt.

Schritt 4: Zusammenfassung und nächste Schritte

Gegen Ende des Interviews werden Sie gebeten, eine Einschätzung dazu zu geben, welche Bereiche oder Maßnahmen die höchste Relevanz und die schnellste Umsetzungsgeschwindigkeit haben. Hier gilt es final zu prüfen, ob Sie zu pauschalen Aussagen neigen. Im Idealfall verweisen Sie auf eine zusätzliche Analyse, welche die Ist-Situation des Unternehmens SuperCell AG umfasst, und setzen diese mit den abgestimmten Zielvorgaben in Beziehung. Grundsätzlich lässt sich jedoch die Einschätzung teilen, dass die Rohstoffgewinnung bei der Batterieproduktion sowie der Transportaufwand im In- und Outbound-Transport kritisch zu sehen sind und diese bei einem Redesign vermutlich im Fokus des Projektes stehen werden.

Footloose

von Monitor Deloitte

Aufgabenstellung

Duraflex ist ein deutsches Schuhunternehmen mit einem Jahresumsatz im Herrenschuhsegment von ca. 1 Mrd. Euro. Für den Großteil seines Volumens fokussiert sich Duraflex bisher auf die Sparte Stiefel. Auf diesem Markt konkurriert das Unternehmen mit drei weiteren großen Wettbewerbern. Zusammen repräsentieren diese vier Marken etwa 72 Prozent des 5 Mrd. Euro großen deutschen Herrenstiefelmarktes. Die Kategorie Stiefel umfasst vier Unterkategorien: Arbeitsstiefel, Freizeitstiefel, Feld- und Jagdstiefel sowie Winterstiefel. Arbeitsstiefel sind die größte Unterkategorie und richten sich an Arbeitende, die diese Stiefel in erster Linie für den Einsatz am Arbeitsplatz kaufen. Freizeitstiefel sind die am schnellsten wachsende Unterkategorie und richten sich eher an Angestellte und Studierende, die diese Stiefel für das Wochenende, die Freizeit oder für leichte Arbeiten kaufen.

HINWEIS: Arbeitende entrichten in der Regel manuelle oder industrielle Arbeit und benötigen oft spezielle Arbeits- oder Schutzkleidung, die etwa alle sechs Monate ausgetauscht wird. Angestellte führen im Allgemeinen Wissensarbeit aus, z. B. in Fach-, Führungs- oder Verwaltungspositionen.

Die vier Hauptwettbewerber auf dem Markt sind Badger, Duraflex, Steeler und Trekker.

Diese Fallstudie wird dir präsentiert von

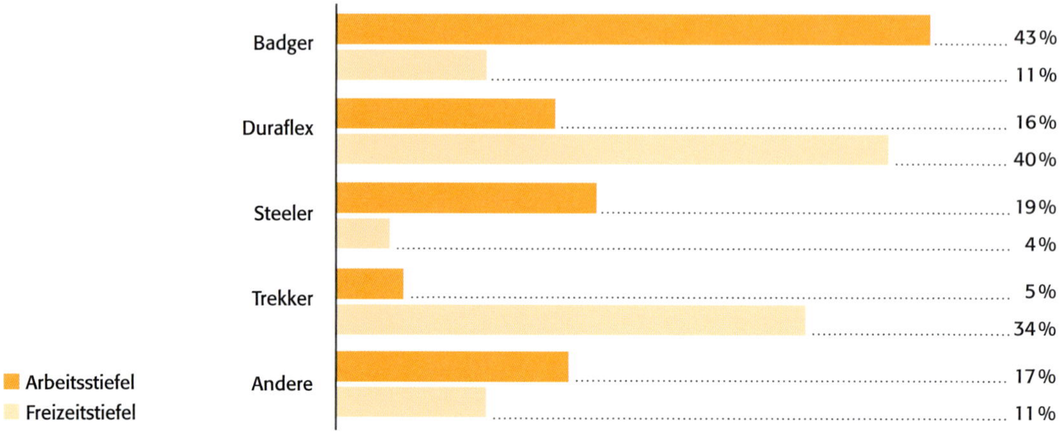

Abbildung 1: Marktanteile Arbeits- und Freizeitstiefel, 2019

Badger und Steeler sind beide im Bereich Arbeitsstiefel gut etabliert, haben eine lange Geschichte und zeichnen sich sowohl durch eine starke Markenbekanntheit als auch durch ein hohes Maß an Glaubwürdigkeit unter Arbeitenden aus. Trekker hingegen ist ein starker Akteur auf dem Markt für Freizeitstiefel. Duraflex hat sowohl bei Arbeits- als auch bei Freizeitstiefeln einen bedeutenden Anteil.

Historisch gesehen hatte Duraflex eine stärkere Position im Bereich der Arbeitsstiefel. Doch seit dem Jahr 2016, als das Unternehmen begann, sich auf die Wachstumschancen bei Freizeitstiefeln zu konzentrieren, ist der Absatz der Duraflex-Arbeitsstiefel-Linie stetig zurückgegangen. Außerdem wurde Badger, etwa zur gleichen Zeit, zu der Duraflex seinen Schwerpunkt verlagerte, zu einem viel durchsetzungsfähigeren Konkurrenten auf dem Arbeitsstiefelmarkt und erhöhte seinen Marktanteil in nur drei Jahren auf 43 Prozent.

Im Herbst 2019 brachte Badger eine neue Linie preisaggressiver Arbeitsstiefel auf den Markt. Der große Erfolg dieser Linie hat das Management von Duraflex dazu veranlasst, seine Position bei Arbeitsstiefeln neu zu bewerten. Mit begrenzten zusätzlichen Ressourcen muss das Management nun entscheiden, ob es seine Bemühungen darauf konzentrieren soll, mit Badger im Bereich der Arbeitsstiefel zu konkurrieren oder seine Ressourcen für die weitere Stärkung seiner Position bei Freizeitstiefeln einzusetzen.

Im Januar 2020 beauftragte Duraflex ein führendes Beratungsunternehmen mit der Durchführung von Recherchen, um das Management bei seiner Entscheidungsfindung zu unterstützen. Um eine fundierte Empfehlung abgeben zu können, sammelten die Berater:innen Informationen zur Einschätzung des Marktes und zum besseren Verständnis der Wettbewerbsposition von Duraflex. Sie entwickelten eine 20-minütige quantitative Telefonumfrage, die unter 500 zufällig ausgewählten Verbrauchern in den sechs Hauptregionen des Landes durchgeführt wurde. Darüber hinaus führten die Berater:innen auch eine interne Kosten- und Preisanalyse für die Arbeits- und Freizeitstiefel-Linien von Duraflex durch. Die Marktpreisanalyse zeigte, dass Duraflex sowohl bei den Freizeit- als auch bei den Arbeitsschuhen am oberen Ende des Marktes konkurriert.

Arbeiten Sie diese Fragen anhand der vorgegebenen Informationen selbstständig durch:

- **Frage 1:** Wie groß ist der Markt für Arbeitsstiefel (ausgedrückt in Euro)? Erzielt Duraflex mehr Umsatz mit Arbeitsstiefeln oder mit Freizeitstiefeln?
- **Frage 2:** Erklären Sie, warum Badger auf dem Markt für Arbeitsstiefel besser abschneidet als Duraflex, und nennen Sie einige Beispiele für Maßnahmen, die Duraflex dabei helfen könnten, im Wettbewerb mit Badger aufzuholen.
- **Frage 3:** Welche Änderungen würden Sie für die Arbeitsstiefelstrategie von Duraflex empfehlen? Warum?

Lösungsweg

Frage 1: Wie groß ist der Markt für Arbeitsstiefel (ausgedrückt in Euro)? Erzielt Duraflex mehr Umsatz mit Arbeitsstiefeln oder mit Freizeitstiefeln?

Zur Bearbeitung von Frage 1 erhalten Sie folgende Grafik:

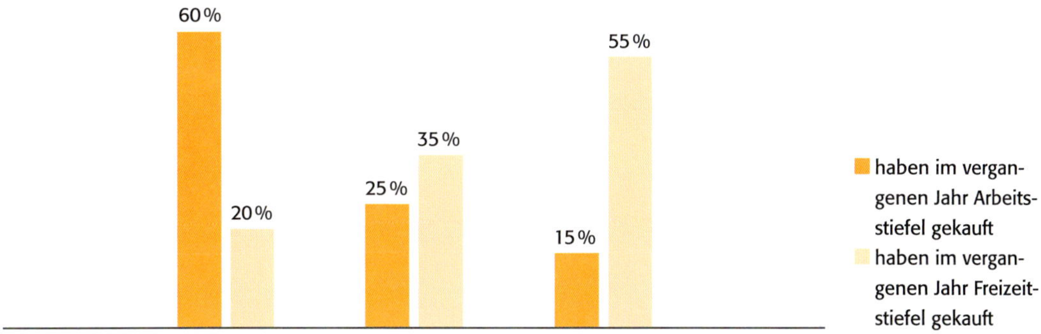

	Arbeitende	Angestellte	Studierende
Bevölkerung	11 Mio.	12 Mio.	7 Mio.
Ø Stiefelpreis	140 Euro	130 Euro	110 Euro

Abbildung 2: Kaufbereitschaft für Stiefel nach Bevölkerungssegment (männliche Bevölkerung)

Zunächst wird die Größe des Marktes für Arbeitsstiefel ermittelt. Dies kann unter Anwendung folgender Gleichung erfolgen:

- Größe des Arbeitsstiefelmarktes in Euro = (durchschnittlicher Arbeitsstiefelpreis) × (prozentualer Anteil der männlichen Bevölkerung, der im vergangenen Jahr Arbeitsstiefel gekauft hat) × (Gesamtbevölkerung für das Segment) × (Anzahl der im Jahr gekauften Paare)

Abbildung 2 kann die Bevölkerungszahl der drei Segmente (Arbeitende, Angestellte, Studierende) und der prozentuale Anteil derjenigen, die Arbeitsstiefel gekauft haben, entnommen werden. Nun muss zusätzlich noch die Anzahl der verkauften Stiefel und der Durchschnittspreis für jedes Paar ermittelt werden. Dafür müssen einige Annahmen getroffen werden:

a. Durchschnittliche Anzahl der gekauften Paare pro Jahr und Kunde
Die Aufgabenstellung enthält die Information, dass Arbeitende im Durchschnitt zwei Paar Stiefel pro Jahr kaufen. Es ist davon auszugehen, dass Angestellte und Studierende maximal ein Paar pro Jahr kaufen, da sie die Arbeitsstiefel weniger häufig und intensiv verwenden.

b. Durchschnittspreis pro Stiefelpaar
Basierend auf dem in Abbildung 2 angegebenen, von Arbeitenden und Studierenden durchschnittlich gezahlten Stiefelpreis kann abgeleitet werden, dass Arbeitsstiefel mehr kosten als Freizeitstiefel. Daher sollte der Durchschnittspreis von Arbeitsstiefeln etwas höher sein als der von Arbeitenden gezahlte Durchschnittspreis für Arbeits- und Freizeitstiefel insgesamt. Ein Durchschnittspreis von 150 Euro pro Arbeitsstiefelpaar scheint somit angemessen.

HINWEIS: Um die aus Abbildung 2 entnommenen Werte sowie die Annahmen in a. und b. zu konsolidieren, bietet es sich an, alle Werte vor der Berechnung in einer Tabelle zur einfachen Übersicht zusammenzufassen.

Segment	Bevölkerung	Prozentsatz, der Arbeitsstiefel kauft	Gekaufte Paare Arbeitsstiefel pro Jahr	Preis pro Paar	Segmentgröße (gerundet)
Arbeitende	11 Mio.	60 %	2	150 Euro	2.000 Mio. Euro
Angestellte	12 Mio.	25 %	1	150 Euro	450 Mio. Euro
Studierende	7 Mio.	15 %	1	150 Euro	150 Mio. Euro
					2.600 Mio. Euro

Mithilfe der soeben getroffenen Annahmen kann die Größe des Arbeitsstiefelmarktes mit folgender Rechnung ermittelt werden:

- Größe des Arbeitsstiefelmarktes = (150 Euro × 60 % × 11 Mio. × 2) + (150 Euro × 25 % × 12 Mio. × 1) + (150 Euro × 15 % × 7 Mio. × 1) = 2.588 Mio. Euro

Der zweite Teil der ersten Frage erfordert die Gegenüberstellung des Umsatzes, welchen Duraflex mit Arbeits- und Freizeitstiefeln erwirtschaftet.

HINWEIS: Hierfür wird zunächst die Größe des Freizeitstiefelmarktes analog zur Größe des Arbeitsstiefelmarktes ermittelt. Danach wird der Umsatz von Duraflex auf beiden Märkten errechnet, indem der Marktanteil von Duraflex mit der Marktgröße für Arbeits- und Freizeitstiefel multipliziert wird. Die Marktanteile von Duraflex sind in der Aufgabenstellung in Abbildung 1 dargestellt.

Analog zur Ermittlung der Arbeitsstiefelmarktgröße können die Angaben zur Bevölkerungszahl für die drei Segmente Arbeitende, Angestellte und Studierende und der prozentuale Anteil der männlichen Bevölkerung, der Freizeitstiefel gekauft hat, Abbildung 2 entnommen werden. Da Freizeitstiefel hauptsächlich an Wochenenden und für leichte Arbeiten getragen werden, ist die Annahme, dass maximal ein Paar

Freizeitstiefel pro Jahr gekauft wird, plausibel. Was den durchschnittlichen Freizeitstiefelpreis betrifft, sollte dieser etwas unter dem durchschnittlichen (= Arbeits- und Freizeitstiefel umfassenden), von Studierenden gezahlten Stiefelpreis von 110 Euro liegen. Die Annahme, dass ein Freizeitstiefelpaar durchschnittlich ca. 100 Euro kostet, ist realistisch. Somit ergeben sich folgende, für die Berechnung der Freizeitstiefelmarktgröße relevante Werte:

Segment	Bevölkerung	Prozentsatz, der Freizeitstiefel kauft	Gekaufte Paare Freizeitstiefel pro Jahr	Preis pro Paar	Segmentgröße (gerundet)
Arbeitende	11 Mio.	20 %	1	100 Euro	220 Mio. Euro
Angestellte	12 Mio.	35 %	1	100 Euro	420 Mio. Euro
Studierende	7 Mio.	55 %	1	100 Euro	390 Mio. Euro
					1.030 Mio. Euro

Auf Basis dieser Werte erhalten wir durch folgende Rechnung eine Freizeitstiefelmarktgröße von 1.025 Mio. Euro:

- Größe des Freizeitstiefelmarktes = (100 Euro × 20 % × 11 Mio. × 1) + (100 Euro × 35 % × 12 Mio. × 1) + (100 Euro × 55 % × 7 Mio. × 1) = 1.025 Mio. Euro

Um die Frage zu beantworten, ob Duraflex mehr Umsatz mit Arbeits- oder mit Freizeitstiefeln macht, wird abschließend der Marktanteil von Duraflex an beiden Märkten berechnet:

- Duraflex Umsatz; Arbeitsstiefelmarkt = 16 % × 2.588 Mio. Euro = 414 Mio. Euro

- Duraflex Umsatz; Freizeitstiefelmarkt = 40 % × 1.025 Mio. Euro = 410 Mio. Euro

Daraus lässt sich schlussfolgern, dass Duraflex den größten Teil seines Umsatzes mit Arbeitsstiefeln erzielt, auch wenn die Einnahmen des Unternehmens zwischen beiden Märkten fast gleichmäßig verteilt sind.

HINWEIS: Da die Aufgabenstellung in Frage 1 zweiteilig ist, bietet es sich an, zum Ende der Bearbeitung eine kurze Zusammenfassung der Ergebnisse zu präsentieren, um beide Fragenteile geschlossen zu beantworten und mögliche Limitationen der Berechnungen aufzuzeigen.

Frage 1 lässt sich wie folgt beantworten: Der Arbeitsstiefelmarkt hat eine Größe von ca. 2,6 Mrd. Euro und ist somit im Vergleich zum ca. 1 Mrd. Euro großen Freizeitstiefelmarkt mehr als doppelt so groß. Duraflex erwirtschaftet pro Jahr 414 Mio. Euro mit Arbeitsstiefeln und 410 Mio. Euro mit Freizeitstiefeln. Das bedeutet, dass Duraflex etwas mehr Umsatz mit Arbeits- als mit Freizeitstiefeln erzielt. Hier gilt es zu beachten, dass dieses Ergebnis abhängig von den geschätzten Stiefelpreisen ist. Eine wichtige Erkenntnis ist nichtsdestotrotz, dass der mit Arbeits- und Freizeitstiefeln erzielte Umsatz sich nicht wesentlich unterscheidet.

Frage 2: Erklären Sie, warum Badger auf dem Markt für Arbeitsstiefel besser abschneidet als Duraflex, und nennen Sie einige Beispiele für Maßnahmen, die Duraflex dabei helfen könnten, im Wettbewerb mit Badger aufzuholen.
Zur Bearbeitung von Frage 2 erhalten Sie folgende Grafiken:

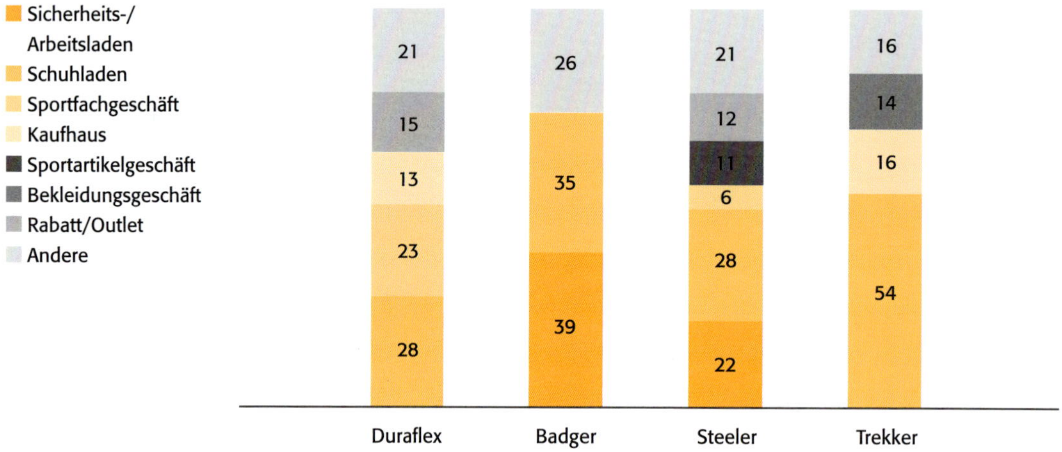

Abbildung 3: Distributionskanäle (in Prozent) nach Marke

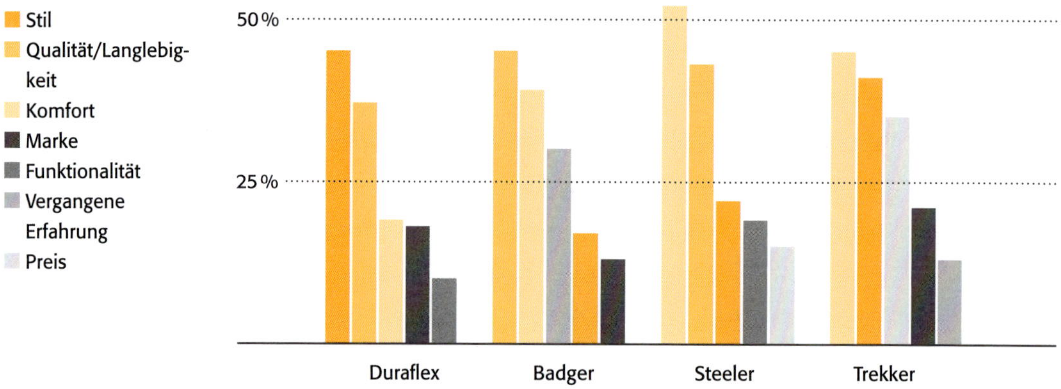

Abbildung 4: Kaufkriterien nach Marke

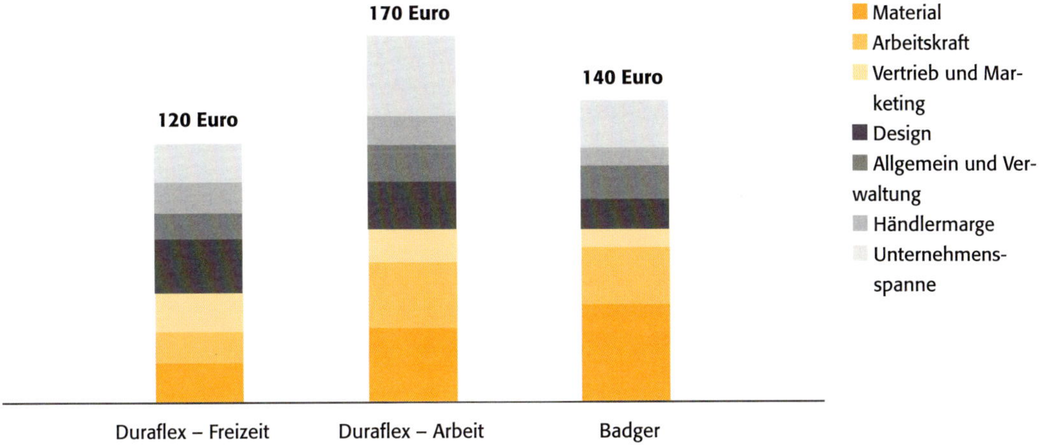

Abbildung 5: Verkaufspreis ausgewählter Stiefel, aufgeteilt nach Preiskomponenten

HINWEIS: Auch wenn Sie viele gute Ideen zur Beantwortung dieser Frage haben, werden Sie ohne Struktur nicht beeindrucken. Sie brauchen keinen formalen Rahmen; gehen Sie einfach methodisch und organisiert vor und fassen Sie Ihre Ergebnisse am Ende zusammen!

Gemäß der vorliegenden Daten und dem, was aus der Aufgabenstellung über die Branchendynamik bekannt ist, kann die Analyse in vier Hauptbereiche aufgeteilt werden, die weitere Untersuchungen erfordern:

- Vertrieb
- Einkaufskriterien nach Marke
- Preisgestaltung
- Kostenanalyse

HINWEIS: Die folgende Analyse ist nicht allumfassend und greift lediglich ein paar Aspekte heraus, die das bessere Abschneiden von Badger erklären können.

Vertrieb

Abbildung 3 zeigt, dass ein beträchtlicher Anteil an Badger- und Steeler-Stiefeln in Läden für Sicherheits- und Arbeitsbedarf verkauft wird, Duraflex dort jedoch keine nennenswerte Präsenz hat. Ein vertriebsbedingter Grund für das bessere Abschneiden von Badger im Vergleich zu Duraflex könnte somit darauf zurückgeführt werden, dass Duraflex-Arbeitsstiefel nicht dort verkauft werden, wo sie normalerweise erworben werden. Um im Wettbewerb mit Badger aufzuholen, müsste Duraflex den Vertrieb ausweiten und sich einen Regalplatz in den relevanten Verkaufsstellen sichern.

Kaufkriterien nach Marke

Abbildung 4 zeigt, dass die zwei für die Kunden wichtigsten Kaufkriterien von Badger-Arbeitsstiefeln „Qualität/Langlebigkeit“ (45 Prozent) und „Komfort“ (39 Prozent) sind. Das Gleiche gilt für Steeler-Arbeitsstiefel. Daraus lässt sich ableiten, dass insbesondere diese zwei Stiefeleigenschaften kritisch für den Erfolg eines Stiefels auf dem Arbeitsstiefelmarkt sind. Wie aus Abbildung 4 hervorgeht, sind die Hauptgründe für den Kauf von Duraflex-Stiefeln jedoch „Stil“ (45 Prozent) und „Qualität/Langlebigkeit“ (37 Prozent). Das Kaufkriterium „Komfort“ belegt mit 19 Prozent im Falle von Duraflex nur Platz 3. Duraflex scheint somit nicht alle Bedürfnisse von Arbeitenden ausreichend zu bedienen und sollte daher die Kundenassoziation seiner Stiefel mit „Komfort“ stärken, um im Wettbewerb mit Badger aufzuholen. Aus Abbildung 4 lässt sich zudem ablesen, dass ein weiterer potenzieller Grund für das bessere Abschneiden von Badger auf dem Arbeitsstiefelmarkt eine stärkere Verbundenheit der Kunden mit der Marke Badger sein könnte. 30 Prozent der Befragten gaben „vergangene Erfahrungen“ mit Badger als Kaufkriterum für dessen Arbeitsstiefel an, was von einem loyalen Kundenstamm zeugt.

Preisgestaltung

In der Aufgabenstellung wurde beschrieben, dass Badger eine preisaggressive Arbeitsstiefellinie auf den Markt gebracht hat. Um zu kontern, könnte Duraflex die eigene Preisstrategie anpassen und den Stiefelpreis senken. Abbildung 4 kann jedoch entnommen werden, dass der Arbeitsstiefelpreis ein wenig (Steeler) bis gar nicht relevantes Kaufkriterium (Badger, Duraflex) darstellt.

HINWEIS: Im Falle von Trekker ist der Preis zwar das drittwichtigste Kaufkriterium, dies wird hier jedoch vernachlässigt, da Trekker hauptsächlich Freizeitstiefel herstellt (siehe Abbildung 1).

Diese Beobachtung spricht gegen eine Preissenkung der Duraflex-Stiefel als strategische Maßnahme mit dem Ziel, im Wettbewerb mit Badger aufzuholen. Eine Preissenkung würde Duraflex sehr wahrscheinlich keinen großen Nutzen bringen, sondern eher den Gewinn reduzieren. Zudem könnte eine Preissenkung die Premium-Preispositionierung von Duraflex ins Wanken bringen und den Eindruck erwecken, dass die Qualität von Duraflex-Stiefeln gesunken ist.

Kostenanalyse

Der Vergleich von Badger- und Duraflex-Arbeitsstiefeln, wie in Abbildung 5 dargestellt, ergibt einen Schlüsselbereich, in welchem Badger proportional und absolut mehr ausgibt als Duraflex, nämlich beim Material. Dieser Befund ist wahrscheinlich auch in der Kundenwahrnehmung von Badger-Stiefeln als ausgezeichnet durch „Qualität/Langlebigkeit" und „Komfort" reflektiert. Diese Beobachtung spricht dafür, dass Duraflex seine Ausgaben im Bereich Material eventuell erhöhen müsste, um im Wettbewerb mit Badger aufzuschließen.

Die Händlermarge ist bei Badger außerdem niedriger als bei Duraflex, was unter Umständen auf die signifikante Präsenz von Badger in Läden für Sicherheits- und Arbeitsbedarf zurückzuführen ist. Zudem sind auch Badgers Ausgaben für Vertrieb und Marketing geringer. Dies könnte auf die geringeren Marketinganforderungen für Läden für Sicherheits- und Arbeitsbedarf sowie auf den etablierten Markennamen von Badger und auf seinen loyalen Kundenstamm zurückgeführt werden.

HINWEIS: Da sich auch Frage 2 mehrteilig gestaltet, ist zum Abschluss eine Zusammenfassung der Erkenntnisse und abschließende Beantwortung der Frage gewünscht.

Potenzielle Gründe für das bessere Abschneiden von Badger auf dem Arbeitsstiefelmarkt lassen sich abschließend wie folgt zusammenfassen: Badger-Stiefel werden verstärkt an Orten angeboten, an denen Arbeitsstiefel vermehrt gekauft werden (Läden für Sicherheits- und Arbeitsbedarf). Dies trifft auf Duraflex-Stiefel nicht zu. Außerdem erfüllen Badger-Stiefel die Hauptansprüche von Arbeitenden an die Stiefel: „Qualität/Langlebigkeit" und „Komfort". Duraflex-Stiefel hingegen erfüllen das Kaufkriterium „Komfort" nicht im gleichen Maße wie Badger-Stiefel. Außerdem hat Badger wettbewerbsfähigere Preise für seine Stiefel, was es dem Unternehmen ermöglicht, einen großen und treuen Kundenstamm aufzubauen. Abschließend ist erwähnenswert, dass Badger mehr Geld für Material ausgibt als Duraflex, was sich unter Umständen in der stärkeren Assoziation von Badger-Stiefeln mit „Qualität/Langlebigkeit" und „Komfort" widerspiegelt. Zuletzt gibt Badger auch weniger für Vertrieb und Marketing aus als Duraflex.

Frage 3: Welche Änderungen würden Sie für die Arbeitsstiefelstrategie von Duraflex empfehlen? Warum?

Auf diese Frage gibt es zwei mögliche Antworten. Das Unternehmen kann sich entweder:

- auf die Steigerung seiner Arbeitsstiefel-Aktivitäten konzentrieren oder
- den Schwerpunkt auf Freizeitstiefel legen

Jede Option hat ihre eigenen Begründungen und Auswirkungen, die im Folgenden stichpunktartig gegenübergestellt werden.

HINWEIS: Das Wichtigste bei einer subjektiven Frage ist nicht, was Sie auf die Frage antworten, sondern wie Sie die Frage beantworten – wählen Sie einen Standpunkt und unterstützen Sie diesen mit einer kritischen Argumentation!

	Option 1: Steigerung der Arbeitsstiefel-Aktivitäten	Option 2: Schwerpunkt auf Freizeitstiefel
Begründung	• Der Freizeitstiefelmarkt ist kleiner als der Arbeitsstiefelmarkt, was auf eine geringere Möglichkeit für Anteilswachstum hindeutet. • Freizeitstiefel ermöglichen geringere Margen als Arbeitsstiefel (Abbildung 5). • In Anbetracht der Tatsache, dass Badger eine neue Arbeitsstiefel-Linie eingeführt hat, scheint das Unternehmen neues Wachstumspotenzial im Arbeitsstiefelmarkt zu sehen, welches Duraflex ebenfalls nutzen sollte. • Der Aufbau eines stärkeren Images unter Arbeitenden könnte dazu führen, dass diese auch andere Duraflex-Schuhprodukte ausprobieren.	• Der Freizeitstiefelmarkt repräsentiert mit einem Marktanteil von 40 Prozent Duraflex aktuell stärkstes wirtschaftliches Standbein. Das macht es sehr schwierig, diesen Markt profitabel zu ignorieren. • Die Konzentration zusätzlicher Ressourcen auf den Markt für Arbeitsstiefel birgt das Risiko, Käufer von Freizeitstiefeln (Angestellte und Studierende) zu verlieren. • „Stil" ist das Top-Kaufkriterium für Duraflex, jedoch kein wichtiges Kaufkriterium für Arbeitsstiefel. Durch eine Konzentration auf Freizeitstiefel kann Duraflex zusätzliche Ressourcen aufwenden, um diese Stärke auszubauen.
Auswirkung	• Duraflex-Stiefel sollten in Sicherheits- und Arbeitsläden angeboten werden. Hierbei ist zu beachten, dass Badger unter Umständen Einfluss auf Einzelhändler in diesem Verkaufskanal ausübt, was den Einstieg für Duraflex potenziell erschweren könnte. • Duraflex sollte sich um den Aufbau einer Assoziation seiner Stiefel mit „Komfort" und „Qualität/Langlebigkeit" bei Arbeitenden kümmern. Dazu bedarf es unter Umständen einer Erhöhung des Kostenanteils für Material, was wiederum die Marge des Unternehmens verringern könnte. • Duraflex sollte verstärkt Werbung für die Marke unter Arbeitenden machen: z. B. Werbung in Fachzeitschriften, Magazinen oder im Fernsehen mit hohem Leser- oder Zuschaueranteil an Arbeitenden.	• Bei einer Fokussierung von Duraflex auf Freizeitstiefel ist eine starke Wettbewerbsreaktion unwahrscheinlich, da Duraflex bereits ein dominanter Marktteilnehmer ist. • Duraflex muss keine neuen Vertriebskanäle erschließen. • Duraflex sollte für den Arbeitsstiefelmarkt eine neue Strategie erarbeiten und damit verbundene Implikationen antizipieren. Entweder Duraflex reduziert seine Marktanteile oder erhält sie aufrecht.

TRANSFORM

Eintritt eines internationalen Automobilkonzerns in den deutschen Markt für Elektroladesäulen

von Brian Titze und Dr. Tobias Finke

Interviewer:in: Carco, ein internationaler Automobilkonzern, bietet seit einigen Jahren seine erfolgreichsten Modelle auch mit Elektroantrieb an. Die Entwicklung dieser Technologie hat Carco viel Kapital gekostet. Zwar machen starke Verkaufszahlen in Norwegen und Südkorea Hoffnung, jedoch ist weiteres Wachstum zwingend notwendig, um die hohen Entwicklungskosten zu kompensieren. Durch die Markteintritte in Norwegen und Südkorea hat Carco gelernt, dass die Elektroladeinfrastruktur nicht nur eine wichtige Rolle bei der Kaufentscheidung spielt, sondern deren Betrieb auch zusätzliches Wachstum ermöglichen und die Wettbewerbsposition von Carco stärken kann. Um in seinem Kerngeschäft in Deutschland zu wachsen, überlegt Carco daher, in den deutschen Markt für Elektroladesäulen einzutreten. Dies wird von Carco als einer der kritischen Erfolgsfaktoren dafür gesehen, mehr Elektrofahrzeuge in Deutschland zu verkaufen und somit die hohen Entwicklungskosten des Elektroantriebs auszugleichen. Vor diesem Hintergrund bittet Carcos Management Sie, die Attraktivität eines Markteintrittes in den deutschen Markt für Elektroladesäulen zu bewerten und eine Markteintrittsstrategie zu formulieren.

Bewerber:in: Das ist eine sehr spannende und vor allem aktuelle Fragestellung. Zum Verständnis fasse ich die Ausgangssituation kurz zusammen: Unser Kunde Carco ist ein internationaler Automobilkonzern, der seine erfolgreichsten Modelle auch mit Elektroantrieb anbietet. Beim Verkauf von Elektroautos spielen Ladesäulen eine wichtige Rolle und können zudem zusätzliches Wachstum ermöglichen. In Anbetracht dieser Tatsache plant Carco, in den deutschen Markt für Elektroladesäulen einzusteigen, und wir sind damit beauftragt, eine Markteintrittsstrategie für den deutschen Markt für Elektroladesäulen zu formulieren. Bevor ich mit der Analyse starte, stellt sich mir noch die Frage, ob Carco bereits Erfahrungen mit dem Betrieb von Ladesäulen gesammelt hat. So wie ich die Ausgangssituation verstehe, ist Carco ein reiner Automobilkonzern und hatte bisher wenig bis keine Erfahrung im Betrieb von Elektroladesäulen.

Interviewer:in: Mit Ihrer Vermutung liegen Sie genau richtig. Carco hat bisher wenig Erfahrung im Betrieb von Ladesäulen. Das gilt übrigens auch für Carcos Erfahrung in der Energiebranche insgesamt. Dies ist ein wichtiger Punkt, den Sie bei der Formulierung der Markteintrittsstrategie berücksichtigen sollten.

Bewerber:in: Ich verstehe. Ich denke, ich habe jetzt ausreichend Informationen, um meinen Lösungsweg zu skizzieren. Bitte geben Sie mir dafür zwei bis drei Minuten.

HINWEIS: Die Bewerberin oder der Bewerber hat hier zunächst die Aufgabenstellung zusammengefasst und im Anschluss offene Fragen geklärt und nimmt sich nun kurz Zeit, einen Lösungsweg zu skizzieren. Hierzu empfiehlt es sich, Ruhe zu bewahren und den Lösungsweg sauber zu strukturieren.

Bewerber:in: Um eine Markteintrittsstrategie für Carco zu formulieren, möchte ich interne und externe Aspekte betrachten. Dazu möchte ich zunächst einen Blick nach „innen" werfen und die Stärken und Schwächen von Carco besser verstehen. Ein Markteintritt kann sehr kostspielig sein, weshalb ich hier vor allem auf die finanzielle Situation von Carco eingehen möchte. Im Anschluss würde ich den Blick nach „außen" richten und mir den Markt für Ladesäulen in Deutschland anschauen sowie dessen Attraktivität bewerten. Nachdem ich hier ein klares Bild habe, werde ich den Markteintritt aus finanzieller Sicht bewerten. Im Falle eines positiven Ergebnisses würde ich mir noch verschiedene Ansätze anschauen, wie Carco in den Markt eintreten könnte.

Interviewer:in: Ihr Ansatz ist gut strukturiert und logisch. Lassen Sie uns zu Anfang erst einmal Carco näher anschauen. Welche Informationen benötigen Sie hierfür?

Bewerber:in: Dazu würde ich gerne verstehen, welche Art von Auto Carco verkauft, also in welchem Preissegment die Autos liegen und worin sich Carcos Autos von Wettbewerbern differenzieren.

Interviewer:in: Carcos Kerngeschäft ist im mittleren bis hohen Preissegment positioniert, und die Autos werden üblicherweise über Autohäuser, also Vertriebspartner, verkauft. Wie bei den meisten Wettbewerbern ist ein entsprechendes Service-Netzwerk vorhanden. Als Differenzierungsmerkmale sieht Carco vor allem seine „state-of-the-art" Software im Auto. Diese ist mit Abstand die fortschrittlichste Lösung am Markt. Carco hat früh den Trend hin zu mehr Software im Auto erkannt und die Software selbst entwickelt. Die Vision von Carco ist es, Apps für die Software zu entwickeln, mit der sich die Autobesitzer:innen mit Ladesäulen verbinden können. Dadurch könnten Kund:innen leicht freie Ladesäulen finden, diese für bestimmte Zeiträume reservieren und den Ladevorgang im Anschluss bequem über die App bezahlen.

Bewerber:in: Das ist wirklich spannend. Man könnte über die App auch seine eigenen Ladesäulen durch Preisvorteile stärken. Wie viel Expertise hat Carco im Bereich Ladesäulen?

Interviewer:in: In Deutschland hat Carco bisher kaum technologische Expertise für Elektroladesäulen, und es wurde auch noch nicht mit Energieunternehmen, also zum Beispiel Netzbetreibern, zusammengearbeitet. Im Ausland, vor allem in Norwegen und Südkorea, hat Carco kleine Teams, die Partnerschaften mit Betreibern von Ladesäulen managen.

Bewerber:in: Die nicht vorhandene Expertise würde im Umkehrschluss für Carco bedeuten, dass der Aufbau von Ladesäulen mit hohen Investitionskosten verbunden ist, da man nicht nur die Kosten für die Errichtung der Ladesäule hat, sondern auch noch die entsprechenden Entwicklungskosten sowie die Kosten für den Personalaufbau. Das Ganze würde viel Geld kosten. Wie ist denn die finanzielle Situation von Carco?

Interviewer:in: Ohne konkrete Zahlen zu nennen, lässt sich die finanzielle Situation wie folgt zusammenfassen: Carco hat in den letzten Jahren viel in den Elektroantrieb investiert, und auch die globale Covid-19 Pandemie ist nicht ohne Spuren an Carco vorbeigegangen. Daher ist der Spielraum für größere Investitionen in den nächsten Jahren eher begrenzt.

Bewerber:in: Die Stärken und Schwächen sowie die finanzielle Situation von Carco habe ich nun verstanden. Zusammenfassend kann man sagen, dass Carcos Stärke vor allem die selbst entwickelte Software ist. Durch die Entwicklung einer App für diese Software könnten sich die Autobesitzer:innen mit Ladesäulen verbinden, diese reservieren und direkt ansteuern. Es ist allerdings zu berücksichtigen, dass die finanzielle Situation von Carco schwierig ist und somit größere Investitionen kaum zu realisieren sind.

Interviewer:in: Sehr gut. Wie möchten Sie fortfahren?

Bewerber:in: In einem zweiten Schritt würde ich mir jetzt gerne den Markt für Ladesäulen in Deutschland anschauen. Welche Arten von Ladesäulen gibt es in Deutschland? Zudem sieht man auch, dass manche Autohersteller ihre eigenen Ladesäulen entwickelt haben und dort nur Autos dieses Herstellers laden können. Inwiefern spielt dies für Carco eine Rolle?

Interviewer:in: Zum einen unterscheidet man zwischen öffentlichen (Ö), halböffentlichen (HÖ) und nicht-öffentlichen Ladesäulen (NÖ). Nicht-öffentliche Ladesäulen sind zum Beispiel eine Wallbox, die man zu Hause installiert. Öffentliche Ladesäulen sind Ladesäulen, die in der Stadt oder an der Autobahn stehen und die jeder verwenden kann. Des Weiteren gibt es auch halböffentliche Ladesäulen, die im halböffentlichen Raum stehen, also zum Beispiel auf dem Parkplatz eines Supermarktes oder in Parkgaragen. Zum anderen unterscheidet man zwischen Normalladesäulen und Schnellladesäulen. Bei Normalladesäulen (AC) wird Wechselstrom verwendet, und die Ladedauer beträgt in der Regel zwei bis vier Stunden. Schnellladesäulen (DC) dagegen nutzen Gleichstrom und die Ladedauer ist um einiges kürzer. Sie beträgt oft nur 30 bis 40 Minuten. Allerdings sind Schnellladesäulen deutlich teurer. Zu guter Letzt haben auch einige Marken, wie zum Beispiel Tesla, Ladestationen aufgebaut, die nur für das Laden von Fahrzeugen der eigenen Marke vorgesehen sind. Dies wäre selbstverständlich auch für Carco eine Option. Lassen Sie uns diesen Punkt jedoch für die Analyse des Marktes vernachlässigen.

Bewerber:in: Verstehe. Das heißt, man sieht vermutlich vor allem Normalladesäulen in der Stadt, wo häufig länger als 25 Minuten geparkt wird. Wohingegen man an Autobahnen vermutlich überwiegend Schnellladesäulen vorfinden wird.

Interviewer:in: Genau richtig.

Bewerber:in: Wie groß ist denn der deutsche Markt für Ladesäulen zurzeit, und wie wird er sich in Zukunft entwickeln?

Interviewer:in: Mit Stand März 2021 haben wir insgesamt knapp 40.000 öffentliche und halböffentliche Ladepunkte in Deutschland. Zur Info: Man spricht hier in der Regel von Ladepunkten, da eine Ladesäule auch mehrere Ladepunkte haben kann. Mit dem Anstieg an Elektroautos (EVs) steigt auch der Bedarf an Ladesäulen rapide an. Lassen Sie uns die Anzahl der benötigten öffentlichen und halböffentlichen Ladepunkte im Jahr 2030 schätzen und diese benötigte Anzahl an Ladepunkten dem bisherigen Bestand an Ladepunkten gegenüberstellen. Wie würden Sie bei der Schätzung der benötigen Ladepunkte im Jahr 2030 vorgehen?

Bewerber:in: Die Anzahl der Ladepunkte sollte sich an der Anzahl der Elektroautos in Deutschland orientieren. Daher müsste ich zum einen die Anzahl der Elektroautos im Jahr 2030 schätzen. Außerdem benötige ich einen Zielwert, der angibt, wie viele Elektroautos sich im Schnitt einen Ladepunkt teilen können, um zum anderen die Anzahl der benötigen Ladepunkte zu ermitteln.

Interviewer:in: Den Bestand an Elektroautos im Jahr 2030 können Sie über den Bestand an Pkws im Jahr 2030 schätzen. Nehmen Sie hierfür an, dass der Bestand an Pkws recht konstant bei 60 Mio. Pkws in Deutschland bleibt. Experten vom Kraftfahrtbundesamt (KBA) schätzen, dass der Anteil an Elektroautos (EVs), also Plug-in-Hybriden und reinen Elektroautos, im Jahr 2030 bei rund 24 Prozent liegen wird. Die Bundesregierung gibt zudem indirekt in ihrem Masterplan Ladeinfrastruktur einen Zielwert von 10:1 an. Das heißt, dass im Durchschnitt zehn Elektroautos einen Ladepunkt benötigen. Nehmen Sie hier bitte ein konservativeres Szenario an und verwenden einen Zielwert von 20:1.

HINWEIS: Die Bewerberin oder der Bewerber sollte sich nun ein paar Minuten Zeit nehmen und die Anzahl benötigter Ladepunkte bestimmen.

Bewerber:in: Auf Basis von 60 Mio. Pkws im Jahr 2030 in Deutschland und einem Zielwert von 20:1 von öffentlichen Ladepunkten zu Elektroautos komme ich zu dem Ergebnis, dass im Jahr 2030 720.000 öffentliche Ladepunkte benötigt werden. Dazu habe ich folgende Berechnung vorgenommen:

Bestand EVs_{2030} = Bestand $Pkws_{2030}$ × Anteil EVs_{2030}

- **Bestand EVs_{2030} = 60 Mio. × 24 % = 14.4 Mio. EVs**

Benötigte $Ladepunkte_{2030}$ = Bestand EVs_{2030} × Zielwert $(Ladepunkte\ pro\ EVs)_{2030}$

- **Benötigte $Ladepunkte_{2030}$ = 14.4 Mio. × 1/20 = 720.000 Ladepunkte**

Interviewer:in: Genau richtig. Was würden Sie daraus schlussfolgern?

Bewerber:in: Bei einem aktuellen Bestand von ca. 40.000 Normal- und Schnellladepunkten zeigt sich, dass der Bedarf an Ladesäulen in Zukunft stark ansteigen wird. Neben der Marktgröße müsste ich mir aber noch anschauen, wer die jetzigen Akteure auf dem Markt sind. Können Sie mir hierzu Informationen geben?

Interviewer:in: Sehr gerne. Wir haben hierfür bereits die Liste der Ladesäulen in Deutschland von der Bundesnetzagentur erhalten. Die Daten enthalten den Standort (Geokoordinaten) der Ladesäule, den Betreiber sowie weitere technische Informationen zur Ladesäule. Die Daten haben wir in einem Tableau-Dashboard visualisiert. Was können Sie aus dem Dashboard schließen?

HINWEIS: Die Bewerberin oder der Bewerber sollte sich nun ein bis zwei Minuten mit dem interaktiven Dashboard auseinandersetzen. Leser des Buches können sich das Dashboard unter folgendem Link anschauen: tabsoft.co/3s5bDr9

Angebot von Ladesäulen in Deutschland (Stand: März 2021, Screenshot)

Bewerber:in: Beim Durchklicken sind mir vor allem zwei Dinge aufgefallen: Anhand des „Tree Map Charts" auf der rechten Seite sieht man, dass der Markt sehr fragmentiert ist. Zum anderen sieht man auf der Karte, dass sich viele Betreiber auf bestimmte Regionen fokussieren und das Angebot an Ladesäulen sich von Standort zu Standort stark unterscheidet.

Interviewer:in: Was würden Sie aus diesen Erkenntnissen schlussfolgern? Sind weitere Analysen notwendig?

Bewerber:in: Der Bedarf an Ladepunkten wird sich regional sehr stark voneinander unterscheiden. Ich vermute, dass es in Deutschland Regionen gibt, in welchen das Angebot an Ladesäulen unter der Nachfrage liegt. Es wird aber auch Gegenden geben, in denen genau das Gegenteil der Fall ist. Im Falle eines Markteintrittes müsste man also genau analysieren, wo diese Standorte sind und ob es ausreichend Standorte gibt, an denen Carco seine Ladsäulen aufbauen könnte.

Interviewer:in: Genau das haben wir untersucht. Man müsste eine sogenannte „Spatial-Analyse" durchführen, in der für alle Regionen in Deutschland die zukünftige Nachfrage modelliert und diese Nachfrage dann dem aktuellen und prognostizierten Angebot an Ladesäulen gegenübergestellt wird. Diese Analyse würde jedoch den Rahmen dieser Fallstudie sprengen. Bitte nehmen Sie für den weiteren Verlauf der Fallstudie an, dass es viele attraktive Regionen für einen Markteintritt gibt. Was sollten Sie sich als nächstes anschauen?

Bewerber:in: Nachdem sich ergeben hat, dass der Markt der Ladesäulen in Deutschland attraktiv ist, möchte ich nun den Markteintritt noch aus einem finanziellen Blickwinkel betrachten.

Interviewer:in: Das klingt sinnvoll. Bitte nehmen Sie an, dass die Investitionsrechnung zu dem Ergebnis kommt, dass Carco in Ladesäulen investieren sollte. Die Investition lohnt sich allerdings nur, wenn Carco die Technologie nicht selbst entwickeln muss. Falls sich Carco für einen Markteintritt entscheiden würde, welche Optionen hat Carco für einen Markteintritt, und was sind die jeweiligen Vor- und Nachteile?

Bewerber:in: Im Fall eines Markteintrittes kann Carco einen eigenständigen oder einen nichteigenständigen Markteintritt verfolgen. Der eigenständige Markteintritt, zum Beispiel durch den organischen Aufbau einer neuen Unternehmenseinheit oder eines eigenen Start-ups, ermöglicht eine größere Kontrolle und Freiheit in der Ausgestaltung. Allerdings hätte dies zur Folge, dass hohe Kosten auf Carco zukommen. Zudem hat ein eigenständiger Markteintritt ein deutlich höheres Risiko. Der nichteigenständige Markteintritt dagegen kann über eine Akquisition oder ein Joint Venture erfolgen. Eine Akquisition oder ein Joint Venture lohnt sich vor allem dann, wenn das aufkaufende Unternehmen nur bedingt Kenntnisse über die Branche hat und es Hürden bei der internen Entwicklung gibt. Zudem ermöglicht diese Art des Markteintrittes einen möglichst schnellen Einstieg in den Markt.

Interviewer:in: Vielen Dank. Über diese Vor- und Nachteile könnten wir sicherlich noch Stunden diskutieren. Für diese Fallstudie ist Ihre Erklärung ausreichend. Was empfehlen Sie nun dem Management-Team von Carco?

Bewerber:in: Meine Empfehlung für Carco ist, in den deutschen Markt für Elektroladesäulen einzusteigen. Die Marktanalyse hat gezeigt, dass die Zahl der benötigten Ladesäulen bis 2030 stark ansteigen wird und es viele Regionen gibt, in welchen das Angebot stark unter der Nachfrage liegen wird. Des Weiteren kann der Betrieb von Ladesäulen die Wettbewerbsposition von Carco weiter stärken, da Carco über die eigenentwickelte Autosoftware und die Möglichkeit der Erweiterung dieser um eine App zur Suche, Reservierung und Navigation zu Ladesäulen einen klaren Wettbewerbsvorteil haben kann. Aufgrund der schwierigen finanziellen Situation von Carco rate ich jedoch zu einem Markteintritt über ein Joint Venture. Bei der Suche nach möglichen Partnern unterstütze ich Carco ebenfalls sehr gerne.

Interviewer:in: Ich stimme mit Ihrer Meinung überein. Auch aufgrund des nicht vorhandenen technischen Know-hows wäre es in diesem Fall ratsam, sich einen Partner aus der Energiebranche zu suchen. Ein solcher Partner könnte dann unter anderem von Carcos App in der Autosoftware profitieren, weil die Nutzung seiner Ladesäulen dort incentiviert wird. Vielen Dank für die Lösung der Fallstudie und das interessante Gespräch.

Beyond Banking als neues Geschäftsfeld?

von Britta Gayko und Felix Deutschen

Aufgabenstellung

Die voranschreitende Digitalisierung ändert die Spielregeln im Banking. Zum einen eröffnen sich ganz neue Möglichkeiten: Per APIs (Application Programming Interfaces) lassen sich neue Dienstleistungen beispielsweise relativ einfach an ein Bankkonto andocken, sodass Open Banking inzwischen Realität ist. Zum anderen ändert sich in Zeiten von e-Commerce zunehmend das Verhalten der Kund:innen. So ist das Smartphone auch für Finanzen längst im Alltag angekommen, und neue Wettbewerber buhlen um die Gunst der Kund:innen. Kurzum: Die Finanzbranche ist im Wandel. Neue Geschäftsmodelle kommen auf den Markt, und das Rennen um das Ökosystem von morgen hat begonnen.

Neben der Weiterentwicklung klassischer Bankprodukte geraten dabei auch Lösungen in den Fokus, die auf den ersten Blick wenig mit Banking zu tun haben. Beyond Banking ist das Stichwort. Darunter werden sowohl banknahe Angebote (auch bekannt als Near-Banking) als auch bankferne Lösungen gefasst (auch als Non-Banking bezeichnet). Beyond Banking wird als ein Geschäftsfeld mit Potenzial diskutiert. Laut einer Studie können Margen im sogenannten Provisionsgeschäft deutlich höher als im klassischen Zinsgeschäft sein. Es ist jedoch noch nicht klar, worin die Margen wirklich liegen. Die Branche experimentiert entsprechend. Zugleich gibt es noch keinen dominanten Anbieter im deutschen Markt, sodass attraktive Nischen bestehen.

Das Spektrum an Möglichkeiten ist allerdings äußerst breit. Beyond Banking beschränkt sich nämlich nicht nur auf Privatpersonen. Auch im Bereich von SMEs (Small and Medium-sized Enterprises) und größeren Firmenkunden ergeben sich zahlreiche Möglichkeiten. Die folgende Grafik gibt einen beispielhaften Überblick:

Kundensegment

		Fokus Beyond Banking	
	Banking	**Near-Banking**	**Non-Banking**
Großfirmen	• KYC as a Service	• Cash on Ledger • e-Invoicing	• Industrie 4.0 als Feld mit diversen Möglichkeiten • Identitätsmanagement
SMEs	• Liquiditätsmanager	• Accounting • HR-Payroll	• Verwaltung als Feld mit diversen Möglichkeiten
Privatpersonen	• Multibanking • Finanzplaner	• Cashback-Programme • Hausbau-Admin	• Branded Lifestyle-/ Fashion-Produkte • Carbon Footprint Manager

Nähe zum Kerngeschäft

Überblick über Beyond-Banking-Beispiele

Eine Aufgabenstellung im Case-Interview könnte wie folgt aussehen: Unsere Auftraggeberin, Head of Digital Banking, sieht in Beyond Banking Potenzial. Um das Geschäftsfeld besser zu verstehen, bittet sie um eine kurzfristige Einschätzung mitsamt erster Arbeitshypothesen für ein mögliches Projekt. Im ersten Gespräch sind unter anderem folgende Leitfragen aufgekommen:

- **Frage 1:** Welche Chancen wie auch Risiken birgt Beyond Banking für eine Bank? Was sind die zentralen Wettbewerber?
- **Frage 2:** Beyond Banking ist ein großes Feld. Auf welche strategischen Stoßrichtungen sollten wir uns fokussieren?
- **Frage 3:** Welches Beyond-Banking-Beispiel finden Sie interessant? Welche Eckpfeiler eines entsprechenden Geschäftsmodells gilt es im Rahmen eines Projekts zunächst zu betrachten?

HINWEISE:

- Hier ist kreatives, unternehmerisches Denken gewünscht – es gibt keine Schwarz-Weiß-Lösung.
- Da Geschäftsmodelle vielschichtig sind, hilft eine strukturierte Herangehensweise bei der Bearbeitung des Falls.
- Der Case ist bewusst offen gehalten. Binden Sie Ihr Gegenüber im Interview entsprechend mit Rückfragen ein.

Lösungsweg

Es ist empfehlenswert, den Case zunächst mit einer kurzen Auftragsklärung zu beginnen. Indem Sie die gegebenen Informationen Revue passieren lassen und Ihr Vorgehen beschreiben, geben Sie der Bearbeitung direkt einen roten Faden. Dabei bietet es sich an, den Begriff „Beyond Banking“ in eigenen Worten zu umschreiben und den Interviewenden Verständnisfragen zu stellen. Wichtig ist zudem, die richtige Flughöhe zu wählen: Während Frage 1 und 2 zunächst Beyond Banking als Geschäftsfeld betrachten, zielt Frage 3 eine Ebene tiefer auf einen konkreten Anwendungsfall ab. Bei der Bearbeitung der Leitfragen sollten Sie darüber hinaus den Auftrag der Auftraggeberin im Hinterkopf behalten. Nach erfolgter Auftragsklärung kann im nächsten Schritt mit der Bearbeitung der ersten Frage gestartet werden.

Frage 1: Welche Chancen wie auch Risiken birgt Beyond Banking für eine Bank? Wer sind die zentralen Wettbewerber?

Ein neues Geschäftsfeld ist grundsätzlich mit Chancen und Risiken verbunden. Zudem lauern in neuen Märkten meist auch neue Wettbewerber, mit denen ein Unternehmen im Kerngeschäft üblicherweise weniger zu tun hat. Auch im Fall von Beyond Banking treffen beide Gesichtspunkte zu. Eine Analyse ist deshalb zwingend notwendig. Im Rahmen der Bearbeitung des Cases gilt es nun eine erste Struktur aufzusetzen, welche anschließend in einem Projekt tiefer analysiert werden kann. Im Folgenden bietet es sich an, die beiden Teilfragen getrennt zu betrachten, um zu einer Ersteinschätzung zu gelangen.

Welche strategischen Chancen bietet Beyond Banking? Welche Auswirkungen haben neue Angebote auf das Image der Bank? Und welche finanziellen Risiken gilt es auf dem Radar zu haben? Bei der Betrachtung von Chancen und Risiken gibt es viele Dimensionen, die selbst nach kurzer Zeit bereits in einer langen Liste enden können. Kategorien ermöglichen eine strukturierte Übersicht. In der folgenden Tabelle zeigen wir eine beispielhafte Struktur, die im Interview initial befüllt werden kann:

Kategorie	Chancen	Risiken
Image	• Kundenvertrauen stärken: Die Bank als Problemlöser an der Seite der Kund:innen	• Reputationsrisiken: Was möchten die Kund:innen von einer Bank? Was nicht?
Strategisch	• Neue Möglichkeiten zur Differenzierung • Verteidigung der Customer Interface im Kerngeschäft	• Portfoliorisiken: Fit mit Strategie/ Portfolio der Bank? • Top-Management-Support?
Finanziell	• Markteintritt in neue Nischen mit Wachstumspotenzial verbunden • Cross-Selling-Potenzial	• Hohe Investitionen notwendig (z. B. in Know-how, Marketing) • Wie ist die Zahlungsbereitschaft der Kund:innen?

Übersicht beispielhafter Chancen und Risiken von Beyond Banking

Die initiale Übersicht verdeutlicht, warum neue Geschäftsfelder breit diskutiert werden: Einerseits locken Chancen, die für Investments in neue Geschäftsfelder sprechen. Andererseits zeigen Risiken, dass ein neues Geschäft kein Selbstläufer ist. Eine Ersteinschätzung dient hier als Kompass für eine tiefergehende Analyse – wozu auch ein Blick auf den Wettbewerb im nächsten Schritt gehört.

Auf Rückfrage erläutern die Interviewenden, dass in der Aufgabenstellung ein Überblick relevanter Wettbewerber gefragt ist, eine Analyse würde anschließend im Projekt folgen. Hierfür bietet sich die Struktur von Porters Five Forces an, da in einer Skizze die wichtigsten Player betrachtet werden können. Im folgenden Schaubild finden Sie eine beispielhafte Skizze:

Bedrohung durch neue Marktteilnehmer

Eine Bedrohung durch neue Anbieter kann u.a. von drei Playern kommen:

- BigTech mit Innovationsprojekten in der Beyond-Banking-Nische
- Start-ups mit viel Funding
- Firmen anderer Branchen, die ebenfalls in die Nische investieren

Verhandlungsmacht der Lieferanten

Die Verhandlungsmacht von Lieferanten ist nicht zu vernachlässigen, da zum Beispiel ein Tech-Partner für das Backend benötigt werden kann.

Rivalität innerhalb der Branche

- Der Blick auf bestehende Wettbewerber: Was machen andere Banken im Bereich Beyond Banking?
- Anbieter aus der Branche, auf die ein Anwendungsfall abzielt: Wie unterscheide ich mich vom bestehenden Angebot?

Verhandlungsmacht der Kunden

- Die Verhandlungsmacht der Kundenseite ist mitentscheidend für die Margen.
- Dies spielt u.a. bei der Betrachtung der Kundensegmente eine Rolle.

Bedrohung durch Substitute

- Welche Angebote können alternativ genutzt werden?
- Switching Costs als wichtiger Indikator

Porters Five Forces als beispielhafte Struktur

Die Übersicht zeigt, dass eine Vielzahl von Playern im neuen Geschäftsfeld betrachtet werden muss. Wichtig ist, neben einem kurzen Umriss der aktuellen Situation auch Wettbewerbsdynamiken anzusprechen. Wie wird der Wettbewerb auf das eigene Angebot reagieren? Lässt sich ein erster Vorteil auch langfristig verteidigen? Als Ausblick auf ein Projekt kann in Kürze das Vorgehen für eine tiefergehende Wettbewerbsanalyse beschrieben werden: Beispielweise gilt es die Flughöhe zu senken. Dabei bietet sich zunächst ein Blick auf die Teilfelder Near-/Non-Banking sowie anschließend auf einzelne konkrete Anwendungsfälle an. Angesichts der Vielzahl an möglichen Wettbewerbern kann an dieser Stelle auch die Make-or-Buy-Frage gestellt werden. Dabei gilt es insbesondere auch die Option von Partnerschaften näher zu beleuchten, da in neuen Geschäftsfeldern schlagkräftige Allianzen eine durchaus attraktive Option darstellen können.

Frage 2: Beyond Banking ist ein großes Feld. Auf welche strategischen Stoßrichtungen sollten wir uns fokussieren?
Priorisierung ist ein Grundpfeiler im Business und ein typischer Fall für uns als Berater:innen: Denn Kapazitäten sind grundsätzlich begrenzt. Die Frage, wie der Fokus in einem neuen Geschäftsfeld gesetzt werden soll, ist zugleich branchenübergreifend relevant. Dabei gibt es zahlreiche Dimensionen, die eine zentrale Rolle spielen können. Die beiden Achsen aus der Abbildung in der Aufgabenstellung – Kundensegment und Nähe zum Kerngeschäft – sind lediglich zwei Beispiele. Die Aufgabe ist an dieser Stelle offengehalten. Auf Nachfrage bei den Interviewenden wird klargestellt, dass zunächst ein Konzept für einen Auswahlprozess geeigneter Anwendungen gewünscht ist. Zudem sollen die Kundensegmente Privatpersonen, SMEs sowie Großunternehmen in Deutschland in einem Quick-Check betrachtet werden. Kreatives, unternehmerisches Denken ist bei der Bearbeitung gewünscht, da es keine Schwarz-Weiß-Lösung gibt.

Ein Konzept für einen systematischen Auswahlprozess lässt sich beispielsweise anhand eines Innovation Funnels skizzieren:

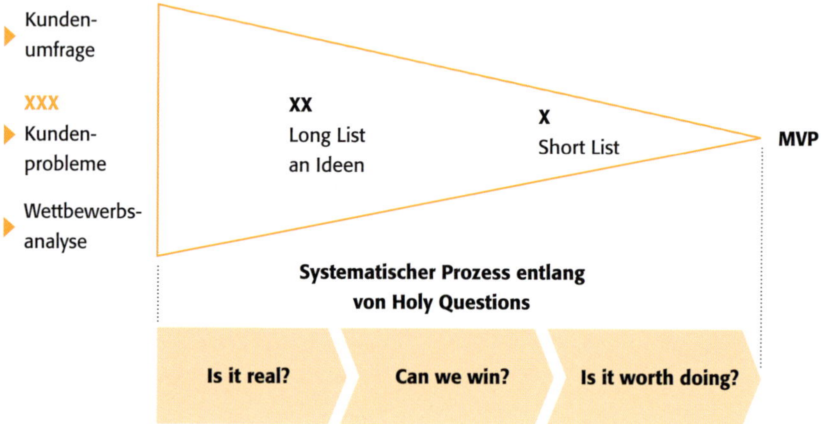

Beispielhafte Skizze für einen Innovation Funnel

Ziel ist es, vom Kundenproblem her Lösungen abzuleiten (in der Abbildung als Minimum Viable Product (MVP) dargestellt). Im ersten Schritt sollten daher Kundenprobleme gesammelt werden, die im anschließenden Prozess analysiert werden. Informationen erhält man auf unterschiedlichen Wegen: Einerseits direkt durch Kundenumfragen, andererseits aber auch indirekt durch Mitarbeiter:innen, die im engen Austausch mit den Kund:innen stehen. Ergänzend kann eine Wettbewerbsanalyse helfen, um vielversprechende Trends aus anderen Regionen frühzeitig zu erkennen. Bei der Sammlung von Kundenproblemen bietet es sich an, diese in Fokusbereiche zu clustern. Wie können wir nun als Problemlöser den Alltag unserer Kund:innen angenehmer gestalten? Im nächsten Schritt empfiehlt es sich, Ideen für Beyond-Banking-Angebote abzuleiten und in einer Long List zu sammeln. Dabei gibt es zunächst keine Denkverbote.

Um aus einer Long List eine Short List vielversprechender Möglichkeiten zu identifizieren, kann ein systematischer Prozess entlang sogenannter Holy Questions helfen. Beispielhafte Leitfragen können wie folgt aussehen:

- **Is it real?** Ist der Kundenbedarf echt, der Markt groß genug und das Angebot realisierbar?
- **Can we win?** Können wir als Unternehmen im Wettbewerb bestehen und ein wettbewerbsfähiges Produkt anbieten?
- **Is it worth doing?** Kann das Produkt bei vertretbaren Risiken profitabel werden? Passt das Angebot in die Strategie der Bank und können wir Top-Management-Support sichern?

Im Rahmen eines Projektes gilt es einen Prozess zu detaillieren. Beispielhafte Kriterien sind unter anderem die Definition unternehmensspezifischer Holy Questions, der Aufbau einer Governance, die Einbindung von Kund:innen sowie die Verankerung zeitlicher/finanzieller Leitplanken.

Wie zuvor erfragt, ist neben einem Konzept zur Auswahl von Ideen zudem ein Blick auf die Kundensegmente aus der Aufgabenstellung gewünscht. Da Beyond-Banking-Angebote in erster Linie Kundenprobleme lösen sollen, sind die Kund:innen die zentrale Kategorie. Auf welches Segment sollten wir uns fokussieren? Die Größe einzelner Segmente kann bei der Betrachtung ein erstes Indiz für das Marktpotenzial geben. Eine Recherche ergibt für Deutschland folgende, gerundete Zahlen:

	Privatpersonen	**SMEs**	**Großunternehmen**
Größe	~83 Mio. Davon: ~15 Mio. <20 J. ~44 Mio. 20–59 J. ~18 Mio. 60–79 J. ~ 6 Mio. >80 J.	~3,5 Mio. Davon: ~3,3 Mio. Kleinstunternehmen (<2 Mio. Euro Umsatz) ~0,2 Mio. kleine Unternehmen (2–10 Mio. Euro) ~0,05 Mio. mittlere Unternehmen (10–50 Mio. Euro)	~0,02 Mio. (>50 Mio. Euro Umsatz)

Beispielhafte Eckdaten zur Größe einzelner Kundensegemente

Bei der Betrachtung der Größe bietet es sich an, Untergruppen zu bilden und diese im Hinblick auf ihre Relevanz kurz zu beschreiben. Bei den Privatpersonen sind zum Beispiel die unter 18-Jährigen vorerst auszuklammern, da sie lediglich beschränkt geschäftsfähig sind. Bei der Aufgliederung der SMEs fällt auf, dass der Großteil zu der Kategorie Kleinstunternehmen zählt - eine Zahl, die auf den ersten Blick interessant hoch klingt und als Startpunkt einer tieferlegenden Analyse einzelner Branchen dienen kann. Als Ausblick auf ein Projekt können weitere Prüfpunkte genannt werden, da die Größe eines Kundensegments natürlich nur ein erster Indikator ist. Eine Einschätzung zu weiteren Faktoren, wie etwa eine tiefergehende Zusammensetzung der Kundensegmente, Marktanteile, Wettbewerbsintensität oder erwartbares Umsatzvolumen können im folgenden Projekt analysiert werden.

Frage 3: Welches Beyond-Banking-Beispiel finden Sie interessant? Welche Eckpfeiler eines entsprechenden Geschäftsmodells gilt es im Rahmen eines Projekts zunächst zu betrachten?
Berater:innen werden oft nach ihrer Meinung gefragt. Daher ist es generell empfehlenswert, über aktuelle Trends sowie Themen der Branche informiert und somit sprechfähig zu sein. Interessante Beispiele sind dabei von Vorteil. Im Case steht es Ihnen frei, ob Sie hierbei ein Beispiel aus dem Schaubild aus der Aufgabenstellung oder aus eigener Erfahrung auswählen. Wichtig ist in der folgenden Ausarbeitung, die Auswahl im Rahmen eines kurzen Pitches zu begründen. Der Fokus der Frage liegt im Folgenden weniger darauf, ob Sie das Beispiel inhaltlich bis ins letzte Detail kennen. Stattdessen geht es eher darum, ob Sie die Eckpfeiler eines Geschäftsmodells kennen und ein Gespür für die kritischen Punkte haben.

Der Begriff „Geschäftsmodell" wird seit seiner Einführung viel diskutiert. Die Definition von Osterwalder und Pigneuer aus dem Jahr 2010 lautet z. B. wie folgt: *A business model describes the rationale of how an organization creates, delivers and captures value.* Da Geschäftsmodelle vielschichtig sind, helfen Frameworks, indem sie Struktur geben. Der Business Model Canvas ist ein verbreitetes Framework und wird im Folgenden illustrativ beschrieben. Alternativen wie etwa der Lean Canvas oder Business Model Navigator können selbstverständlich ebenfalls angewendet werden.

Business Model Canvas als illustratives Beispiel

Bei der Bearbeitung bietet es sich an, zunächst mit einem kurzen Überblick zu starten und anschließend für das ausgewählte Beispiel eine Skizze mit Bullet Points zu befüllen. Beim Arbeiten mit Frameworks ist es grundsätzlich von Vorteil, entlang von Kernfragen vorzugehen. Übergreifende Fragen, die Sie hierbei im Blick behalten sollten, sind: Wie kann das Beyond-Banking-Angebot Mehrwert für unsere Kund:innen bieten? Wie möchte ich mit unseren Kund:innen interagieren? Was sind zentrale Prüfpunkte, um das Angebot zu erstellen? Und wie kann es dabei profitabel betrieben werden? Dieses Vorgehen erleichtert es Ihnen, Annahmen zu treffen und Hypothesen abzuleiten, welche wiederum als Leitplanken für eine tiefergehende Analyse dienen. Hinsichtlich der kurzen Bearbeitungszeit werden im Interview keine Fakten-Checks vorausgesetzt. Je nach Beispiel können einzelne Felder im Fokus stehen, gegebenenfalls setzen die Interviewenden auch den Fokus auf ein Feld. Ein zentraler Eckpfeiler ist beispielsweise die Value Proposition. Sie fasst das Wertversprechen des Angebots zusammen und sollte vom Kundenproblem abgeleitet sein. Was lässt die Kund:innen vor Freude springen? Was lässt sie nachts unruhig schlafen? Wie können wir als Problemlöser den Alltag unserer Kund:innen angenehmer gestalten?

Abschließend bietet sich eine übergreifende Zusammenfassung der wichtigsten Erkenntnisse an. Neben einer kurzen Wiederholung der Ausgangslage im neuen Geschäftsfeld Beyond Banking können die Erkenntnisse der Fragen nochmals kurz zusammengefasst werden und in einen Projektvorschlag einfließen. Eine Empfehlung der nächsten Schritte im Hinblick auf das Vorgehen im Projekt rundet die Bearbeitung des Cases ab.

Expansionsstrategie des Softwareherstellers Healthytech Inc.

von Maxime von Wallenberg Pachaly

Aufgabenstellung

Healthytech Inc. ist ein führender Anbieter von Software für das Gesundheitswesen im deutschen Markt, welcher sich auf die Herstellung von Servicedienstleistungen innerhalb des Krankenhaussektors spezialisiert hat. Mit 200 Beschäftigten hat das Unternehmen einen Umsatz von 128 Mio. Euro und ein EBITDA von 16 Mio. Euro im Jahr 2020 erwirtschaftet. Healthytech konzentriert sich auf die Bereitstellung von Spezialsoftware zur Verwaltung medizinischer Daten und klinischer Arbeitsabläufe in zwei Geschäftsbereichen: Notfallambulanz (staatliche regionale Leitstellen und eigenständige Leitstellen in Krankenhäusern) und Radiologie (Röntgen und Kernspintomographie). Das Unternehmen hat in den letzten drei Jahren eine signifikante Umsatzsteigerung durch organisches Wachstum und die Übernahme anderer spezialisierter Softwareanbieter erzielt und sich somit eine führende Marktposition in der DACH-Region aufgebaut. Das Geschäftsmodell des Unternehmens konzentriert sich auf den Verkauf von Softwarelizenzen (20 Prozent Umsatzanteil) an Krankenhäuser, Abrechnung von Service- und Wartungsgebühren (70 Prozent Umsatzanteil) sowie die Steigerung des Vertragswertes von Bestandskunden durch das Cross- und Upselling zusätzlicher Funktionen (10 Prozent Umsatzanteil). Healthytech hat es geschafft, langfristige Beziehungen aufzubauen und konnte bestehende Verträge mit seinen Kunden in den letzten Jahren ohne Abwanderung erneuern. Das Unternehmen überzeugt hauptsächlich durch den hohen Einbettungsgrad seiner Software in den klinischen Arbeitsablauf und aufgrund seiner als überlegen wahrgenommenen Produktqualität gegenüber großen Softwareherstellen, die lediglich Standardlösungen anbieten.

Im Rahmen seiner angestrebten internationalen Expansionsstrategie überlegt das Management nun, seine Marktpräsenz, mit 32 Prozent Marktanteil im heimischen Markt, auszubauen und zeitgleich in den Markt in Großbritannien zu expandieren.

Beantworten Sie vor diesem Hintergrund bitte folgende Fragen:

- **Frage 1:** Schätzen Sie grob, wie viel der relevante Markt Deutschland und der Markt Großbritannien in Millionen Euro ausmacht.
- **Frage 2:** Welche Wachstumsstrategie würden Sie dem Kunden empfehlen?
- **Frage 3:** Welche Analysemetriken wären für eine Target-Analyse besonders relevant?

HINWEIS: Im Interview werden Ihnen zur Beantwortung der ersten Frage ca. 25 Minuten gegeben. Die darauffolgenen zwei Fragen sind in ca. 10 bis 15 Minuten zu lösen.

Lösungsweg

Frage 1: Abschätzung des Marktwerts von Deutschland und Großbritannien
Im ersten Schritt sollten Bewerber:innen die zur Verfügung stehenden Informationen betrachten und sie übersichtlich strukturieren, um anschließend eine erste Schlussfolgerung über den deutschen Markt ziehen zu können. Die Aufgabenstellung liefert bereits wertvolle Informationen für eine rasche Abschätzung der Marktgröße für Software-Speziallösungen in den relevanten Bereichen Notfallambulanz (NA) und Radiologie (RA) in Deutschland: Healthytech Inc. erwirtschaftete im Jahr 2020 einen Umsatz von 128 Mio. Euro, was einem Marktanteil von 32 Prozent entspricht. Mit einem einfachen Dreisatz lässt sich daraus der Gesamtwert des deutschen Marktes berechnen:

- **Marktgröße Deutschland:** 128 Mio. Euro (Umsatz) ÷ 32 % (Healthytech Inc. Marktanteil) × 100 % (Gesamtmarkt) = 400 Mio. Euro

Im zweiten Schritt muss der adressierbare Markt in Großbritannien abgeschätzt werden. Dieser ergibt sich beispielsweise aus der Anzahl an privaten und öffentlichen Krankenhäusern sowie angebundenen Notfallleitstellen in Großbritannien, den jeweiligen Software-Nutzungsraten in den relevanten Abteilungen Notfallambulanz und Radiologie und dem durchschnittlichen Vertragswert.

HINWEIS: Im Interview werden zu Anfang oft wenige bis keine konkreten Zahlen bereitgestellt, damit Bewerber:innen ihre strukturellen und kreativen Fähigkeiten unter Beweis stellen können. Sie sollten sich daher auf Erfahrungswerte und Abschätzungen zu bekannten Bezugsgrößen verlassen.

Ein möglicher Lösungsweg für die Abschätzung der Größe des Marktes für Software-Speziallösungen in Großbritannien könnte die folgenden sechs Schritte beinhalten:

1. Abschätzung der Gesamtzahl an Gesundheitsdienstleistern
Die Anzahl der privaten und öffentlichen Krankenhäuser in Großbritannien verhält sich ähnlich zu Deutschland und liegt bei ungefähr 1.950. Ist Ihnen diese Zahl nicht geläufig, treffen Sie eine Abschätzung auf Basis einer Bezugsgröße. Denken Sie hierbei an die Kapazitäten von Krankenhäusern und wählen Sie realistische und einfach rechenbare Bezugsgrößen. Auf Basis der Einwohnerzahl von Großbritannien, die ungefähr bei 70 Mio. liegt, können Sie zum Beispiel abschätzen, wie viel Krankenhäuser im Land pro 35.000 Einwohner verfügbar sind:

- 70 Mio. Einwohner ÷ 1 Krankenhaus ÷ 35.000 Einwohner = 2.000 Krankenhäuser

Die Abschätzung der Anzahl an Notfallleitstellen gestaltet sich etwas schwieriger. Notfallleitstellen sind entweder in Krankenhäuser integriert (d. h. sie werden vom Krankenhaus betrieben) und/oder agieren in einem Verbund (d. h. sie sind betrieben vom Staat bzw. Landkreis) für mehrere Krankenhäuser. Großbritannien kann grob in vier Regionen eingeteilt werden: England, Schottland, Wales und Nordirland. Das wird Ihnen jedoch wenig weiterhelfen, und aus Ihrer Erfahrung hinsichtlich des Stands der Digitalisierung in Deutschland wissen Sie vielleicht, dass Krankenhäuser nicht unbedingt überregional interagieren, sondern eher regional aufgestellt sind. Sinnvoller wäre es deshalb, Großbritannien nach dessen 48 Grafschaften (Counties) zu betrachten. Wenn Sie annehmen, dass jede dieser Regionen eine Notfallleitstelle beinhaltet, kommen sie auf die ca. 50 vorhandenen Leitstellen. Zusammenfassend lässt sich an dieser Stelle also festhalten, dass in Großbritannien ca. 2.000 Gesundheitsdienstleister vorhanden sind.

2. Abschätzung der Krankenhäuser und Leitstellen mit relevanten Abteilungen
Im nächsten Schritt ist eine weitere Eingrenzung der Gesundheitsdienstleister erforderlich. Ermittelt werden soll hier die Anzahl von Krankenhäusern, die eine Radiologie und/oder Notfallambulanz mit Leitstelle betreiben. Der Großteil der Krankenhäuser verfügt über eine Radiologieabteilung, da bei Verletzungen wie Knochenbrüchen vor einer Behandlung oft Röntgenbilder durchgeführt werden müssen. Die Anschaffung eines Kernspintomographen für komplexere Behandlungen kann jedoch Kosten im mittleren einstelligen Millionenbereich bedeuten, sodass kleinere Krankenhäuser hierbei teilweise mit externen Anbietern zusammenarbeiten. Basierend auf diesen Informationen ist eine Annahme von 70 Prozent an Krankenhäusern mit Radiologieabteilung realistisch. Was die eigene Notfallambulanz mit Leitstelle betrifft, so besitzt aus Effizienzgründen nicht jedes Krankenhaus diese Abteilung. Vornehmlich größere Krankenhäuser mit einem hohen Patientenvolumen in Ballungsgebieten betreiben eine Notfallambulanz mit eigener Leitstelle. Hier können Sie die Annahme treffen, dass nur beispielsweise ca. 20 Prozent der Krankenhäuser über eine Notfallambulanz mit eigener Leitstelle verfügen und der Rest auf regionaler Ebene geregelt wird. Mit diesen Erkenntnissen können Sie die Zahl der Gesundheitsdienstleister mit für Healthytec relevanten Abteilungen wie folgt errechnen:

- 2.000 × 70 % + 2.000 × 20 % = 1.800

3. Abschätzung der Krankenhäuser und Leitstellen mit relevanten Abteilungen und Softwareeinsatz
Nachdem Sie den adressierbaren Markt weiter eingegrenzt haben, sollten Sie sich nun fragen, ob alle Gesundheitsdienstleister bereits Softwarelösungen in den beiden relevanten Abteilungen Radiologie und Notfallambulanz einsetzen. Generell wird es Sie nicht überraschen, dass Krankenhäuser abteilungsübergreifend eine hohe Softwaredurchdringung haben. Es gibt jedoch, vor allem in ländlicheren Regionen, Krankenhäuser mit geringeren Patientenvolumen, welche in der Patientenverwaltung auch heute noch ohne Softwareunterstützung arbeiten. Treffen Sie hier beispielsweise die vereinfachte Annahme, dass in 90 Prozent aller Krankenhäuser in den Abteilungen Radiologie und Notfallambulanz Software in irgendeiner Form im Einsatz ist.

- 1.800 × 90 % = 1.620

Mithilfe dieser Annahme können wir somit den adressierbaren Markt für Healthytec in Großbritannien weiter auf 1.620 Gesundheitsdienstleister eingrenzen.

4. Abschätzung der Krankenhäuser und Leitstellen mit relevanten Abteilungen und Einsatz von Spezialsoftware
Im vierten Schritt ist noch eine Unterscheidung zwischen Spezial- und Universalsoftware nötig. Letztere dient als eine Lösung für mehrere Abteilungen und ist somit weniger spezialisiert. Krankenhäuser unterscheiden sich hinsichtlich ihres Anteils an Abteilungen, die Spezial- anstatt Universalsoftware verwenden. Die Annahme, dass Radiologie und Notfallambulanz in ca. 55 Prozent der Krankenhäuser eine Spezial-

software verwenden, ist nicht unrealistisch, wenn Sie argumentieren, dass eine Balance zwischen den beiden Softwarekategorien herrscht, jedoch eine leichte Tendenz zu mehr Spezialsoftware für komplexere Diagnosen existiert.

- 1.620 × 55 % = 891

5. Abschätzung des Vertragswertes (Lizensierung, Service und Wartung)
Im letzten Schritt müssen Sie nun noch den Vertragswert für Lizensierung, Service und Wartung abschätzen. Bevor Sie langwierige Annahmen für die beiden Abteilungen und für Lizenzierung, und Service und Wartung treffen, sollten Sie einen Blick auf Ihre Uhr werfen und überlegen, ob die Annahme eines durchschnittlichen Vertragswerts nicht eine gültige Annährung für eine erste Marktabschätzung darstellt. Immerhin wollen Sie dem Kunden nur einen ersten Ausblick geben. Oft werden neben übergeordneten IT-Ausgaben IT-Budgets in Krankenhäusern pro Bett veranschlagt. Diese reichen von 5.000 Euro bis 7.000 Euro. In Großbritannien gibt es rund 165.000 Betten und ca. 2.000 Krankenhäuser, was gerundet einem IT-Budget von ungefähr 400.0000 bis 600.000 Euro pro Krankenhaus entsprechen würde.

- 5.000 Euro × 165.000 Betten ÷ 2.000 Krankenhäuser ≈ 400.0000 Euro

- 7.000 Euro × 165.000 Betten ÷ 2.000 Krankenhäuser ≈ 600.0000 Euro

Radiologie- und Notfallambulanz-Software machen natürlich nur einen Teil vom Ganzen aus. Treffen Sie abhängig vom zeitlichen Rahmen einfache, aber nachvollziehbare Annahmen. Beispielsweise durchschnittlich 225.000 Euro für Lizenzkosten und 50.000 Euro für Service- und Wartungskosten. Machen Sie einen Sense-Check: In diesem Fall entsprechen 250.000 Euro ca. 40 Prozent des oberen IT-Budgets pro Bett, was sicherlich keinen völlig unrealistischen Wert darstellt, da es ja noch das übergeordnete IT-Budget gibt und Software in der Ambulanz auch für nicht-stationäre Patient:innen verwendet wird.

6. Berechnung des adressierbaren Marktes für Spezialsoftware im Gesundheitswesen in Großbritannien
Nachdem Sie all Ihre Annahmen zu Papier gebracht haben, multiplizieren Sie nun noch den soeben geschätzen Vertragswert mit der zuvor ermittelten Anzahl von 891 adressierbaren Gesundheitsdienstleistern in Großbritannien:

- Marktwert Großbritannien = 891 × 275.000 Euro = 245 Mio. Euro

Sie erhalten somit einen Marktwert von ca. 245 Mio. Euro für Großbritannien. Machen Sie nun einen letzten Sense-Check. Die anfängliche Berechnung des Marktwertes von Deutschland hat 400 Mio. Euro ergeben. Somit ist ein niedrigerer Wert, bedingt durch die niedrigere Bevölkerungsanzahl von Großbritannien und das größtenteils staatlich finanzierte Gesundheitssystem, schlüssig.

	Großbritannien	Beispielhafte Annahmen
1	**Gesamtzahl der Gesundheitsdienstleister** (ca. 2.000 Krankenhäuser und Leitstellen)	• 1.950 private und öffentliche Krankenhäuser in GB • 50 staatliche Notfallleitstellen in GB
2	**Krankenhäuser und Leitstellen mit relevanten Abteilungen** > 2.000 × 70 % + 2.000 × 20 % = 1.800	• 70 Prozent der Krankenhäuser haben eine Radiologie • 20 Prozent haben eine Notfallambulanz mit eigener Leitstelle[1]
3	**Krankenhäuser und Leitstellen mit relevanten Abteilungen und Softwareeinsatz** > 1.800 × 90 % = 1.620	• Krankenhäuser haben eine hohe Softwaredurchdringung von über 90 Prozent (d. h. Arbeitsablauf basiert nicht auf „Papierkram“) • Gültig für Notfallmedizin und Radiologie
4	**Krankenhäuser und Leitstellen mit relevanten Abteilungen und Einsatz von Spezialsoftware** > 1.620 × 55 % = 891[2]	• Der Anteil an Krankenhäusern, in welchen in Radiologieabteilung und Notfallambulanz Spezial- anstelle von Universalsoftware verwendet wird, liegt bei ca. 55 Prozent
5	**Vertragswert für Lizensierung, Service und Wartung** 275.000 Euro (ca. 40 % des oberen IT-Budgets von 600.00 Euro pro Krankenhaus)	• Durchschnittliche Lizenzkosten von 225.000 Euro • Jährliche Wartungskosten von 50.000 Euro
	Größe des Marktes für Spezialsoftware im Gesundheitswesen in Großbritannien > 891 × 275.000 Euro = 245 Mio. Euro	

[1] Geübte Bewerber rechnen hier direkt mit 90 Prozent

[2] Zur Vereinfachung der Rechnung könnten Sie vorschlagen, mit 900 weiterzurechnen. Fragen Sie jedoch erst, ob dies in Ordnung ist!

Lösungsstruktur von Frage 1 auf einen Blick

Frage 2: Welche Wachstumsstrategie würden Sie dem Kunden empfehlen?
Beim Lesen der Aufgabenstellung sollte Ihnen aufgefallen sein, dass Healthytech sich seine führende Marktposition in der DACH-Region durch organisches Wachstum und ein starkes anorganisches Wachstum, nämlich durch Firmenübernahmen, aufgebaut hat. Weiterhin haben Sie das Indiz erhalten, dass die von Healthytec angebotene Software tief ins IT-System der Kunden eingebettet ist und Healthytech zudem noch keine Marktpräsenz in Großbritannien besitzt. Vor diesem Hintergrund sind (1) eine organische Wachstumsstrategie für den DACH-Markt und (2) ein Markteintritt durch den Zukauf eines Unternehmens in Großbritannien valide Optionen.

HINWEIS: Natürlich können Sie im Rahmen eines solchen Cases – in kurzer Zeit und mit relativ wenig Informationen – keine vollständige Strategie erarbeiten. Vielmehr geht es Ihrer Interviewpartnerin oder Ihrem Interviewpartner darum, Ihr wirtschaftliches Verständnis einzuschätzen und zu testen, ob sie Lösungsansätze logisch und strukturiert herleiten können. Konkret geht es darum einzuschätzen, ob Sie die großen Fragen, die im Rahmen einer Expansionsstrategie anfallen, aufzeigen können.

1. DACH-Wachstumsstrategie

Das deutsche Geschäft und im erweiterten Sinne das Geschäft innerhalb der DACH-Region ist bisher durch den Verkauf von Softwarelizenzen (20 Prozent Umsatzanteil), Service- und Wartungsgebühren (70 Prozent Umsatzanteil) und Cross- und Upselling (10 Prozent Umsatzanteil) getrieben. Da Ihnen keine weiteren Informationen zu Kunden, Produkten oder Pricing vorliegen, sollten Sie überlegen, welche gängigen Methoden es zur Umsatzsteigerung gibt. Diese sollten Sie kurz erklären und einige Vor- und Nachteile benennen.

	Beschreibung	Pro	Kontra
Neukunden-akquise	• zusätzliche Akquisition von Neukunden durch vorhandene oder neue Vertriebskanäle	• Risikominimierung durch Erweiterung der Kundenbasis • Potenzial für späteres Cross- und Upselling	• kostenintensiv • hohe Wechselbarrieren aufgrund tiefer Systemintegration der Software • meist sehr zeitaufwendig
Preis-anpassungen	• Erhöhung des Preises • Einführung eines neuen Preismodells (z. B. dynamische Preisanpassung)	• höhere Einnahmen und Optimierung der Marge • Positionierung als Premium-Provider auf Basis überlegener Qualität	• mögliche Kundenabwanderung • Ausschluss von Kundengruppen mit niedrigeren Budgets
Erweiterung des Produkt-angebots	• Steigerung des Serviceangebots durch Einführung zusätzlicher Funktionen und neuer Produkte	• Ausweitung von Cross- und Upselling-Optionen • Erhöhung der Kundenzufriedenheit • mögliche Zielgruppenerweiterung	• hohe Investitionskosten • ungewisse Nachfrage im Markt • zeitaufwendig • mögliche Produktkannibalisierung
Margen-optimierung	• Optimierung der Kostenstruktur (z. B. EBITDA), beispielsweise durch Einkaufsoptimierung, Digitalisierung, Automatisierung von Prozessen und Personalreduzierung	• Effizienzgewinne und Verschlankung • schnell sichtbarer Erfolg • Erhöhung des verfügbaren Cash Flows für Wachstumsprojekte	• teilweise reputationsschädigend • potenzielle Spannungen innerhalb der Organisation • teilweise nicht umsetzbar, wenn Organisation schon effizient arbeitet

Optionen zur Umsatzsteigerung

Der Kunde hat derzeit eine EBITDA-Marge von 12,5 Prozent (16 Mio. Euro ÷ 128 Mio. Euro). Um einordnen zu können, ob dies eine gute oder schlechte Marge ist, müssen Sie Healthytech im Vergleich zum Wettbewerb betrachten. Sollte die Marge des Wettbewerbs höher liegen (beispielsweise bei 18 Prozent), wäre eine tiefergehende Analyse der Kostenstruktur hilfreich, um mögliche Optimierungspotenziale aufzuzeigen. Eine Erweiterung des Produktangebots mit neuen Funktionen, wie KI-Services zur automatischen Bilderkennung und Diagnosestellung im Radiologiebereich, würde die Produktqualität weiter steigern. Eine damit einhergehende Preisanpassung oder sogar Einführung eines neuen Preismodells (beispielsweise *Dynamic Pricing*) für neue Produkte würde zudem die Chance bieten, den Vertragswert von Bestandskunden durch Cross- und Upselling weiter auszubauen.

2. Markteintritt Großbritannien

Nachdem Sie bereits einen Markteintritt in Großbritannien durch Zukauf eines Unternehmens empfohlen haben, sollten Sie kurz die möglichen Phasen einer solchen Transaktion und der damit einhergehenden Expansion beleuchten, um in der letzten Aufgabe relevante Metriken für eine Target-Analyse aufzuzeigen. Sie können beispielsweise eine Eintrittsstrategie in drei Phasen empfehlen.

	Phase 1: Marktanalyse und Targetscreening	**Phase 2: Marktführerschaft und Produktentwicklung**	**Phase 3: Marktentwicklung**
Strategische Überlegungen	• Analyse der Marktdynamiken und relevanter Wettbewerber in einer Zielregion in Großbritannien • M&A-Ziele innerhalb der aktuellen Produktsegmente von Healthytech identifizieren • Relevante Akquisition(en) auf dem britischen Markt durchführen	• Aufbau einer umfassenden Marktführerschaft in der Zielregion durch Fokussierung auf den Kundenstamm • Hinzufügen neuer Technologien und Produkte (organisch oder anorganisch) zum aktuellen Portfolio; das Potenzial für Cross-Selling im bestehenden Kundenstamm erweitern • Akquisition von Zielen in angrenzenden Produktsegmenten	• Expansion in neue Geografien (England, Schottland, Wales und Nordirland) • Vergrößerung der Kundenbasis in ganz Europa; das Potenzial für Cross-Selling von aktuellen Produkten an neue Kunden erhöhen • Nutzung der M&A-Erfahrung und der in Großbritannien aufgebauten Expansionserfahrung, um Großbritannien als möglichen Export Hub für die USA zu verwenden

Phasenweise Eintrittsstrategie

In der ersten Phase würden Sie den Markt analysieren und Marktdynamiken wie Stakeholder, Serviceangebot, Preisgestaltung und Regulierung betrachten und mögliche Akquisitionskandidaten auf Basis definierter Metriken identifizieren. Hierbei könnten Sie empfehlen, entweder mehrere kleinere Unternehmen zu kaufen, um eine Buy-and-Build-Strategie zu verfolgen und Produktexpertise aufzubauen oder ein einzelnes, größeres Unternehmen zu kaufen, um einen signifikanten Marktanteil zu erwerben.

In der zweiten Phase könnten Sie den Aufbau einer umfassenden Marktführerschaft anstreben, indem Sie sich auf eine Zielregion oder ein Segment fokussieren. Hierbei könnten Sie durch die lokale Anpassung von Lösungen aus dem Heimatmarkt das Produktangebot des Akquisekandidaten erweitern, um Cross- und Upselling-Möglichkeiten voll auszuschöpfen.

In der letzten Phase könnten Sie Ihre Position als lokaler Champion weiter ausbauen und in neue Geografien wie England, Schottland, Wales oder Nordirland expandieren, um Ihre Kundenbasis zu vergrößern. Schlussendlich könnten Sie argumentieren, dass Healthytech seine Präsenz in einem englischsprachigen Land auch als Ausgangspunkt für eine weitere Expansion in die USA nutzen könnte.

Frage 3: Welche Analysemetriken wären für eine Target-Analyse besonders relevant?

Mit der letzten Aufgabe möchten die Interviewenden Ihr Verständnis vom Transaktionsgeschäft einschätzen und Ihre wirtschaftlichen Kenntnisse weiter prüfen. Zeigen Sie daher relevante Metriken, die in einer Target-Analyse verwendet werden können, strukturiert auf und verknüpfen Sie diese mit den in der Aufgabenstellung bereitgestellten Informationen über Healthytech.

Grob lassen sich Metriken für das Target Screening in die zwei Bereiche Vorauswahl (Pre-Screening) und Detailanalyse (Deep Dive) einteilen. Auf Basis der Unternehmensgröße und Ihrer vorherigen Empfehlung einer Buy-and-Build-Strategie oder einem einzelnen Unternehmenskauf würden Sie entweder nach kleineren Unternehmen mit beispielsweise 20 bis 40 Mio. Euro Umsatz oder einem größeren Unternehmen mit 40 bis 60 Mio. Euro Umsatz suchen. Der Markt- bzw. Produktfokus spielt ebenso wie die geografische Reichweite eine wichtige Rolle, damit nur potenzielle Übernahmekandidaten aus den Bereichen Notfallambulanz oder Radiologie identifiziert werden, die einen strategischen Fit (Produkt- bzw. Marktexpansion) zum Unternehmen haben. Zudem geben Informationen über die Struktur der Anteilseigner und den Managementstil Aufschluss über den Unternehmenscharakter und die Durchführbarkeit einer potenziellen Übernahme.

Nach einer ersten Vorauswahl von geeigneten M&A-Kandidaten wird in Beratungsprojekten auch eine Detailanalyse (Deep Dive) von priorisierten Targets durchgeführt. In dieser schaut man sich die Kapitalstruktur und den Verschuldungsgrad des Unternehmens an, um einen Eindruck von dessen Rückzahlungsfähigkeit zu erlangen. Eine weitere Analyse der Zahlungsströme (Cash Flows) und der Betriebsmittel (Working Capital), gibt Ihnen zudem Auskünfte über die Profitabilität und Liquidität des Unternehmens.

	Analysemetriken	Beschreibung	Rationale
Vorauswahl (Pre-Screening)	**Unternehmensgröße**	• Umsatz • Anzahl der Beschäftigten	• erstes Filterkriterium zur Eingrenzung • Identifikation von passenden Unternehmen
	Branche	• Markt-/Branchenfokus • Produktfokus	• Abgleich des strategischen Fits (Produkt- oder Marktexpansion)
	Geografische Reichweite	• national oder international • Firmenhauptsitz	• Clustering nach Fokusregionen • Erkennen von Schlüsselstandorten und Aufbau der Geschäftstätigkeit (Produktion, Vertrieb und Lager)
	Unternehmenscharakter	• privat oder öffentlich • inhaber- oder managementgeführt	• Einsichten in Anteilseignerstruktur • Einschätzung des Managementstils
Detailanalyse (Deep Dive)	**Kapitalstruktur**	• Fremd- oder Eigenkapitalquote • Nettoverschuldung/EBITDA	• Details über Kapitalstruktur und Verschuldungsgrad • Informationen zu Rückzahlungsdauer von Schulden
	Profitabilität und Liquidität	• EBITDA, EBIT, Reingewinn • Zahlungsströme (Cash Flow) • Betriebskapital-Quote (Working Capital Ratio)	• Auskünfte über die Profitabilität und Liquiditätsfähigkeit eines Unternehmens • Einblicke in Geldflüsse eines Unternehmens

Analysemetriken für das M&A Target Screening

Fazit

Abschließend sollten Sie Ihre Ergebnisse zusammenfassen und zu dem Fazit kommen, dass ein Markteintritt in den ca. 245 Mio. Euro großen Markt von Großbritannien auf den ersten Blick sinnvoll erscheint und Sie eine dreistufige Eintrittsstrategie bestehend aus Marktanalyse und Target Screening, Marktführerschaft und Produktentwicklung sowie Marktentwicklung anstreben. Dabei würden Sie auf ein Target Screening mittels bewährter Metriken zurückgreifen und interessante Übernahmekandidaten mithilfe einer Vorauswahl und Detailanalyse identifizieren. Die Benennungen von nächsten Schritten und Risiken würde hier ein weiteres Alleinstellungsmerkmal unter den Bewerber:innen darstellen.

Highflyer: Digitale Transformation des Flughafens VOL

von Dr. Annalena Fajen

Aufgabenstellung

VOL ist ein deutscher Flughafen mit ca. 2,5 Millionen Passagier:innen pro Jahr und bewegt sich damit im deutschen Mittelfeld. Während die Mehrzahl der konkurrierenden Flughäfen in Deutschland in den letzten Jahren eine steigende Anzahl an Fluggästen verzeichnete, ist der Flughafen VOL mit rückläufigen Passagierzahlen sowie sinkenden Umsätzen konfrontiert. Um dieser Entwicklung entgegenzuwirken und wettbewerbsfähig zu bleiben, hat sich die Geschäftsführung das Ziel gesetzt, die digitale Transformation des Flughafens voranzutreiben. Die Geschäftsführung hat Sie als Berater:in und Ihr Team engagiert, um Unterstützung bei diesem Vorhaben zu erhalten.

Fragestellung 1

Wie würden Sie vorgehen, um zu Beginn des Projekts zu ermitteln, wie weit die digitale Transformation des Flughafens VOL fortgeschritten ist und in welchen Bereichen Handlungsbedarf besteht?

HINWEIS: Für eine strukturierte Beantwortung der Frage sollten Sie zuerst den grundlegenden Aufbau und die Funktionsweise eines digitalen Reifegradmodells – am besten anhand einer Skizze – beschreiben und im Anschluss auf die zu betrachtenden Aspekte und deren Relevanz für den Flughafen VOL eingehen.

Lösungsweg 1

Um zu bestimmen, wie weit die digitale Transformation des Flughafens VOL fortgeschritten ist, kann ein digitales Reifegradmodell angewandt werden.[1] Digitale Reifegradmodelle sind in der Regel als Matrix aufgebaut. Die Spalten stellen die Reifegradstufen dar (z. B. keine, geringe, mittlere, hohe digitale Reife), und die Zeilen enthalten die im Unternehmen zu betrachtenden Aspekte. Zunächst wird die digitale Reife jedes einzelnen Aspekts bestimmt, und anschließend die digitale Reife des gesamten Unternehmens daraus ermittelt. Für jede Stufe der digitalen Reife ist beschrieben, wie der zu betrachtende Aspekt auf dieser Stufe ausgeprägt ist. Mögliche Beschreibungen für den Aspekt Geschäftsmodell sind:

analoges Geschäftsmodell mit keinen oder nur vereinzelten digitalen Elementen (z. B. digitalen Prozessen)	≙ keine digitale Reife
Geschäftsmodell mit einigen digitalen Elementen	≙ geringe digitale Reife
Geschäftsmodell mit zahlreichen digitalen Elementen	≙ mittlere digitale Reife
digitales Geschäftsmodell	≙ hohe digitale Reife

Stufen digitaler Reife für den Aspekt Geschäftsmodell

Um den digitalen Reifegrad des Gesamtunternehmens zu bestimmen, wird ein Scoring-Modell verwendet, bei welchem ein Scoring-Wert (0–100 Prozent) für jeden betrachteten Aspekt berechnet wird. Die betrachteten Aspekte werden nach Bedeutung gewichtet und die Scoring-Werte gemittelt, wodurch sich ein Gesamtwert für das Unternehmen ergibt. Anhand der Ergebnisse des digitalen Reifegradmodells kann das gesamte Unternehmen dann einer digitalen Reifegradstufe zugeordnet werden.

Um den Status quo der digitalen Transformation des Flughafens VOL zu ermitteln, ist eine ganzheitliche Betrachtung des Unternehmens notwendig, die anhand der Analyse der folgenden Aspekte möglich ist:

- **Geschäftsmodell**, inklusive Produkte und Dienstleistungen (u. a. Geschäfts-, Produkt- und Dienstleistungsentwicklung, individualisierte, datenbasierte Produkte und Dienstleistungen, digitales Geschäftsmodell),
- **Strategie** (u. a. Digitalisierungsstrategie),
- **Unternehmensführung** (u. a. Investitionen in digitale Transformation, Führungskräfte als Change Agents),
- **Technologien** (u. a. IT-Systeme, Vernetzung, Big Data, IT-Sicherheit),
- **Operations** (u. a. digitale Prozesse, Kundendatenbank/CRM-System, Agilität),
- **Mitarbeiter:innen** (u. a. Digitalisierungskompetenzen, Chief Digital Officer, Digitalgremium),
- **Kultur** (z. B. digitales Mindset, Innovationsmanagement, Kundenfokus)

1 Vgl. zu den folgenden Ausführungen z. B. Appelfeller & Feldmann (2018) *Die digitale Transformation des Unternehmens*, die einen systematischen Leitfaden mit zehn Elementen zur Strukturierung und Reifegradmessung entwickelt haben und den *Digital Transformation Report* (2015) der Wirtschaftswoche und von Neuland.

		Stufen digitaler Reife			
		keine	**geringe**	**mittlere**	**hohe**
im Unternehmen zu betrachtende Aspekte	**Geschäftsmodell**	analoges Geschäftsmodell mit keinen oder nur vereinzelten digitalen Elementen (z. B. digitalen Prozessen)	Geschäftsmodell mit einigen digitalen Elementen	Geschäftsmodell mit zahlreichen digitalen Elementen	digitales Geschäftsmodell
	Strategie				
	Unternehmensführung				
	Technologien	Beschreibungen der einzelnen Aspekte			
	Operations				
	Mitarbeiter:innen				
	Kultur				
	...				

- Berechnung des Scoring-Werts (0–100 %) für jeden betrachteten Aspekt
- Gewichtung der Aspekte
- Mittelung der Scoring-Werte
- Berechnung des digitalen Reifegrads für das gesamte Unternehmen

Wenn das Ergebnis des digitalen Reifegradmodells zeigt, dass der Flughafen VOL zum Beispiel eine geringe digitale Reife in Bezug auf sein Geschäftsmodell, seine Strategie und seine Technologien besitzt, sind damit die Bereiche identifiziert, in denen Handlungsbedarf besteht. Die Ergebnisse der Analyse erlauben zudem ein Benchmarking mit konkurrierenden Flughäfen in Bezug auf den Stand der digitalen Transformation.

Fragestellung 2

Die Geschäftsführung hat sich nun das Ziel gesetzt, das Geschäftsmodell sukzessive zu digitalisieren und den Flughafen zu einer Data Driven Enterprise (datengetriebenes Unternehmen) umzugestalten.

Aktuell wird mehr als die Hälfte des Umsatzes des Flughafens VOL im sogenannten „Non-Aviation-Bereich" generiert, d. h. mit Waren und Dienstleistungen, die nicht direkt mit dem eigentlichen Flugbetrieb in Verbindung stehen. Eine bedeutende Rolle spielt dabei neben dem Einzelhandel die Gastronomie. Der Flughafen VOL vermietet Flächen, vor allem Einzelhandels- und Gastronomieflächen, ist am Umsatz des Einzelhandels und der Gastronomie beteiligt und betreibt selbst Verkaufsaktivitäten in beiden Bereichen.

Welche Maßnahmen würden Sie empfehlen, die einerseits die Entwicklung zur Data Driven Enterprise und andererseits die Digitalisierung des Geschäftsmodells vorantreiben?

Lösungsweg 2

1. Sammlung und Verwertung von Kundendaten

Heute gilt mehr als je zuvor: Daten sind Macht. Auf dem Weg zur Data Driven Enterprise ist es essenziell Daten zu sammeln, zu speichern, zu strukturieren, zu analysieren und zu kombinieren, um Wissen und einen Mehrwert zu generieren. Eine Datenstrategie hilft dem Flughafen VOL dabei, strategische und operative Fragestellungen zum Thema Daten zu beantworten (z. B. Wie werden Datenquellen erschlossen? Wie wird Cyber Security gewährleistet? Wie werden die Erkenntnisse aus den Daten verwendet?).

Beim Flughafen VOL gibt es, wie in jedem Unternehmen, das am Anfang der digitalen Transformation steht, zahlreiche ungenutzte Daten aus verschiedenen Quellen. Im Folgenden konzentrieren wir uns auf die für das Geschäftsmodell zentralen Kundendaten. In einem ersten Schritt sollten alle vorhandenen Kundendaten in eine Datenbank überführt, strukturiert, analysiert und kombiniert werden. Hierfür gibt es sogenannte Customer-Relationship-Management-Software (CRM-Software), die auch bei der Erstellung personalisierter Werbung unterstützt. Wichtig ist zudem die kontinuierliche Aus- und Weiterbildung der Mitarbeiter:innen im Umgang mit dieser Software sowie die Rekrutierung von „Digital Talent", beispielsweise von Data Analysts. Die Datenanalysen sollten gezielt durchgeführt werden, um Prozesse zu verbessern, das Geschäftsmodell zu optimieren, ein besseres Verständnis des Marktes sowie der Kundenbedürfnisse zu gewinnen und dadurch eine personalisierte Ansprache der Kund:innen zu ermöglichen.

2. Vorschlag konkreter Maßnahmen zur Digitalisierung des Geschäftsmodells

HINWEIS: Es gibt eine Vielzahl von Maßnahmen, um das Geschäftsmodell des Flughafens VOL schrittweise zu digitalisieren und somit auch zahlreiche richtige Antworten. Neben Kreativität sollten Sie als zukünftige Beraterin oder zukünftiger Berater zeigen, dass Sie Ihre Antwort sinnvoll aufbauen. Es genügt die Erläuterung von zwei Maßnahmen.

Eine Möglichkeit, um das Geschäftsmodell sukzessive zu digitalisieren, ist die Einführung einer App. Alle Kund:innen, die das kostenlose WLAN des Flughafens nutzen möchten, müssen diese App herunterladen und sich mit persönlichen Daten registrieren. Die App bietet neben der Sammlung von Nutzerdaten für die Datenbank viele Möglichkeiten, das Geschäftsmodell mit digitalen Produkten bzw. Dienstleistungen zu erweitern. Alle digitalen Produkte und Dienstleistungen haben das Ziel, zu einer positiven Customer Experience und damit zu einer zunehmenden Kundenzufriedenheit und -loyalität beizutragen. Zudem sollen sie die Umsätze pro Kundin oder Kunde steigern bzw. neue Umsatzquellen generieren:

- **Chatbot:** Anstatt zum Informationsschalter des Flughafens VOL oder der jeweiligen Fluggesellschaft gehen zu müssen, haben die Kund:innen 24/7 die Möglichkeit, über einen Chatbot in der App alle relevanten Informationen, z. B. eine Gate-Änderung oder eine Wegbeschreibung, abzufragen.
- **Customer Loyalty Card:** Studien belegen, dass Kund:innen vermehrt bei Anbietern mit Customer-Loyalty-Systemen einkaufen. Die Kund:innen des Flughafens VOL können eine Customer Loyalty Card nutzen, die digital in der App hinterlegt ist. Die Karte dient sowohl im Einzelhandel als auch in der Gastronomie am Flughafen als bargeldloses Zahlungsmittel (SEPA-Lastschrifteinzug). Kund:innen profitieren von zinsloser Abbuchung der Einkäufe zum Monatsende, Bonuspunkten für gene-

rierte Umsätze, die als Gutscheine eingelöst werden können und von exklusiven Vorteilen (z. B. kostenlosem Parken, Zutritt zu Lounges, Geburtstagsüberraschung).

- **Personalisierte Werbung** basierend auf ...
  - **Tracking**: Da über die App Kund:innen geortet werden können, sind Location Based Services, wie das Location Based Advertising (ortsbezogene Werbung) mit Push-Nachrichten möglich. Einer Kundin oder einem Kunden, der um 12:30 Uhr vor einem Gastronomiebetrieb steht, kann ein Gutschein für ein Erfrischungsgetränk beim Kauf eines Mittagsmenüs angeboten werden.
  - **Soziodemografischen Daten:** Den Kund:innen können abhängig vom Alter spezifische Angebote für den Einzelhandel angezeigt werden, beispielsweise den über 18-Jährigen Angebote für Feinkostpralinen mit Alkohol.
  - **Vergangenheitsbezogenen Kaufdaten:** Aus bis dato getätigten Käufen der Kund:innen ist es möglich, Präferenzen abzuleiten, um zum Beispiel Kund:innen, die in der Vergangenheit Elektrogeräte am Flughafen gekauft haben, Angebote für neue technische Gadgets zukommen zu lassen.
- **Click and Collect:** Kund:innen können sich über Produkte aus dem Einzelhandel online informieren, sie bestellen und am Terminal abholen. Dies ist insbesondere für Geschäftsleute, die unter Zeitdruck stehen, interessant.
- **Online-Vermietung von Räumlichkeiten:** Über die App können Räumlichkeiten des Flughafens als Erlebnislocation für Tagungen, Workshops, Meetings oder private Feierlichkeiten angemietet werden. Eine Erweiterung dieses Angebots ist möglich durch die optionale digitale Zubuchung von Catering, welches von der Gastronomie des Flughafens bereitgestellt wird.

Fragestellung 3

Sie und Ihr Team schließen das Beratungsprojekt beim Flughafen VOL Ende des Jahres 2021 (4. Quartal) ab. Der Großteil der von Ihnen vorgeschlagenen Maßnahmen wird zum 1. Januar 2022 eingeführt. Berechnen Sie die Umsatzsteigerungen im Non-Aviation-Bereich in den verschiedenen Altersgruppen, zu denen Ihre Maßnahmen bis Ende des Jahres 2022 geführt haben. In welcher Altersgruppe hat die Umsatzsteigerung den größten Einfluss auf das gesamte Umsatzwachstum?

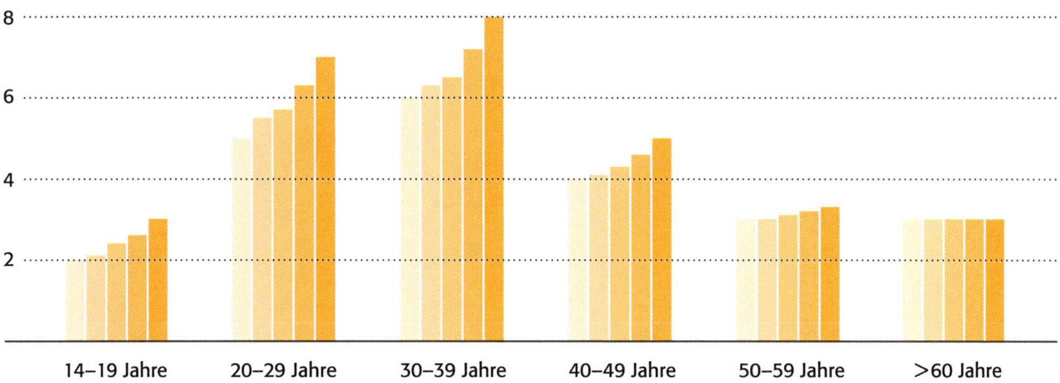

Durchschnittlicher Non-Aviation-Umsatz (je Passagier:in in Euro) zwischen dem 4. Quartal 2021 und dem 4. Quartal 2022; Zahlen in der folgenden Tabelle

Altersgruppe	Q4 '21	Q1 '22	Q2 '22	Q3 '22	Q4 '22
14–19 Jahre	2,0	2,1	2,1	2,6	3,0
20–29 Jahre	5,0	5,5	5,7	6,3	7,0
30–39 Jahre	6,0	6,3	6,5	7,2	8,0
40–49 Jahre	4,0	4,1	4,3	4,6	5,0
50–59 Jahre	3,0	3,0	3,1	3,2	3,3
>60 Jahre	3,0	3,0	3,0	3,0	3,0

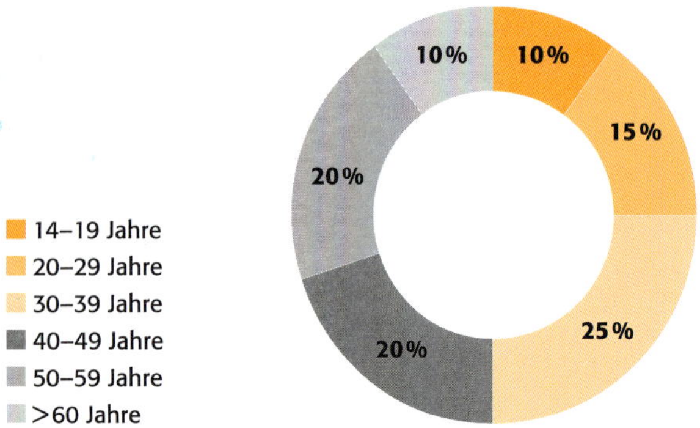

Anteil der Passagier:innen nach Alter am Flughafen VOL

HINWEIS: Zur Beantwortung der Aufgabe sind simple Kalkulationen gefragt, bei denen Sie Schnelligkeit und Genauigkeit im Kopfrechnen beweisen sollten.

Lösungsweg 3

Als Ausgangspunkt für die Berechnungen sind die durchschnittlichen Non-Aviation-Umsätze pro Passagier:in in den verschiedenen Altersgruppen im 4. Quartal des Jahres 2021 und im 4. Quartal des Jahres 2022 relevant. Diese können der Abbildung zum durchschnittlichen Non-Aviation-Umsatz auf der vorhergehenden Seite sowie der darauffolgenden Tabelle entnommen werden. Für die Altersgruppe der 50- bis 59-Jährigen kann aus der Tabelle zum Beispiel ein durchschnittlicher Umsatz von 3,30 Euro pro Passagier:in im 4. Quartal des Jahres 2022 abgelesen werden. Die Berechnungen der Umsatzsteigerung pro Passagier:in zwischen dem 4. Quartal 2021 und dem 4. Quartal 2022 nach Altersgruppe sind der folgenden Tabelle zu entnehmen.

Altersgruppe	Berechnung	Umsatzsteigerung
14–19 Jahre	(3 – 2) ÷ 2 = 0,5	50 %
20–29 Jahre	(7 – 5) ÷ 5 = 0,4	40 %
30–39 Jahre	(8 – 6) ÷ 6 ≈ 0,33	≈ 33 %
40–49 Jahre	(5 – 4) ÷ 4 = 0,25	25 %
50–59 Jahre	(3,3 – 3) ÷ 3 = 0,1	10 %
>60 Jahre	(3 – 3) ÷ 3 = 0	0 %

Berechnung der Umsatzsteigerung nach Altersgruppe zwischen dem 4. Quartal 2021 und dem 4. Quartal 2022

Um herauszufinden, in welcher Altersgruppe die Umsatzsteigerung den größten Einfluss auf das gesamte Umsatzwachstum hat, muss berücksichtigt werden, welchen Anteil die jeweilige Altersgruppe an der Gesamtpassagierzahl ausmacht.

Altersgruppe	Umsatz-steigerung	Anteil der Gesamt-passagier:innen	Berechnung
14–19 Jahre	50 %	10 %	0,5 × 0,1 = 0,05
20–29 Jahre	40 %	15 %	0,4 × 0,15 = 0,06
30–39 Jahre	33 %	25 %	0,33 × 0,25 = 0,825
40–49 Jahre	25 %	20 %	0,25 × 0,2 = 0,05
50–59 Jahre	10 %	20 %	0,1 × 0,2 = 0,02
>60 Jahre	0 %	10 %	0 × 0,1 = 0

Berechnung des Anteils der Umsatzsteigerung pro Altersgruppe

Die Berechnungen ergeben, dass die Umsatzsteigerung in der Gruppe der 30- bis 39-Jährigen den größten Einfluss auf das gesamte Umsatzwachstum im Jahr 2022 hat. Bei der Gruppe der über 60-Jährigen haben die Maßnahmen keine Umsatzsteigerung bewirkt. Auch wenn diese Altersgruppe nur 10 Prozent der Gesamtpassagier:innen ausmacht, sollten die Gründe für das ausgebliebene Umsatzwachstum in dieser Altersgruppe analysiert und gegebenenfalls weitere Maßnahmen ergriffen werden.

Fragestellung 4

Fassen Sie die von Ihnen vorgeschlagenen Lösungswege knapp und anschaulich in einer Abbildung zusammen.

HINWEIS: Mit dieser Aufgabe schließen Sie die Bearbeitung der Fallstudie ab. Es ist der letzte Eindruck, den Ihr Gegenüber im Interview von Ihnen erhält. In der Psychologie spricht man vom Recency-Effekt: Der letzte Eindruck ist der, an den wir uns (neben dem ersten Eindruck) am meisten erinnern. Strukturieren Sie Ihre Antwort überlegt und achten Sie bei der Präsentation auf eine selbstbewusste Körpersprache.

Lösungsweg 4

1. Bestimmung des Fortschritts der digitalen Transformation des Flughafens VOL und Definition des Handlungsbedarfs

- Digitalen Reifegrad des Flughafens mithilfe eines digitalen Reifegradmodells bestimmen
- Stufen digitaler Reife für verschiedene Aspekte festlegen, z. B. für das Geschäftsmodell

2. Entwicklung von Maßnahmen, die die Digitalisierung des Geschäftsmodells und die Entwicklung zur Data Driven Enterprise vorantreiben

- Ergänzung des Geschäftsmodells um digitale Produkte bzw. Dienstleistungen (z. B. App mit personalisierter Werbung, Chatbot und Customer Loyalty Card)
- Sammlung weiterer Kundendaten

- Schlüssel zur Data Driven Enterprise ist die Sammlung, Speicherung, Analyse und Kombination von Daten
- Die Datenbank sollte stetig erweitert werden

3. Ermittlung der Umsatzsteigerungen im Non-Aviation-Bereich in verschiedenen Altersgruppen und Bestimmung ihres Einflusses auf das gesamte Umsatzwachstum

- Berechnung der Umsatzsteigerung pro Altersgruppe
- Anteil der Altersgruppen an der Gesamtpassagierzahl berücksichtigen

Im Rahmen einer solchen Zusammenfassung bietet es sich an, abschließend auf mögliche Risiken des Einsatzes einer App einzugehen (z. B. Serverausfälle, Cyberangriffe, Akzeptanz durch ältere oder weniger technikaffine Kund:innen) und einen Blick in die Zukunft zu werfen, beispielsweise auf mögliche Folgeprojekte. So zeigen Sie, dass Sie Ihre Ansätze stets kritisch reflektieren und vorausschauend denken.

Brainteaser

von Max Weidmann

Aufgabenstellung

1. Henne/Ei

Drei Hennen legen in drei Tagen drei Eier. Wie viele Eier legt eine Henne an einem Tag?

2. Parkett für München

Wie viel Prozent des Schwarzwaldes müsste abgeholzt werden, um alle Wohnhäuser in München mit Parkett auszulegen?

3. Ausschussquote

Die Charge eines Industriekonzerns von 2.000 produzierten Komponenten enthält 3 Prozent Ausschuss. Das Ziel ist es, die Ausschussquote auf 2 Prozent zu reduzieren. Wie viele Gutteile müssen zusätzlich produziert werden, um das Ziel zu erreichen?

4. Getränke für eine Beratung

Wie oft muss der Getränkelieferant einer mittelständischen Unternehmensberatung pro Monat kommen?

5. Kollisionskurs

Zwei Züge fahren auf demselben Schienenabschnitt mit einer Geschwindigkeit von jeweils 30 km/h aufeinander zu. Sie sind 90 km voneinander entfernt. In diesem Moment hebt ein Schmetterling vom Fenster des einen Zuges ab und fliegt mit einer Geschwindigkeit von 50 km/h auf die Frontscheibe des anderen Zuges. Dort angekommen dreht er um und fliegt wieder zur ersten Bahn zurück. Wie viele Kilometer hat er in Summe zurückgelegt bis die beiden Züge kollidieren?

6. Schweinefleischbedarf in der Großkantine

Wie viel Schweinefleisch wird pro Woche in der Kantine eines Großkonzerns benötigt?

7. No more PET!

Wie viel Plastik kann pro Tag eingespart werden, wenn ein mittelständisches Unternehmen von PET-Flaschen auf Wasserkaraffen mit Leitungswasser umsteigt?

8. Felgen fürs Fahrrad

Ein Fahrradhändler möchte seinen Kund:innen neue Felgen präsentieren. Alle Felgen haben den gleichen Durchmesser. Er überlegt, alle Felgen an die Wand zu hängen und seinen Favoriten in der Mitte zu platzieren. Wie viele Felgen kann der Fahrradhändler an der Wand platzieren, wenn alle Felgen seine favorisierte Felge berühren sollen?

HINWEIS: Um diesen Brainteaser zu lösen, bietet es sich an, die Felgenanordnung aufzuzeichnen.

9. Buchstabenfolge
Wie lautet nach der Logik der nächste Buchstabe: D N O S A J J?

10. 3- vs. 5-Türer
Auf der Montagelinie eines Automobilherstellers werden sowohl 3- als auch 5-Türer hergestellt. Die tägliche Ausbringungsmenge liegt bei insgesamt 160 Fahrzeugen. Die Summe der eingebauten Türen liegt dabei bei insgesamt 540 Türen. Wie viele 3- und wie viele 5-Türer werden täglich montiert?

11. Umstieg von Pkw auf Bahn
Ein sechsköpfiges, in München ansässiges Projektteam entschließt sich, mit dem Zug anstatt mit dem privaten Pkw zum Projektort in Berlin zu reisen. Zuvor ist das Team mit zwei Pkws angereist. Das Projekt dauert noch drei Monate. Das Team pendelt jede Woche einmal zwischen Projektort und Heimatbüro hin und her. Wie viel CO_2 kann durch diese Maßnahme in der Summe eingespart werden?

Lösungsweg

1. Henne/Ei

Wenn drei Hennen an drei Tagen drei Eier legen, dann legen drei Hennen an einem Tag in der Summe ein Ei. Somit legt eine Henne im Durchschnitt 1/3 Eier am Tag und damit im Mittel ein Ei alle drei Tage.

2. Parkett für München

München hat ca. 1,5 Mio. Einwohner:innen. Geht man von einem durchschnittlichen Flächenbedarf für zwei Personen von 60 m² aus, erhält man einen Wohnungsflächenbedarf von insgesamt 45 km². Geht man nun davon aus, dass im Schnitt 20 Prozent der Wohnungsfläche gefliest ist (Küche, Bad, Balkon), kommt man in der Summe auf eine Fläche von 36 km² Fläche, die sich für Parkettboden eignet. Die Höhe des Stamms eines durchschnittlichen Baumes beträgt 25 m, der Durchmesser beträgt im Schnitt 1 m. Geht man von einer Höhe des Parketts von 10 cm aus, erhält man aus einem durchschnittlichen Stamm 196,25 m² Parkett (250 Scheiben; Fläche einer Scheibe = $(1\ m \times 0{,}5)^2 \times \pi$). Nach dieser Logik beläuft sich der Bedarf auf ca. 180.000 Bäume.

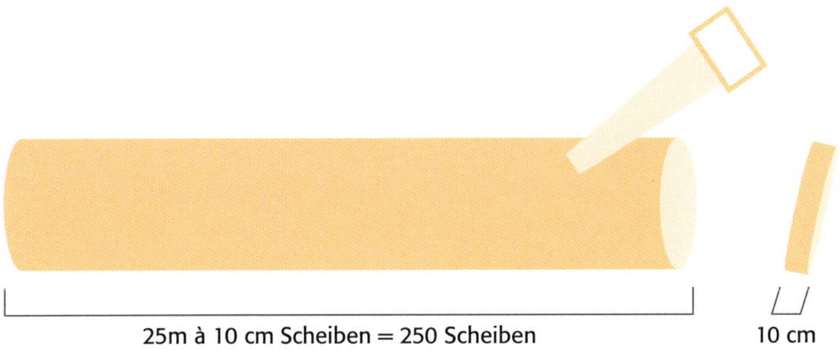

Die Fläche des Schwarzwalds kann mit einer Nord-Süd-Erstreckung von 200 km und einer West-Ost Erstreckung von 30 km auf 6.000 km² abgeschätzt werden. 40 Prozent des Schwarzwaldes sind bewaldet (Rest Felsen, Straßen, Wege etc.). Hiervon sind wiederum schätzungsweise 40 Prozent reiner Holzanteil. In Summe sind also 960 km² mit Bäumen bestückt. Geht man von einem Flächenbedarf von 15 m × 15 m je Baum aus, erhält man eine Gesamtanzahl von ungefähr 4,2 Mio. Bäumen. Es müssten demnach also ca. 4 Prozent des Schwarzwaldes gerodet werden, um die Wohnungen Münchens mit Parkett auszulegen.

3. Ausschussquote

Die Charge von 2.000 Komponenten enthält insgesamt 60 Ausschussteile. Unter der Annahme, dass man fortan nur noch Gutteile produziert, müssen noch 1.000 weitere Komponenten hergestellt werden. In der Summe hat man also 3.000 Komponenten von welchen 60 Ausschussteile sind.

4. Getränke für eine Beratung

Angenommen, eine mittelständische Unternehmensberatung hat 100 Beschäftigte. 90 Prozent davon sind Berater:innen, die montags bis donnerstags beim Kunden vor Ort sind. Für die restlichen 10 Kolleg:innen wird ein durchschnittlicher Konsum an Kaltgetränken von einem Liter pro Person und Tag angenommen. Am Freitag steigt die Büroauslastung auf bis zu 100 Prozent. Der durchschnittliche Wochenkonsum kann also auf ca. 150 Liter geschätzt werden. Dies entspricht einem monatlichen Bedarf von 600 Litern. Geht man davon aus, dass ein Getränkelieferant 10 Kästen (12 Flaschen à 0,5 Liter) je Lieferung ausliefert, kommt man durchschnittlich auf zehn Lieferungen im Monat.

5. Kollisionskurs

Die Züge fahren beide 30 km/h, legen also jeweils 45 km in 1,5 Stunden zurück und würden dann kollidieren. Der Schmetterling fliegt konstant 50 km/h und hätte dementsprechend 75 km in 1,5 Stunden zurückgelegt.

6. Schweinefleischbedarf in der Großkantine

Eine Firma gilt als Großkonzern ab ca. 5.000 Beschäftigten. Ungefähr 10 Prozent davon essen aus religiösen Gründen kein Schweinefleisch und ungefähr 15 Prozent verzichten aus ethischer Überzeugung auf Fleisch. Somit kommen von den 5.000 Beschäftigten nur 3.750 Kolleg:innen als Schweinefleischkonsument:innen in Frage. Man kann davon ausgehen, dass in der Kantine eines Großkonzerns täglich mindestens ein Gericht mit im Durchschnitt 250 g Schweinefleisch angeboten wird. Man könnte nun abschätzen, dass sich im Durschnitt ca. 60 Prozent der Schweinefleischkonsument:innen für das Gericht mit Schweinefleisch entscheiden. Es werden also täglich über 550 kg Schweinefleisch konsumiert. In der Woche entspricht dies ca. 2,8 t.

7. No more PET!

Für ein mittelständisches Unternehmen wird eine Mitarbeiteranzahl von 100 Beschäftigen angenommen. Die durchschnittliche Arbeitszeit beträgt ungefähr 8 Stunden. In dieser Zeit werden pro Mitarbeiter:in im Durchschnitt ein Liter Flüssigkeit konsumiert. Eine 1-Liter-PET-Flasche hat einen Plastikanteil von ca. 35 g. Durch die Nutzung von Wasserkaraffen kann somit täglich pro Mitarbeiter:in Plastik im Gewicht von 35 g eingespart werden. In der Summe beläuft sich die Einsparung an Plastik für das komplette Unternehmen also auf 3,5 kg pro Tag.

8. Felgen fürs Fahrrad

Es lassen sich maximal sechs Felgen um die favorisierte Felge des Fahrradhändlers platzieren, wenn alle die Felge in der Mitte berühren sollen.

9. Buchstabenfolge

Der nächste Buchstabe lautet M. Die Buchstaben stehen für Abkürzungen: Dezember, November, Oktober, September, August, Juli, Juni.

10. 3- vs. 5-Türer

Auf der Montagelinie werden X 3-Türer und Y 5-Türer hergestellt. Die Summe aller hergestellten Fahrzeuge liegt bei 160 Stück. Die Summe aller Türen ergibt sich, indem man jedes Auto mit der jeweiligen Anzahl an Türen multipliziert. So erhält man die folgenden beiden Gleichungen:

- $X + Y = 160$

- $2\,X + 4\,Y = 540$

Die Auflösung der beiden Gleichungen ergibt, dass der Automobilhersteller auf der Montagelinie 50 3-Türer und 110 5-Türer herstellt.

11. Umstieg von Pkw auf Bahn

Ein durchschnittlicher Pkw, der 8 Liter pro 100 km verbraucht, stößt ca. 200 g CO_2 pro Kilometer aus. Die Strecke von München bis Berlin beträgt ungefähr 600 km. In der Summe werden durch die Hin- und Rückfahrt eines Pkw also 240 kg CO_2 ausgestoßen; von beiden Pkws entsprechend 480 kg CO_2.

Durch eine Bahnfahrt fallen pro Person ca. 20 Prozent der Emissionen einer Pkw-Fahrt an, was also einer Emission von ca. 40 g pro Person pro Kilometer entspricht. In der Summe kommt man also auf 48 kg pro Person für die Hin- und Rückfahrt von München nach Berlin. Für alle 6 Projektmitglieder fallen in der Summe 288 kg an. Dies entspricht einer Ersparnis von ungefähr 200 kg CO_2 pro Woche. Über die Projektdauer von 3 Monaten hinweg können durch diese Maßnahme also 2,4 t CO_2 eingespart werden, wenn man davon ausgeht, dass das Projektteam jede Woche einmal zwischen Projektort und Heimatbüro hin und her pendelt.

5. Erfahrungsberichte

Marcel Böker

Betriebswirtschaftslehre (B.Sc.)

Westfälische Wilhelms-Universität Münster

Als Arbeiterkind in die Beratung

Am Anfang meines BWL-Studiums an der Uni Münster hatte ich große Hoffnungen, im Kern jedoch keine Ahnung davon, was mich erwarten würde. In der Orientierungswoche bekamen wir einen Ordner von einer Wirtschaftsprüfungsgesellschaft und einen Notizblock von einer Beratung - weder konnte ich mir inhaltlich etwas darunter vorstellen, noch kannte ich die Unternehmen. Als Erst-Akademiker in der Familie fehlte mir jegliche Vorstellung davon, was mit „Unternehmensberatung" überhaupt gemeint war. Wenn, dann wurde es in meinem sozialen Umfeld als etwas Negatives wahrgenommen - Beratungen als diejenigen, die „doch nur Leute entlassen".

Heute, drei Jahre, einen Bachelorabschluss und viele erfolgreiche Bewerbungsphasen und bereichernde Praktika später, weiß ich, dass Unternehmensberatung vor allem eins ist: Ein abwechslungsreicher Job, in dem man mit außergewöhnlichen Menschen zusammenarbeitet und der dazu noch unglaublich viel Spaß macht.

Die Bewerbung erfolgreich meistern

Aus meiner Sicht ist es vollkommen irrelevant, wann man sich bewirbt; ob mit Bachelor oder Master: wichtig ist, dass man intrinsische Motivation mitbringt. Natürlich helfen bereits absolvierte Praktika. Ich habe jedoch auch ohne Vorerfahrung mein erstes Praktikum direkt in einer renommierten Beratung absolviert. Das hat entgegen aller Erwartung sehr gut funktioniert. Wichtig ist, dass man genügend Zeit zur Vorbereitung und für die Interviews einplant. Ein idealer Zeitpunkt dafür ist, sich drei bis sechs Monate vor dem geplanten Praktikumsstart zu bewerben.

Ist die erste Hürde gemeistert, geht es ans Eingemachte: die Interviews. Die meisten bestehen aus dem Lösen eines Business Cases sowie aus einem persönlichen Teil. Viele üben daher Case über Case - was sicherlich nicht per se schlecht ist -, vergessen dabei jedoch den persönlichen Teil bzw. unterschätzen diesen. Ich habe die Erfahrung gemacht, dass der Business Case gewissermaßen als Voraussetzung gut sein muss. Die Differenzierung geschieht jedoch meist über den persönlichen Teil. Es schadet daher nicht, seine Motivation und seine persönlichen Eigenschaften tiefgründig zu reflektieren und mit detaillierten Beispielen aus dem eigenen Leben belegen zu können. So kann man die Interviewer:innen mit Drive, Motivation und Individualität beeindrucken. Es hilft sicherlich, sowohl den Business Case als auch den persönlichen Teil mit anderen zu üben. Gleichzeitig sollte man sich von anderen jedoch auch nicht verunsichern lassen: Was andere Bewerber:innen machen, wie viele Cases sie üben und auf welche Art und Weise sie das tun, ist für die eigene Leistung nicht nur wenig förderlich, sondern auch gänzlich irrelevant.

Im Praktikum – jetzt geht es erst richtig los

Glückwunsch! Das Praktikum bei der Wunsch-Beratung hat geklappt! Ein großartiges Gefühl. Jetzt geht es im Grunde genommen aber erst richtig los. Man steht gewissermaßen im Startblock, etwas unsicher, und voller Vorfreude und Neugier. Gerade am Anfang eines Praktikums wird man überschüttet mit neuen Eindrücken, Informationen und neuen Kontakten. Da kann man schnell denken: „Was mache ich hier eigentlich?" Dabei ist es normal, dass am Anfang nicht alles so funktioniert, wie man es sich vorstellt und man fast jede Minute eine neue Frage stellen könnte. Wichtig ist es, die Fragen zu stellen, Lernbereitschaft zu zeigen und sich in das Thema einzuarbeiten.

Niemand erwartet, dass man als Praktikant:in in der ersten Woche schon allwissend ist. Gerade am Anfang lernt man jedoch äußerst schnell dazu, sodass man sich mit der Zeit immer besser zurechtfindet und Verantwortung übernehmen kann.

Ich habe in meinen Praktika in der Beratung unglaublich viel gelernt auf verschiedensten Ebenen, sowohl fachlich als auch persönlich. Wie strukturiere ich komplexe Problemstellungen? Wie arbeite ich hypothesenbasiert? Wie drücke ich mich schriftlich und mündlich geschickt und zielführend aus? Wie baue ich eine Präsentation auf, und wie schaffe ich es, meine Kernaussage adäquat zu vermitteln? Diese sind nur einige wenige Beispiele dafür, was ich im Praktikum gelernt habe. Auch die effiziente Arbeitsweise und die Zusammenarbeit im Team sind bereichernde Erfahrungen. Darüber hinaus lernt man überaus inspirierende Persönlichkeiten kennen, von denen man nicht nur im professionellen Kontext, sondern auch persönlich enorm viel lernt. Gerade wenn ich meine eigenen Erfahrungen mit denen von Praktikant:innen aus anderen Bereichen vergleiche, erscheint es mir als ein besonderer Vorteil der Beratung, dass man auch im Praktikum schon viel Verantwortung übernehmen und aktiv mitarbeiten darf. Besonders die Einbindung in den Projektalltag habe ich als äußerst positiv wahrgenommen.

Ins kalte Wasser springen – egal mit welchem Hintergrund

Also, es lohnt sich! Gerade für Studierende und angehende Berufstätige, die nicht aus einem akademischen Haushalt kommen, möchte ich diese Erfahrung empfehlen. Man wähnt sich sicherlich im Nachteil, da man nicht über das Netzwerk verfügt oder Bekannte bei Problemen oder Unsicherheiten fragen kann. Es gibt aber zahlreiche Informationsquellen, wie zum Beispiel dieses Buch, Karriere-Events an der Uni, Internetquellen und vieles mehr. Diese sollte man nutzen, um sich die notwendigen Informationen einzuholen. Auch wenn man negativen Vorurteilen aus dem sozialen Umfeld begegnet oder viele schlichtweg nicht wissen, was man eigentlich in der Beratung macht, sollte man sich davon nicht verunsichern lassen. Ausprobieren und sich selbst ein Bild machen – gerade bei Arbeiterkindern ist diese Devise enorm bereichernd.

Ob Beratung etwas für einen ist – das muss man selbst herausfinden. Daher empfehle ich, Praktika in Beratungen mit dem eigenen Themenschwerpunkt zu machen. Es muss auch nicht gleich einer der großen Namen sein. Mit ausreichend Zeit für die Bewerbungsphase und zur Vorbereitung für Business Case und persönlichen Teil geht man gut gerüstet ins Interview und kann dieses selbstbewusst meistern. Ein Praktikum in der Beratung bietet unglaublich viele Erfahrungen – vor allem die Diversität an Themen und Menschen hat mich dabei immer fasziniert. Soziale Herkunft spielt dabei keine Rolle, man muss nur den Sprung ins kalte Wasser wagen.

Vom eigenen Start-up in die Unternehmensberatung

Ann-Christine Predian

B.Sc.

Werkstudentin Inhouse Consulting bei umlaut consulting GmbH

Seit meiner Schulzeit hatte ich den Traum, eine Karriere im Marketing zu verfolgen. Doch dies änderte sich während meines Bachelorstudiums. Ich wollte mich breiter aufstellen; und mein Interesse galt vor allem den Themenbereichen Entrepreneurship und Unternehmensberatung. Was hat mir beim Einstieg in die Beratung geholfen, und was sind meine Lessons Learned? Diesen Fragen möchte ich im Folgenden auf den Grund gehen.

#TräumeÄndernSich – der Weg vom eigenen Start-up in die Beratung

Nach meinem Abitur im Jahr 2013 habe ich zunächst eine Ausbildung zur Industriekauffrau absolviert. Für mich war schon vor der Ausbildung klar, dass ich darauf aufbauend ein Bachelorstudium verfolgen wollte. Dieses habe ich 2016 an der TH Lübeck mit dem Schwerpunkt „Internationales Management" begonnen. Zu Beginn arbeitete ich neben dem Studium bei einem Start-up im Social-Media-Bereich. Damals merkte ich jedoch bald, dass mich der einstige Traumjob nicht mehr vollständig erfüllte. Ich entwickelte ein verstärktes Interesse für das Berufsfeld der Unternehmensberatung, weshalb ich mich beim Verein Students@Work, der studentischen Unternehmensberatung der Lübecker Hochschulen, engagierte. Parallel arbeiteten zwei Kommilitoninnen und ich an einer Gründungsidee im Bereich Nachhaltigkeit, für welche wir 2018 den Gründerpreis sowie den Publikumspreis der Sparkasse zu Lübeck AG erhalten haben. Die Kombination aus ersten Erfahrungen in der studentischen Unternehmensberatung sowie aus jenen wertvollen Erfahrungen, die ich durch mein eigenes Start-up sammeln konnte, haben mir dazu verholfen, für das Praxissemester einen Praktikumsplatz bei der KPMG AG Wirtschaftsprüfungsgesellschaft zu erhalten. In einem sehr innovativ arbeitenden Team konnte ich das erste Mal eine große Unternehmensberatung kennenlernen.

#DieSegelNeuSetzen – Einstieg in das Inhouse Consulting

Nach Abschluss meines Bachelorstudiums und des sechsmonatigen Praktikums bei KPMG wusste ich, dass ich den Weg in die Selbstständigkeit nicht weiter anstreben wollte. Ich bin aus dem Start-up ausgetreten, um mich von nun an ganz der Beratung widmen zu können. Ich begann mein Masterstudium mit dem Schwerpunkt „Management & Business Development" an der Leuphana Universität und fand meinen Einstieg in die Welt der Beratung bei der umlaut consulting GmbH als Werkstudentin im Inhouse Consulting.

Wie sieht mein Alltag nun aus? In zwei Jahren aktiver Mitarbeit in der Beratung bestätigte sich erneut, dass die Beratertätigkeit sehr facettenreich ist. Ich durfte von Anfang an interessante Projekte unterstützen, wie zum Beispiel das Aufsetzen eines internen Strategieprojekts und den Aufbau eines Wissensmanagementsystems, und war von Beginn an voll eingebunden. Mit jedem Projekt bin ich über mich hinausgewachsen. Im Vergleich zu meinen vorherigen Tätigkeiten beobachte ich in der Beratung meine steilste Lernkurve. Diese knapp zwei Jahre haben mich optimal auf die zukünftige Arbeitswelt vorbereitet. Ich stehe nun kurz vor dem Abschluss meines Masterstudiums und kann für mich sagen: Ich möchte meinen Weg als Beraterin fortsetzen.

#FrühÜbtSich – was hat mir in der Beratung besonders geholfen?

Zurückblickend lässt sich sagen, dass mir einiges davon, was ich zuvor an Erfahrungen sammeln durfte, sehr dabei geholfen hat, in der Beratung Fuß zu fassen.

- **Studentische Unternehmensberatung:** Das Engagement in der studentischen Unternehmensberatung stellte meinen ersten Berührungspunkt mit dem Berufsfeld der Beratung dar. Wir unterstützten unsere Kunden in verschiedenen Branchen im Bereich Marktforschung oder im Bereich Projektmanagement. Im interdisziplinären Team erarbeiteten wir Lösungskonzepte und lernten, ein Problem aus verschiedenen Blickwinkeln zu betrachten. Gemeinsam strebten wir ein für die Kunden zufriedenstellendes Ergebnis an und arbeiteten stets mit hoher Kundenzentriertheit.
- **Entrepreneurial Activities:** Im Zuge einer Prüfungsleistung im Modul Gründungsmanagement erarbeiteten zwei Kommilitoninnen und ich ein Konzept zur Einsparung von Einwegbechern. Unsere Macher-Mentalität veranlasste uns dazu, diese Idee auch nach Abschluss des Moduls weiter zu verfolgen und uns für den Gründer- sowie den Publikumspreis der Sparkasse zu Lübeck AG 2018 zu bewerben. Wir überzeugten als Team und lernten, gemeinsam an einem Ziel zu arbeiten. Diverse Pitches optimierten unsere Präsentationsfähigkeit und verbesserten unsere PowerPoint Skills. Es folgten Einladungen als Sprecherin zu Konferenzen sowie eine Zusammenarbeit mit der Stadt. All diese Erfahrungen haben mich selbstbewusster gemacht. Ich lernte viel über mich. Ganz nach dem Credo „Geht nicht, gibt's nicht" wuchsen wir stetig über uns hinaus. Meine so erlernte Fähigkeit, mit definiertem Ziel kollaborativ zu arbeiten, hilft mir noch heute in meinem Werkstudentenjob.
- **Werkstudententätigkeit während des Studiums:** Meinem jüngeren Ich würde ich immer wieder raten, eine studienbegleitende Tätigkeit auszuüben, in der das Potenzial für einen zukünftigen Job liegt. Natürlich gibt es Momente, besonders während eines Masterstudiums, in denen das Privatleben sehr leidet. Eine Vielzahl von Prüfungsleistungen im Studium in Kombination mit einem Werkstudentenjob zu vereinbaren ist anstrengend, und ich würde lügen, wenn ich dies verneinen würde. Ich bereue diese Entscheidung jedoch nicht. Die praktische Anwendung der im Studium erlernten theoretischen Grundlangen im Job sowie der direkte Draht zur Arbeitswelt haben mir nach meinem Studium den Einstieg in die Beratung bedeutend leichter gemacht.

Mein Fazit: #ExzellenzAusPraxisUndTheorie

Unternehmensberater:in zu sein ist ein sehr facettenreicher Beruf. Die ständige Auseinandersetzung mit neuen Themen lassen im Berufsalltag keine Langeweile aufkommen und führen zur stetigen Erweiterung des eigenen Horizonts. Ich empfehle jedem, Chancen zu ergreifen und für Träume zu kämpfen, auch einmal über den Tellerrand hinaus zu blicken und, wenn möglich, früh das Studium mit der Praxis zu verbinden.

Yasmin Richwien

Senior Consultant bei Mücke, Roth & Company GmbH

Beratung ist, was man draus macht – eine Entscheidungshilfe

Eine steile Lernkurve, herausfordernde Projekte und der Einblick in verschiedene Industrien - das sind die Gründe für die Unternehmensberatung, die in Bewerbungsinterviews am häufigsten genannt werden. Diese Vorteile reizten auch mich, sodass ich nach Praktika und Bachelorarbeit meinen Weg in die Beratung startete. Wenn man sich für die Arbeit in der Beratung interessiert, wird man vor der Bewerbung schnell feststellen, dass es zahlreiche Beratungsunternehmen gibt. Welches ist also das Passende? Mit meinen Erfahrungen aus fünf Jahren Beratung, inklusive drei Beratungsstationen, möchte ich eine persönliche Antwort auf diese Frage geben und bei der Entscheidungsfindung helfen.

Beratungserfahrung sammeln – aber wie?

Einen ersten Einblick, ob das Berufsfeld passt, erhalten viele während des Studiums im Rahmen von Praktika, die meist zwischen drei und sechs Monaten dauern und entweder freiwillig in den Semesterferien oder als Pflichtpraktikum absolviert werden. Ich selbst bin nach dem Bachelor in Festanstellung eingestiegen, da ich zu diesem Zeitpunkt noch nicht wusste, welchen Schwerpunkt ich im Masterstudium setzen wollte. Deswegen sah ich in der Beratung die Chance, spannende Einblicke in das Projektmanagement im internationalen Kontext zu erhalten, Business Cases in verschiedenen Industrien zu erstellen und den Beratungsalltag direkt bei Kunden vor Ort zu erleben. Dabei wurde mir bewusst, wie international geprägt die Unternehmensberatung ist, und daher entschied ich mich für ein International Management Masterstudium. Zum Ende meines Studiums bewarb ich mich dann initiativ um eine Stelle als Werkstudentin mit Masterarbeit bei Deloitte, denn diese wollte ich gerne mit Praxisbezug verfassen. Hier ein Tipp: Stellen für Studienarbeiten werden oftmals nicht direkt ausgeschrieben, deswegen einfach auf der Website recherchieren, ob das Angebot besteht und initiativ bewerben. Bestenfalls gibt man in der Bewerbung auch gleich ein paar Beispielthemen an und lässt sich dabei von technologischen und wirtschaftlichen Entwicklungen aus Vorlesungen oder Veröffentlichungen von Beratungen inspirieren. Zusammenfassend gibt es also zahlreiche Möglichkeiten, in die Beratung einzusteigen. Wer mehrere Beratungen vergleichen möchte oder sich noch unsicher ist, ob Beratung das richtige Berufsfeld ist, kann am einfachsten über Praktika einsteigen. Nach ersten Berufserfahrungen außerhalb der Beratung kann die Abschlussarbeit oder die direkte Festanstellung auch ein passender Einstieg sein.

Das richtige Beratungsunternehmen – groß oder klein?

Ist der Einstiegszeitpunkt klar, stellt sich die Frage nach dem passenden Beratungsunternehmen. Ich habe sowohl bei kleinen als auch bei großen Unternehmen gearbeitet und dabei einige Unterschiede festgestellt: Große Unternehmen bieten Beratungsleistungen in zahlreichen Industrien an und decken meist viele Schwerpunkte von Strategie, über Kostenoptimierung bis hin zur Umsetzung ab. Dabei sind sie nicht nur in den Kundenprojekten, sondern auch selbst international aufgestellt, wodurch sich auch die Gelegenheit bietet, mit Kolleg:innen aus anderen Ländern zusammenzuarbeiten. Darüber hinaus hat man Zugriff auf viele Marktstudien, die als Knowledge Pool genutzt werden können. Diese Vorteile konnte ich beim Verfassen meiner Masterarbeit erleben. Doch ich empfand die Arbeit bei „den Großen“ im Vergleich zu „den Kleinen“ als stärker von Hierarchien geprägt und als unpersönlicher. Ein weiterer Vorteil kleinerer Beratungen: Sie sind oftmals spezialisiert auf einzelne Branchen oder Themenbereiche, sodass man sich als Bewerber:in spezifisch bei solchen Beratungen bewerben kann, die dem eigenen Interessensprofil entsprechen. So entschied ich mich zum Beispiel für meinen aktuellen Arbeitgeber, Mücke, Roth & Company, da dessen Fokus auf marktseitiges Wachstum durch Digitalisierung sehr gut zu meinem fachlichen Schwerpunkt im Marketing passt. Das hat es mir ermöglicht, mich den Fragen zu widmen, die mich am meisten interessieren: Kundenwertsteigerung und Angebotsoptimierung, zum Beispiel durch die Kombination physischer Produkte und digitaler Services, welche ganz neue Lösungsangebote eröffnen. Wer wie ich flache Hierarchien und den persönlicheren Austausch mit Kolleg:innen schätzt und sein Interessengebiet kennt, kann eine kleine Beratung passend finden. Wer jedoch in internationalen und oftmals auch größeren Beratungsteams arbeiten möchte, für den sind die großen Beratungen sicherlich attraktiver.

Im Bewerbungsgespräch wurde mir gesagt: „Beratung ist, was du draus machst". Deswegen sollte man gut überlegen, wie man sich den eigenen beruflichen Alltag vorstellt und welche Erwartungen man an Internationalität, fachliche Schwerpunkte und die Kultur hat. Wichtig auch: Man sollte nicht davor zurückscheuen, sein Gegenüber im Bewerbungsgespräch zu fragen: „Warum haben Sie sich für diese Beratung entschieden? Welche Ihrer Erwartungen haben sich erfüllt und welche nicht?" Das Interview ist zum wechselseitigen Austausch gedacht, und durch solche Fragen erhält man wertvolle Informationen für die eigene Entscheidung.

Beratungsalltag – welcher Alltag?

Ein Berufsalltag mit immer neuen Herausforderungen – im Hinblick darauf wurden meine Erwartungen übertroffen. Denn neben den verschiedenen Karrierestufen, Fragestellungen und Industrien gibt es noch verschiedene Arbeitsweisen, die den Beraterallag so abwechslungsreich machen. Gerne stelle ich einige vor:

- **Anbahnungsphase:** Vor einem Projekt werden meist Diskussionspapiere zu aktuellen Herausforderungen ausgearbeitet und an potenzielle Kunden verschickt. Andersherum können auch Unternehmen einen Auftrag ausschreiben und Beratungen präsentieren dann ihre Lösungen als Pitch. Diese Angebotsdokumente werden von ein bis drei Berater:innen erarbeitet und fordern Problemlösungskompetenz.
- **Strategische Projekte:** Hier wird eine Lösung für eine strategische Frage gesucht. Soll beispielsweise der Aufbau eines Ökosystems durch den Zukauf eines Start-ups, eine Kooperation oder durch Eigenentwicklung erfolgen? In strategischen Projekten werden meist in kurzen Abständen Ergebnisse präsentiert oder zusammen mit dem Kunden erarbeitet. Am Ende steht meist eine Abschlusspräsentation nach der die Umsetzung intern beim Kunden selbst realisiert wird.
- **Umsetzungsprojekte:** Sie sind länger und finden in enger Abstimmung mit den Abteilungen des Kunden meist direkt am Kundenstandort statt. Es geht darum, unter Einsatz von Projektmanagementmethoden effizient das Projektziel zu erreichen. Am Projektende erlebt man direkt das Ergebnis, zum Beispiel ein optimiertes Kampagnenmanagement.

Erfahrungen in allen Arbeitsweisen zahlen aufeinander ein – kennt man die Herausforderungen der Umsetzung, kann man diese bei der Strategiefindung einbringen.

Keine Beraterkarriere ist wie die andere. Ich hoffe, meine Erfahrungen helfen bei der Entscheidungsfindung. Viel Erfolg auf dem Weg in die Beratung!

Als Berater mit BWL-Bachelor und MBA einmal rund um den Globus

Simon Betz

Engagement Manager bei PwC Strategy& Germany GmbH

Im Rahmen meines Bachelorstudiums in International Management Double Degree (IMX) an der ESB Business School und der Lancaster University Management School sowie während eines weiteren Auslandssemesters in Peking konnte ich schon viel Praxiserfahrung in diversen Projektarbeiten und bei drei Praktika sammeln. Ein Masterstudium direkt daran anzuhängen war dennoch keine Option für mich. Es gab noch zu viele offene Fragen, denen ich auf den Grund gehen wollte, bevor ich mich fachlich weiter spezialisieren würde. Zudem wollte ich mir meine beruflichen Optionen offenhalten. Gerne möchte ich von meinen Arbeitserfahrungen in der Beratung und meinem MBA-Studium in London und Chicago berichten.

Vom Studierenden zum Lehrling

Mein erster Mentor sagte mir zum Einstieg „als Berater bist du Lehrling auf Lebenszeit". Er sollte Recht behalten. Es gibt nur wenige Berufe, die einem bereits zum Einstieg so viel Abwechslung, Herausforderungen und Möglichkeiten zur professionellen und persönlichen Weiterentwicklung bieten wie die Beratertätigkeit. An der Uni klang damals allerdings die wirtschaftswissenschaftliche Theorie hinter der Beraterpraxis noch etwas abstrakt. Ich wünschte mir konkrete Antworten auf eine ganze Reihe von Fragen, die auch nach vier Jahren Studium unbeantwortet blieben:

- Wie funktioniert ein großer Konzern eigentlich im Alltag aus der Vogelperspektive betrachtet, und wie tragen einzelne Geschäftsbereiche und -funktionen zum Ergebnis bei?
- Wie sollte auf Basis strategischer Entscheidungen der organisatorische Aufbau eines Unternehmens sowie dessen Prozesslandschaft strukturiert sein? Wie läuft beispielsweise die Ausgliederung bzw. Integration eines Unternehmens ab, nachdem es durch M&A-Transaktionen ver- oder zugekauft wurde?
- Wie meistern Unternehmen große Herausforderungen, zum Beispiel wenn ihr Kerngeschäft unter Druck gerät und neue Geschäftsbereiche erschlossen werden müssen? Welche Entscheidungen sind unter den Rahmenbedingungen der globalen Erwärmung heute zu treffen, um auch morgen wirklich nachhaltig wettbewerbsfähig zu sein?

In den ersten drei Jahren in der Beratung habe ich viele wertvolle Antworten auf diese Fragen erhalten. Mich hat dabei vor allem fasziniert, wie sehr ich die eigene Lernkurve von Woche zu Woche beobachten konnte. Egal ob es um die Strukturierung und Durchführung einer Datenanalyse und deren grafische Aufbereitung ging oder darum, noch schnell eine Präsentation für den nächsten Workshop zu erstellen. Auch die regelmäßigen Trainings mit internationalen Kolleg:innen und das tägliche on-the-job Training durch erfahrenere Projektleiter:innen und Teammitglieder waren unheimlich wertvoll. Darüber hinaus habe ich es sehr geschätzt, bereits als junger Berater mit senioren Entscheidungsträger:innen und Vorständen aus unterschiedlichen Bereichen zusammenzuarbeiten und im direkten Austausch von ihnen zu lernen.

Nicht verschweigen möchte ich allerdings, dass die steile Lernkurve auch viele Herausforderungen mit sich bringt. Gerade zu Beginn fing ich bei vielen Projekten „von vorne an", da es für mich immer wieder neue Themen, bei neuen Kunden, in neuen Industrien waren. Morgenmuffel werden außerdem Probleme haben, wenn der Wecker montags spätestens um 5 Uhr klingelt. Dann heißt es zum Kunden reisen und erst donnerstags zum Abendessen wieder zuhause sein. Aus meiner Erfahrung, achten jedoch immer mehr Beratungen darauf, dass ihre Mitarbeiter:innen eine gesunde Work-Life-Balance haben. Zum Beispiel dadurch, dass Teammitglieder wöchentlich an mindestens zwei Tagen nicht nach 19 Uhr arbeiten sollen oder durch das Feiern gemeinsamer Erfolge beim Team-Dinner.

Zurück an die Uni: von London über Chicago bis nach Ulaanbaatar

Nachdem ich knapp drei Jahre Erfahrungen gesammelt hatte, wollte ich meine – mir nun deutlich klareren – Interessen und Stärken in der Theorie weiter vertiefen. Zudem wollte ich auch über den Tellerrand blicken und alternative Karrierepfade entdecken, beispielsweise durch ein Praktikum bei einem Start-up. Ich hatte glücklicherweise den e-fellows.net MBA Day in München besucht und dort die London Business School kennengelernt. Da ich im Rahmen einer Beförderung eine MBA Sponsorship von meinem Arbeitgeber erhalten und bereits jeden Monat Geld zur Seite gelegt hatte, konnte ich die nächsten zwei Jahre mit rund 400 Studierenden aus über 90 Ländern in London und Chicago verbringen. Ich habe mich im MBA neben meinen Pflichtfächern vor allem auf Themen rund um Entrepreneurship, Private Equity sowie Organisationsentwicklung fokussiert. Mein Arbeitgeber war am Ende des Programms sehr flexibel, und ich konnte meine Auszeit sogar um sechs Wochen verlängern. In dieser Zeit habe ich mir einen weiteren Traum erfüllt und bin mit einem 20 Jahre alten Auto rund 16.000 km von Stuttgart durch 20 Länder bis in die Mongolei gefahren.

Als Manager zunehmend Teams und eigene Themen verantworten

Nach meinem Wiedereinstieg habe ich mich auf Basis vergangener Projekte und meiner persönlichen Interessen zunehmend auf die Energiebranche und energieintensive Industrien fokussiert. Hier unterstütze ich meine Kunden seit drei Jahren bei allen Herausforderungen rund um das Thema Nachhaltigkeit und Dekarbonisierung. Bei meinen Projekten und Marketingaktivitäten habe ich die Möglichkeit, sehr spannende und brandaktuelle Themen zu begleiten und zu leiten, zum Beispiel:

- Aufbau einer neuen Geschäftseinheit im Energieeffizienzbereich, inklusive Abschätzung des Marktpotenzials, Durchführung von Kundeninterviews, Wettbewerbsanalyse und Definition der Marktangangsstrategie für das neue Geschäft
- Definition einer Wasserstoffstrategie für einen Energieversorger sowie Publikation von regelmäßigen Beiträgen. Wasserstoff wird als „Schweizer Taschenmesser“ der Energiewende gehandelt, aufgrund seiner breiten Einsatzmöglichkeiten, zum Beispiel zur Produktion von komplett CO_2-freiem Stahl oder im Transportsektor
- Entwicklung einer resilienten Unternehmensstrategie unter Berücksichtigung verschiedener Szenarien und Klimapfade (1,5 versus 2,5 oder 3 Grad Celsius globaler Erwärmung), die sich auf das jeweilige Produkt- und Serviceportfolio auswirken

Fazit

Die Entscheidung, zunächst Praxiserfahrung zu sammeln und danach einen Vollzeit-MBA zu absolvieren, würde ich jederzeit wieder treffen. Ich rate allen Beratungsinteressierten, mit möglichst vielen Firmen zu sprechen, um ein besseres Gefühl für die Kultur, Beratungsschwerpunkte und persönliche Entwicklungsmöglichkeiten zu erhalten.

Leonie Ottmann

Senior Consultant bei Roland Berger

PhD Student an der RWTH Aachen, Lehrstuhl für Entrepreneurship & Innovation

Mutig sein und an Herausforderungen wachsen

Es gibt da so eine Übung, bei der man sich vor dem inneren Auge Personen aus einer bestimmten Berufsgruppe vorstellt („picture a doctor/scientist/fireman"). Dabei wäre ich sicherlich nicht die klassische Unternehmensberaterin, die einem auf Anhieb einfällt. Wenn ich ehrlich bin, hatte ich bei meinem Einstieg wahrscheinlich auch ein anderes Bild von Berater:innen, als ich es heute habe. Als Beraterin mit einem technischen Studienhintergrund zähle ich in einem doch eher männerdominierten Umfeld nicht zur Mehrheit. Das bietet großartige Möglichkeiten, neue und wertvolle Perspektiven und Blickwinkel in Diskussionen und Projekte einzubringen. Gleichzeitig bringt es immer wieder auch gewisse Herausforderungen mit sich. Diese sehe ich inzwischen als Chance zu wachsen und mich weiterzuentwickeln.

Während meines Studiums (Wirtschaftsingenieurwesen/Maschinenbau) an der RWTH Aachen wusste ich noch nicht, dass ich mich für den Einstieg in die Unternehmensberatung entscheiden würde. Wie bei vielen technischen Studiengängen war es auch bei mir so, dass nur ein Pflichtpraktikum auf dem Lehrplan stand, welches ich ganz klassisch bei einem Automobilunternehmen absolvierte. Meinen ersten Berührungspunkt mit der Unternehmensberatung hatte ich im Rahmen eines Stipendiums, bei welchem das Partnerunternehmen eine Beratung war. Ich weiß noch genau, dass ich mit dem Namen zunächst nichts anfangen konnte. Ich habe mir die Unternehmensseite angeschaut und war fast ein bisschen enttäuscht, dass das Unternehmen kein Produkt herstellt. Ehrlich gesagt habe ich damals nicht einmal verstanden, was das Unternehmen überhaupt macht. Dennoch war meine Neugier geweckt, und ich nahm in anschließenden Semestern an Workshops und Events teil, die oftmals von Beratungen für Studierende angeboten werden. Das kann ich allen empfehlen, die sich prinzipiell für den Einstieg in die Beratung interessieren, aber noch keine Berührungspunkte haben. Es ist eine sehr gute Möglichkeit, um in lockerer und ungezwungener Atmosphäre einen Einblick in die Arbeit von Unternehmensberatungen zu erhalten und das Unternehmen sowie vor allem die Mitarbeiter:innen kennenzulernen.

Nach meinem Studium stand ich dann vor der großen Frage: „Was jetzt?" Irgendwie ein Luxusproblem, welches dennoch viele kennen: viele Optionen und die Unsicherheit, welche davon die beste ist – Promotion, Trainee-Programm, Unternehmensberatung? Ich habe mich für den Einstieg in die Unternehmensberatung entschieden, weil ich ein dynamisches Umfeld gesucht habe, in dem ich meine Stärken einbringen, viel lernen und mich weiterentwickeln kann. Die Vorstellung, in einem jungen Team zu arbeiten, gemeinsam Lösungen für komplexe Probleme zu erarbeiten und von Anfang an Verantwortung zu übernehmen, hat mich gereizt. Gleichzeitig wusste ich, dass sich mit der Entscheidung für die Unternehmensberatung keine Türen schließen und sich vermutlich einige neue öffnen werden.

Ich bin bei Roland Berger im Automotive Competence Center eingestiegen. In der Automobilindustrie passiert gerade einiges. Aktuelle Trends und neue technologische Lösungen führen zu vielen Veränderungen. Durch Elektromobilität, Digitalisierung, neue Mobilitätsangebote und autonomes Fahren verändern sich Geschäftsmodelle, und Unternehmen stehen vor verschiedenen strategischen Herausforderungen. Es ist eine spannende Zeit, als Beraterin schon früh in solche Fragestellungen eingebunden zu sein. Jedes Projekt bietet die Chance, etwas Neues zu lernen, sowohl fachlich und methodisch als auch auf persönlicher Ebene. Besonders viel mitgenommen habe ich durch die Interaktion mit Kunden und Kolleg:innen sowie durch viele verschiedene Einblicke in Unternehmen und Abläufe.

Neben der Projektarbeit bin ich außerdem Teil unseres Advanced Technology Centers. Hier bündeln wir Wissen zu aktuellen Technologien, wie beispielsweise Batteriezellen, Sensorik und Software, und tauschen unsere Erfahrungen zu diesen Themen aus. Für Tech-Interessierte ist das eine gute Möglichkeit, eigenes Wissen zu teilen und Expertenwissen aufzubauen.

Gleichzeitig ist der Job natürlich auch fordernd. Gerade zu Beginn war es eine große Umstellung für mich. Vier Tage die Woche beim Kunden, immer wieder neue Fragestellungen, Erwartungen, Deadlines, intensive Tage ... Aufgrund dieser Herausforderungen ist es umso wichtiger, auf sich selbst, die eigene Gesundheit und das Wohlbefinden zu achten. Ich mache mir das immer wieder bewusst und versuche, meinen eigenen Umgang damit zu finden. Mir hilft es, Prinzipien zu haben und eigene Grenzen klar zu kommunizieren. Eigentlich bietet gerade Projektarbeit eine Menge Flexibilität dabei, den Job für sich passend zu gestalten. Ich habe zum Beispiel neben den regulären Urlaubstagen zwischen Projekten und bei Projekten mit längerer Laufzeit zwischendrin auch unbezahlten Urlaub genommen.

Von Neueinsteiger:innen werde ich oft gefragt, was ich ihnen für den Einstieg mit auf den Weg geben kann. Das sind vor allem zwei Dinge: 1. Trauen Sie sich, Ihre Meinung zu sagen und unterschätzen Sie sich nicht, und 2. Kennen Sie Ihre Grenzen und Prinzipien. Ich habe mich zu Beginn einschüchtern lassen von erfahreneren Berater:innen und Hierarchien. Mir hat es mit der Zeit sehr geholfen, diese auch als Menschen zu sehen, von denen ich etwas lernen kann, die aber genauso an manchen Stellen unsicher sind und Fehler machen. Unabhängig davon, auf welcher Hierarchiestufe Sie sich befinden: Nutzen Sie Ihre Stimme. Aus eigener Erfahrung weiß ich, wie wichtig es ist, Role Models zu haben, mit denen man sich identifizieren kann. Ich hätte mir insbesondere mehr weibliche Vorbilder gewünscht, die für mich damals noch nicht so sichtbar waren. Mir ist es heute ein großes Anliegen, mit Vorurteilen aufzuräumen und sowohl mehr Frauen als auch Studierende mit MINT-Hintergrund für die Beratung zu begeistern. Daher engagiere ich mich bei internen Themen wie Recruiting, Hochschulmarketing sowie Diversity und Chancengerechtigkeit. Ich weiß, dass hier eine Menge zu tun ist, und es macht Spaß, einen Kulturwandel zu sehen und ein Stück weit mitgestalten zu können.

Nach knapp drei Jahren als Beraterin und vielen spannenden Projekten habe ich mich dann entschieden, für eine Promotion zurück an meine Alma Mater zu gehen und am Lehrstuhl für Innovation & Entrepreneurship zu promovieren. Das mache ich in Kooperation mit einem Start-up aus dem E-Mobilitätsbereich. Für mich ist das nochmal eine neue Erfahrung. Außerdem hilft mir die Zeit dabei, über das zu reflektieren, was ich in den letzten Jahren bei der Projektarbeit gelernt habe.

Einen Rat, den ich Studierenden für die eigene Berufs- und Arbeitgeberwahl gerne mitgebe ist, Entscheidungen mit einem guten Bauchgefühl zu treffen. Wir sind oftmals sowieso schon sehr analytisch unterwegs, wägen Vor- und Nachteile ab, werden von der Gesellschaft und unserem Umfeld beeinflusst. Ich finde es wichtig, diese Faktoren bei Entscheidungen so gut es geht außen vor zu lassen und auf das eigene Gefühl zu hören und zu vertrauen.

Stefanie Zimmerer

Manager
bei Deloitte

Mein Weg: Von der Arztpraxis in die Unternehmensberatung

Wenn ich auf meinen beruflichen Werdegang zurückblicke, fallen mir zwei Dinge auf: Zum einen der rote Faden, der sich durch verschiedene Stationen der Gesundheitsindustrie zieht. Zum anderen mein kontinuierlicher Wille zum Erfolg. Mein Lebenslauf hat Ecken und Kanten und entspricht wohl kaum dem der klassischen Absolventin, die eine Karriere in der Unternehmensberatung anstrebt. Und doch, hätte ich die Wahl, ich würde alles noch einmal genauso machen. Als Unternehmensberaterin betreue ich namhafte Kunden und bin auf Projekten weltweit im Einsatz. Ich habe die Möglichkeit, von und mit Kolleg:innen unterschiedlicher Fachrichtungen zu lernen. Mein Arbeitsalltag ist sehr vielfältig und deckt ein breites Spektrum an Branchen und Industrien ab. Für mich ist die Projekttätigkeit und Zusammenarbeit mit meinen Kolleg:innen jeden Tag aufs Neue erfüllend. Doch wie schafft man es eigentlich als gelernte Arzthelferin in eine Big-Four-Beratung? Werfen wir einen Blick zurück.

Fleiß, Ausdauer und ein bisschen Glück

Bereits während meiner beruflichen Ausbildung hatte ich ein ausgeprägtes Interesse an Prozessmanagement. Ich wollte mich in Abläufe nicht nur hineindenken, sondern auch das große Ganze dahinter verstehen und analysieren. Im Sinne einer kontinuierlichen Verbesserung war es mir ein Anliegen, dass Prozesse nicht nur dokumentiert, sondern tatsächlich gelebt werden. Nach Abschluss meiner Ausbildung absolvierte ich direkt die Weiterbildung zur Fachwirtin für ambulante medizinische Versorgung. Diese zweijährige Weiterbildung entspricht einem Meistertitel und vermittelte mir weitere Kenntnisse des Qualitätsmanagements. Danach war mir klar, dass ich mich in diesem Bereich etablieren wollte. Doch wie am besten vorgehen?

Das Studium „Management im Gesundheitswesen" an der IMC FH Krems in Österreich vermittelte mir die notwendigen BWL-Basics. Internationale Erfahrung konnte ich während eines Auslandssemesters in Kanada sammeln. Des Weiteren absolvierte ich noch ein berufsbegleitendes MBA-Studium „Healthcare Management" an der Medizinischen Universität Wien. Ausgestattet mit all diesen Kenntnissen bewarb ich mich bei einem auf die Pharma- und Lifescience-Industrie spezialisierten Beratungshaus. Nach einem telefonischen Kennenlernen sowie einem persönlichen Interview war die erste Hürde geschafft. Auch die berüchtigte Case Study, bei der es darauf ankam, einen komplexen Zusammenhang im Rahmen einer Präsentation kurz zu erläutern, verlief erfolgreich. Meine Karriere in der Beratung konnte beginnen.

Mein neuer Alltag als Beraterin – ein Sprung ins kalte Wasser

Gleich zu Beginn erfolgte der Sprung ins kalte Wasser. Nach einigen Orientierungstagen wurde ich direkt meinem ersten Projekt zugeteilt. Mit zwei erfahrenen Kollegen an meiner Seite ging es für ein IT-Validierungsprojekt nach Israel. Ich erinnere mich noch gut daran, wie ich in meinem ersten Meeting saß und nicht einmal die Hälfte davon verstand, was dort so hitzig diskutiert wurde. Dank Trainings und Inputs von Kolleg:innen holte ich jedoch rasch auf und konnte mir so auch umfassende IT-Kenntnisse aneignen. Generell war das erste Jahr sehr vielfältig. Neben verschiedenen Projekteinsätzen unterstützte ich die internen Qualitätsprozesse und durfte bei Angebotserstellung und Kundenpräsentationen mitwirken. Oftmals war es notwendig, sich schnell in neue, teilweise sehr komplexe Themengebiete einzuarbeiten.

Ab dem zweiten Jahr wurde mein Verantwortungsbereich größer und ich war eigenverantwortlich beim Kunden vor Ort. Eine strukturierte, selbstständige Arbeitsweise ist hier unabdingbar. Auch Reisefreudigkeit war sehr gefragt. Zu den regelmäßigen Präsenzzeiten beim Kunden kamen Teammeetings und Schulungen in ganz Deutschland. Viel Zeit verbrachte ich so an Bahnhöfen und Flughäfen. Am Freitag haben sich die Kolleg:innen oft im Büro zusammengefunden, um sich zu Kunden und Projekten auszutauschen. Eine herausfordernde Zeit. Die Erfahrung, die ich jedoch innerhalb von dreieinhalb Jahren auf elf Projekteinsätzen in sechs verschiedenen Ländern sammeln konnte, lässt jede Anstrengung verblassen.

Seit 2019 bin ich nun bei Deloitte im Bereich Internal Audit mit Fokus auf die Gesundheitsbranche tätig. Dank meiner Berufserfahrung bringe ich einen großen Vorteil mit: Ich spreche die Sprache des Kunden. Meine Kenntnisse umfassen die Abläufe und Prozesse, die damit verbundenen Risiken und die Qualitätsansprüche, die es zu erfüllen gilt. Des Weiteren bin ich mit medizinischer Terminologie vertraut – ein Vorteil im Pharma- und Medizinproduktebereich.

Die vielfältigen Aufgabenbereiche der internen Revision ermöglichen es mir außerdem, neben der Gesundheitsbranche auch in vielen weiteren Industrien beratend tätig zu sein. Es ist mir wichtig, fachlich breit aufgestellt zu sein. Mein derzeitiges Projekt fokussiert sich auf die Prüfung von internen Kontrollsystemen. Dabei bin ich in engem Austausch mit interdisziplinären Fachgruppen in der Automotive Industrie. Die Projekterfahrung und die damit verbundene Lernkurve ist für mich genau das, was die Beratung als Beruf so einzigartig macht. Jedes Projekt ist anders, und jeder Kunde hat eine eigene Erwartungshaltung. Es gilt, sich individuell auf den Kunden einzustellen, um für ihn das bestmöglichste Lösungsangebot zu finden. Dank der Unterstützung meiner Kolleg:innen und dem begleitenden Trainingsangebot fühle ich mich für kommende Herausforderungen und weitere Verantwortung bestens gerüstet.

Kontinuierliche Weiterentwicklung ist ein Muss

Die Tätigkeit als Consultant ist abwechslungsreich, aber auch durchaus komplex und fordernd. Den klassisch durchgeplanten Nine-to-five-Tag wird man hier eher selten finden. Spontane Kundenanfragen erfordern oftmals ein hohes Maß an Flexibilität. Auch die soziale Komponente ist von großer Bedeutung. Einen Großteil seiner Zeit verbringt man mit den Kolleg:innen – beim Kunden, im Hotel sowie beim gemeinsamen Abendessen.

Beratung ist ein schnelllebiges Business. Kontinuierliche Weiterbildung ist daher ein Muss und erfordert die Bereitschaft, sich eigenverantwortlich auch in fachfremde Themengebiete einzuarbeiten. Während meiner Weiterentwicklung hat es mir sehr geholfen, mein Alleinstellungsmerkmal herauszuarbeiten und entsprechend im Bewerbungsgespräch zu platzieren. Meine Empfehlung an alle, die als Quereinsteiger:innen mit Berufserfahrung eine Beraterkarriere anstreben: seid offen, neugierig und selbstbewusst – eine gewisse Praxiserfahrung ist stets ein Plus.

Dr. Rupert Graf Kerssenbrock

Finance Business Advisory Analyst bei Deutsche Bank AG

Karrieresprungbrett Managementberatung: Meine Erfahrungen

Nach Abschluss meines VWL/BWL-Studiums mit anschließender Promotion im Bereich Anlegerschutzrecht/Behavioral Finance entschied ich mich zunächst, bei einer der Big-Four-Beratungen meine ersten beruflichen Erfahrungen zu sammeln. Hierfür zog ich mit meiner Frau von Hamburg nach Frankfurt am Main. Die Grundsatzfrage war, wo ich meine wirtschaftswissenschaftlich-juristischen Kenntnisse sinnvoll einbringen kann. Da lag der Einstieg in der prüfungsnahen Beratung für mich sehr nahe. Indes zeigte mir die tägliche Arbeit einerseits, dass ich mich nicht darauf beschränken wollte zu erzählen, was nicht geht. Vielmehr wollte ich aktiv mitgestalten. Andererseits hatte ich immer den Anspruch, möglichst effizient und „smart" arbeiten zu wollen. Viel Fachwissen bringt meines Erachtens wenig, wenn ich nicht weiß, wie ich es richtig vermitteln und anwenden kann.

Meine Entscheidung, Management-Berater zu werden

Nach circa eineinhalb Jahren in einem externen Beratungsunternehmen kontaktierte mich schließlich ein Personalvermittler („head hunter"), der für die Deutsche Bank Managementberater:innen suchte. Weil mich das Berufsbild Managementberatung schon immer interessierte, bat ich ihn, meinen Namen zu platzieren. Nach der Einladung zum Bewerbungsgespräch bereitete ich mich schließlich intensiv vor. Hierfür griff ich neben *Perspektive Unternehmensberatung*, dem Klassiker von e-fellows.net, auch zu Büchern wie *Case in Point* oder *McKinsey's Marvin Bower*. Im Ergebnis hatte mich letzteres am besten auf die zwei Runden mit insgesamt fünf Gesprächen vorbereitet. Getreu dem Motto: „Smart companies hire for attitude and train for skills".

Die Entscheidung, den neuen Job anzunehmen, fiel mir sehr leicht. Ich hatte vom ersten Tag an die Möglichkeit, spannende transformatorische (Groß-)Projekte zu begleiten, verschiedene Themenbereiche und Bankfunktionen kennenzulernen und als Teil eines sehr dynamischen Teams mit dem Senior Management der Bank in den Austausch zu treten. Wichtig war mir, dass ich Mehrwert schaffe, sichtbar bin und viel (methodisch) lerne. Letzteres beinhaltete für mich unter anderem, wie ich Probleme strukturiere, Lösungen entwickle oder nächste Schritte formuliere.

Wie sieht der Alltag in der Managementberatung aus?

Die ersten Monate als Managementberater waren eine Herausforderung, aber auch eine echte Bereicherung für mich. Ich musste meine Perspektive und Herangehensweise an Problemstellungen in vielerlei Hinsicht grundlegend verändern. Nunmehr bereitete ich Entscheidungsvorlagen für das Senior Management vor, war Ansprechpartner für Projektteams, skizzierte Konzepte und Lösungen oder bereitete Workshops vor. In meiner vorherigen Rolle als regulatorischer Berater hatte ich dagegen Finanzdienstleister und Banken geprüft oder beschäftigte mich mit der Umsetzung gesetzlicher Vorgaben in interne Policies und operative Prozesse – eine echte Umstellung also.

Meine Lernkurve war in den ersten sechs Monaten sicherlich am steilsten. Von meiner ersten „Projekt Management Office"-Rolle profitiere ich bis heute, weil ich dort lernte, was eine effektive Organisation und Struktur sowie klares Priorisieren bedeutet und leisten kann. Später erlernte ich den Umgang mit dem Senior Management eines DAX-Konzerns, die Entwicklung strategischer Konzepte und das Führen interdisziplinärer Teams. Alles Fähigkeiten, die ich in meiner weiteren Karriere immer und überall einsetzen kann.

Die Arbeitszeiten waren häufig themen- und projektabhängig, aber größtenteils in guter Balance mit meinen privaten Interessen. Sollte eine Unterlage bis „close of business" fertig sein, ging es hin und wieder ein bisschen länger. Viel Spaß hatte ich dann aber immer bei den gemeinsamen Abendessen mit den Kolleg:innen. Bei Pizza und Salat konnten wir uns besser kennenlernen, machten Späße oder unterhielten uns über diverse Themen, die nichts mit der Bank oder dem Job zu tun hatten. Eine geniale Zeit.

Meine nächsten Schritte und Empfehlungen

Nach zweieinhalb Jahren und einer Beförderung entschloss ich mich, in den Finance-Bereich der Corporate Bank zu wechseln. Hier tat sich für mich eine tolle Möglichkeit auf, die erlernten Fähigkeiten in einem wachsenden und strategisch essenziellen Geschäftsbereich der Bank einzusetzen und weiterzuentwickeln.

Abschließend empfehle ich allen an der Managementberatung Interessierten, sich gut zu überlegen, was sie für sich selbst aus ihrer Arbeit als Managementberater:in herausholen möchten. Die wenigstens werden Partner oder Managing Director. Die Zeit als Managementberater:in öffnet meines Erachtens jedoch Türen zu vielen verschiedenen, interessanten Rollen und Themen wie beispielsweise im Projektmanagement, der Kommunikation, der Strategie und vielem mehr. Außerdem vermittelt die Arbeit als Managementberater:in wertvolles „big picture"-Denken. Im Gegensatz dazu wird man in einer fachlichen Beraterrolle eher zum „subject matter expert" auf einem einzelnen Fachgebiet ausgebildet. Für mich stellte die Managementberatung die perfekte methodische Grundausbildung dar, um in das Berufsleben zu starten.

6. Unternehmensporträts

Arthur D. Little GmbH

Standorte in Deutschland: Frankfurt am Main, München

Standorte weltweit: über 40 Büros in Europa, Nord- und Südamerika und Asien

Tätigkeitsschwerpunkte:
Beratungsgebiete: Automotive, Chemical Industry, Consumer Goods & Retail, Energy & Utilities, Engineering & Manufacturing, Financial Services, Healthcare, Telecommunication, Information, Media & Electronics (TIME), Travel & Transportation

Beschäftigte weltweit: ca. 1.000

Geplante Neueinstellungen 2022:
Arthur D. Little plant gemäß der positiven Geschäftsentwicklung monatlich Neueinstellungen – insbesondere von Hochschulabsolvent:innen und Mitarbeiter:innen mit ein bis drei Jahren Berufserfahrung.

Arthur D. Little zählt seit 1886 zu den Innovationsführern in der Consulting-Branche und ist ein global aufgestelltes Unternehmen. Diese Internationalität ist im täglichen Projektgeschäft deutlich spürbar und ermöglicht unseren Berater:innen den Einsatz an unseren weltweiten Standorten. Durch unser internationales Trainingsprogramm, On-the-Case-Coachings und regelmäßige Assessments haben unsere Berater:innen die Möglichkeit, sich sowohl fachlich als auch persönlich rasant weiterzuentwickeln.

Arthur D Little

The Squaire 13
60600 Frankfurt am Main
www.adlittle.de

Luca Stumpf
Human Resources Central Europe
+49 69 450098174
careers.ce@adlittle.com

Was zeichnet Ihre Unternehmenskultur aus? Arthur D. Little zeichnet sich durch einen starken unternehmerischen Geist aus – seit 130 Jahren setzen wir auf einen partnerschaftlichen Ansatz, bei dem jede Beraterin und jeder Berater die Möglichkeit hat, Verantwortung zu übernehmen und individuelle Themen voranzutreiben. Als global aufgestellte Beratung herrscht gleichzeitig eine sehr familiäre Atmosphäre zwischen den Büros und Berater:innen. Teamspirit, eine offene Feedbackkultur und der Seite-an-Seite-Ansatz mit den Kunden prägen unsere Unternehmenskultur.

Was erwarten Sie in fachlicher/persönlicher Hinsicht? Wir erwarten überdurchschnittliche analytische und konzeptionelle Fähigkeiten, Durchsetzungsvermögen, Innovationsfähigkeit sowie eine hohe Eigenmotivation. Sie sollten unter Beweis stellen können, dass Sie Teamplayer:in sind und sich nicht davor scheuen, neue Herausforderungen zu meistern. Wir suchen offene, authentische Persönlichkeiten, die Spaß an innovativen Projekten und der Zusammenarbeit im Team und mit dem Kunden haben. Unsere Mitarbeiter:innen verfügen mindestens über einen Diplom- oder Master-Abschluss sowie über tiefgreifende Industrieerfahrung. Sie gestalten die Trends von morgen mit den Kunden und übernehmen früh Verantwortung.

Wie sieht das Projektportfolio konkret aus? Arthur D. Little steht für Strategie, Innovation, Technologie und Digitalisierung in technologieintensiven und konvergierenden Branchen über die gesamte Wertschöpfungskette. Das Projektportfolio reicht von intensiven Strategieprojekten bis hin zu weitreichenden Transformationsvorhaben ausgewählter Kunden.

Was hebt Sie von anderen Beratungen ab?
Unternehmertum: Als globale, jedoch in kleineren Teams lokal organisierte Beratung sind Sie bei Arthur D. Little nicht in den Strukturen der großen Masse an Beratungen gefangen. Sie erhalten den Freiraum und die Unterstützung, von Anfang an Themen voranzutreiben.

Flexibilität: Wir bieten unseren Berater:innen die notwendige Flexibilität – Leave-Programme, ein internationaler Office-Tausch oder lokale Projekte unterstützen die persönlichen Ziele.

Seite an Seite: Unsere Kunden schätzen, dass wir stets als Team und „Down-to-Earth" gemeinsam Lösungen entwickeln. Für uns ist es wichtig, dass Strategien einen starken Ergebniseffekt in der Umsetzung generieren und wir die Transformation begleiten.

Why us? Warum sollten Bewerber:innen gerade bei Ihnen einsteigen? Von Anfang an sind Sie Teil des Teams, und Ihnen wird viel Vertrauen entgegengebracht. So sammeln Sie in kürzester Zeit viele Erfahrungen und können sich schnell weiterentwickeln. Unsere professionellen Trainings, der offene Austausch über alle Hierarchieebenen hinweg und Ihre individuelle Mentorin oder Ihr individueller Mentor fördern Sie von Beginn an. Ob als Berufseinsteiger:in oder mit Berufserfahrung – wir finden für jeden ein individuelles Modell.

Thao Nguyen

Jahrgang 1993

Consultant in der Strategy & Organization Practice

Gemeinsam Innovationen vorantreiben

Nach meinem erfolgreichen Master-Studium in Wirtschaftswissenschaften mit der Vertiefung in Unternehmensführung und Organisation sowie verschiedenen Praktika in der Unternehmensberatung stand für mich fest: Ich möchte an strategischen Themen sowie an der Entwicklung von Organisationen im internationalen Kontext arbeiten. Der Einstieg als Business Analyst bei Arthur D. Little (ADL) hat mir genau dies ermöglicht. In den letzten zwei Jahren konnte ich in mehreren Projekten in den Industrien Automotive, Travel & Transportation und Manufacturing Goods an spannenden und zukunftsträchtigen Themen arbeiten. Beispielsweise erarbeiteten wir eine innovative Bereichsstrategie für den Digitalisierungs- und Technologievorstand eines multinationalen Transportunternehmens. Ein internationales Projekt für ein Produkt-Benchmark sowie die Ausgestaltung eines agilen Zusammenarbeitsmodells für eine digitale Vertriebseinheit sind weitere Highlights meiner bisherigen Projekte. Neben der inhaltlichen steht auch die persönliche Weiterentwicklung stets im Fokus. ADL bietet sämtliche Rahmenbedingungen, früh Verantwortung für eigene Themen zu übernehmen.

Herausragende Unternehmenskultur

ADL zeichnet sich meiner Meinung nach durch eine herausragende Unternehmenskultur aus, die auch der ausschlaggebende Grund für meinen Einstieg war. Sowohl gemeinsam mit den Kunden als auch innerhalb des Unternehmens steht ADL für eine offene Feedbackkultur und fördert Kreativität und Innovationen. Das kollegiale Umfeld ist hilfsbereit, zuvorkommend und teamorientiert. Die Unternehmerkultur hat sich seit der Gründung von ADL bis heute erhalten - wenn es ein Projekt gibt, das man gerne vorantreiben möchte, bekommt man bei ADL die nötige Unterstützung, und einem wird volles Vertrauen entgegengebracht. Die tägliche Arbeit mit den Kolleg:innen macht mir unheimlich viel Spaß, sodass ich mich bei ADL bereits in meinem Bewerbungsgespräch sehr wohlgefühlt habe und seitdem weiterhin eine hohe Wertschätzung erfahre.

Große Verantwortung von Tag eins

Bereits als Business Analyst kann man Themenschwerpunkte setzen, leitet eigene Streams und ist mit dem Kunden von Beginn an im Austausch. In der Consultant-Rolle bin ich nun nicht nur für einzelne Streams, sondern auch für kleinere Projekte und das Coaching von neuen Kolleg:innen verantwortlich. Auch intern gibt es die Möglichkeit, früh Verantwortung zu übernehmen und die Firma weiterzuentwickeln. So bin ich etwa für die globale Trainingskoordination für die Märkte Deutschland und Österreich verantwortlich und konzipiere auf nationaler Ebene eine neue und innovative Mitarbeiterentwicklungsstrategie mit dem Head of HR für ADL Deutschland.

Im Team wachsen

Von der Masse der Beratungen hebt sich ADL auch dadurch ab, dass wir trotz der globalen Präsenz und internationalen Marke in den einzelnen Büros überschaubare Teamgrößen haben. Unter Kolleg:innen herrscht ein freundschaftliches, fast familiäres Klima, und wir unterstützen uns auch über die Projektarbeit hinaus. Die Stärken und Interessen werden individuell gefördert, beispielsweise hat man neben allgemeinen Consulting-Trainings auch die Möglichkeit, sich in spezifischen Themen (z. B. durch Konferenzen oder Kurse) weiterzubilden oder eine neue Sprache zu erlernen.

BearingPoint GmbH

Standorte in Deutschland: Berlin, Düsseldorf, Frankfurt am Main, Hamburg, Leipzig, München, Stuttgart, Walldorf

Standorte weltweit: 41 Standorte in 23 Ländern

Tätigkeitsschwerpunkte:
Management- und Technologieberatung

Beschäftigte in Deutschland: 1.765

Beschäftigte weltweit: 4.640

Geplante Neueinstellungen 2022:
Wir wachsen kontinuierlich und suchen laufend sowohl Absolvent:innen und Young Professionals als auch erfahrene Consultants.

BearingPoint ist eine Management- und Technologieberatung mit europäischen Wurzeln und globaler Reichweite. Wir unterstützen unsere Kunden aus Industrie, Finanz- und Versicherungsbranche sowie der öffentlichen Verwaltung bei der Entwicklung neuer Geschäftsstrategien, der Optimierung bestehender Verfahren und Prozesse sowie der Auswahl passender Technologiekonzepte.

BearingPoint®

Speicherstraße 1
60327 Frankfurt am Main
www.bearingpoint.com

Michaela Scherhag
Leiterin Recruiting
+49 69 13022-1407
michaela.scherhag@bearingpoint.com

Was bieten wir unseren Talenten? Mit BearingPoint entscheidest du dich für spannende, abwechslungsreiche Projektarbeit bei internationalen Kunden, tägliches Lernen und vielfältige Entwicklungsmöglichkeiten. Neben einer individuellen Karriereplanung und einem attraktiven Vergütungsmodell findest du mit unseren Work-Life-Balance-Angeboten zudem viele Möglichkeiten, deine beruflichen und privaten Interessen und Wünsche ganz flexibel in Einklang zu bringen.

Wer passt gut zu uns? Zu unseren Teams gehören Kolleg:innen mit unterschiedlichen Fachhintergründen, die Branchenkenntnisse mit fachlicher und technischer Expertise vereinen. Zu uns passen daher ausgeprägte Teamplayer mit hoher Motivation, Flexibilität und Kreativität. Neben überdurchschnittlichen Leistungen in Schule und Studium solltest du dabei anspruchsvolle Praktika, Auslandserfahrung, sehr gute Deutsch- und Englischkenntnisse sowie uneingeschränkte Mobilität mitbringen. Zudem sind analytische und konzeptionelle Fähigkeiten sowie Kommunikationsstärke gefragt.

Wie verläuft der Bewerbungsprozess? Wir stellen das ganze Jahr über neue Mitarbeitende ein, sodass keine bestimmten Fristen zu beachten sind. Gerne kannst du dich jederzeit online über unser Karriereportal bewerben. Wenn uns deine Bewerbungsunterlagen überzeugen, laden wir dich im ersten Schritt zu unserem Online-Test ein. Fällt das Ergebnis positiv aus, folgt die Teilnahme an unserem Auswahltag. In Gruppen durchläufst du verschiedene Übungen und stellst deine analytischen und sozialen Kompetenzen unter Beweis. Dabei wollen nicht nur wir dich persönlich und fachlich besser kennenlernen, sondern auch du selbst hast die Gelegenheit, dir ein Bild von uns und unserem Unternehmen zu machen. Bei erfolgreichem Bestehen erwartet dich dann ein persönliches Interview, in dem du deine potenziellen Vorgesetzten und weitere Berater:innen kennenlernst.

Wie sieht der Berufseinstieg bei BearingPoint aus? An unseren monatlich zentral in Frankfurt am Main stattfindenden „New Member Days" erhältst du als Neueinsteiger:in einen Überblick über unser Geschäftsmodell, unsere Arbeitsweisen, Methoden und Tools. Anschließend wirst du in deiner jeweiligen Niederlassung vom dortigen „Onboarder" und von deiner persönlichen Tutorin oder deinem persönlichen Tutor empfangen. Außerdem steht dir ein:e Karrierementor:in zur Seite, welche:r dir wertvolle Ratschläge zu deiner Laufbahnplanung gibt und in regelmäßigen Abständen deine Entwicklung mit dir bespricht. Einen tieferen Einblick in unsere interdisziplinäre Arbeitsweise bekommst du im Rahmen unserer einwöchigen „Be.School". Hier erlebst du die BearingPoint-Kultur, erfährst mehr über unser internationales Netzwerk und bearbeitest mit Neueinsteiger:innen aus aller Welt verschiedene Case Studies. Nach diesem Einstieg wartet schon dein erster Projekteinsatz auf dich.

Was zeichnet unsere Personalentwicklung aus? Internationale und nationale Trainings qualifizieren dich systematisch für den Berateralltag und die nächste Karrierestufe und ergänzen das On-the-Job-Lernen. Das Angebot reicht von der Be.School-Einführungswoche bis hin zum Training für erfahrene Manager an der Yale-Universität. Die Aus- und Weiterbildung ist dabei fokussiert auf fachliche und technische Kompetenzen, methodische Kenntnisse sowie Soft Skills. Deine individuelle Entwicklung ist uns sehr wichtig. Unser Führungszielbild „Empower to Inspire" bietet dazu den Raum für die Entwicklung des Einzelnen, inspiriert durch Vernetzung und Wertschätzung, und hat die nachhaltige Entwicklung von BearingPoint im Blick.

Johanna Terjung

Jahrgang 1991

Senior Business Consultant

Strategie, Technologie, Innovation, Unternehmertum und ein vertrauensvolles Miteinander

Als Senior Business Consultant bei BearingPoint im Bereich Customer & Growth gestalte ich den digitalen Wandel unserer Kunden aus der Telekommunikationsindustrie aktiv mit. Dabei begleite ich Projekte, in denen wir gemeinsam mit unseren Kunden zukunftsbasierte Geschäftsmodelle entwickeln und Abläufe und Prozesse digitalisieren.

Mein Weg in die Beratung

Im Anschluss an mein Bachelorstudium in International Management habe ich während eines Praktikums bei einer kleinen Boutique-Projektberatung in Hamburg schnell gemerkt, dass mir das projektbasierte Arbeiten in unterschiedlichen Teams sehr viel Spaß macht. Im Master in Lissabon habe ich mein Wissen vertieft und über Praxisprojekte weitere Kontakte zu Beratungen knüpfen können. Das Beratungsportfolio von BearingPoint vereint Strategie und Technologie, was mich inhaltlich besonders angesprochen hat. Den Ausschlag hat dann letztendlich der freundliche, offene Umgang während des Bewerbungsprozesses gegeben.

Mein Einstieg bei BearingPoint

Der Einstieg bei BearingPoint ist sehr professionell organisiert und bringt viel Spaß mit sich. Durch die „New Member Days", Tutorenrolle und die „Be.School" konnte ich mich schnell in Themeninhalte, unseren Beratungsansatz und die lockere Firmenkultur einfinden. Mein erstes Projekt ließ nicht lange auf sich warten, und mein Fokus auf den Bereich Telekommunikation hat sich über die folgenden Projekte entwickelt. Dort arbeiten wir aktuell an Themenstellungen wie dem Übergang von analogen Assets zu digitalen Services, der Entwicklung von Use Cases für 5G und dem Aufbau agiler Organisationen. Nebenbei treibe ich kontinuierlich meine Qualifikationen im Bereich Projektmanagement voran, z. B. über Trainings wie Prince2 und Scrum. Im Jahr 2019 bot sich mir dann die Möglichkeit, über unser Programm „Develop Abroad" für mehrere Monate in unsere Niederlassung in Mailand zu gehen – eine super Erfahrung.

Und was macht BearingPoint aus?

Neben vielfältigen Projektthemen bei internationalen Kunden ist die Firmenkultur davon geprägt, dass die Partnerinnen und Partner von BearingPoint die alleinige unternehmerische Verantwortung tragen. Unternehmerische Fähigkeiten, ein hohes Maß an Eigeninitiative und innovative Ideen werden auf allen Leveln gefordert und gefördert. Ideen unserer Mitarbeitenden entwickeln wir gemeinsam im „Hub of Innovation", unserer firmeninternen digitalen Plattform, zu neuen Produkten und Services. Über firmenweite „Communities" teilen wir unsere Expertise und halten uns zu den neuesten Trends und Entwicklungen auf dem Laufenden. Jeder ist eingeladen, sich zu engagieren und Entrepreneur zu sein. Dazu kommt ein ausgesprochen kollegiales, hilfsbereites und vertrauensvolles Miteinander. Auch in stressigen Projektphasen unterstützen wir uns gegenseitig und sorgen so gemeinsam für eine immer motivierende Arbeitsatmosphäre.

Design your own career.
Make your point @ BearingPoint.
Wir bieten Beratung, die Strategie und Technologie vereint. Unsere Kunden schätzen uns als Geschäftsmodell-Transformatoren und Digitalisierungsexperten. Wir verbinden Unternehmertum und Innovationsgeist, unsere Berater denken strategisch, analytisch und kreativ. Bei uns erwarten Sie außergewöhnliche Chancen, vielfältige Gestaltungsräume, ein Klima der Wertschätzung und Kollegen, die oft zu Freunden werden.
Consulting. Software. Ventures.
Jetzt auf: bearingpoint-careers.de
BearingPoint®

BwConsulting
Die Inhouse-Beratung der Bundeswehr

Standorte in Deutschland:
Köln (Hauptstandort), Berlin

Tätigkeitsschwerpunkte: methodische und fachliche Beratung des Verteidigungsressorts in den Themenfeldern Strategie & Steuerung, Prozesse & Organisation, Projektmanagement

Beschäftigte in Deutschland: rund 200

Geplante Neueinstellungen 2022: 15

Nicht nur anspruchsvoll, sondern auch sinnvoll – das zeichnet unsere Arbeit aus. Denn als Inhouse-Beratung der Bundeswehr unterstützen wir die strategischen, leitungsrelevanten Projekte des Verteidigungsministeriums. Unsere Beraterinnen und Berater bringen ihre methodische und fachliche Expertise unmittelbar in wichtige gesellschafts- und sicherheitspolitische Themenfelder ein. So treiben wir Veränderungen im Verteidigungsressort voran, fördern dessen nachhaltige Weiterentwicklung und tragen zum erfolgreichen Management vielfältiger Projekte bei.

bwconsulting

Ferdinand-Porsche-Straße 1a
51149 Köln
www.bwconsulting.de

Felix Eckstein
Personalabteilung
+49 2203 9054-393
bewerbung@bwconsulting.de

Worin unterscheiden Sie sich von Ihren Wettbewerbern? Wir beraten das Verteidigungsressort inhouse und bringen so unser Know-how unmittelbar in dessen herausfordernde Themen ein – das macht uns einzigartig und ist sinnstiftend für unsere Arbeit. Dabei setzen wir auf Kontinuität: Unserem Personal bieten wir eine „Stay and grow"-Perspektive statt des sonst weit verbreiteten Up-or-Out. Nach unserer Meinung ist dies für die Systemkenntnis einer professionellen Inhouse-Beratung extrem wichtig.

Was zeichnet Ihre Unternehmenskultur aus? Beratung ist People Business – dieser Überzeugung folgen wir auch nach innen. Das drückt sich durch den hohen Stellenwert von Teamorientierung in den Projekten, durch transparente Entscheidungen oder durch die Berücksichtigung persönlicher Entwicklungslinien beim Projekt-Staffing aus. Zudem gibt es keine Denkverbote, mit Fehlern gehen wir wertschöpfend um: Hierfür haben wir mit unseren #failabrations sogar ein eigenes Format entwickelt, um Erfahrungen und Erkenntnisse aus Misserfolgen intern zu teilen.

Wie sieht das Projektportfolio konkret aus? Unser Projektportfolio ist top-priorisiert, festgelegt wird es unmittelbar von der Leitung des Verteidigungsministeriums. Es umfasst eine Vielzahl von Gestaltungsfeldern – von Planungs- und HR-Fragen über die Prozess- und Organisationsentwicklung bis hin zu den Herausforderungen der Digitalisierung und Cybersicherheit. Aktuelle Schwerpunkte ergeben sich durch die Fokussierung des Verteidigungsministeriums auf die Themen Europäisierung, Digitalisierung, Rüstungs- und Nutzungsmanagement sowie Arbeitgeberattraktivität.

Kann man bei Ihnen auch schon während des Studiums Erfahrungen sammeln? Ja, wir bieten hierzu die Möglichkeit von Praktika oder Werkstudententätigkeiten an unseren Standorten in Köln und Berlin an. Aus der Erfahrung heraus empfehlen wir eine Bewerbung erst zum Ende des Bachelorstudiums, für das Gap-Year oder vor bzw. während des Masterstudiums und mit einer Dauer von mindestens drei Monaten.

Wie läuft das Bewerbungsverfahren in Ihrem Unternehmen ab? Idealerweise übermitteln Sie uns Ihre Bewerbung online über unsere Website. Anschließend laden wir Sie zu einem unserer Recruiting Days ein, der in Abhängigkeit vom aktuellen Pandemiegeschehen vor Ort oder online stattfindet: Hier möchten wir Sie in mehreren Einzelgesprächen besser kennenlernen, mit Ihnen über klassische Beratungsthemen sprechen und Sie mit unserem Unternehmen näher vertraut machen. Bei einem Mittagessen mit unseren jungen Beraterinnen und Beratern können Sie zudem in ungezwungener Atmosphäre Ihre offenen Fragen klären – und im Idealfall endet der Tag mit einem Vertragsangebot für Sie.

Esra Poyraz

Jahrgang 1994

Consultant

Fokussiert, wertschätzend und innovativ die Zukunft der Bundeswehr mitgestalten

Mein Einstieg bei BwConsulting

Ein ehemaliger Kommilitone an der Sciences Po in Paris erzählte mir von seinen positiven Eindrücken während seines Praktikums bei der BwConsulting. Das machte mich neugierig, da ich im Rahmen meines Masterstudiums der Internationalen Sicherheit auf der Suche nach einer Praktikumsstelle war, die meine Studieninhalte und mein Interesse für verteidigungspolitische Themen sinnvoll kombiniert. Je mehr ich auf der Homepage der BwConsulting über die Arbeit, Projekte und die Themenfelder las, desto interessierter war ich, selbst dort meine Erfahrungen zu sammeln. Positiv überrascht war ich vom reibungslosen Bewerbungsprozess und der schnellen Zusage. Meine darauffolgenden Praktika im Sommer 2019 und 2020 verstärkten diesen ersten positiven Eindruck, weswegen für mich klar war, dass ich nach meinem Masterabschluss und meinem Traineeship bei der Europäischen Kommission das Angebot der BwConsulting als Consultant einzusteigen, annehmen werde.

Das macht die Arbeit bei der BwConsulting für mich besonders

Für mich sind es verschiedene Aspekte, die die BwConsulting so attraktiv machen. Als Inhouse-Beratung hat sie den Vorteil, sich ganz auf einen Kunden, das Bundesministerium der Verteidigung und die Bundeswehr, konzentrieren zu können, was zu einer intensiven Zusammenarbeit führt. Zudem habe ich jederzeit die Möglichkeit, mich in internen Projekten zur Weiterentwicklung der BwConsulting als Unternehmen und Arbeitgeber einzubringen. Falls man also Entwicklungsbedarf sieht, hat man die Chance, Teil der Lösung zu werden.

Die BwConsulting schafft es, auf die individuellen Interessen jedes Einzelnen einzugehen und so eine Balance zwischen dem Anspruch zu exzellenter Qualität und einer angenehmen und wertschätzenden Arbeitsatmosphäre herzustellen. Diese Unternehmenshaltung bekommt man bereits als Fellow zu spüren: Ich war von Anfang an vollständig in das Projektteam integriert und konnte selbstständig Aufgaben bearbeiten. Gleichzeitig standen mir ein Pate und ein erfahrener Mentor zur Seite. Letzterer unterstützte mich, förderte meine Stärken, reflektierte meine Entwicklungspotenziale und gewährleistete, dass keine Überforderung entsteht und Herausforderungen gemeinsam gelöst werden. Das gelingt nicht jedem Unternehmen.

So sieht meine Tätigkeit bei der BwConsulting aus

Bisher war ich in drei verschiedenen Projekten tätig, die allesamt sehr unterschiedlich waren. Befasste sich mein erstes Projekt noch mit der Verbesserung von Kooperationsmöglichkeiten in bilateralen Exportvorhaben, erforderte das nächste eine Auseinandersetzung mit geopolitischen Herausforderungen, für welche wir mit den Länderreferaten des Ministeriums zusammenarbeiteten. Mein aktuelles Projekt hingegen beschäftigt sich mit dem Thema Digitalisierung der Bundeswehr. Das finde ich gerade zu aktuellen Zeiten nicht nur spannend, sondern betrachte es auch als eine Priorität, um die Zukunftsfähigkeit der Bundeswehr zu gewährleisten.

Commerz Business Consulting

Standort in Deutschland:
Frankfurt am Main

Tätigkeitsschwerpunkt:
interne Unternehmensberatung
für den Commerzbank-Konzern

Beschäftigte in Deutschland: 130

Geplante Neueinstellungen 2022:
Praktikant:innen: ca. 30
Absolvent:innen: ca. 30
Young Professionals: ca. 5

Seit 2003 ist die Commerz Business Consulting (CBC) zentraler Bestandteil des Commerzbank-Konzerns. Als interne Unternehmensberatung sind wir entscheidend am Wandel des Konzerns beteiligt und beraten diesen unter anderem auf seinem Weg zur digitalisierten Bank. Unsere Kundinnen und Kunden erhalten von uns eine ganzheitliche Beratung von der strategischen Ausrichtung bis zur Umsetzung. Wir ergänzen unsere generalistische Expertise um vertiefte fachliche und methodische Skills in den Kompetenzgebieten Consulting-Skills, Banking und Innovation & Technology. Unsere rund 130 Beraterinnen und Berater gestalten die Zukunft des Commerzbank-Konzerns.

COMMERZ BUSINESS
CONSULTING

Neue Börsenstraße 1
60487 Frankfurt am Main
www.commerz-business-consulting.de

Kimberly Hendl
CBC Recruiting
+49 160 5889647
bewerbung@commerz-business-consulting.de

Warum sollten Absolventinnen/Absolventen gerade bei CBC einsteigen? Als interne Unternehmensberatung sind wir einem einzigen Unternehmen verpflichtet. Das ist in unserem Fall kein geringeres als eine der führenden, international agierenden Geschäftsbanken mit mehr als 18 Millionen Kundinnen und Kunden weltweit. Unsere Teams beraten somit nicht einfach irgendwelche Kundinnen oder Kunden, zu denen sie entsandt werden. Und sie liefern auch nicht irgendein Ergebnis ab, während sie sich in Gedanken schon auf den nächsten Einsatz an einem anderen Ort vorbereiten. Unsere Teams erarbeiten gemeinsam mit unseren Kundinnen und Kunden nachhaltige Lösungen, auf die sie zu Recht stolz sein können, und sind bei der tatsächlichen Implementierung mit dabei.

Wie sieht das Projektportfolio aus? Je größer eine Bank ist, desto spannender sind ihre Aufgaben. Die Commerzbank ist eine ziemlich große Bank – entsprechend gestalten sich auch unsere Projekte. Zum Beispiel, indem wir die digitale Transformation begleiten. Auch spannend: die Entwicklung konkreter Produkte oder konzernweiter Programme, bei denen wir Kundenerlebnisse verbessern.

Welche Karrieremöglichkeiten bietet CBC? Bei der CBC geht es direkt mitten hinein: Von Anfang an arbeitest du direkt bei unseren Kundinnen und Kunden – und erhältst so ein tiefes Verständnis des Konzerngeschäfts. Je besser du bist, desto mehr Verantwortung übertragen wir dir. Als Commerzbank-Talentpool haben wir außerdem den Vorstandsauftrag, Nachwuchskräfte für den Konzern zu entdecken und zu entwickeln. Uns (und dir) steht ein breites konzernweites CBC-Alumni-Netzwerk zur Verfügung: Das öffnet dir nicht nur im Commerzbank-Konzern viele Türen.

Kann man bei CBC schon während des Studiums Erfahrungen sammeln? Wir möchten Top-Studentinnen und -Studenten möglichst früh kennenlernen. Deshalb bieten wir jährlich rund 30 Praktikumsplätze an. Als Praktikantin oder Praktikant bei CBC versteckst du dich nicht im Analysekeller, sondern bist nach einem individuellen Einführungsprogramm direkt Mitglied eines unserer Teams – bei unseren Kundinnen und Kunden vor Ort.

Wen sucht CBC? Wir suchen engagierte Absolventinnen und Absolventen sowie Studentinnen und Studenten mit unterschiedlichsten Hintergründen. Natürlich achten wir auf sehr gute Studienergebnisse, Praktika und Auslandsaufenthalte. Wichtig sind uns aber ebenso intellektuelle Neugier, eine ausgeprägte analytische Denkfähigkeit und kreative Problemlösungskompetenz. Wir suchen kritische Köpfe mit dem notwendigen Maß an Pragmatismus.

Wie können sich Talente bei CBC weiterentwickeln? Wir sind stolz auf unsere Mitarbeiterinnen und Mitarbeiter, daher investieren wir viel in ihre Weiterentwicklung. Neben unseren Projekteinsätzen im gesamten Konzern vermitteln dir unsere Trainings das Know-how, das du in der Praxis brauchst. Jede Maßnahme ist auf unser Team und unsere individuellen Bedürfnisse als Inhouse Consulting der Commerzbank zugeschnitten. Intensives Coaching in regelmäßigen Feedbackgesprächen fördert gezielt deine persönliche Entwicklung.

Wie sieht es mit der Flexibilität bei CBC aus? Der Job als Beraterin oder Berater ist kein gewöhnlicher Beruf. Deswegen bieten wir den notwendigen Raum für individuelle Lebenspläne – beruflich wie privat. Wir unterstützen Master-, MBA- oder Promotionsvorhaben mit passenden Arbeitszeitmodellen. Uns ist auch bewusst, dass das Leben nicht nur aus der Arbeit bei CBC besteht. Nach zwei bis drei Jahren besteht die Möglichkeit, ein Sabbatical einzulegen. Unsere Eltern- und Teilzeitmodelle bieten darüber hinaus flexible Lösungen, um Karriere, Kind und Familie optimal aufeinander abzustimmen.

Welche Menschen stecken hinter dem CBC-Team? Zunächst ein paar Fakten: 59 Prozent unseres 130-köpfigen Teams sind Männer, 41 Prozent Frauen. Im Durchschnitt ist ein CBC-Team 32 Jahre alt, und mit insgesamt 54 Kindern nehmen wir die Vereinbarkeit von Beruf und Familie sehr ernst. Die persönlichen Erfahrungen und Hintergründe sind dabei höchst unterschiedlich: Überzeugte Bankerinnen und Banker sowie Beraterinnen und Berater mit langjähriger Erfahrung aus externen Unternehmensberatungen treffen auf Top-Absolventinnen und -Absolventen unterschiedlichster Fachrichtungen – momentan reichen die Studienhintergründe von Betriebswirtschaft über Wirtschaftsinformatik und Psychologie bis hin zu Soziologie.

Was ist das Besondere an CBC? In unseren Projekten tragen wir Tag für Tag ein besonderes Maß an Verantwortung. Um das erfolgreich meistern zu können, braucht es natürlich ein Team von Menschen, auf die man sich verlassen kann. Wir alle haben einen sehr hohen Anspruch an die Qualität unserer Arbeit. Da passiert es, dass es fachlich auch mal hart zur Sache geht. Aber natürlich arbeiten wir nicht nur zusammen. Neben unserer jährlichen CBC-Skifahrt, an der auch unsere Alumni teilnehmen, tragen wir die CBC-Kickerweltmeisterschaft aus, prüfen in sogenannten „Tastings" alles von Gin bis Dosenbier und vieles mehr. Doch natürlich können wir hier viel behaupten, erleben muss man das selbst.

Wie läuft das Bewerbungsverfahren bei CBC ab? Wenn uns deine Unterlagen überzeugen, laden wir dich zu uns nach Frankfurt am Main oder virtuell ein. Du führst zwei Gespräche mit unseren Seniors, löst Fallstudien und lernst uns natürlich näher kennen. Du erfährst direkt im Anschluss an das zweite Gespräch, ob du ein Vertragsangebot erhältst.

COMMERZ BUSINESS
CONSULTING
Einfluss nehmen.
Können wir.
Unsere Projekte begleiten den Wandel des Commerzbank-Konzerns maßgeblich. Dafür suchen wir Persönlichkeiten, die mit Kreativität und intellektueller Neugier passgenaue Lösungen erarbeiten. Erfahre mehr über Deine Karriere im Inhouse Consulting der Commerzbank: commerz-business-consulting.de
Beratung. Bank. Verantwortung.

DB Management Consulting

Standorte in Deutschland:
Berlin, Frankfurt am Main

Beschäftigte in Deutschland: ca. 100
(DB Management Consulting)

Beschäftigte weltweit: ca. 300.000
(DB-Konzern)

Geplante Neueinstellungen 2022:
Praktikant:innen pro Jahr: 40–50
Analyst:innen/Consultants: 5–8

Die Verkehrswende vorantreiben und die *Starke Schiene* gestalten – das ist die tägliche Herausforderung als Inhouse Consultant bei DB Management Consulting. Im Auftrag des DB-Vorstands und der Geschäftsfeldleitungen entwickeln wir konzernweit wegweisende und tragfähige Lösungen für die Herausforderungen der Bahn und setzen sie wirksam um. Du möchtest einen Beitrag für nachhaltige Mobilität in Deutschland leisten, denkst gerne strategisch voraus und bist ein echter Teamplayer? Dann bist du bei uns genau richtig.

Gallusanlage 8
60326 Frankfurt am Main
management-consulting.deutschebahn.com

Annette Wüllenweber
dbmc.karriere@deutschebahn.com

Warum sollte man gerade bei Ihnen einsteigen? Technische Innovationen, intelligente Transportsysteme und veränderte Bedürfnisse unserer Gesellschaft nach einer vernetzten grünen Mobilität – wir befinden uns inmitten eines epochalen Wandels, der großes Wachstumspotenzial für die Deutsche Bahn bietet. Bei DB Management Consulting sind wir maßgeblich in den Top-Projekten für die *Starke Schiene* beteiligt und beraten den DB Vorstand und die Leitungen aller Geschäftsfelder bei der Entwicklung und Umsetzung wegweisender Mobilitäts- und Logistiklösungen. Als interne Managementberatung der Deutschen Bahn bieten wir wie keine andere Unternehmensberatung Einblicke in die Welt eines internationalen Mobilitäts- und Logistikdienstleisters. Dabei arbeitest du in nächster Nähe zum Konzernvorstand, erhältst Verantwortung und knüpfst ein weitreichendes Netzwerk für deine weitere Karriere im Unternehmen.

Wie setzt sich Ihr Projektportfolio zusammen? Wir decken mit unseren insgesamt acht funktionalen und branchenspezifischen Beratungsfeldern eine breite Themenvielfalt im Konzern ab. Mit 90 Consultants beraten wir Vorstände und Geschäftsfeldleitungen aller DB Ressorts – vom Personen- und Güterverkehr bis zur Infrastruktur und Logistik. Unsere herausfordernden Projektthemen spiegeln die Vielfalt des Konzerns wider und reichen von der Pilotierung des automatisierten Bahnbetriebs der Digitalen S-Bahn Hamburg über die Entwicklung digitaler Kundenservices, beispielsweise dem Komfort Check-in, bis zur Umsetzung der Operativen Exzellenz in unseren ICE-Instandhaltungswerken. Als Inhouse-Beratung sind wir dichter dran am Kerngeschäft, an Entwicklungen und Trends der Mobilitäts- und Logistikbranche, allen Entscheidungsträgern und unseren Auftraggebern. Unsere Arbeit muss nicht nur auf dem Papier bestehen: Wir entwickeln tragfähige Konzepte und unterstützen unsere Auftraggeber auch bei der erfolgreichen Umsetzung. Derzeit konzentrieren wir uns auf Projekte, die für die erfolgreiche Umsetzung der Konzernstrategie *Starke Schiene* relevant sind und die Bahn robuster, schlagkräftiger und moderner werden lassen. Für eine robustere Aufstellung werden unter anderem mehr Kapazitäten im Personenverkehr durch zusätzliche Trassen und Züge und den Einsatz modernster Technologien realisiert. Im Projekt *Digitale Schiene Deutschland* leisten wir hier einen wesentlichen Beitrag. „Schlagkräftiger" wird die Bahn unter anderem durch eine Vereinfachung der gesamten Organisation und einer Vielzahl von (Prozess-)Abläufen. „Moderner" werden wir unter anderem durch einen schnelleren Takt im Personenverkehr, wobei natürlich auch das Angebot im Güterverkehr verbessert wird.

Welche Karriere-/Entwicklungsmöglichkeiten bieten Sie? Als Pool für Führungskräftenachwuchs des DB-Konzerns unterstützen wir dich von Anfang an zielgerichtet in deiner fachlichen und persönlichen Entwicklung. Du erhältst regelmäßig Feedback – sowohl direkt und informell als auch in Form von strukturierten Projektbeurteilungen. Mit deiner Practice-Leitung besprichst du regelmäßig deine individuellen Stärken, Entwicklungsfelder und -wünsche. Pro Jahr stehen dir zehn Tage für Trainings, Kongresse und Coachings zur Verfügung. Hättest du es gewusst? Nach einem erfolgreichen Karriereverlauf bei DB MC stehen dir viele Türen offen: 70 Prozent unserer Alumni verbleiben nach ihrem Werdegang bei DB MC in verantwortungsvollen Führungs- und Projektleiterpositionen im Konzern.

Wie sieht der Berufsalltag konkret aus? Montags reist du mit der Bahn zum Standort deines aktuellen Projekts, welches in der Regel im Rhein-Main-Gebiet oder in Berlin angesiedelt ist. Dort arbeitest du im Projektteam beispielsweise an Analysen, holst die Sichtweise von Mitarbeiter:innen und Kunden ein oder bereitest Workshops und

Abstimmungstermine vor. Freitags arbeiten wir in der Regel im Homeoffice. Ausnahmen bilden Meetings und Events mit den Practice-Kolleg:innen oder dem gesamten DB MC-Team.

Wie sieht die Work-Life-Balance bei Ihnen aus? Unsere Flextime-Modelle bieten größtmögliche Flexibilität bei der eigenen Arbeitszeitgestaltung. Ob Homeoffice-Freitage, Sabbaticals, Elternzeiten oder Arbeiten in Teilzeit – gemeinsam finden wir für dich das passende Modell. Wir sind der festen Überzeugung: 100 Prozent geben geht nur, wenn es auch einen Ausgleich gibt. Uns ist wichtig, dass du ausreichend Zeit für Freizeit, Freunde und Familie hast. So bieten wir dir auf Wunsch beispielsweise bis zu 40 Urlaubstage oder Freizeitausgleichstage nach Projektspitzen an.

Leonore Leibrock, Consultant: „Als Berufseinsteigerin bei DB MC wurde ich im Projekt in jeder Situation gefordert, meine Stärken einzusetzen und an meinen individuellen Entwicklungsfeldern zu arbeiten. In der Moderation von Terminen im Team und mit Kunden konnte ich schnell an Souveränität und Spontanität gewinnen."

Wer passt nicht zu Ihnen? Ellenbogenmentalität ist bei uns fehl am Platz. Wir suchen leidenschaftliche und leistungsbereite Teamplayer, die Spaß an immer wieder neuen Herausforderungen, Themen und Menschen haben, Individualität mitbringen, mit uns vorausdenken und unsere Kunden und den Konzern voranbringen wollen.

Was sind Ihre Einstellungskriterien? Unser Praktikantenprogramm richtet sich an Studierende und Absolvent:innen aller Fachrichtungen mit überdurchschnittlichem Diplom- oder Masterabschluss, die sich für Mobilitäts- und Logistiktrends begeistern und, je nach Karrierelevel, folgende Berufserfahrung mitbringen: Bewerber:innen für ein Praktikum haben idealerweise schon erste Praktikumserfahrungen in Industrie oder Beratung gemacht. Analyst:innen sollten Praxiserfahrungen in einer Beratung durch Praktika und/oder Werkstudenttätigkeit gesammelt haben und Consultants mindestens zwei Jahre Berufserfahrung in der Beratung nachweisen.

Wie läuft das Bewerbungsverfahren in Ihrem Unternehmen ab? Uns liegt eine gute Candidate Experience sehr am Herzen, deshalb ist unser Bewerbungsprozess schnell, effizient und persönlich. Nachdem wir deine Bewerbung über das DB-Karriereportal erhalten haben, melden wir uns innerhalb von sieben Werktagen bei dir zurück. Solltest du uns mit deinen Unterlagen überzeugt haben, laden wir dich so schnell wie möglich zu einem (virtuellen) Gespräch mit zwei erfahrenen Consultants ein. Im Anschluss erhältst du innerhalb von 24 Stunden ein aussagekräftiges Feedback und bei einem gegenseitigen Fit ein Angebot für das Praktikum von uns. Der Bewerbungsprozess für den Festeinstieg besteht aus zwei Interviewrunden, die aufgrund der aktuellen Situation und zum Schutz aller Beteiligten virtuell stattfinden. Auf das Erstgespräch mit zwei DB MC Berater:innen folgt ein Zweitgespräch mit der Practice-Leitung und einer HR-Expertin oder einem HR-Experten.

Haben Sie Insider-Tipps für die Bewerbung? Mache uns neugierig, mehr über deine Person erfahren zu wollen. Wir möchten auf einen Blick sehen, wo deine Stärken und deine bisherigen Erfahrungen liegen. Ein übersichtlicher CV und ein Anschreiben, aus dem die Motivation für ein Praktikum oder einen Festeinstieg bei DB MC deutlich wird, sind Grundvoraussetzungen.

DB
Du willst Deine Zukunft
gestalten. Und die der
Mobilität gleich mit.
Willkommen, Du passt zu uns.
Als Inhouse Consultant (w/m/d).
etzt bewerben:
deutschebahn.com/inhouse-consulting

Ebner Stolz Management Consultants

Standorte in Deutschland: Frankfurt am Main, Hamburg, Köln, München, Stuttgart

Tätigkeitsschwerpunkt: Topmanagement-Beratung für den gehobenen Mittelstand und Konzerne mit einer hohen Umsetzungskompetenz in Restrukturierung, Performance Management, Corporate Development, Corporate Finance und Unternehmenssteuerung

Beschäftigte in Deutschland: ca. 120

Geplante Neueinstellungen 2022:
Hochschulabsolvent:innen: 10–15
Young Professionals: 10–15

Ebner Stolz Management Consultants verbindet exzellente Analyse und maßgeschneiderte Kundenlösungen mit großer Umsetzungskompetenz. Unsere qualitative Spitzenstellung führt zu einer außerordentlich hohen Kundenzufriedenheit und kontinuierlichem Wachstum. Und auch unsere Mitarbeiterinnen und Mitarbeiter sind sehr zufrieden: Unsere Fluktuation liegt deutlich unter dem Branchendurchschnitt.

EBNER
STOLZ

Holzmarkt 1
50676 Köln
www.ebnerstolz.de

Dr. Jens Petersen
+49 221 20643-965
jens.petersen@ebnerstolz.de

Was sind Ihre Beratungsschwerpunkte? Unsere Geschäftsfelder sind sehr vielfältig. Dazu zählen Restrukturierung und Sanierung, Strategie und Organisation, Prozessoptimierung und Kostensenkung, Unternehmensführung und Controlling sowie Corporate Finance und M&A-Beratung wie auch das übergeordnete Thema Digitalisierung. Bewerber:innen sind immer wieder überrascht von der thematischen Bandbreite. Wir arbeiten branchenübergreifend in zahlreichen Industrien, im Groß- und Einzelhandel sowie in Dienstleistungsbereichen.

Was unterscheidet Sie von anderen Beratungen? Wir kombinieren eine sehr gute Analyse und Konzeption mit starker Umsetzungskompetenz. Unsere Kunden erwarten, dass wir gemeinsam belastbare Ansätze entwickeln, die auch „fliegen". Zahlreiche andere Topmanagement-Beratungen brechen hier ab und behaupten, Umsetzung sei Aufgabe des Kundenmanagements. Unsere Beratung hat hingegen einen nachweisbaren Impact – bis hinein in GuV und Bilanz oder Cashflow.

Warum ist Ihre Mitarbeiterfluktuation so gering? Wir sind ein qualitativ exzellentes Team. Warum sollten wir durch Up-or-Out hieran etwas ändern wollen? Unser Wachstum gibt jeder Kollegin und jedem Kollegen eine Perspektive zur Entwicklung und große Freiheitsgrade. Außerdem sind wir sehr teamorientiert und fahren unsere Teammitglieder nicht „sauer". Wir sind zwar eine Hochleistungsorganisation, aber Nachtschichten und Wochenendarbeit sind bei uns die Ausnahme. Der jährliche Bonus kann bis zu 50 Prozent des Jahresgehalts umfassen. Dies alles führt zu einer hohen Zufriedenheit, dadurch bleibt die Fluktuation deutlich unter dem Branchendurchschnitt.

Welche Entwicklungsperspektiven hat man bei Ihnen? Nach dem Start als Consulting Analyst wird man nach einem Jahr Consultant. Vom ersten Tag an wartet ein anspruchsvoller Mix aus interner und externer Projektarbeit, zudem unterstützt man bei Akquisitionen, Markt- und Unternehmensrecherchen. Als Consultant und Senior Consultant steht die Projektarbeit im Mittelpunkt, man verantwortet eigenständige Projektmodule und steht dem Kunden als direkte:r Ansprechpartner:in und kompetente:r Partner:in für konkrete Themen zur Verfügung. Mit der Entwicklung zum Manager übernimmt man projektleitende Funktionen und führt den Kunden operativ. Die letzten Karrierestufen sind dann der Senior Manager, Principal und Partner, die vornehmlich Akquisition, Mitarbeiter- und Geschäftsentwicklung und Kundensteuerung verantworten.

Wie wird man in seiner Entwicklung unterstützt? Alle Beschäftigten haben bei uns eine Mentorin oder einen Mentor, welche ihre persönliche Entwicklung fördern und sie auch fachlich begleiten. Mit ihnen werden Trainings, individuelle Coachings und gegebenenfalls auch MBA- oder Promotionsprogramme besprochen und festgelegt. Wir fördern hier sehr intensiv, weil dies ein gutes Investment in unsere Kolleg:innen und damit in unsere Leistungsfähigkeit ist.

Warum kennt man Ihre Beratung so wenig? In der heutigen Form und Größe gibt es unsere Beratung erst seit einigen Jahren, auch wenn kleinere Vorläufer schon seit über 25 Jahren existieren. Insofern können wir noch gar nicht so bekannt sein. Wir arbeiten zudem für eine Reihe von Unternehmen, die nicht jeden Tag in der Zeitung stehen. Darum sind wir eher ein klassischer Hidden Champion: sehr erfolgreich, aber nicht in der Breite bekannt.

Wie wirtschaftsprüfungslastig ist Ihre Beratung? Wir entwickeln unser Geschäft mit hoher Eigenständigkeit, profitieren aber von den Vorteilen unserer Ebner Stolz-Partnerschaft. Der überwiegende Teil unserer Projekte hat keine oder nur punktuelle Berührungspunkte mit Wirtschaftsprüfer:innen, Steuerberater:innen oder Anwält:innen – wir beraten in allen klassischen General-Management-Themen. Es ist aber für uns ein Riesenvorteil, im Bedarfsfall auf dem kleinen Dienstweg Kolleg:innen in M&A- oder Restrukturierungsprojekten zurate ziehen zu können. Schließlich geht es dort immer auch um steuerliche Themen, Bewertungsfragen, arbeitsrechtliche Dinge etc. Das ist ein echter Wettbewerbsvorteil für uns.

Bezahlen Sie wettbewerbsgerecht? Oh ja! Offen gestanden hat noch niemand, dem wir ein Angebot gemacht haben, wegen des Gehaltspakets abgelehnt. Zuletzt war eine Bewerberin sogar überrascht, dass unser Package oberhalb dessen lag, was eine große Strategieberatung geboten hatte. Mit einer Bonuschance von bis zu 50 Prozent auf allen Ebenen, d. h. auch für Einsteigende, bieten wir gerade Absolvent:innen eine Chance, die in anderen Beratungen hart gedeckelt ist.

Was spricht sonst noch für Ebner Stolz? Neben der schon angesprochenen guten Perspektive und der hervorragenden Teamatmosphäre sind es auch andere Themen. Neueinsteigende müssen sich nicht auf ein Themengebiet einschränken, sie können die gesamte Breite des General Management kennenlernen und in verschiedenen Branchen und Themen eingesetzt werden. Aus privater Sicht ist wichtig, dass sie ihren Wohnort und Bürostandort bundesweit frei wählen können.

Wie läuft bei Ihnen das Bewerbungsverfahren ab? Wir benötigen das übliche Bewerbungspaket aus Anschreiben, CV und Zeugnissen. Innerhalb weniger Tage geben wir Feedback und laden im positiven Falle zum Erstinterview mit drei Gesprächspartner:innen ein. Bei positivem Ausgang folgt eine zweite Interviewrunde – ebenfalls mit drei Interviewpartner:innen verschiedener Karriere-Levels. In den Gesprächen wird der persönliche und fachliche Fit anhand realer Cases aus unserem Projektalltag getestet. Brainteaser, Online-Tests oder Präsentationen sind bei uns kein Bestandteil der Bewerbungsgespräche. Unser Prozess ist sehr schnell, terminlich individuell und auf die Bewerberin oder den Bewerber fokussiert.

Wie bereitet man sich auf die Interviews am besten vor? Ein Bewerbungsgespräch sollte grundsätzlich ein Gespräch auf Augenhöhe sein, ein Dialog. Das Kennenlernen und der gegenseitige Fit stehen im Vordergrund. Sicherlich hilft es, wenn man vorher schon einmal Interviews geführt und Cases bearbeitet hat. Übung macht auch hier den Meister. Aber eigentlich sollte man „nur" wach sein und clever, gute Fragen stellen, sein fachliches Wissen einbringen und Lösungsansätze entwickeln. Das lernt man nicht extra für Bewerbungsgespräche, sondern hat es sich über die Jahre seiner Ausbildung angeeignet.

EBNER
STOLZ
KEIN UNTERNEHMEN, DAS AUF
JEDER WELLE MITSCHWIMMT.
ABER EINES, DAS DIE RICHTIGE ERKENNT.
Ebner Stolz Management Consultants hat über 100 Mitarbeiterinnen und Mitarbeiter mit Ecken und Kanten. Wir suchen hochqualifizierte und motivierte Kolleginnen und Kollegen, die ihr Fachwissen und ihre Persönlichkeit einbringen und sich ständig weiterentwickeln wollen. Der Teamgedanke sowie der permanente Austausch untereinander nehmen bei uns einen hohen Stellenwert ein.
karriere.ebnerstolz.de
A member of
Nexia
International

EY (Ernst & Young GmbH) Wirtschaftsprüfungsgesellschaft

Standorte in Deutschland: 20

Standorte weltweit: über 700 Büros in mehr als 150 Ländern

Tätigkeitsschwerpunkte: Wirtschaftsprüfung und prüfungsnahe Beratung, Steuer- und Rechtsberatung, Strategy and Transactions sowie Consulting

Beschäftigte in Deutschland: >11.000

Beschäftigte weltweit: rund 284.000 (internationale EY-Organisation)

Das Ziel von EY ist es, Dinge voranzubringen und entscheidend besser zu machen – für unsere Mitarbeitenden, Kunden und die Gesellschaft. Dafür steht unser weltweiter Anspruch „Building a better working world". Deshalb bietet EY seinen Mitarbeitenden ein Umfeld, in dem sie ihre Fähigkeiten entfalten können und sich gegenseitig inspirieren und motivieren. Als global aktive Organisation fördern wir Gruppenarbeit und den Aufbau von starken und leistungsfähigen Teams, um unseren Kunden den bestmöglichen Service zu liefern. Wann immer Mitarbeitende zu EY kommen, und egal, wie lange sie bei uns bleiben: Von den außergewöhnlichen Erfahrungen, die sie bei EY machen, profitieren sie ein Leben lang.

EY
Building a better working world

Flughafenstraße 61
70629 Stuttgart
www.de.ey.com/karriere

EY-Recruitment-Center
+49 6196 996-10005
karriere@de.ey.com

Was zeichnet Ihr Unternehmen aus? Unser Denken und Handeln zeichnet sich durch Offenheit und Vielfalt, Integrität und gegenseitigen Respekt aus. Wir engagieren uns – mit Enthusiasmus, Überzeugung und Verantwortung. Uns motiviert das Wissen, auf dem richtigen Weg zu sein. Unsere Werte sind die Richtschnur für das tägliche Handeln unserer weltweit rund 284.000 Mitarbeitenden. Sie stellen sicher, dass wir überall nach den gleichen Prinzipien handeln. Und unsere Werte machen deutlich, was uns auszeichnet und wo wir uns von unseren Wettbewerbern unterscheiden.

Welche Karrieremöglichkeiten bieten Sie? Unsere Einstiegsmöglichkeiten bieten für jeden das Passende - wo Sie auch gerade stehen oder hinwollen. Für den Berufseinstieg nach dem Studium oder mit erster Praxiserfahrung bietet Ihnen EY passgenaue Praktika und Traineeprogramme. Sie können aber auch Ihre Ausbildung, Ihr Studium oder Ihren Master mit uns machen. Mit einem Hochschulabschluss steht Ihnen auch ein Direkteinstieg als Assistant oder Consultant offen.

Berufserfahrene finden bei EY ein breites Spektrum an Karrieremöglichkeiten. Sie übernehmen schnell Verantwortung und meistern spannende Herausforderungen. Wir fördern Ihre Karriereentwicklung mit kontinuierlichem Coaching und einer individuellen Aus- und Weiterbildung.

Was sind Ihre Einstellungskriterien? Wir suchen Talente mit guten bis sehr guten akademischen Leistungen, analytischen Fähigkeiten und idealerweise erster Praxiserfahrung. Darüber hinaus sind für uns soziale Kompetenz, Teamfähigkeit und Flexibilität wichtig.

Während wir weiterhin dynamische Talente mit wirtschaftlichem Hintergrund gewinnen möchten, setzen wir zunehmend auf technische Expertise aus einem erweiterten Talentpool. Denn nur mit einer Vielfalt an Denkweisen und Kompetenzen lassen sich Antworten auf die komplexen Herausforderungen unserer Mandanten finden. Bezüglich der Fachrichtungen decken wir ein breites Spektrum ab. Absolventinnen und Absolventen mit verschiedensten Hintergründen sind bei uns willkommen: von BWL, VWL und Jura über Wirtschaftsinformatik, Informatik und Wirtschaftsingenieurwesen bis hin zu Wirtschaftsmathematik, Mathematik und Naturwissenschaften.

Wie läuft das Bewerbungsverfahren in Ihrem Unternehmen ab? Den ersten Schritt in eine vielversprechende Karriere machen Sie, indem Sie auf unsere Karriereseite www.de.ey.com/karriere klicken. Die Bewerbung erfolgt online über das Jobportal. Nach Prüfung der Bewerbung erhalten Sie bei grundsätzlicher Eignung eine Einladung zu einem persönlichen Gespräch.

Verena Frank

Jahrgang 1981

Senior Managerin im Bereich Technology Consulting

Karriere bei EY – vielseitig, flexibel, Erfolg versprechend

Ein Job bei EY ist abwechslungsreich und lässt sich flexibel mit dem Privatleben vereinbaren, ohne Kompromisse bei den beruflichen Zielen einzugehen. Das beweist die Karriere von Verena Frank. Sie ist nicht nur mehrfache Mutter, sondern auch Senior Managerin im Technology Consulting bei EY. Zusätzlich treibt sie sowohl intern als auch bei ihren Kunden den Einsatz von SAP-Lösungen voran und kümmert sich um die Aus- und Weiterbildung in ihrem Bereich.

Verena, was ist für dich das Besondere an deinem Job?

Mein Arbeitsalltag ist extrem abwechslungsreich. Je nachdem in welchem Projekt und in welcher Rolle ich gerade unterwegs bin, erwarten mich unterschiedliche Aufgaben. So ist jeder Tag und jeder Kunde anders - und der Job wird auch nach vielen Jahren niemals langweilig. Besonders schätze ich, dass meine Vorgesetzten mich fördern, fordern und großes Verständnis für meine Situation als Teilzeitmama haben - schon vor Covid-19, aber seit Beginn der Pandemie erst recht. Außerdem genieße ich es, zwei Mitarbeitende als Mentorin auf ihrem Karriereweg zu begleiten. Für mich ist das eine große Ehre.

Was würdest du sagen: Welche Voraussetzungen und Skills sind für eine Karriere im Consulting am wichtigsten?

Offenheit für Neues, Kundenorientierung und vor allem Zielstrebigkeit - in dem Sinne, dass man auch mal etwas einfordern muss. Denn nicht jeder Karriereschritt und auch nicht jedes Kundenprojekt kommt von selbst. Wenn zum Beispiel ein Kunde eine Anforderung stellt, die aus meiner Sicht wenig Sinn ergibt, finde ich es wichtig, alternative Lösungen aufzuzeigen. Das bedeutet für mich, den Kunden in den Mittelpunkt zu stellen und für ihn das bestmögliche Ergebnis zu erzielen. Sonst wäre ich keine gute Beraterin.

Was ist für dich persönlich die größte Herausforderung? Wie gehst du damit um, und unterstützt EY dich dabei?

Als Mama den Spagat zwischen Familie und Arbeit zu bewältigen, ist eine echte Challenge. Umso wertvoller war für mich die Möglichkeit, nach der Geburt meines ersten Kindes auszusteigen und nach Schweden auszuwandern. Diese Zeit hat mich in vielerlei Hinsicht geprägt und weitergebracht - und nach meiner Rückkehr verlief der Wiedereinstieg bei EY deutlich einfacher als gedacht. Im Umgang mit Herausforderungen habe ich gelernt, auch mal Nein zu sagen, wenn es zu viel wird. Außerdem hilft es, offen mit Veränderungen umzugehen und sich nicht über so viele Dinge den Kopf zu zerbrechen. Das schwedische Motto „Det löser sig" - „Es findet sich immer eine Lösung" - versuche ich zu leben, beruflich wie privat.

Woran liegt es deiner Meinung nach, dass immer noch weniger Frauen als Männer eine Karriere in deinem Fachbereich anstreben?

Vielleicht haben manche Frauen vor allem zu Beginn ihrer Karriere großen Respekt davor, in einer angeblichen Männerdomäne zu arbeiten. Ich habe das aber nie als Nachteil empfunden und kann es nur empfehlen! Schließlich arbeite ich hier am Puls der Zeit und kann die Zukunft meiner Kunden mitgestalten. Und das mache ich wahnsinnig gerne!

EY-Parthenon

Standorte DACH: Düsseldorf, Frankfurt am Main, Hamburg, München, Wien, Zürich

Standorte weltweit: über 20

Tätigkeitsschwerpunkte: Consumer Products & Retail, Industrial Products, Private Equity, Real Estate, Hospitality, Construction, Life Sciences, Insurance, Payments, Government and Public Services, Health Care

Beschäftigte weltweit: ca. 1.600

EY-Parthenon gehört weltweit zu den größten Topmanagementberatungen und ist spezialisiert auf Strategie, Restrukturierung sowie strategisches und operatives Transaktionsgeschäft. Smart. Nice. Driven. – Klingt nach dir? Dann werde Teil von uns! Unsere EY-Parthenon-Teams arbeiten mit Schlüsselfiguren aus Wirtschaft, Staat und Gesellschaft zusammen, um aktuelle und langfristige Komplexitäten zu steuern. Unser Ziel ist es, Organisationen von der Idee bis hin zur Umsetzung zu unterstützen, um eine bessere Arbeitswelt zu schaffen, die langfristige Werte fördert. Unsere unvergleichliche Branchenerfahrung, kombiniert mit tiefem funktionalem Wissen, ist nicht nur ein großer Gewinn für unsere Klienten, sondern auch für unsere Beschäftigten: Deiner persönlichen Weiterentwicklung sind keine Grenzen gesetzt!

EY Parthenon

Neuer Zollhof 1
40221 Düsseldorf
www.ey.com/de_de/careers/ey-parthenon

Mirjam Janke
Recruitment Manager GSA
+49 211 9352-20337
mirjam.janke@parthenon.ey.com

Was zeichnet die Unternehmenskultur von EY-Parthenon aus? Unsere Fähigkeit, Lösungen, Teams und Technologien innerhalb von EY-Parthenon und im breiteren EY-Ökosystem miteinander zu verbinden, ermöglicht es uns, für und mit unseren Kunden Strategien zu entwickeln, die sowohl unkonventionell als auch mutig, jedoch immer umsetzbar und wirkungsvoll sind. Diese Werte und Herangehensweisen spiegeln sich sowohl in unserer Arbeit als auch in unseren Mitarbeitenden und in unserer Unternehmenskultur wider. Wir sind stolz auf unsere einzigartige, kooperative Kultur und unsere eigene Art, Dinge anzupacken. Unsere Kunden und wir denken und agieren global. Du auch? Bei EY-Parthenon erwarten dich ein internationales Umfeld und spannende Aufgaben vom ersten Tag an, denn du bist sofort vollwertiges Mitglied im Team. Als Teil eines spannenden Kundenprojekts erarbeitest du eigenständig Lösungen und leistest deinen Beitrag zum Projekterfolg, wenn du möchtest, auch über die europäischen Grenzen hinaus.

Welche Einstiegsmöglichkeiten bietet EY-Parthenon? Studierende können im Rahmen eines Praktikums für acht bis zwölf Wochen in die Welt von EY-Parthenon eintauchen. Während des Praktikums lernst du unsere Arbeitsweise und Kultur in realen Projekten kennen. Als „Beraterin oder Berater auf Zeit" bist du außerdem vollwertiges Mitglied eines unserer Projektteams. Du hast dein Studium schon in der Tasche? Als Absolventin oder Absolvent mit Bachelorabschluss steigst du bei uns als Associate Consultant ein. Mit Master, MBA oder Promotion fängst du direkt als Consultant an. Du zögerst, da du noch keine Erfahrung in Beratungsfirmen gesammelt hast? Kontaktiere uns trotzdem, denn wir suchen keine geformten Beraterinnen und Berater, sondern engagierte, empathische Persönlichkeiten und ideenreiche, smarte Köpfe. Unsere Trainingsprogramme sowie deine persönliche Mentorin oder dein persönlicher Mentor stellen sicher, dass du alle weiteren Fähigkeiten bei uns auf- und ausbaust.

Welche Möglichkeiten zur Weiterqualifizierung bietet EY-Parthenon? Vom Consultant über den Manager bis hin zum Partner: Deine Karriere liegt in unserem Interesse. Deshalb begleiten wir dich mit einem engmaschigen Netz aus Coaching- und Trainingsangeboten und trauen dir kontinuierlich mehr Verantwortung zu. Außerdem bietet unser Mentoringprogramm Unterstützung bei deinen kleinen und großen Fragen. Wir helfen dir auch dabei, deine persönliche Work-Life-Balance zu entwickeln. Jedes Jahr entscheiden unsere Beraterinnen und Berater, in welchem Jahresarbeitszeitmodell sie im kommenden Jahr arbeiten möchten – „ganz normal" zwölf Monate oder zum Beispiel nur neun Monate mit drei freien Monaten. Es ist deine Wahl, denn wir wollen, dass es dir gut geht – rundum.

Was erwartet Bewerberinnen und Bewerber in fachlicher und persönlicher Hinsicht? Mit dem Einstieg bei EY-Parthenon erwarten dich internationale Projekte, Auslandseinsätze und globale Karrieremöglichkeiten. Außerdem genießt du als Mitglied der EY-Parthenon-Familie viele weitere Vorteile wie ...

- **Vielfältige Coaching- und Weiterbildungsangebote:** Onboarding-Trainingswoche, Analytics und Digital Trainings, eine Vielfalt von Online-Kursen, persönliche Coaching-Sessions und vieles mehr
- **Internationalität und Secondment:** International operierende Kunden, Mitwirken an Projekten im Ausland sowie temporäre Wechsel des Bürostandorts mit einem internationalen Secondment
- **Flexibilität bei der Arbeitsgestaltung:** Unterstützung für Eltern, flexible Arbeits(zeit)modelle

- **Gesundheitsförderung:** Hilfsprogramm für Mitarbeitende, Augenuntersuchung, Vitalitätstraining, Fitnesskooperationen
- **Unsere kooperative Firmenkultur:** Ein starkes Miteinander fördern wir durch regelmäßige Team- und Firmenevents
- **Unterstützung von gemeinnützigen Organisationen und Einrichtungen:** Pro-Bono-Consulting weltweit von aktiven Nichtregierungsorganisationen

Und vieles mehr ... frag uns doch persönlich bei deinem Vorstellungsgespräch.

Wie läuft das Bewerbungsverfahren bei EY-Parthenon ab? Du kannst dich jederzeit bei uns bewerben. Am besten tust du dies mindestens zwei Monate vor deinem gewünschten Einstiegstermin. Bei deiner Bewerbung benötigen wir von dir ein Anschreiben, in welchem du dich kurz vorstellst und erläuterst, warum du gerne Teil der EY-Parthenon-Familie werden möchtest, einen tabellarischen Lebenslauf (in Deutsch oder Englisch) und all deine Zeugnisse inklusive Notenangaben. Deine Bewerbung wird sofort nach Eingang von uns bearbeitet. Haben uns deine Bewerbungsunterlagen überzeugt, laden wir dich zu einem unserer Recruiting-Tage ein. In der Regel finden diese mehrmals im Monat am Freitag statt – ganz real, wenn auch derzeit digital. Den genauen Termin legen wir selbstverständlich gemeinsam mit dir fest. Der Recruiting-Tag bietet die Möglichkeit des gegenseitigen Kennenlernens und ermöglicht es uns zudem, deine Fähigkeiten anhand von persönlichen Gesprächen und Fallstudien zu erkennen. Uns ist vor allem wichtig zu verstehen, wie du Probleme löst und wie effektiv du kommunizierst und zuhörst. Nutze jedoch bitte auch du die Möglichkeit, uns Fragen zu unserem Arbeitsalltag als Consultants bei EY-Parthenon zu stellen, sodass auch du uns bestmöglich kennenlernen kannst. Komme vorbereitet zu uns und sei einfach du selbst. Nach einem Willkommens- und Einführungsgespräch führst du zwei Einzelgespräche. Danach gibt es bereits ein Feedback. Bei der Bewerbung für ein Praktikum erfährst du schon jetzt, ob du uns überzeugen konntest. Bewirbst du dich für eine Festanstellung und konntest bis hierhin glänzen, geht es für dich mit zwei Partnergesprächen am Nachmittag weiter. Eine Rückmeldung sowie ein mögliches Vertragsangebot erhältst du zeitnah an einem der folgenden Arbeitstage.

Welche besonderen Anforderungen hat EY-Parthenon an Bewerbende? Folgende Eigenschaften solltest du im Auswahlprozess unter Beweis stellen:
- ausgeprägte analytische Fähigkeiten
- starken Geschäftssinn
- effektive Kommunikation mit Kolleginnen und Kollegen sowie Kunden
- absoluter Teamplayer
- strukturiertes Vorgehen und Organisationstalent
- kritisches Hinterfragen von Zahlen und Fakten
- große allgemeine Neugierde und Wissensdurst
- schnelles Hineindenken in neue Themenstrukturen und Geschäftsfelder

Wir freuen uns auf deine Bewerbung!

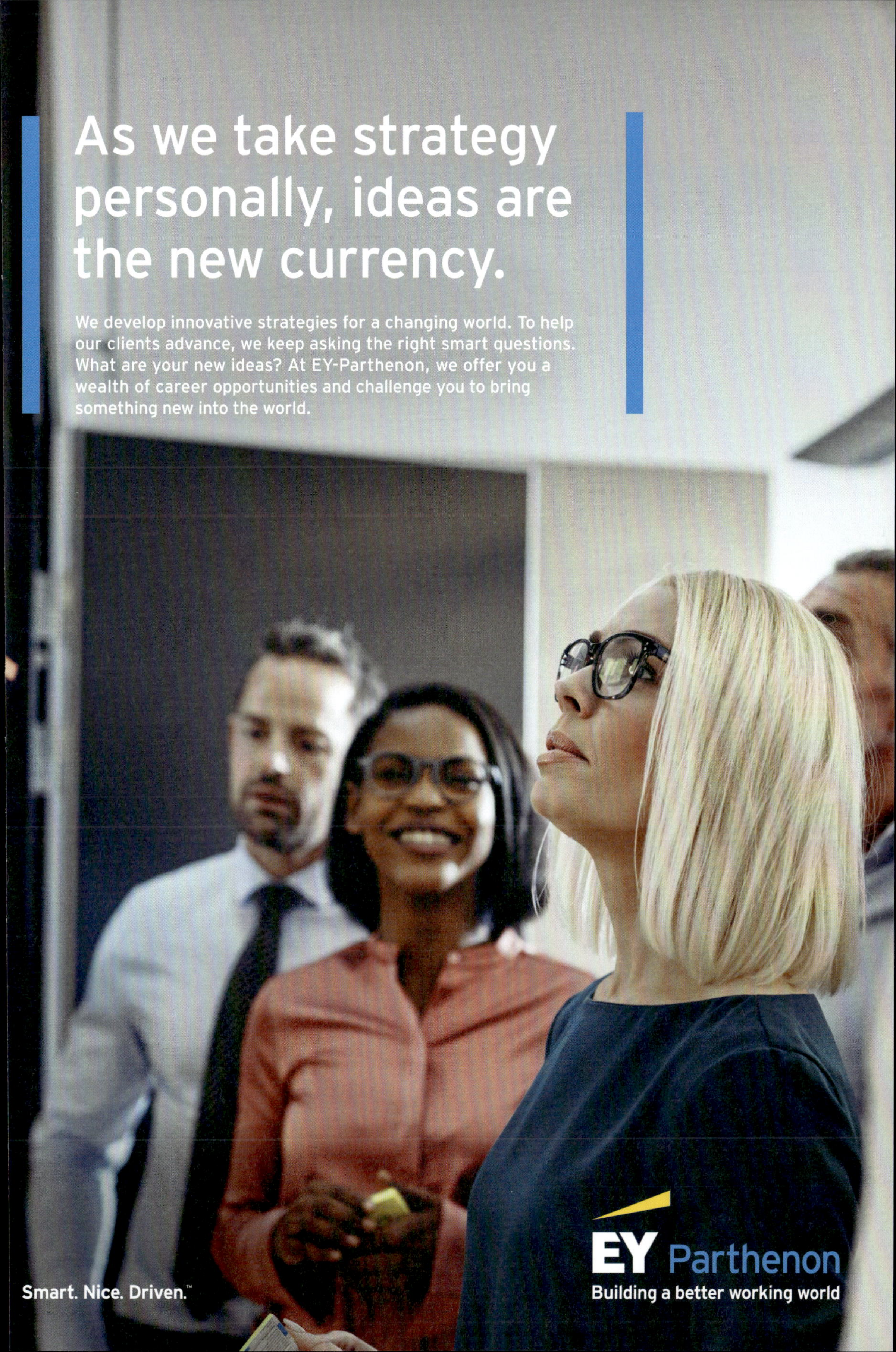
As we take strategy personally, ideas are the new currency.
We develop innovative strategies for a changing world. To help our clients advance, we keep asking the right smart questions. What are your new ideas? At EY-Parthenon, we offer you a wealth of career opportunities and challenge you to bring something new into the world.
Smart. Nice. Driven.™
EY Parthenon
Building a better working world

FTI-Andersch

Standorte in Deutschland: Frankfurt am Main, Hamburg, Düsseldorf und Berlin

Tätigkeitsschwerpunkt:
Restrukturierungsberatung

Beschäftigte in Deutschland: 120

Geplante Neueinstellungen 2022:
Analysts/Consultants: ca. 10–15
Praktikant:innen: ca. 20–25

Be excellent – be part of our team. FTI-Andersch ist spezialisiert auf die Restrukturierungsberatung – in diesem Bereich sind wir Qualitäts- und Marktführer. Wir beraten sowohl große mittelständische Unternehmen als auch börsennotierte Konzerne bei weitreichenden Entscheidungen im strategischen, operativen sowie finanziellen Bereich und sorgen für deren konsequente Umsetzung. Die Basis dafür bilden die fachliche Exzellenz und Motivation unserer Beschäftigten.

FTI CONSULTING | Andersch

Taunusanlage 9–10
60329 Frankfurt am Main
www.andersch-ag.de

Jacqueline Krüger
Recruiting
+49 69 2722995-450
+49 160 97765277
krueger@andersch-ag.de

Cornelia Deubel
Recruiting
+49 69 2722995-428
+49 175 3034187
cornelia.deubel@andersch-ag.de

Worin unterscheiden Sie sich von Ihren Wettbewerbern? Ausgezeichnet als Deutschlands beste Restrukturierungsberatung verfügen wir über einen Erfahrungsschatz aus über 400 Projekten in verschiedenen Branchen, Regionen und aus unterschiedlichen Wertschöpfungsketten. Wir sind das erfahrenste und stärkste Restrukturierungsteam in der DACH Region.

Was zeichnet Ihre Unternehmenskultur aus? Motivierte und zufriedene Beschäftigte sind die Grundlage unseres Erfolgs. Dafür tun wir einiges: Wir bieten ein leistungsförderndes, inspirierendes und vertrauensvolles Arbeitsumfeld sowie individuelles Mentoring. Besonderen Wert legen wir auf eine gute Teamatmosphäre. Viele von uns arbeiten seit über zehn Jahren zusammen - das klappt nur, wenn man sich wohlfühlt. Daher ist bei uns kein Raum für die oft zitierte Ellenbogenmentalität in Unternehmensberatungen.

Warum sollten Studierende/Absolvent:innen gerade bei Ihnen einsteigen? Speziell die Restrukturierungsberatung bietet ihnen die Möglichkeit, in kurzer Zeit sämtliche Schritte eines Transformationsprozesses aller Unternehmensbereiche sowie unterschiedlichste Unternehmensgrößen und Branchen kennenzulernen. Dadurch werden unsere Einsteiger:innen schnell zu fachkundigen Generalist:innen und können sich zeitgleich ein individuelles Beraterprofil erarbeiten.

Kann man bei Ihnen auch schon während des Studiums Erfahrungen sammeln? Ein Praktikum oder eine Werkstudententätigkeit ist jederzeit möglich. Unsere Praktikant:innen sind Teil des Projektteams und in der Regel bei unseren Mandaten mit vor Ort. Wer durch Leistung und Persönlichkeit überzeugt, kann für das Talentprogramm „Inside@Andersch" nominiert werden und bleibt somit während des Studiums mit uns in Kontakt.

Was sind Ihre Einstellungskriterien? Sehr gute Studienleistungen, relevante praktische Erfahrungen, analytisches Denkvermögen, hohe Kundenorientierung, Teamgeist sowie kommunikative Fähigkeiten.

Welche Möglichkeiten zur Weiterqualifizierung bieten Sie? Wir bieten unseren Beschäftigten durch die Arbeit an komplexen Projekten eine steile Lernkurve und eine gezielte individuelle Weiterentwicklung. Außerdem erwarten unsere Mitarbeiter:innen interne Schulungen mit fachlichen und persönlichen Themen - die Andersch-Academy. Weiterhin unterstützen wir unsere Beschäftigten auf ihrem Karriereweg mit der Förderung von Zusatzqualifikationen (z. B. LL.M., CFA).

Wie läuft das Bewerbungsverfahren in Ihrem Unternehmen ab? Damit wir ein klares Bild gewinnen können, benötigen wir vollständige Bewerbungsunterlagen. Wenn das Profil unseren Anforderungen entspricht, erfolgt eine Einladung zum Interview (Praktikum/Werkstudententätigkeit) bzw. zu einem unserer Bewerbertage (Festeinstieg).

Constantin Rau

Jahrgang 1997

Consultant

Restrukturierung – Herausforderungen meistern

In meinen Gap Year nach meinem Bachelorstudium an der Universität Mannheim habe ich FTI-Andersch zunächst als Praktikant kennengelernt. Bereits ab dem ersten Tag wurde ich vollständig in die Aufgaben des Projektteams eingebunden. Als wichtigste Voraussetzung für die Arbeit bei FTI-Andersch sehe ich eine starke Affinität für finanzwirtschaftliche Fragestellungen, ohne dabei den Blick für das große Ganze zu verlieren.

Warum ist Restrukturierung so spannend?

Wenn eine Restrukturierungsberatung mandatiert wird, steht der Mandant meist vor gewaltigen Herausforderungen, die er aus eigener Kraft nur schwer bewältigen kann. Diese entstehen zum Beispiel, wenn externe makroökonomische oder technologische Entwicklungen oder politische Entscheidungen die Ertragskraft eines bestehenden Geschäftsmodells unter Druck setzen und im schlimmsten Fall die kurz- und mittelfristige Überlebensfähigkeit eines Unternehmens nicht mehr gesichert ist. Nicht selten verschärft sich eine solche Situation weiter, wenn zudem Gesellschafter bzw. Finanzierer ihre Engagements beenden wollen oder zusätzliche Sicherheiten verlangen. Kurz gesagt: Die Vielseitigkeit, Komplexität und Bedeutung der zu bewältigenden Herausforderungen machen die Restrukturierung für mich zu einem sehr spannenden Aufgabenfeld.

Was genau macht FTI-Andersch?

Grundsätzlich verfolgt FTI-Andersch zwei Beratungsschwerpunkte: Einerseits leisten meine Kolleg:innen und ich einen Mehrwert für Unternehmen, indem wir durch die Erstellung einer Unternehmensplanung eine klare Aussage über die derzeitige und zukünftige Leistungs- und Renditefähigkeit treffen und daraus Finanzierungs- und Restrukturierungsbedarfe ableiten. Andererseits versteht es FTI-Andersch, die notwendigen operativen Restrukturierungsmaßnahmen und Veränderungen gemeinsam mit dem Mandanten systematisch zu erarbeiten und deren strukturierte und erfolgreiche Umsetzung zu koordinieren. So kann es vorkommen, dass Partner:innen oder Direktor:innen von FTI-Andersch aktiv in die Rolle eines CROs oder Interims-CFOs wechseln. Grundvoraussetzung für eine erfolgreiche Beratung ist in beiden Schwerpunkten ein umfassendes Verständnis für das Geschäftsmodell sowie für die Branchen- und Wettbewerbstreiber des Mandanten. Dies erfordert, dass man sich in kürzester Zeit in neue Themenbereiche einarbeitet. Ebenso steil fällt dann auch die Lernkurve aus.

Warum FTI-Andersch?

In meinem Praktikum habe ich schnell gemerkt, dass bei FTI-Andersch jeder mit anpacken darf und muss und damit seinen Anteil an einem erfolgreichen Turnaround erbringen kann. Besonders positiv ist mir dabei aufgefallen, dass die Unternehmenskultur und der Spirit unter den Kolleg:innen trotz der extrem hohen Relevanz und Dringlichkeit der Beratungsleistungen einerseits und der mehrfachen Auszeichnung zur besten Beratung ihres Fachs andererseits nach wie vor durch Vertrauen und Zusammenarbeit auf Augenhöhe geprägt sind. Als sich mir zum Ende meines Praktikums und dem erfolgreichen Absolvieren des Bewerbertags die Gelegenheit für einen Festeinstieg anbot, musste ich nicht lange überlegen.

Horváth

Standorte in Deutschland: Stuttgart (Zentrale), Berlin, Düsseldorf, Frankfurt am Main, Hamburg, München

Standorte weltweit: Abu Dhabi, Atlanta, Budapest, Bukarest, Dubai, Riad, Wien, Zürich

Tätigkeitsschwerpunkt: Managementberatung mit Schwerpunkt Performance Management und Transformation

Beschäftigte in Deutschland: über 500

Beschäftigte weltweit: über 1.000

Horváth ist eine unabhängige Managementberatung. Performance Management und Transformation sind die Disziplinen, in denen wir zu Hause sind und Mehrwert erzielen. Unser Ziel als Unternehmen: höchste Kundenbegeisterung zu erreichen. Doch wir sind mehr als ein Team! Bei uns finden Sie das passende Umfeld, um mit uns über sich hinauszuwachsen. Sie legen Wert auf eine einzigartige Arbeitsatmosphäre, stetige Weiterentwicklung, die Förderung Ihrer Kompetenzen, vielfältige Entwicklungsmöglichkeiten und unternehmerische Freiräume? Dann freuen wir uns darauf, Sie kennenzulernen.

HORVÁTH

Phoenixbau, Königstraße 5
70173 Stuttgart
www.horvath-partners.com
www.horvath-partners.com/karriere

Recruiting Team
+49 711 66919-0
career@horvath-partners.com

Warum sind Sie erfolgreich? Unser Anspruch als Unternehmen ist es, optimale Lösungen für komplexe Herausforderungen zu erarbeiten und damit höchste Kundenbegeisterung zu erzielen. 1981 waren wir ein Start-up und zu dritt. Heute sind wir mehr als 1.000 Mitarbeitende an 14 eigenen Standorten. Darüber hinaus agieren wir in einem erweiterten Netzwerk, das global mehr als 70 Präsenzen mit über 5.100 Berater:innen umfasst. Diesen unternehmerischen Erfolg verdanken wir unseren Kolleg:innen, die ihre gezielte Zusammenarbeit konsequent auf unsere Kunden ausrichten. Gegenseitiges Verständnis, Arbeit auf Augenhöhe sowie hohe fachliche und methodische Expertise jedes Einzelnen ermöglichen unseren gemeinsamen Erfolg.

Es ist also Kooperation, die Sie als Marke antreibt? Absolut. Wenn sich etwas zusammenschließt, dann wird es stärker. Bei uns sind es die Kompetenzen im Team, die sich zu zielführenden Kundenlösungen verbinden.

Wofür stehen Sie als Beratungshaus? Ob in der Gesamtorganisation, in Vertrieb, Operations, Einkauf, Controlling & Finance, HR oder IT – wir konzipieren und implementieren Veränderungen auf Toplevel, mit fundierten Lösungen für neue Strategien, Geschäftsmodelle, Organisationsstrukturen, Prozesse und Systeme auf Basis modernster Technologien und digitaler Möglichkeiten.

Wie beschreiben Sie Ihre Arbeitskultur? Wir sind Unternehmer:innen im eigenen Unternehmen. Wir fördern lösungsorientiertes Denken und Handeln und fordern direkte Verantwortung vom ersten Tag an. Unsere Mitarbeitenden setzen sich selbstständig hohe Ziele, stellen sich Herausforderungen, wachsen mit ihren Aufgaben und genießen unternehmerische Freiräume. Dafür unterstützen wir sie in ihrer fachlichen sowie persönlichen Entwicklung und arbeiten partnerschaftlich und ergebnisorientiert zusammen.

Wie gestaltet sich dies konkret in der täglichen Zusammenarbeit? Wir sind mehr als ein Team. Teamwork ist für uns ein Gefühl, und unser Miteinander ist von Respekt geprägt – gegenseitig und gegenüber unseren Kunden. Wir teilen unser Wissen, sind aber keine Besserwisser:innen, sondern Bessermacher:innen: pragmatisch, praxisorientiert, hands-on und ganz ohne Ellenbogen. Bei uns zählen intelligente Argumente mehr als Titel. Uns vereint nicht nur das Streben nach Top-Performance, sondern auch der Spaß an der Herausforderung.

Welche Einstiegsmöglichkeiten bieten Sie an? Ganz gleich, ob Sie mit beruflicher Erfahrung, Promotion, Bachelor- oder Master-Abschluss oder während des Studiums bei uns tätig werden möchten: Wir bieten Ihnen vielfältige Gestaltungs- und Entwicklungsmöglichkeiten. Abwechslungsreiche und verantwortungsvolle Aufgaben, offene und freundschaftliche Teamarbeit, unternehmerische Freiheiten sowie konsequente Weiterentwicklung sind wesentliche Treiber unserer Unternehmenskultur und unser Angebot an Sie!

Wie ist Ihr Angebot an Studierende? Unsere Praktikant:innen erhalten einen sehr guten Einblick in den Beratungsalltag und das Projektgeschäft beim Kunden. Wir bieten sowohl Praktikumsplätze während des Semesters als auch in der Orientierungszeit zwischen Bachelor- und Masterstudium an. Studierende, die im Rahmen ihres Praktikums herausragende Leistungen erbracht haben, fördern wir mit der Aufnahme in den Horváth Student Club. Ab diesem Zeitpunkt begleiten wir unsere Student-

Club-Mitglieder bis zum Ende des Studiums und bieten in diesem Rahmen exklusive Veranstaltungen, Erfahrungsaustausch sowie die Möglichkeit, als studentische Mitarbeitende weiterhin bei uns tätig zu sein oder die Studienabschlussarbeit bei uns zu schreiben. Dieser Schritt kann der Startpunkt für eine besondere Karriere sein: Viele unserer langjährigen Kolleg:innen und Partner:innen haben genau so ihren Weg zu uns gefunden.

Welche Möglichkeiten zur Weiterqualifizierung bieten Sie? Hohe fachliche Kompetenz, Offenheit, Vertrauen und die Förderung der persönlichen Weiterentwicklung sind wesentliche Bestandteile unserer Kultur und unser Anspruch. Daher ist die stetige Weiterentwicklung unserer Beschäftigten klar im Fokus. Wir bieten ein breites Spektrum an professionellen und zielgerichteten Weiterbildungsmaßnahmen. Der Einstieg bei uns beginnt mit einem professionellen Onboarding und dem Training-on-the-Job-Prinzip. Im Onboarding mit Ihrer Mentorin oder Ihrem Mentor legen Sie Ihre ersten Projektaufgaben fest und klären Ihren konkreten Entwicklungsbedarf. Unsere ausgeprägte Feedbackkultur ist dabei der Garant für Ihre persönliche Weiterentwicklung sowohl auf Projekten als auch bei internen Aufgaben. Unsere mehrtägige zentrale Onboarding-Veranstaltung garantiert Ihnen darüber hinaus einen Rundumblick über die Organisation und setzt methodische sowie inhaltliche Impulse. Wissenstransfer und Networking werden bei uns gefordert und gefördert. Unsere Kolleg:innen nehmen sich regelmäßig die Zeit, fernab von Büro, Projekten und Kundenterminen ihr Wissen auszutauschen, sich untereinander zu vernetzen sowie von externen Expert:innen zu lernen. Unsere anspruchsvollen Inhouse-Trainings, die Horváth Business School und individuelle Schulungen sorgen für kontinuierliche Weiterentwicklung und systematische Qualifizierung neben dem Projektgeschäft.

Fördern Sie im Rahmen der Weiterbildung ein MBA-Studium/eine Promotion? Mit unserem Scholarship Program fördern wir Master- und (Executive-) MBA-Programme sowie Promotionsvorhaben an renommierten Universitäten: sowohl finanziell als auch durch entsprechende Freistellungen.

Wie läuft der Recruiting-Prozess bei Ihnen ab? Für die meisten Positionen im Consulting sehen wir keinen festen Einstellungszeitpunkt vor. Sie können sich ganzjährig online bewerben. Ihre Einsatzmöglichkeiten prüfen wir dabei immer bereichsübergreifend. Haben Sie uns mit Ihrer Bewerbung überzeugt, laden wir Sie zu persönlichen und individuellen Gesprächen ein – je nach Erfahrungshintergrund mit verschiedenen Interviewrunden, fachlichen und persönlichen Einblicken. Und noch etwas: Wir freuen uns auf Sie!

Investors Marketing AG

Standort in Deutschland:
Frankfurt am Main

Standort weltweit: Basel

Tätigkeitsschwerpunkt: Managementberatung für Finanzdienstleister mit Fokus auf marktorientierten Fragestellungen

Beschäftigte in Deutschland: 37

Beschäftigte weltweit: 39

Geplante Neueinstellungen 2022:
Praktikum/Werkstudententätigkeit: ca. 3–5
Absolvent:innen/Young Professionals: ca. 5

Was uns ausmacht? Unsere Individualist:innen und mutigen Querdenker:innen, die jeden Tag einen hohen Anspruch an sich selbst stellen und innovative Impulse einbringen. Diese Energie spürt man täglich in jedem Projekt. Dafür bieten wir unseren Mitarbeiter:innen Freiräume, Neues zu schaffen und eigene Ideen zu verfolgen. Unsere Zusammenarbeit ist von Integrität, einem zu 100 Prozent kundenzentrierten Ansatz sowie dem Engagement und der Leistungsbereitschaft jedes Einzelnen geprägt. Unsere Führungsleitlinien spielen dabei eine große Rolle, denn Respekt und Wertschätzung wollen gelebt sein, und das versuchen wir jeden Tag.

INVESTORS MARKETING
MANAGEMENT CONSULTANTS

An der Welle 3
60322 Frankfurt am Main
www.investors-marketing.de/karriere

Gabriele Hufenbach
+49 69 963158-33
bewerbung@investors-marketing.de

Warum es sich lohnt, bei Investors Marketing zu arbeiten? Ganz einfach weil wir mit großartigen Menschen großartige Arbeit leisten. Wir fördern eine Unternehmenskultur, die jeden dazu inspiriert, täglich sein Bestes zu geben, immer dazuzulernen und sich permanent weiterzuentwickeln. Gemeinsam nutzen wir Chancen, lösen Probleme, lernen Neues – und lassen uns von Rückschlägen nicht aufhalten. Neue Ideen sind willkommen, Talente werden gefördert und Spitzenleistungen honoriert. Für uns ist ein offener und direkter Austausch über alle Karriere-Level hinweg ebenso selbstverständlich wie der respektvolle und faire Umgang untereinander. Vom Einsteigenden bis zum Vorstand duzen wir uns – nicht auf Anweisung von oben, sondern als Ausdruck unserer Kultur.

Alexandra Lehmann, Senior Manager: „Arbeiten bei Investors Marketing bedeutet für mich: Ein Job, der Freude macht, herausragende Kolleginnen und Kollegen und die Möglichkeit, die Zukunft des Bankings mitzugestalten."

Investors Marketing – 100 Prozent kundenzentriert. Was bedeutet das? 100 Prozent kundenzentriert bedeutet für uns, die Ziele unserer Klienten und den Kunden im Fokus zu haben, strukturiert, fundiert und messbar zu arbeiten und praxisorientierte Lösungen zu entwickeln. Wir entwickeln Wachstums- und Ertrags-, aber auch Kosten- und Effizienzstrategien immer aus Sicht der relevanten Zielgruppe – des Kunden! Um das optimale Kundenerlebnis zu erzielen, beziehen wir die Mitarbeitenden unserer Klienten von Anfang an in die Entwicklung der Lösung mit ein. Eine umfassende, praxisorientierte Begleitung der Umsetzung ist für uns erfolgskritisch und selbstverständlich.

Wen suchen wir? Definitiv keine „stereotypen" Berater:innen, sondern individuelle Persönlichkeiten mit Überzeugungen und Charakter. Menschen, die Lust haben, Banken und Finanzdienstleister zukunftsfähig aufzustellen und unsere Ziele gemeinsam zu erreichen. Uns ist es wichtig, dass du Spaß am Durchdenken komplexer Sachverhalte hast und diese kommunikativ auf den Punkt bringst. Neben einem erfolgreich abgeschlossenen Bachelor- und/oder Masterstudium aus den Fachbereichen Wirtschafts-, Natur- oder Sozialwissenschaften verfügst du über hohe analytische und konzeptionelle Fähigkeiten und machst nicht halt vor Herausforderungen.

Robert Hesse, Senior Consultant: „Investors Marketing steht für mich: Für Ziele setzen, Ziele erreichen und Erfolge feiern – und das alles gemeinsam als Team."

Was bieten wir? Spannende Projekte für das Top-Management der Finanzindustrie, eine bunte und dynamische Unternehmenskultur, individuelle Weiterentwicklung, eine attraktive Vergütung sowie weitere Benefits. Investors Marketing bietet lukrative Karriereperspektiven und echte Entwicklungschancen – denn in unseren heutigen Consultants sehen wir unsere Führungskräfte von morgen. Bei uns steht daher die individuelle Förderung und Entwicklung deiner Talente im Fokus – und zwar in deinem Tempo. Das Ganze erfolgt operativ in unserem modernen Büro in zentraler Lage. Zusätzliche Benefits stellen unsere flexible Home-Office-Regelung, auf deine Persönlichkeit und Skills abgestimmte Trainings und Weiterbildungen sowie anderweitige Zusatzleistungen wie zum Beispiel ein monatlicher Essenszuschlag, eine betriebliche Altersvorsorge und vermögenswirksame Leistungen dar.

Was erwartet dich im IM-Bewerbungsprozess? Wir lernen einander in einem dreistufigen Bewerbungsverfahren kennen, und im besten Fall heißt es am Ende: It's a Match! Zunächst starten wir mit einem kurzen Telefongespräch, um gegenseitig einen ersten Eindruck voneinander zu bekommen. Im nächsten Schritt laden wir dich nach Frankfurt in unser Office ein, um mehr über dich, deinen Werdegang und deine persönlichen Erwartungen zu erfahren. Hierbei möchten wir vor allem dich als Person kennenlernen. Ist auch diese Hürde genommen, folgt zum Abschluss ein Bewerbertag. Hier erwarten dich Fragen zu deinem bisherigen Werdegang und deinen bereits gesammelten Erfahrungen. Außerdem präsentierst du deine Ergebnisse einer kurzen Case Study und zeigst uns, was wir als Consultant von dir erwarten dürfen.

Wie geht es nach deinem Einstieg bei Investors Marketing weiter? Du startest mit einer Trainings- und Onboarding-Woche, um das Unternehmen sowie deine neuen Kolleg:innen kennenzulernen und die notwendigen Beratungs-Skills vermittelt zu bekommen. Parallel versuchen wir dich von Anfang an als vollwertiges Teammitglied in Projekten auf Top-Management-Level einzubinden, damit du schnell erste wertvolle Erfahrungen sammeln kannst und unser Themenportfolio sowie unseren Beratungsansatz kennenlernst.

Vigna Parathithasan, Assistant Consultant: „Themenvielfalt und Beratung auf Top-Management-Level sind bei IM Programm – aber unser Team ist, was IM wirklich auszeichnet."

Was spricht sonst noch für Investors Marketing? Fachexpertise seit mehr als 21 Jahren, mit einem entsprechend großen Netzwerk sowie Kunden- und Projektportfolio. Investors Marketing hat sich seit mehr als 21 Jahren als Ansprechpartner für strategische Finanzprojekte etabliert. Die daraus entstandenen Kundenbeziehungen führen immer wieder zu neuen und spannenden Aufgaben, die wir gemeinschaftlich mit unseren Kunden lösen. Darüber hinaus bietet unser Unternehmen die Möglichkeit, frühzeitig Verantwortung zu übernehmen, indem du dich zum Beispiel in die diversen internen Ressorts, wie beispielsweise Hochschulmarketing oder die Betreuung der sozialen Kanäle, einbringst und diese aktiv mitgestaltest.

WIE SIEHT
FÜR DICH
DAS BANKING DER ZUKUNFT AUS?
BEWIRB DICH JETZT UND GESTALTE MIT
UNS DIE FINANZINDUSTRIE VON MORGEN!
„Investors Marketing ist die erste und einzige Managementberatung für Finanzdienstleister mit einem 100% kundenzentrierten Beratungsansatz."
Dr. Oliver Mihm, Gründer und CEO
Mehr über Deine Karrieremöglichkeiten unter
www.investors-marketing.de/karriere
INVESTORS MARKETING
MANAGEMENT CONSULTANTS

Kearney

Standorte in Deutschland: Berlin, Düsseldorf, München

Standorte weltweit: Wir haben Büros in mehr als 40 Ländern weltweit. Hauptsitz des Unternehmens ist in Chicago.

Tätigkeitsschwerpunkt: internationale Unternehmensberatung

Beschäftigte weltweit: über 4.000

Geplante Neueinstellungen 2022: Praktikant:innen/Berater:innen: über 100

Herzlich Willkommen bei Kearney! Kearney ist eine führende internationale Managementberatung mit Büros in mehr als 40 Ländern. Als globale Partnerschaft machen uns unsere Mitarbeiterinnen und Mitarbeiter zu dem, was wir sind. Als Einzelne bringen wir unterschiedliche Leidenschaften und Stärken ein. Was uns eint, ist, dass wir alle genauso viel Freude an unserer Arbeit haben wie diejenigen, mit denen wir zusammenarbeiten. Und so, wie wir unseren Klienten Weiterentwicklung versprechen, gilt das auch für alle, die Teil des weltweiten Kearney Teams sind.

KEARNEY

Dreischeibenhaus 1
40211 Düsseldorf
www.de.kearney.com/karriere

Recruiting Team DACH
+49 211 1377-2282
recruiting-dach@kearney.com

Welchen Menschentyp suchen Sie? Wer passt nicht zu Ihnen? Wir suchen Menschen, die Herausforderungen lieben und mit Leidenschaft etwas bewirken wollen. Die Fachrichtung des Studiums spielt dabei eine untergeordnete Rolle. Keine Geschichte ist bei Kearney wie die andere. Wir bieten die Freiheit, man selbst zu sein, und die Anerkennung für das, was man mitbringt.

Was zeichnet Ihre Unternehmenskultur aus? Die unverwechselbare und kollegiale Unternehmenskultur bei Kearney ist einzigartig und überbrückt organisatorische sowie geografische Grenzen. Unsere Berater:innen sind geradlinig, jederzeit ansprechbar und engagieren sich leidenschaftlich dafür, innovative Lösungen für unsere Klienten zu schaffen. Wir setzen uns ein, um unmittelbare Veränderungen und langfristige Vorteile für unsere Klienten und unsere Mitarbeiter:innen zu erzielen. Echt. Ehrlich. Erfrischend.

Kann man bei Ihnen auch schon während des Studiums Erfahrungen sammeln? Ja, im Rahmen unseres Part-time Student Consultant Programms bieten wir immatrikulierten Studierenden ab dem vierten Bachelorsemester die Möglichkeit, während des Studiums mit ca. 15 bis 20 Stunden pro Woche unter Anleitung erfahrener Berater:innen unsere Projektteams bei der Datenanalyse und Konzepterstellung zu unterstützen. Innerhalb unseres Summer Trainee Programms sind Bachelorstudierende ab dem vierten Semester, Absolvent:innen des Gap Year und Masterstudierende aller Fachrichtungen herzlich dazu eingeladen, uns im Rahmen eines zweimonatigen Praktikums in Vollzeit kennenzulernen. Haben die Studierenden ihren Diplom- oder Masterstudiengang bereits abgeschlossen und befinden sich im Promotions-, MBA- oder einem anderen zweiten Studiengang, dann freuen wir uns über Bewerbungen als Summer Associate.

Wie läuft das Auswahlverfahren in Ihrem Unternehmen ab? Der Prozess für Festanstellungen (Juniors) besteht aus zwei Interviewrunden mit Kolleg:innen unterschiedlicher Karrierestufen und Branchen-Backgrounds. Entsprechend weit gestreut sind auch die Projektbeispiele. In der ersten Interviewrunde führen wir drei Einzelgespräche à 60 Minuten mit Kearney-Berater:innen. Inhalte dieser Gespräche sind neben Fragen zur Person, zum Werdegang und zur Motivation insbesondere kurze Fallstudien. Anhand realer Projektbeispiele versuchen wir einen Eindruck von den Problemlösungskompetenzen, den analytischen Fähigkeiten und der Kreativität der Bewerber:innen zu gewinnen. Im Anschluss an diese Erstrunde setzen sich alle Interviewer:innen zusammen und tauschen ihre Eindrücke bezüglich der gezeigten kommunikativen Fähigkeiten, der Teamfähigkeit, der Problemlösungskompetenz sowie der Persönlichkeit aus. Feedback erhalten die Bewerber:innen unmittelbar im Anschluss. Sind wir überzeugt, wird ein finales Interview mit einem Partner oder einer Partnerin geführt. Ablauf und Bewertungskriterien entsprechen denen der Erstrunde. Sind die Bewerber:innen auch hier überzeugend, erhalten sie ein Angebot, und wir freuen uns, sie bald in unserem Team begrüßen zu dürfen! Bei einer Bewerbung als Summer Trainee oder Summer Associate werden ebenfalls drei Einzelgespräche à 60 Minuten mit Kearney-Berater:innen absolviert. Das Partnerinterview entfällt dabei, und die Bewerber:innen erfahren direkt im Anschluss an die drei Einzelgespräche, ob wir ihnen ein Angebot unterbreiten.

Welche Möglichkeiten zur Weiterqualifizierung bieten Sie? Jede Mitarbeiterin und jeder Mitarbeiter wird mit seinem ganzen Können und seiner Erfahrung ständig herausgefordert. Eine steile Lernkurve in der Projektarbeit führt zu kontinuierlicher fachlicher und persönlicher Weiterentwicklung, die wir durch Trainings, Coaching und Leave of Absence-Möglichkeiten unterstützen. Bei Kearney gibt es die Möglichkeit, sich für einen MBA oder eine Promotion bis zu zwei Jahre freistellen zu lassen. Viele Beschäftigte nutzen eine kürzere Auszeit, um eine Weltreise zu machen, einem Hobby intensiver nachzugehen oder mehr Zeit für Familie und Freunde zu haben. Wer eine längere Zeit für Kearney im Ausland arbeiten möchte, kann an einem unserer speziellen Programme dafür teilnehmen und unser internationales Netzwerk nutzen.

Bestehen Möglichkeiten zur Promotion oder Absolvierung eines MBA-Studiums? Die Weiterbildung in Form einer Promotion oder eines MBA-Studiums im Rahmen des Beschäftigungsverhältnisses bei Kearney wird von uns unterstützt. Beschäftigte, die bereits seit mindestens zwei Jahren als Berater:in bei Kearney tätig sind, stellen wir hierfür bei guter Leistung für ein bis zwei Jahre frei. In dieser Zeit können sie die Vorteile von Kearney selbstverständlich weiter nutzen. Bei reduziertem Gehalt stehen Firmenwagen, Mobiltelefon und Notebook ebenso zur Verfügung wie unsere firmeninternen Ressourcen, z. B. das Information Research Center.

Wie international ist die Projektarbeit bei Kearney? Unsere Büros in mehr als 40 Ländern bieten vielfältige Chancen, internationale Erfahrung zu sammeln. Im deutschsprachigen Raum (Deutschland, Österreich, Schweiz) sind Berater:innen aus 13 unterschiedlichen Nationen tätig. Der Umgang mit internationalen Kulturen gehört daher für uns zum Alltag. Selbstverständlich wirkt sich dies auch auf die Projektarbeit aus. Projektteams werden durch unser europäisch verankertes Staffing in der Regel nicht nur mit deutschen Berater:innen, sondern – entsprechend der fachlichen Eignung und Verfügbarkeit – auch mit Berater:innen internationaler Büros besetzt. Es ist Normalität, dass deutschsprachige Berater:innen etwa auf einem Projekt in Großbritannien oder Frankreich eingesetzt (=„gestafft“) werden. Hinzu kommen standortübergreifende Projekte für weltweit agierende Konzerne. Bei globalen Märkten gehören rein deutsche Projekte inzwischen schon zur Seltenheit.

Wie kann ich ohne wirtschaftlichen Hintergrund in der Beratung einen Beitrag leisten? In Beratungsprojekten ist es neben dem reinen wirtschaftlichen Wissen auch sehr wichtig, die Technologien und Prozesse der Klienten zu verstehen, um sich auf Augenhöhe mit ihnen darüber verständigen zu können. Hier können Berater:innen mit technisch-naturwissenschaftlichem Hintergrund ihre vorherige Expertise sehr gut einbringen und spürbar zum Projekterfolg beitragen.

Gibt es bei Kearney Initiativen, um Arbeits- und Privatleben besser zu vereinbaren? Was beinhalten sie? Wir bei Kearney halten einen Einklang zwischen Arbeits- und Privatleben für extrem wichtig. Projektarbeit in der Beratung ermöglicht und erfordert im Vergleich zu anderen Berufen ein ausgesprochen hohes Maß an Flexibilität. Neben „Office Friday“ und Events werden zur Verbesserung des Lifestyles der Berater:innen Teilzeitangebote und sehr flexible Leave of Absence-Möglichkeiten geboten. Die angebotenen Flexibilisierungsmöglichkeiten erlauben auch Berater:innen mit Kindern eine Karriere in der Beratung.

McKinsey & Company

Standorte in Deutschland: Berlin, Düsseldorf, Frankfurt am Main, Hamburg, Köln, München, Stuttgart

Standorte weltweit: über 129 Büros in mehr als 65 Ländern

Tätigkeitsschwerpunkte: Strategie, Organisation, operative Verbesserung, Aufbau neuer Geschäfte, Digitalisierung

Beschäftigte in Deutschland: 3.000 davon Berater:innen: 1.900

Beschäftigte weltweit: 30.000

McKinsey & Company ist die in Deutschland und weltweit führende Topmanagement-Beratung. Ziel unseres interdisziplinären Teams ist es, die Leistungsfähigkeit unserer Klienten nachhaltig zu verbessern – von der Strategie bis zur Umsetzung. Durch wechselnde Einsatzgebiete, ein breites Trainingsangebot und das tägliche Zusammenspiel mit Kolleg:innen und Klientenmitarbeiter:innen können Sie Ihre Fähigkeiten optimal entwickeln.

McKinsey
& Company

Christophstraße 17
50670 Köln
www.karriere.mckinsey.de

Anne Hiedemann
Recruiting
+49 221 208-7518
karriere@mckinsey.com

Was zeichnet Ihre Unternehmenskultur aus? Die Unternehmenskultur von McKinsey ist stark von Werten geprägt: Wir möchten die Leistungsfähigkeit unserer Klienten substanziell und dauerhaft verbessern. Gleichzeitig möchten wir außergewöhnliche Persönlichkeiten für uns gewinnen, sie weiterentwickeln und nachhaltig begeistern. Aus- und Weiterbildung sind somit ein fester Bestandteil der Unternehmenskultur von McKinsey. Der wichtigste Grundsatz unserer Beratung ist „Client first“: McKinsey nimmt einen Auftrag nur an, wenn wir überzeugt sind, wesentlich zur Lösung eines wichtigen Problems beitragen zu können. Absolute Integrität, strengste Geheimhaltung aller vertraulichen Klienteninformationen und professionelle Unabhängigkeit sind weitere wichtige Voraussetzungen für unsere Beratungsarbeit. McKinsey vertritt stets eine unabhängige, auf Analysen basierende Sichtweise gegenüber dem Topmanagement – auch wenn sie eine abweichende ist. Diese Werte bestimmen die tägliche Arbeit und das Miteinander in unserem Unternehmen.

Welche Möglichkeiten zur Weiterqualifizierung bieten Sie? Persönliche Betreuung, individuelles Coaching und vielfältige Trainings sorgen dafür, dass Consultants bei McKinsey ihre Fähigkeiten optimal entwickeln können. Insgesamt absolvieren Berater:innen bei uns fünf bis neun Wochen Training schon allein in den ersten zwei Jahren. Vom ersten Tag an stehen ihnen erfahrene Mentor:innen zur Seite, die ihre Entwicklung in regelmäßigen Abständen mit ihnen besprechen. Zudem bereitet sie ein Basistraining auf die speziellen Anforderungen der Beratung vor und vermittelt die bei McKinsey genutzten Methoden und Instrumente. Wirtschaftswissenschaftliche Kenntnisse sind absolut kein Muss. Die Grundbegriffe des Wirtschaftslebens erlernen alle Kolleg:innen in Trainings. Gerade die diversen Fachhintergründe machen unsere Teams aus. Bei McKinsey wird Diversität explizit gefördert. Daher freuen wir uns über Bewerbungen aller Fachrichtungen.

Welche internationalen Einsatzmöglichkeiten bieten Sie? Zu unseren Klienten gehören nicht nur mehr als 60 Prozent der Global-500-Unternehmen, sondern auch der wachstumsstarke Mittelstand sowie Regierungsstellen, private und öffentliche Institutionen. Eine Karriere bei McKinsey ist geprägt durch internationales Arbeiten. Der freie Austausch von Berater:innen und Know-how zwischen unseren mehr als 129 Büros in über 65 Ländern kommt unseren Klienten ebenso zugute wie unseren Consultants. Mehr als 50 Prozent unserer Berater:innen arbeiten im Laufe eines Jahres im Ausland.

Welche Karrieremöglichkeiten bieten Sie? Einsteigende gehören vom ersten Tag an bei McKinsey einem Projektteam an, das im direkten Kontakt zum Topmanagement unserer Klienten an der Lösung strategischer und operativer Fragen arbeitet. Die enge Zusammenarbeit mit zahlreichen führenden nationalen und internationalen Unternehmen eröffnet den Berater:innen dabei nahezu unbegrenzte Entwicklungs- und Karrieremöglichkeiten.

Wie sieht ein typischer Arbeitstag bei Ihnen aus? In der Beratung gibt es keinen typischen Arbeitstag: Bei jedem neuen Klienten warten neue Themen und ungewohnte Perspektiven auf die Teams. Berater:innen arbeiten in der Regel von Montag bis Donnerstag beim Klienten vor Ort. Freitags haben sie ihren Office Day im McKinsey-Büro.

Welche Fachrichtungen suchen Sie? McKinsey sucht herausragende Hochschulabsolvent:innen aller Fachrichtungen, Akademiker:innen mit einem zweiten Abschluss (Promotion oder MBA) und Professionals. Absolvent:innen aus den Natur- und Ingenieurwissenschaften oder der Medizin arbeiten ebenso bei uns wie Absolvent:innen eines wirtschafts-, geistes- oder rechtswissenschaftlichen Studiums.

Kann man bei Ihnen auch schon während des Studiums Erfahrungen sammeln? Als Praktikant:in für acht bis zwölf Wochen haben Interessierte schon vor Ende ihrer akademischen Ausbildung die Möglichkeit, als Fellow Intern bzw. Associate Intern McKinsey und die Beratungstätigkeit kennenzulernen. Fellow Interns studieren meist im Hauptstudium und stehen vor ihrem ersten akademischen Abschluss. Associate Interns haben ihren ersten Abschluss bereits hinter sich und befinden sich gerade auf dem Weg zum zweiten. Gegebenenfalls sind auch Praktika im Ausland möglich. Die Länderpräferenzen der Bewerber:innen werden von McKinsey berücksichtigt.

Was sind Ihre Einstellungskriterien? Wir suchen Akademiker:innen, die Verantwortung übernehmen und etwas bewegen möchten. Außerdem achten wir auf exzellente Noten, sehr gute analytische und kommunikative Fähigkeiten sowie Englischkenntnisse. Ebenso sind Kreativität und Teamfähigkeit gefragt.

Wie läuft das Bewerbungsverfahren in Ihrem Unternehmen ab? Wenn uns die schriftlichen Unterlagen überzeugt haben, laden wir Bewerber:innen zu einem sogenannten Auswahltag ein. Unsere Auswahltage finden – in virtueller Form – natürlich auch weiterhin statt. Dort haben Bewerber:innen Interviews mit McKinsey-Berater:innen und bearbeiten Fallstudien. Beispiele für Fallstudien sowie Tipps zur Vorbereitung auf den Auswahltag finden sich auf unserer Website. Wir bringen die Kandidat:innen nicht in kompetitive Situationen mit anderen Teilnehmer:innen. Vielmehr bitten wir unsere potenziellen neuen Kolleg:innen zu Gesprächen mit unseren Consultants. Sobald die Situation es wieder zulässt, Bewerbungsgespräche in persona durchzuführen, werden Bewerber:innen wieder in unsere Büroräume eingeladen, damit wir die Möglichkeit haben, uns auch offline kennenzulernen.

Welche Deadlines gibt es für Bewerbungen? Du kannst dich ganzjährig bei McKinsey für ein Praktikum oder den Festeinstieg bewerben. Egal zu welchem Zeitpunkt du dich bewirbst, du hast immer die gleichen Chancen auf eine Einladung. Alle Bewerbungen sammeln wir bis zur nächsten Deadline und sichten sie dann unter gleichen Rahmenbedingungen. Nachdem wir unsere Entscheidung getroffen haben, hörst du von uns. Durch unsere Bewerbungsdeadlines schaffen wir bestmögliche Transparenz und Planbarkeit für deinen Einstieg. Es ist Zeit, dich zu bewerben: karriere.mckinsey.de/dein-einstieg-bei-mckinsey.

Roland Berger

Standorte in Deutschland: Berlin, Düsseldorf, Frankfurt am Main, Hamburg, München, Stuttgart

Standorte weltweit: 50 Offices in 34 Ländern

Tätigkeitsschwerpunkte: Wir beraten international führende Industrie- und Dienstleistungsunternehmen sowie öffentliche Institutionen in allen Branchen und Funktionsbereichen – von der Strategieberatung bis zur erfolgreichen Umsetzung.

Beschäftigte weltweit: 2.600

Geplante Neueinstellungen 2022: ca. 200 neue Kolleg:innen für verschiedene Karrierestufen und 120 Praktikant:innen als „Berater:innen auf Zeit" für unsere Projektteams

Roland Berger, 1967 gegründet, ist die einzige weltweit führende Unternehmensberatung mit europäischen Wurzeln. Von Beginn an haben wir in unterschiedlichen Sprachen und Kulturen gearbeitet. Wir schätzen unterschiedliche Sicht- und Herangehensweisen und setzen auf die Vielfalt unserer Mitarbeiter:innen. Wir suchen und fördern authentische Persönlichkeiten mit Unternehmergeist. Wenn Sie gern die Initiative ergreifen und im Team etwas bewegen wollen, sind Sie bei uns richtig.

Roland Berger

Sederanger 1
80538 München
www.join.rolandberger.com

Jana Haehnel
Human Resources
+49 89 9230-8220
jana.haehnel@rolandberger.com

Was zeichnet Roland Berger aus? Wir suchen Talente, die mit uns innovative, maßgeschneiderte und nachhaltige Lösungen für unsere Kunden entwickeln und umsetzen. Wir sind verantwortungsvolle Berater:innen, die in Projekten eng mit dem Kunden zusammenarbeiten und diesen als Partner verstehen. Unternehmergeist ist seit unserer Gründung fest in unserer Kultur verankert. Das bedeutet für Sie, dass Sie vom ersten Tag an Ihre eigenen Ideen einbringen und schnell Verantwortung übernehmen.

Unser Beratungsspektrum bauen wir kontinuierlich aus: Neben Strategie- und großen Infrastrukturprojekten, die unsere Zukunft prägen, unterstützen wir unsere Kunden auch bei den Herausforderungen im Zeitalter der digitalen Transformation. In unserem Digital Hub „Spielfeld", den wir zusammen mit Visa in Berlin betreiben, arbeiten Unternehmen, Digitalexpert:innen und Start-ups mit unseren Berater:innen zusammen, um Innovationen zu entwickeln, zu lernen und Ideen umzusetzen. „Spielfeld" bietet dabei ein kreatives Umfeld, das Unternehmen dabei unterstützt, die Digitalisierung zu meistern. Es ist ein Ort, an dem der digitale Wandel real wird.

Wie international ist Roland Berger? Bei uns arbeiten Kolleg:innen aus über 60 Nationen. Mindestens 75 Prozent unserer Projekte schließen internationale Fragestellungen ein. Es ist bei uns an der Tagesordnung, dass Sie in internationalen Projektteams arbeiten. Neben Projekteinsätzen im Ausland haben Sie auch die Chance, im Rahmen unserer Transferprogramme in eines unserer weltweiten Offices zu wechseln.

Welchen Studienhintergrund haben Ihre Mitarbeitenden? Um für unsere Klienten die bestmöglichen Lösungen zu entwickeln, setzen wir unsere Projektteams interdisziplinär zusammen. Wir glauben, dass nur durch Vielfalt kreative und innovative Lösungen entstehen. Andersdenken ist bei uns gefragt! Deshalb stellen wir Kolleg:innen mit verschiedenen Studienhintergründen, unterschiedlichen Stärken und Talenten ein.

Was bieten Sie Ihren Talenten? Als Neueinsteiger:in lernen Sie durch ein 14-tägiges Kick-off-Training unsere Arbeitsweise und Ihre Kolleg:innen kennen. Für jede Karrierestufe bieten wir zahlreiche Seminare für Ihre persönliche und fachliche Weiterentwicklung an – von agilen Arbeitsmethoden über Leadership-Themen bis hin zu Data Analytics. Bachelor-Absolvent:innen bieten wir eine Förderung für das Master-Studium. Durch unsere Doktoranden- und MBA-Programme unterstützen wir Sie bei Ihrer Promotion und öffnen Ihnen die Türen zu renommierten Universitäten und Business Schools.

Im Rahmen unserer Fellowships können Sie mehrere Monate in einem Start-up verbringen, Ihre Unternehmensgründung vorantreiben oder sich sozial engagieren. Mit einem Sabbatical ermöglichen wir Ihnen eine Auszeit vom Berateralltag. Ein bis sechs Monate haben Sie Zeit für Ihre persönlichen Projekte – sei es eine Weltreise oder mehr Zeit mit der Familie. Dank verschiedener Teilzeitmodelle können Sie Familie und Beruf vereinbaren. Wir sind stolz darauf, bereits 2005 mit dem Zertifikat „beruf und familie" ausgezeichnet und regelmäßig erfolgreich rezertifiziert worden zu sein.

Dr. Laura Jacobey

Project Manager

Moderne Strategieberatung abseits der alten Klischees – Lauras Weg bei Roland Berger

Laura, mit welchem Roland Berger Klischee würdest du gern aufräumen?
In der Strategieberatungswelt gibt es in der Tat immer noch viele Klischees – viele sind ja auch ganz lustig. Manchmal bin ich überrascht, von Studierenden zu hören „Ach Mensch, Ihr seid ja viel netter, als ich dachte!" Die Aufräum-Klischees wären wohl ein Dreiklang aus dominanten Nachtschicht-liebenden Ellenbogentypen. Ich habe in meinen Teams noch nie erlebt, dass sich Teammitglieder ausstechen. Teamarbeit und Einander-zugewandt-sein ist ein Herzstück unseres Jobs, ohne das es nicht geht. Durchsetzungsstärke ist zwar eine wichtige Eigenschaft von uns Berater:innen. Doch das hat noch lange nichts mit Dominanz zu tun. Wir müssen unseren Kunden und einander gegenüber sehr empathisch sein und gut zuhören, um Sorgen und Wünsche zu verstehen. Das geht nicht mit Dominanz, und schon gar nicht mit dem Kopf durch die Wand. Zu guter Letzt die Liebe zur Nachtarbeit: Unser Beruf ist ein sehr fordernder, ja – mental, zeitlich, durch das viele Reisen oft auch physisch. Aber die Arbeit ist klar auf Effizienz und Ergebnisorientierung und nicht auf „Face Time" ausgerichtet. Ich gebe meinen Teams immer als erstes mit, dass sie mich nicht mit nächtlichen Mails beeindrucken – und lebe das auch aktiv vor. Leistungssportler:innen legen schließlich auch immensen Wert auf Schlaf und Erholung. Das macht aus uns bessere Berater:innen – bei unseren Kunden erwirken tiefe Augenringe ja auch nicht gerade den Eindruck von Souveränität.

Welche Beratereigenschaft wird aus deiner Sicht am meisten unterschätzt?
Unterschätzt wird oft die menschliche und politische Kompetenz. Die Beweggründe der Kunden zu antizipieren ist das wichtigste, um Wert zu schaffen und auch um Blindleistung zu vermeiden. Es ist immens gut investierte Zeit und Mühe, sich im Team und im Dialog mit Klienten zu fragen, wo wirklich der sprichwörtliche Schuh drückt. Eine Strategie, eine Analyse, ein Foliensatz können noch so fachlich brillant sein – wenn man die Klienten damit nicht „abholt", ist nichts gewonnen. Dazu gehört auch, die politischen Kontexte der Unternehmen zu lesen und die Agenden zu erkennen – übrigens habe ich den Eindruck, dass Beraterinnen darin tendenziell besonders stark sind.

Womit kannst du dich bei Roland Berger in deiner Individualität verwirklichen?
„Entrepreneurship" ist bei Roland Berger nicht nur ein Unternehmenswert auf der Website, sondern täglich Programm. Eine „Bergerin" oder ein „Berger" zu sein, heißt, gern die Ärmel hochzukrempeln, einfach zu machen und dabei authentisch zu sein. Das erlebe ich in vielfältiger Weise in den Projekten, aber auch darüber hinaus. Da wäre z. B. die Mitgestaltung der Recruiting-Veranstaltungen und unserer Bewerbertage, in die ich mich sehr gern einbringe. Das gilt auch für die Aktivitäten unserer Beraterinneninitiative „Women@RB Industrials". Hier haben wir uns als Beraterinnenkreis aller industrienahen Kompetenzbereiche vernetzt und treiben unsere Initiativen zur Rekrutierung und zum Halten der Beraterinnen voran. Fachlich konnte ich auch von Anfang an meinen Leidenschaften nachgehen und mich stark in Projekte an der Schnittstelle zwischen Technik und kaufmännischen Themen engagieren. Dafür durfte ich z. B. die Koordination eines Kompetenzclusters übernehmen, in dem wir an Artikeln und Tools zum Thema Produktentwicklung arbeiten – damals noch als Seniorberaterin und trotzdem auf Augenhöhe mit den Partner:innen.

join.rolandberger.com
Roland Berger
Be
the Original You.
By joining Roland Berger, you choose an employer who values diversity. Great ideas and new perspectives are inspired by diverse teams from a variety of backgrounds, enriching us with new insights, interests and ways of looking at things. Every colleague is unique. Just like you.
That's why we want you, for the real you in you.
Be authentic. Be yourself. Be the Original You.
www.rolandberger.com/BeTheOriginalYou

PricewaterhouseCoopers GmbH Wirtschaftsprüfungsgesellschaft

Standorte in Deutschland: 21 Standorte in ganz Deutschland

Standorte weltweit: 741 Standorte in 157 Ländern

Tätigkeitsschwerpunkte: Transaktionen, Finanzierung und Investition, Sanierung, Restrukturierung, Forensic Services; Strategie, Digital Transformation, Cyber Security, Data & Analytics, Technology Partnerships, Technology Consulting, Organisation, Prozesse und Systeme, Prüfung, Rechnungslegung und Berichterstattung, Steuern, Branchenregulierung; Wissenstransfer

Beschäftigte in Deutschland: 12.000

Beschäftigte weltweit: 284.000

Geplante Neueinstellungen 2022:
Wir wachsen kontinuierlich und suchen daher laufend Unterstützung.
Praktikant:innen: ca. 400
Consultants: ca. 350

Du willst mit deinem Job mehr bewegen? Mit deinen Ideen einen nachhaltigen Beitrag leisten? Als Deutschlands führende Wirtschaftsprüfungs- und Beratungsgesellschaft bieten wir dir dafür alle Chancen und Möglichkeiten. Denn bei uns gestaltest du die Zukunft von Unternehmen aktiv mit. In unserem weltweiten Netzwerk hast du die Gelegenheit, als Individuum zu wachsen, flexibel zu arbeiten, dauerhafte Beziehungen aufzubauen und Einfluss zu nehmen. Dabei möchten wir dir so viel Freiraum geben wie möglich. Damit du dich entwickeln und mehr aus deinen Zielen machen kannst: nämlich eine Karriere, die dich erfüllt.

pwc

Friedrich-Ebert-Anlage 35–37
60327 Frankfurt am Main
www.karriere.pwc.de

Rebecca Bollweg
Personalmarketing & Recruiting
+49 69 95850
DE_Karriere@pwc.com

Zukunftsorientierte Beratung. Ein wichtiger Erfolgsfaktor unseres Beratungsgeschäfts sind unsere exzellenten Industrie- bzw. Branchenkenntnisse. Sie ermöglichen es uns, Trends in den jeweiligen Märkten zu identifizieren und ihre Chancen und Risiken für das Unternehmen zu bewerten und darauf zu reagieren. Mit unseren Branchenteams liefern wir maßgeschneiderte und flexible Lösungen – und das unter Beachtung höchster professioneller Standards. In Deutschland und in aller Welt.

Spannende Projekte. Auch wenn bei uns Unternehmensberatung draufsteht, beraten wir immer Menschen. Wir helfen unseren Kunden individuell dabei, die digitale Transformation zu meistern. Dabei stehen wir Firmenlenker:innen zur Seite, um Geschäftsprozesse ins Web zu verlagern und gleichzeitig gegen Cyberkriminalität gewappnet zu sein. Unsere Teams unterstützen Führungskräfte dabei, trotz steigender regulatorischer Anforderungen die Bürokratie mithilfe von Künstlicher Intelligenz zu reduzieren und geben Mitarbeitenden zukunftsweisende Technologien an die Hand. Dafür tauchen wir tief in die aktuellen Prozesse und Systeme unserer Kunden ein, bewerten Chancen und Risiken und treiben im Team die Themen voran, um neue und innovative Lösungen zu entwickeln.

Hervorragende Entwicklungsmöglichkeiten. Unsere Mitarbeiter:innen sind unser wichtigstes Kapital. Deshalb investieren wir viel in ihre Ausbildung und Entwicklung. Auf jeder Karrierestufe bieten wir ein auf die jeweiligen Bedürfnisse zugeschnittenes Weiterbildungsprogramm an. Unser Ansatz zur Mitarbeiterentwicklung widmet sich dem individuellen Entwicklungspotenzial und unterstützt unsere Mitarbeiter:innen dabei, ihre beruflichen Ziele zu erreichen. Im Rahmen unserer Your tomorrow Initiative bilden wir sie nicht nur in Data & Analytics Trainings fundiert aus, sondern motivieren sie als Digital Accelerators, in ihren Fachbereichen digitale Ideen zu entwickeln und auf ihren Mandaten mit den Kunden umzusetzen.

Internationale Einsatzmöglichkeiten. Unser weltumspannendes PwC-Netzwerk bietet viele Möglichkeiten, für einige Zeit im Ausland tätig zu sein. Im Rahmen eines Secondments haben Berater:innen ab dem Karrierelevel Senior Associate die Möglichkeit, in einer anderen PwC-Landesgesellschaft zu arbeiten und dort wertvolle fachliche und interkulturelle Erfahrungen zu sammeln. Diese Auslandseinsätze dauern in der Regel 12 bis 24 Monate.

Studium und PwC. Wir sind der Meinung, dass Theorie nicht alles ist. Daher bieten wir Studierenden die Möglichkeit, bereits während des Studiums Praxiserfahrung zu sammeln. Praktika sind das ganze Jahr über möglich und dauern mindestens sechs Wochen; gerne auch für einen längeren Zeitraum. Praktikant:innen arbeiten in interdisziplinären, oft auch internationalen Teams und unterstützen uns bei der Realisierung komplexer Projekte. Zudem gibt es die Möglichkeit, uns als Werkstudent:in bei aktuellen Projekten zu begleiten und sich mit den eigenen Ideen einzubringen.

Bewerbungsverfahren. Die Bewerbung erfolgt online und ist jederzeit möglich. Passt das Profil zu einer unserer Vakanzen, findet das Interview statt. Hier geht es darum, sich gegenseitig kennenzulernen, um herauszufinden, ob man zueinander passt. Die Gespräche führen in der Regel die einstellenden Partner:innen und weitere Führungskräfte des Bereichs.

Caroline Harms

Jahrgang 1989

Senior Associate im Bereich Technology Consulting/ CIO Adivsory, Standort Hamburg

Technologie-Beratung am Puls der Zeit

Zum Zeitpunkt des Abschlusses meiner akademischen Laufbahn hätte ich nicht gedacht, dass ich heute, sechs Jahre später, in der Technologie-Beratung tätig sein werde – allerdings könnte ich nicht zufriedener darüber sein. Nach meinem Bachelor in Betriebswirtschaftslehre und meinem Master in Politik-/Europawissenschaften trat ich zunächst meine erste berufliche Station als Corporate Relations Manager an, bevor ich dann nach Dublin, Irland in den Vertrieb für Cloud IT eines globalen Software- und Hardware-Herstellers wechselte. Entlang dieser Stationen machte mir die Interaktion mit den Kunden und die genaue Auseinandersetzung mit ihren Bedürfnissen und Anforderungen hinsichtlich der IT immer am meisten Spaß. Die strategischen Implikationen von IT-Innovationen und die inhärenten Mehrwerte für die Kunden begeisterten mich und führten schließlich zu meinem Quereinstieg in die Welt der Technologie-Beratung.

Jeden Tag aktiv Mehrwert für unsere Kunden schaffen

Für PwC Deutschland steht Kundenorientierung an erster Stelle. Dies entspricht auch meinem eigenen beruflichen Credo, und so freue ich mich, Teil des Teams in CIO Advisory zu sein. Unser Ziel ist es, unseren Kunden zu einer innovativen, businessorientierten und kosteneffizienten IT-Funktion im digitalen Zeitalter zu verhelfen. Speziell im Bereich Cloud sehen sich unsere Kunden einer Vielzahl von Herausforderungen gegenübergestellt, von sich verändernden Marktbedingungen und subsequenten Anforderungen und Bedürfnissen ihrer Endkunden bis zu neuen technologischen und strategischen Möglichkeiten. In diesem Themenfeld sind meine Kolleg:innen und ich jeden Tag für und mit den Kunden unterwegs, um Mehrwert zu schaffen und gemeinsam den Weg im neuen Technologie-Zeitalter zu beschreiten. PwC ist hier in vielen verschiedenen Projekten bei Kunden aus den verschiedensten Industrien tätig, was das Arbeitsumfeld spannend und abwechslungsreich macht.

Innovativ, vielseitig und niemals langweilig

PwC als Arbeitgeber weist für mich viele Parallelen zu meiner täglichen Beratungsarbeit beim Kunden auf. Auch intern dreht sich alles darum, Innovationen und Wissensaustausch zu fördern und somit am Puls der Zeit zu bleiben. Teams und Abteilungen arbeiten grenzübergreifend zusammen, um sich gemeinsam im Netzwerk weiterzuentwickeln, und jeder kann sich mit Ideen und Vorschlägen einbringen. Dies eröffnet mir die Möglichkeit, mich beruflich weiterzuentwickeln und mit PwC zu wachsen. Und genau diese Flexibilität und Perspektive wünsche ich mir in der heutigen Zeit von meinem Arbeitgeber – gemeinsam arbeiten wir an der Welt von morgen.

Struktur Management Partner GmbH

Standorte in Deutschland:
Köln, München

Tätigkeitsschwerpunkte: Turnaround- und Wachstumsmanagement für den gehobenen Mittelstand

Umsatz: 50–500 Millionen Euro

Beschäftigte in Deutschland: 100

Geplante Neueinstellungen 2022:
Consultants: ca. 15
Praktikant:innen: ca. 8

Als Turnaround-Manager:in bei SMP ist es Ihre Aufgabe, mittelständische Unternehmensgruppen vor der Insolvenz zu bewahren – seit 40 Jahren ist das unser Kerngeschäft. An dieser Aufgabe wachsen Sie in wenigen Jahren zur Geschäftsführerin oder zum Geschäftsführer, wie es drei Viertel unserer Alumnae und Alumni vormachen. Das Beste daran ist aber der Weg dorthin: Unser Teamspirit lässt sich schwer beschreiben – erleben Sie ihn!

Struktur
Management
Partner

Gereonstraße 18–32
50670 Köln
www.struktur-management-du.com

Markus Isermann
HR
+49 221 91273040
m.isermann@struktur-management-partner.com

Was zeichnet Ihre Unternehmenskultur aus? Als Turnaround-Manager:innen ist es unsere Aufgabe, eine eigene Meinung zu entwickeln, diese aufrichtig zu vertreten und die daraus resultierenden Maßnahmen effektiv umzusetzen. Unsere Weiterempfehlungen (>95 Prozent) beweisen, dass wir dieser Herausforderung immer wieder gerecht werden: durch Integrität, Verantwortungsbewusstsein und Fingerspitzengefühl. Wir sind nicht in erster Linie Berater:innen – wir übernehmen Verantwortung. Wenn nötig auch als interimistische Geschäftsführer:innen unserer Klienten – um Insolvenz und Liquidation abzuwenden. Diesen existenziellen Beitrag zu leisten spornt uns an und schweißt zusammen. Denn nur als Team gelingt es uns, diese anspruchsvolle Aufgabe zu meistern. Dafür pflegen wir unsere Kultur der Kooperation und Stärkenorientierung, z. B. durch Teilzeitmodelle, Leistungs- statt Arbeitszeitorientierung und offene Regelkommunikation zur Unternehmenssituation. Und v.a. meiden wir kontraproduktive Systeme wie beispielsweise ein Rennen um Planstellen. So macht uns Arbeiten Spaß.

Welche Karrieremöglichkeiten bieten Sie? Neun von zwölf Partner:innen bei SMP haben ihre Karriere als Praktikant:in oder Hochschulabsolvent:in bei uns begonnen – das dürfen gerne mehr werden. Und wenn das Gras woanders grüner erscheint, schafft es ein Großteil unserer Alumnae und Alumni an die Spitze bedeutender mittelständischer Unternehmen. Denn nur die Wenigsten kommen, um Partner:in zu werden, und bleiben im Schnitt fünf Jahre im Team.

Wie sind die Verdienstmöglichkeiten bei SMP? Das Einstiegsgehalt ist durchschnittlich, der Aufstieg ist es nicht. Effektive Ausbildung und potenzialorientierte Beförderung ermöglichen Gehaltssprünge, die deutlich schneller als im Branchenschnitt kommen. Die Verdienstmöglichkeiten sind für Leistungsträger blendend.

Wie sieht ein typischer Arbeitstag bei Ihnen aus? Wir wohnen, wo wir wollen und arbeiten meist deutschlandweit. Der Alltag auf dem Projekt unterscheidet sich stark zwischen Konzept- und Umsetzungsphase. Die Konzeption ist von Analysen, Managementinterviews und Workshops gekennzeichnet, die in ein ganzheitliches Konzept münden. Dies geschieht zwar unter Zeitdruck (6–8 Wochen), doch lassen sich Nacht- und Wochenendarbeit durch effektive Teamarbeit und ausgereifte Methoden in der Regel vermeiden. Im Anschluss beginnt die Umsetzungsphase, in der wir in enger Zusammenarbeit mit dem Klienten dessen Weiterentwicklung gestalten: vom Management bis zur Schichtleitung. Die Arbeitszeiten sinken, die Verantwortung steigt.

Welchen Abschluss sollten Bewerber:innen haben (Bachelor, Master, MBA, Promotion)? Einstiegsvoraussetzung bei Hochschulabsolvent:innen ist ein Master, vorzugsweise in Wirtschafts-, Ingenieurs- oder Naturwissenschaften. Bei Young Professionals mit einschlägiger Berufserfahrung sind wir offener.

Was erwarten Sie in fachlicher und persönlicher Hinsicht? Als Turnaround-Manager:innen bilden wir die Schnittstelle zwischen Finanz-, Leistungswirtschaft und Strategie: in der Konzeption und vor allem im Management. Dadurch sind fachliche Schwerpunkte in Corporate Finance, Operations und/oder Strategie wünschenswert. Wir erwarten ausgeprägtes analytisches Verständnis, sehr gute kommunikative Fähigkeiten sowie eine stabile Persönlichkeit. Denn wir können nur erfolgreich sein, wenn es uns gelingt, schlüssige Konzepte zu entwickeln und im Anschluss ganze Organisationen zu mobilisieren.

Linda Brand

Jahrgang 1994

Senior Consultant

Für mich: Das Beste aus allen Welten.

Als Studentin war die Unternehmensberatung für mich ein Buch mit sieben Siegeln: immer unterwegs, lange Arbeitstage, wenig freie Zeit, ein Leben aus dem Koffer. Doch das Turnaround Management faszinierte mich dank eines frühen Unimoduls schon lange. Die Perspektiven bei der Bank, in der ich mein Duales Studium absolvierte, waren für mich nicht attraktiv, und ich hatte nach sechs Jahren Konzern großes Interesse an kleineren, flexibleren Organisationen. Also bewarb ich mich um ein Praktikum bei Struktur Management Partner. Der Recruitingprozess überzeugte mich, und ich schaffte es auch, das Team von mir zu überzeugen. Das allein war schon nicht ganz ohne - aber dafür sehr, sehr lehrreich.

Im Praktikum durfte ich sofort bei der Umsetzung eines Restrukturierungskonzeptes mitarbeiten, gleich vor Ort beim Kunden und auf Augenhöhe und mit einem genialen Projektteam. Eine großartige Zeit! Die drei Monate begeisterten mich so sehr, dass ich alle Vorbehalte über Bord warf und nach meinem Masterstudium als Consultant einstieg.

Mittlerweile bin ich Senior Consultant und auf Projekten schwerpunktmäßig für den Finanzbereich verantwortlich. Hierbei plane ich mit dem Kunden alle wesentlichen Entwicklungen des Unternehmens, bilde dies in einem integrierten Planungsmodell ab und erarbeite Optimierungspotenziale, welche wir dann auch gemeinsam mit dem Kunden umsetzen. Die Zusammenarbeit beim Kunden erfolgt über alle Hierarchiestufen hinweg: von den Werksmitarbeiter:innen bis zum Top-Management. Auch die Schnittstelle zu Stakeholder:innen (z. B. Banken, Eigentümer:innen) im Rahmen von Reportings gehören zu meinen Aufgaben.

Das Spannendste an unserer Arbeit ist für mich die Vielfalt. Jeder Kunde, jede Branche, jede Unternehmensstruktur und -größe ist unterschiedlich und birgt ganz neue Herausforderungen. Die Lernkurve flacht damit niemals ab. Und auch die immer wieder verschiedenen Menschen sorgen dafür, dass ich mich ständig neuen Situationen anpassen und neue Perspektiven annehmen kann.

Ist das Beraterleben nun im Rückblick völlig unkompliziert und birgt nur Vorteile? Sicher nicht. Wie überall hat man auch in der Beratung schlechte Tage, kommt mit manchen Menschen besser oder weniger gut klar. Und ich werde mich vermutlich auch niemals daran gewöhnen, abends nicht in meiner eigenen Wohnung einzuschlafen. Doch was uns auszeichnet, ist der Teamspirit, die Unternehmenskultur, die wir leben, die dafür sorgt, dass meine Kolleginnen und Kollegen und ich uns gegenseitig unterstützen, dass wir gemeinsam lachen, aber auch im Notfall gemeinsam „schuften". Und dann habe ich ja auch noch ein Leben neben der Arbeit (ja, so etwas ist auch in der Beratung möglich). Den Ausgleich, den ich brauche, um am nächsten Tag oder in der nächsten Woche wieder alles geben zu können.

Wenn ich heute an meine Überlegungen von vor SMP zurückdenke, dann hätte ich niemals gedacht, wie sehr ich mich persönlich und fachlich in diesen zwei Jahren weiterentwickelt habe. Ich würde es jederzeit wieder so machen und bin stolz, Teil der SMP-Familie zu sein.

Struktur Management Partner

thyssenkrupp Management Consulting

Standort in Deutschland: Essen (thyssenkrupp Konzernzentrale)

Standorte weltweit: in ca. 60 Ländern (thyssenkrupp Konzern)

Tätigkeitsschwerpunkt: weltweit tätige interne Managementberatung

Beschäftigte in Deutschland: rund 75

Geplante Neueinstellungen 2022:
Absolvent:innen, Young Professionals und erfahrene Berater:innen: 10–15
Praktikant:innen: 5–10

thyssenkrupp Management Consulting (TKMC) ist die interne Managementberatung des thyssenkrupp Konzerns, der mit rund 104.000 Mitarbeitenden in 60 Ländern vertreten ist. Die international aufgestellte Unternehmensgruppe aus weitgehend selbstständigen Industrie- und Technologiegeschäften befindet sich derzeit in einer strategischen Neuausrichtung namens „newtk". Bei dieser Neuausrichtung spielen wir als interne Beratung eine maßgebliche Rolle und gestalten heute die Zukunft von morgen mit.

thyssenkrupp

thyssenkrupp Allee 1
45143 Essen
www.thyssenkrupp-management-consulting.com

Elisabeth Remm
Expert Talent Acquisition
+49 201 844-534942
elisabeth.remm@thyssenkrupp.com

Wie genau sieht Ihr Projektportfolio aus? TKMC unterstützt den Konzern bei der Neuausrichtung mit mehreren Teams und fokussiert sich hierbei auf die Themenbereiche Performance, Strategy & Markets, Transformation und Execution sowie Digitalisierung. Die Projekte reichen von Wettbewerbsanalysen, Wachstumsstrategien und organisatorischen Neuaufstellungen bis hin zur nachhaltigen Verankerung von Strategien, der Begleitung und Umsetzung von Transformationsprogrammen sowie der Erarbeitung von Digitalisierungsstrategien. Mit diesem Projektportfolio richten wir uns als Inhouse-Beratung an die Führungskräfte der einzelnen Geschäftsfelder, Konzernfunktionsleiter:innen und regionalen CEOs des gesamten thyssenkrupp Konzerns. Und das nicht nur in Essen und dem Ruhrgebiet, sondern in Europa und der ganzen Welt.

Welche Möglichkeiten zur Weiterentwicklung bietet TKMC? Die Arbeit als Berater:in bei TKMC bietet Ihnen durch ein anspruchsvolles, internationales Projektumfeld hervorragende Möglichkeiten, um Ihr Talent und Potenzial voll zu entfalten. Die kommenden Zeiten bei thyssenkrupp ermöglichen darüber hinaus, dass unser Team eine der aktuell weitreichendsten Veränderungen eines Großunternehmens mitbekommen und gestalten darf. Neben unserem Learning-on-the-Job-Ansatz ist es selbstverständlich, dass wir Ihnen in maßgeschneiderten Trainings das notwendige Know-how und entsprechende Tools zur Weiterentwicklung Ihrer Fähigkeiten an die Hand geben. Darüber hinaus werden Sie im Rahmen unseres professionellen Career Development von einer erfahrenen Mentorin oder einem erfahrenen Mentor auf Ihrem Weg begleitet und bei Ihrer Weiterentwicklung unterstützt.

Ihre Karriereperspektive nach TKMC: Gestalten Sie aktiv den Wandel von thyssenkrupp mit: erst als Berater:in bei TKMC, danach als Führungskraft oder Expert:in im Konzern. Durch das vielseitige Aufgabenportfolio ergibt sich eine optimale Ausgangssituation, um auf Ihr Wissen und Know-how zurückzugreifen, wenn der nächste Karriereschritt in Form eines gezielten Übertritts in die Unternehmensgruppe führt.

Wen genau sucht TKMC? Wir sind jederzeit auf der Suche nach exzellenten Berufseinsteigenden und Professionals, die unser Team mit einer selbstbewussten Persönlichkeit und wertvollen Fähigkeiten ergänzen – insbesondere mit Studienabschlüssen in den Fachrichtungen Wirtschaftswissenschaften, Naturwissenschaften oder Ingenieurwesen. Für einen Einstieg als Junior Consultant bringen Sie ein erfolgreich abgeschlossenes Bachelor-Studium mit, als Consultant ist ein Master-Abschluss Voraussetzung. Erste Praxiserfahrung im Consulting oder Industrieumfeld sowie Auslandserfahrung, sehr gute analytische Fähigkeiten und ein hohes Maß an Business Judgement gehören ebenfalls zu Ihrem Profil. Wenn Sie darüber hinaus auch in stressigen Situationen einen kühlen Kopf bewahren und Ihren Humor behalten, dann sind Sie bei uns genau richtig!

Was zeichnet die TKMC-Unternehmenskultur aus? Neben der kollegialen und vertrauensvollen Zusammenarbeit mit unseren Kunden im Konzern bildet natürlich auch das Miteinander im TKMC-Team eine besonders wichtige Grundlage. Hierbei setzen wir vor allem auf Individualität und Teamspirit sowie Offenheit, Ehrlichkeit und Empathie. Jeder von uns trägt mit Persönlichkeit, Können und Engagement nicht nur zu erfolgreichen Beratungsprojekten, sondern auch zur stetigen Weiterentwicklung und zum weiteren Ausbau der TKMC und einem ganz besonderen Teamspirit bei.

Simon Goldbeck-Fabian

Jahrgang 1993

Consultant

Berufseinstieg im Home-Office – Ein Erfahrungsbericht

Seit meinem Start als Consultant bei TKMC im vergangenen August habe ich die meisten Tage im Home-Office gearbeitet. Vor meinem Einstieg hatte ich mich noch gefragt, ob und wie die Arbeit in der Beratung von Zuhause aus klappen kann - ohne physische Meetings und direkten Kundenkontakt - schließlich ist Consulting ein People Business. Relativ schnell wurde aber deutlich, dass die Umstände zwar besonders sind, der Berufseinstieg im Home-Office aber ohne größere Probleme möglich ist.

Projektarbeit kann auch digital spannend, herausfordernd und lehrreich sein

Das Onboarding auf meinem neuen Projekt erfolgte dank der hilfsbereiten Unterstützung meiner Kolleg:innen reibungslos. In den ersten Wochen war es besonders hilfreich, dass wir dank digitaler Tools wie MS Teams im ständigen Austausch standen und so gemeinsam Themen erarbeiten konnten. Durch diese enge Zusammenarbeit habe ich mich schnell in das neue Team eingefunden und spezifisches thyssenkrupp und TKMC Wissen aufgebaut. Besonders hat dabei geholfen, dass wir viele Dinge, die die Zusammenarbeit im Team ausmachen - wie das gemeinsame Mittagsessen oder abendliche Teamevents - einfach ins Digitale transferiert haben. Ein weiteres Highlight meiner Anfangszeit bei TKMC war, dass ich früh die Gelegenheit hatte, Verantwortung für einen Workstream zu übernehmen. In diesem war die Arbeitsweise via MS Teams sogar vorteilhaft, da viele unserer Kolleg:innen unter anderem in Dubai, Singapur und Mumbai saßen und ich so die Möglichkeit hatte, Konzepte und Ideen direkt vor den Regional CEOs vorzustellen.

Das Teamgefühl macht TKMC aus – auch und besonders im Home-Office

Trotz der allgemeinen Home-Office-Situation ermöglichte TKMC den Neueinsteigenden im Sommer, an der „Toolkit"-Trainingswoche vor Ort auf Schloss Landsberg teilzunehmen und hier das 1x1 der Beratungsskills aufzufrischen. Zusätzlich zu interessanten Trainings war ein positiver Nebeneffekt, einige Kolleg:innen vor Ort treffen zu können. Aber nicht nur im beruflichen Rahmen hatte ich die Chance, meine neuen Kolleg:innen kennenzulernen, sondern auch im Privaten. So planen wir in regelmäßigen Abständen größere und kleinere digitale Events wie etwa ein Beertasting, zufällige Lunch Dates und gemeinsame Catch-up Calls - immer organisiert von Kolleg:innen. Außerdem haben wir verschiedene Initiativen gestartet, um uns regelmäßig zu sehen. Im Sommer trafen wir uns beispielsweise noch, um gemeinsam Spikeball zu spielen, während wir im Winter auf virtuelle Alternativen, wie Among Us oder Doppelkopf zurückgegriffen haben.

Ein People Business ist auch im Home-Office möglich

Nach sechs Monaten lässt sich sagen, dass ich trotz der Herausforderungen, denen wir alle momentan gegenüberstehen, einen außergewöhnlichen Start bei TKMC hatte. In den vergangenen Monaten konnte ich viel sehen, lernen und gestalten. Dank der großen Unterstützung durch meine Kolleg:innen und der technischen Möglichkeiten lief der Start problemlos, mit der Erkenntnis, dass ein People Business auch per MS Teams möglich ist.

thyssenkrupp Management Consulting

Perspektive Jura

Aktuelle Ausgabe: Perspektive Jura 2022
ISBN (Print): 978-3-946706-78-6
ISBN (E-Book): 978-3-946706-79-3

Zielgruppe: Studierende, Doktorand:innen und Referendar:innen der Rechtswissenschaften
Inhalt: Das Buch bietet einen Überblick über Karrierewege für Jurist:innen in Justiz, Wirtschaft und (internationalen) Institutionen. Neben Expertentipps zu Bewerbung und Einstieg ermöglichen zahlreiche Erfahrungsberichte einen Einblick in interessante Berufsbilder. Namhafte Kanzleien und Unternehmen stellen sich als Arbeitgeber vor.
Nächster Erscheinungstermin: Oktober 2022

Der LL.M.

Aktuelle Ausgabe: Der LL.M. 2021
ISBN (Print): 978-3-946706-72-4
ISBN (E-Book): 978-3-946706-73-1

Zielgruppe: Studierende, Doktorand:innen und Referendar:innen der Rechtswissenschaften
Inhalt: Ist der LL.M. die richtige Wahl? Das Buch hilft bei der Entscheidung und der Suche nach dem geeigneten LL.M.-Studium. Persönliche Erfahrungsberichte und Praxistipps für die Bewerbung an Unis und für Stipendien helfen Leser:innen bei der Planung des Studiums. Namhafte Hochschulen und große Kanzleien stellen ihre Angebote für Jurist:innen vor.
Nächster Erscheinungstermin: März 2022

Perspektive Patentanwalt

Aktuelle Ausgabe: Perspektive Patentanwalt
ISBN (Print): 978-3-941144-29-3
ISBN (E-Book): 978-3-941144-34-7

Zielgruppe: Naturwissenschaftler:innen und Ingenieur:innen
Inhalt: Was verbirgt sich hinter dem Beruf der Patentanwältin oder des Patentanwalts? Wer kann überhaupt Patentanwältin oder Patentanwalt werden, und wie läuft die Ausbildung ab? Das Buch liefert Antworten auf diese Fragen. (Werdende) Patentanwält:innen berichten von ihren Erfahrungen, und Patentanwaltskanzleien zeigen auf, welche Perspektiven sie Naturwissenschaftler:innen und Ingenieur:innen bieten.

Perspektive Investment Banking & Asset Management

Aktuelle Ausgabe: Perspektive Investment Banking & Asset Management
ISBN (Print): 978-3-941144-20-0

Zielgruppe: Wirtschaftswissenschaftler:innen
Inhalt: Das Buch bietet umfassende Informationen zu Berufsbildern, Bewerbung und Karrierechancen im Investment Banking und im Asset Management. Stipendiat:innen, Alumnae und Alumni von e-fellows.net berichten von ihren Erfahrungen und geben Tipps für die erfolgreiche Bewerbung. Player aus beiden Branchen stellen ihre Praktikums- und Einstiegsprogramme vor.

Traumjob IT

Aktuelle Ausgabe: Traumjob IT 2021
ISBN (Print): 978-3-946706-64-9
ISBN (E-Book): 978-3-946706-65-6

Zielgruppe: Informatiker:innen, Mathematiker:innen und IT-Affine
Inhalt: Das IT-Studium ist abgeschlossen, die Jobmöglichkeiten sind nahezu unbegrenzt, doch wie geht es jetzt weiter? Dieses Buch liefert praxisnahe Antworten: Informatiker:innen aus verschiedenen Branchen schildern ihren Arbeitsalltag und stellen Projekte vor, die für ihren Beruf typisch sind. Alumnae und Alumni von e-fellows.net berichten von ihrem beruflichen Werdegang, und Expert:innen geben Tipps zu Einstieg und Bewerbung.

Weiblich, erfolgreich, MINT

Aktuelle Ausgabe: Weiblich, erfolgreich, MINT 2021
ISBN (Print): 978-3-946706-68-7
ISBN (E-Book): 978-3-946706-69-4

Zielgruppe: Studentinnen und Absolventinnen der Mathematik, Informatik, Naturwissenschaften und Technik
Inhalt: Absolventinnen von MINT-Fächern werden in nahezu jeder Branche gesucht. Dieses Buch hilft bei der Entscheidung für den persönlichen Traumjob: Praktikerinnen aus verschiedenen Wirtschaftszweigen erklären, was ihre Branche speziell für Frauen zu bieten hat. Außerdem gibt es viele Tipps zu Einstieg, Bewerbung und Vereinbarkeit von Beruf und Familie sowie Erfahrungsberichte von e-fellows.net-Alumnae.